믿음의 반석

믿음의 반석 (개정판)

발행일 2016. 1. 25 1판 1쇄 발행
        2024. 12. 16 1판 4쇄 발행
지은이 최순애
발행인 최순애
발행처 믿음의말씀사
2000. 8. 14 등록 제 68호
우)16934 경기도 용인시 기흥구 신정로 301번길 59
Tel. 031)8005-5483 Fax. 031)8005-5485
http://faithbook.kr

ISBN 89-90836-29-8 03230
값 28,000원

* 성경구절은 말씀보존학회 한글킹제임스를 기준으로 삼음.
본 저작물의 저작권은 '믿음의말씀사' 가 소유합니다.
저작권법에 의해 보호를 받는 저작물이므로 무단 전재와 복제를 금합니다.

믿음의 반석

그리스도인의 영적 성장을 위한 핵심적이고 실질적인 지침서

최순애 지음

믿음의말씀사

목차

소개의 글 _ 6
서문 _ 10
들어가기 _ 13

제 1 과   진리가 너희를 자유케 하리라 _ 23
제 2 과   성경의 맥 _ 61
제 3 과   그리스도인은 누구인가? _ 105
제 4 과   기도 _ 149
제 5 과   성령 인도 _ 191
제 6 과   기본 교리에 대한 정확한 이해 (Ⅰ) _ 229
제 7 과   기본 교리에 대한 정확한 이해 (Ⅱ) _ 275
제 8 과   하나님의 성품 _ 317
제 9 과   성령의 9가지 은사 _ 353
제10과   믿음 _ 397
제11과   영적 성장 _ 429
제12과   부르심의 소망 _ 471

소개의 글

주일이면 저를 따라 마지못해 성경을 들고 따라 나서던 아내는 그날 저녁 예배에 참석한 후부터 갑자기 달라졌습니다. 그날 저녁 예배가 끝난 후 성령 충만을 받기 원하는 사람들을 앞으로 초청할 때 우리는 함께 강단 앞에 나가서 기도를 받았습니다. 그 자리에서 아내는 성령 충만을 받고 돌아와서 다음 날 저녁 집에서 혼자 기도하다가 방언을 말하게 되었습니다.

그날 이후로 아내가 스스로 성경 읽기와 기도를 즐기게 되면서 놀랍게 변화되는 모습을 나는 지켜보았습니다. 열흘도 채 안 되어서 아내는 처음으로 신구약 성경을 다 읽었으며, 십 년 전부터 예수를 믿고 성경을 몇 번 통독한 나보다 먼저 중요한 성경 구절들이 어디쯤 있는지 기억하고 쉽게 찾아서 내게 알려 주었습니다. 하나님의 능력이 많이 나타나는 사람들은 모두 방언기도를 많이 한다는 것을 알고 아내는 집에서 혼자 하루에 몇 시간씩 기도하는 습관을 갖게 되었습니다. 그 후 30여 년의 세월이 흘렀고 아내는 놀랍게 영적으로 성장하여 저의 동역자로서 교회를 섬기고 있습니다. 책으로 읽고 배우던 말씀을 2000년 미국 레마성경훈련소The RHEMA Bible Training Center

에서 케네스 해긴Kenneth E. Hagin 목사님 밑에서 우리는 함께 배울 수 있었습니다.

  미국 유학시절 작은 이민 교회를 섬길 때부터 88년 귀국 후 89년 말에 교회를 개척한 후 지금까지 우리는 수많은 성도들의 성장과정을 지켜볼 수 있었습니다. 제 아내는 자신의 문제는 물론 사모로서 성도들이 당면한 수많은 문제들을 해결하기 위하여 말씀에서 지혜를 구하고 기도하였습니다. 미국에서 우리가 섬기던 교회를 통해서 소개받은 책들은 바로 케네스 해긴 목사님이 쓰신 책들이었습니다. 해긴 목사님이 쓴 "믿음의 도서관Faith Library"에서 출판한 책에서 아내는 복음을 깨달았고, 해긴 목사님의 간증을 롤 모델로 삼았습니다. 이런 책들을 읽으며 성경의 진리를 깨우치고 배운 것을 자신에게 적용하여 말씀을 체험하게 되었습니다. 뿐만 아니라 성도들의 수많은 문제들을 놓고 기도하고 상담하고 해결하기 위한 노력은 전문의에게 필요한 임상경험처럼 경험으로 확증된 진리가 되었습니다. 이렇게 오랜 세월 수많은 성도들의 문제들을 해결해 주기 위한 노력을 축복하셔서 주님은 일종의 "진리의 체계System of Truth"를 갖추도록 깨닫게 해 주었습니다.

  개척 교회 목사 사모로서 성도들이 당면한 절박한 문제를 해결해 주려면, 본인의 믿음을 불러 일으켜 주는 확신 있고 기름부음 있는 진리의 말씀과 그를 도와주는 기도의 능력이 필요했습니다. 개척 초기에 귀신을 쫓아내고 병든 사람들이 기도로 낫게 되는 일들이 자주 일어나면서, 사람들이 자신과 같이 고통받던 성도들을 데리고 오는 일이 잦아졌습니다. 어떤 사람은 기도하면 완전히 낫고 다시 오지 않는 사람도 있었지만, 어떤 사람은 한두 달 후 병이 재발하여 다시 찾아오는 경우도 있었습니다. 정신병원 입원과 퇴원을 반복하던 환자도 여러 번 꾸준히 지속적으로 일대일로 만나서 정확한 말씀으로 그들이 가지고 있는 영적인 문제와 생각의 견고한 진들을 제거함으로써 완전히 치료받는 경우가 여러 번 있었습니다. 그 외에도 부부간의 문제나 십대의 방황하는 자녀들까지 온갖 영적 문제로 시달리는 사람을 위해서 수많은 시간을 말씀으로 가르치고 기도하여 그들이 정상적인 그리스도으로서 살 수 있도록 도와주었습니다.

이렇게 큰 문제를 가지고 오는 성도들을 개별적으로 가르쳐 온전케 하는 일에 집중하다 보니 오히려 큰 문제가 없는 대부분의 우리 교우들을 돌보고 훈련하는 시간이 우선순위에서 밀리게 되었습니다. 뿐만 아니라 문제의 종류는 달라도 결국은 하나님의 말씀으로 처방을 하는 것이니까 이 말씀을 누구나 체계적으로 가르칠 수 있도록 해야겠다는 생각을 하게 되었습니다. 그리고 문제가 생기기 전에 모든 거듭난 성도들에게 이러한 말씀을 잘 가르친다면 예방접종과 같이 건강할 때 예방할 수 있겠다는 생각을 하게 되었습니다.

2000년 이후 구역 조직 중심의 전통 교회를 "셀 교회"로 전환하고 교회에서는 이러한 말씀을 새 신자는 물론, 교회에 오는 모든 새 가족에게 가르치기 시작하였습니다. 이렇게 함으로써 스스로 진리의 말씀에 비추어 문제의 본질을 파악하고 말씀을 토대로 믿음으로 스스로 문제를 해결할 수 있도록 하는 믿음의 기초 Foundation of Faith가 되는 중요한 말씀을 정리하게 되었습니다. 처음 교회에 온 성도들에게는 새가족반을 통해 복음을 제시하여 반드시 구원의 확신을 갖도록 한 후 성령을 받도록 도와주고 교회의 비전을 소개한 뒤에 교회 등록을 스스로 결정하도록 하였습니다. 그 후에 바로 "양육 과정"으로 12주 동안 이 말씀을 가르쳤습니다. 현장에서 일대일 혹은 소그룹으로 가르치고 훈련하던 내용을 그대로 녹취하여 책으로 출판하게 되었습니다. 집을 지을 때 기초가 튼튼하여야 건물을 세울 수 있듯이 말씀으로 마귀를 대적하고 스스로 고백하고, 약속을 주장함으로써 승리하는 그리스도인으로 살아가는 데 필수적인 최소한의 내용을 담고 있습니다.

한 권의 책으로 출판함으로써 언제든지 배운 내용을 다시 확인하며 온전한 나의 계시와 기도가 되어 자신의 복음이 되는 데 도움을 주도록 하였습니다. 한 사람의 승리하는 그리스도인은 그리스도의 교회에 여호수아 같은 지도자이며 갈렙과 같은 동역자입니다. 하나님께서 지혜와 계시의 영을 주셔서 이 책을 읽는 성도들이 개인적으로는 어린아이 단계에서 벗어나고, 나아가 이 땅에서 그리스도를 대신하여 삶의 현장에서 그리스도의 풍성한 열매를 맺으며 살기를 바랍니다.

2016년 1월 18일

김진호
새로운 피조물 미니스트리 대표 · 예수선교사관학교장

서문

목회 초기에 성도들의 삶을 면밀히 살펴보면서, 하나님께서 자녀가 된 우리에게 예비하신 모든 약속들을 찾아 누리지 못하고, 막연하게 하나님께서 무엇인가를 해주기를 간절히 바라며 살아가는 성도들의 모습을 바라보는 것은 아픔이었습니다.

그 후 문제 있는 성도들을 일대일로 만나 함께 성경 말씀을 공부하면서 그들이 성경 말씀대로 생각하고, 말하고, 행동하게 하는 것에 성공한다면 해결하지 못할 문제가 전혀 없다는 확신을 갖게 되었습니다.

이제 목회를 시작한 지 30년이 넘어서는 지금, 하나님께서는 예수님께서 환경을 완벽하게 다스리고 사셨듯이 자녀 된 우리가 환경을 다스리며 왕과 같이 살아가도록 우리에게 모든 것을 제공하셨기 때문에 누구든지 하나님의 자녀로서 '내가 누구이며, 무엇을 가지고 있고, 무엇을 할 수 있는지'를 알고 합당한 위치에서 기능한다면 우리는 제한 없는 승리 가운데 살 수 있다는 더 큰 확신이 있습니다.

그렇습니다. 하나님께서 독생자 예수 그리스도로 값을 치르시고 우리에게 주신 구원은 우리를 새로운 피조물로 만드셔서 내세에서 뿐만 아니라 이 세상에 사는 동안 모든 삶의 영역에서도 승리하며 살아가게 예비하신 완벽한 해답입니다. 그래서 우리가 단지 말씀을 믿고, 말씀을 따라 생각하고, 말하고 행동하기만 한다면 우리의 모든 삶의 분야마다 예비해 놓으신 하나님의 풍성한 축복에 놀라게 될 것입니다.

하나님의 은혜로 구원을 받아 하나님의 자녀가 되어 새로운 피조물로 거듭난 후 모든 분야에 점차적으로 계시를 받아서 그리스도 예수 안에서 주어진 치유와 부요, 인도하심과 기도응답을 누리며, 이 땅에서 부르심의 소망에 삶의 방향을 맞추고, 점점 그리스도의 사랑의 깊이와 높이와 너비가 어떠하심을 깨달아 충만한 삶을 살아가게 되는 우리의 영적 성장이야말로 하나님께서 자녀에게 가장 원하시는 일일 것입니다.

그리고 이것은 어려운 일이 아닙니다. 그리스도 안에서 내가 누구인지, 무엇을 가지고 있고, 무엇을 할 수 있는지를 알고 그런 자신의 모습을 지속적으로 그리기만 한다면 우리 안에 계신 성령께서 개입하셔서 점점 실제로 그렇게 되는 자신을 보게 될 것입니다.

이 모든 축복들을 하나하나 찾아 누리는 과정에서 우리의 삶에 많은 증거가 있게 되고, 그 증거로 말미암아 잃어버린 영혼들을 하나님 나라에 인도하는 강력한 도구가 되는 것이 우리를 향한 하나님 아버지의 뜻입니다.

처음에는 일대일 혹은 소그룹으로 가르치면서 여기에서 배운 것이 전환점이 되어 삶이 변하는 성도들을 종종 보아왔고, 지금은 교회에서 양육과정으로 활용하면서 변화되는 성도들의 삶을 바라보며 감사하고 있습니다. 이 책은 교회의 양육과정에서 가르친 내용을 녹취하여 엮게 된 것입니다.

한꺼번에 한 자리에 앉아서 끝까지 단번에 읽는 것보다는 시간이 걸리더라도 한 과를 읽고 한 주 동안 그 과에서 배운 대로 뒤에 있는 부록의 고백기도를 생활화하여 생각을 바꿈으로써 말씀을 듣기만 하는 자가 아니라 말씀대로 행동하는 자가 되는 것이 이 책을 활용하는 열쇠입니다. 이 책에 나오는 기본적인 내용들을 소화하고 삶에 적용하고 살아가며 기도를 병행한다면 지속적인 영적 성장을 경험하게 될 것입니다.

영적 성장은 삶을 다스리는 능력의 증가이므로 어떤 도전이나 문제도 대면하여 승리하는 자가 될 것이며, 우리 그리스도인 한 사람 한 사람이 그렇게 강해질 때 교회는 강력해져서 세상을 바꾸는 거대한 군대가 될 것입니다.

2016년 1월

세상이 감당할 수 없는
하나님의 거대한 군대의 행진을 바라보며…

최순애

들어가기

할렐루야! 〈믿음의 반석〉 교육과정에 오신 여러분을 예수 이름으로 환영합니다.

많은 그리스도인들이 열심히 신앙생활을 하고 있지만, 하나님의 말씀을 실제로 삶에 적용하고 누리는 부분에서는 여전히 많이 약한 것을 봅니다. 본 교육과정은 제가 사역자로서 현장에서 성도들을 만나 직접 양육하고 가르치면서 정리한 메시지입니다. 총 열두 과로 구성된 본 과정의 목적은 단순히 일주일에 한 번 만나서 성경 공부를 진행하는 것에 있지 않습니다. 말씀을 배우고 난 후에도 주중에 지속할 수 있는 과제와 고백문을 통해 대상자로 하여금 12주라는 시간 동안 하나님의 말씀으로 삶의 토대를 단단히 다지고, 나아가 믿음의 다음 단계로 도약하게 하는 것이 이 과정의 목적입니다.

단순히 정보를 아는 것만으로는 우리의 삶을 바꿀 수 없습니다. 운전면허를 따기 위해 먼저 필기시험을 준비합니다. 그 과정에서 교통법규나 자동차의 구조에 대해서 이론적으로 정보를 습득합니다. 그러나 그 지식이 아무리 완벽하다 해도, 필기시험만 통과한 사람이 바로 도로에 자동차를 가지고 나가서 운전할 수는 없습니다. 배운 지식을 바탕으로 실제로 자동차를 다루며 도로 상황에 적용하는 훈련이 필요한 것입니다. 신앙생활도 마찬가지입니다. 오랫동안 교회를 다니면서 많은 설교와 말씀을 들었더라도, 각자의 삶에서 그 말씀을 적용한 적이 없다면, 하나님께서 계획하신 온전한 효과는 결코 누리지 못할 것입니다.

저도 어느새 신앙생활을 한 지 30년이 넘었습니다. 저는 본래 논리적이고 이성적인 성향을 가졌기에, 처음 복음을 듣고 예수님을 받아들이는 것조차도 쉽지 않았습니다. 거듭난 이후에는 정말 신앙생활을 제대로 해보고 싶은 열망으로 여러 기도 모임이나 성경 공부 등 은혜가 있다고 하는 곳이라면 어디든 따라다니며 누구보다 많은 노력을 했습니다. 그렇게 많은 길을 돌며 신앙생활을 시작한 후 오랜 시간이 지나서야, 점차 성령의 역사로 말미암아 계시가 일어나고 저의 삶에 말씀이 실재가 되기 시작했습니다. '왜 그동안 이렇게 복음을 제대로 깨닫지 못했을까?' 그렇게 주변의 그리스도인들을 돌아보니 그들도 과거의 나처럼 여전히 능력 없는 신앙생활을 하고 있는 모습이 보였습니다. 그리고 마침내 그리스도인들로 하여금 말씀이 역사하지 않는 능력 없는 자리에 주저앉게 만드는 잘못된 접근들을 발견하게 되었습니다.

승리하는 신앙생활의 기본 전제

무엇보다 가장 중요한 것은 "새 언약의 새로운 피조물"로서의 접근입니다. 이것이 신앙생활의 근본입니다. 구약의 성도들은 하나님의 백성이었지만, 본성적으로 거듭나지 못한 죄인이었습니다. 그런 그들에게 하나님께서 하실 수 있었던 일은 행동을 제어하는 율법을 주시는 것이었습니다. 즉 그들은 본성적으로 옳은 일을 판단하고 행할 능력이 없었기 때문에, 율법을 통해 행동 기준을 제시하여 지키게 하고, 또한 지키지 않을 경우에는 반드시 대가가 있는 강제적 수단이 필요했던 것입니다.

그러나 새로운 피조물이 된 우리는 새로운 본성을 받았습니다. 우리를 위해 죽으시고 장사되시고 부활하신 예수 그리스도를 영접하고 거듭난 우리는 영생 즉 하나님과 똑같은 종류의 생명을 받았습니다. 그 생명은 의의 본성을 가진 생명입니다. 우리 안에는 하나님의 자녀로서 의로운 행동을 할 수 있는 능력이 있습니다. 따라서 이제 신약에서는 우리의 행동을 다루기보다는 우리의 속 사람, 즉 우리의 영을 강화하는 방향으로 접근하게 됩니다. 외부적으로 행동 자체를 억제하고 교정하는 것이 아니라 그리스도 안에서 우리에게 주어진 새로운 생명을 인식하고 자연스럽게 풀어냄으로써 삶에서 열매를 맺는 방향으로 접근하는 것입니다.

그런데 우리가 여전히 구약적인 방식으로 접근한다면, 하나님의 말씀은 우리 삶에서 능력으로 역사할 수 없습니다. 예를 들어, 성경을 읽으면서도 그리스도 안에서 내가 누구인지 알려주시는 축복과 사랑의 말씀으로 받는 것이 아니라 그저 무엇을 하고 또 무엇을 하지 말라고 지시하시는 명령과 정죄의 말씀으로만 받는다면 하나님께서 말씀을 통해 의도하신 온전한 능력과 축복을 누리기는 어려울 것입니다.

만약 아직도 당신의 삶에서 하나님의 말씀이 실제적인 능력을 나타내고 있지 않다면, 무엇보다도 '내가 의의 본성을 가진 새로운 피조물로서 바르게 접근하고 기능하고 있는가?' 라는 부분을 점검해야 합니다. 구약과 신약의 성도는 다른 본성을 가지고 있으며, 따라서 하나님께서는 우리를 구약의 성도들과는 다른 법칙으로 기능하도록 하셨습니다. 이 부분을 혼동하지 말고, 새 언약에 속한 사람들답게 우리를 위한 법칙을 정확히 알고 올바르게 접근해야 합니다. 하나님께서는 예수님을 통하여 우리를 위한 모든 것을 이루셨고, 모든 능력을 우리 안에 주셨습니다. 그러므로 말씀에서 나의 정체성을 지속적으로 확인하고 내 안에 있는 신성한 생명을 활성화시킴으로써, 안으로부터 밖으로 변화를 나타내는 것이 바로 우리가 취할 온전한 접근입니다.

또한 우리의 방향은 하나님을 움직이는 것이 아니라 '나' 자신을 변화시키는 것이라는 사실을 기억해야 합니다. 저도 초신자 때는 나는 변할 생각이 없고 하나님께서 무엇인가 하셔서 내 삶이 변화되기를 원했습니다. 그러나 우리는 말씀을 공부하는 일 하나에서부터 관점을 명확히 해야 합니다.

성경 말씀은 "하나님의 감동으로 된 것으로 교훈과 책망과 바르게 함과 의로 교육하기에 유익"하며, "하나님의 사람으로 하여금 온전하게 하며 모든 선한 일을 행할 능력을 갖추게" 하기 위해 주어진 것입니다(딤후 3:16-17). 다시 말해, 말씀을 배우고 묵상함으로써 우리 자신이 변화되어 축복의 자리로 들어가는 것이지, 말씀을 많이 알면 하나님께서 그 모습을 기특하게 여기셔서 무언가를 행하시는 것이 아닙니다. 이러한 면에서 우리는 너무나 오랜 세월 동안 집단적으로 속아 왔습니다. 하나님께서 많은 복을 쥐고 계시지만 아직 나에게는 안 주시기 때문에, 그 복을 받기 위해서는 내가 바른 행동을 하고 말씀을 열심히 행함으로써 하나님께 잘 보여야 한다고 생각하는 그리스도인이 아직 너무나 많습니다. 그것이 바로 구약의 사고방식이며, 율법적인 사고방식입니다.

그러나 신약의 방법은 그렇지 않습니다. 예수 그리스도 안에서 그분의 속량 사역으로 말미암아 이미 모든 축복은 이루어졌고, 거듭난 순간 우리는 그 복을 모두 받았습니다. 그러므로 우리는 또 무엇을 받으려고 애쓸 것이 아니라 다만 주어진 복이 나타나게만 하면 됩니다. 그래서 사실상 우리가 기도하고 하나님께 다가가는 목적은 하나님을 감동시켜서 움직이려는 것이 아니라 그분께서 이미 주신 것을 받을 수 있는 자리로 내가 나아가는 것입니다. 말씀을 통해 우리 안에 이미 주어진 본성을 활성화시킬 때, 우리 자신이 주님께서 역사하실 수밖에 없는 자리, 말씀이 막힘없이 작동하는 자리로 나아감으로써 자연스럽게 축복을 누리게 되는 것입니다. 그래서 변화되어야 할 것은 하나님이 아니라 바로 우리 자신입니다. 성경 말씀은 계속해서 이러한 원리를 계시하고 있습니다.

마찬가지로 우리 삶의 한계는 하나님께서 정하시는 것이 아니라 바로 우리 자신이 정하는 것입니다. 우리가 앞으로 그리스도 안에서 얼마나 더 성장하고, 얼마나 더 많은 축복을 누리며, 얼마나 더 큰 능력으로 살아갈 수 있느냐 하는 것은 전적으로 우리 자신에게 달려 있습니다. 물론 우리는 거듭날 때 예수님을 생명의 주님으로 삼고 그분께 우리의 삶을 맡겼습니다. 그러나 그분은 선하신 주이시기 때문에, 우리의 삶을 강제로 주관하지 않으십니다. 우리를 향한 주님의 뜻은 항상 최고입니다. 그리고 그를 위한 모든 일을 이미 다 이루셨습니다. 따라서 이제 성공의 열쇠는 하나님이 아니라 우리의 손에 있는 것입니다. 우리는 온유한 심령으로 말씀을 받고 온전한 그림을 그리며 그것을 반드시 삶에 적용해야 합니다. 그렇게 할 때 하나님께서 역사하실 수 있는 통로를 열어드리게 됩니다.

마지막으로 신앙생활의 모든 작용은 영적인 차원에서 이루어진다는 사실을 기억해야 합니다. 우리는 영입니다. 혼을 가지고, 몸 안에 살고 있지만, 우리의 본질이자 중심은 영입니다. 또한 하나님도 영이십니다. 물질세계에서는 육체적이고 감각적인 몸의 영역과 경험적이고 논리적인 혼의 영역이 우세하지만, 우리는 보이는 세계가 아닌 보이지 않는 세계를 영으로 인지하며 그곳으로부터 기능하는 사람들입니다. 우리는 하나님과 영으로 교통합니다. 우리가 하나님께 받는 모든 것은 영으로 말미암는 것입니다. 자신이 늘 영적 존재임을 인식하고 영적인 반응과 기능을 발전시킬 때, 비로소 신앙생활이 강해지고 온전해지는 것입니다.

지금까지 〈믿음의 반석〉 교육과정을 시작하기 전에 다루어야 할 몇 가지 전제에 대해 나누었습니다. 이상의 내용은 앞으로 열두 과를 진행하면서도 계속해서 언급될 것입니다.

삶은 영적인 것이다

　신앙생활을 잘 하는 것은 정말 너무나 중요한 일입니다. 하나님께서는 우리에게 놀라운 삶을 예비하셨습니다. "내가 온 것은 양들로 생명을 얻고 더 풍성히 얻게 하려 함이라"(요 10:10) 이 생명은 영생, 하나님과 똑같은 종류의 생명입니다. 그 생명을 얻을 뿐 아니라 더욱 풍성히, 최대치로 누리게 하려고 예수께서 오셨다고 말씀하셨습니다. 우리는 세상 사람과는 뚜렷하게 구별되는 풍요하고, 행복하고, 승리하고, 다스리는 삶을 살아야 합니다. 거듭난 순간 우리는 이런 대단한 축복 아래 들어왔습니다. 그런데 그 모든 축복을 온전히 누리는 것은 영으로 기능할 때 가능합니다. 인생에서 대학 입시와 같은 중요한 시험을 앞두면 우리는 모든 역량과 자원을 집중하여 노력하고 준비합니다. 그 시험을 성공할 때 얻게 되는 유익을 기대하기 때문입니다. 그러나 영적인 것은 다른 무엇보다도 더 중요하고 가치 있는 것입니다. 거기에는 우리의 인생 전체가 달려 있습니다.

　그럼에도 불구하고 삶을 바꾸기 위해 말씀에 전념하고 모든 것을 집중하며 노력하는 사람은 많지 않습니다. 심지어 당장 심각한 문제를 눈앞에 두고 있음에도 불구하고 그것을 말씀으로 해결하겠다는 생각조차 하지 않는 성도들이 얼마나 많은지요. 모두 인생은 영적인 것이라는 사실을 알지 못하고, 영적인 것의 가치와 중요성을 깨닫지 못하기 때문입니다.

　여러분께 권면 드립니다. 〈믿음의 반석〉 교육과정을 시작하시면서 하나님의 말씀으로 나의 생각을 바꾸고, 그 말씀이 내 삶에 실재가 되어 나타나는 것을 반드시 경험하겠다고 진심으로 결단하시기 바랍니다. 마치 처음 예수를 믿은 사람처럼 초심으로 돌아가서 모든 말씀을 한 번도 들어본 적이 없는 것처럼 새롭게 받아들이기로 결단하십시오. 말씀으로 생각이 하나하나 바뀌고, 말이 하나하나 바뀌고, 행동이 하나하나 바뀔 수 있도록, 그리하여 내 삶이 곧 하나님의 말씀의 표현이 되도록, 하나님의 말씀 앞에 모든 것을 전적으로 양보하시기를 부탁드립니다.

열두 과를 진행하는 동안에는 앞서 배운 내용을 계속해서 묵상하시기 바랍니다. 차를 타고 이동할 때나, 쉬는 시간이나, 잠자리에 들기 전에나, 짬이 날 때마다 의식적으로 배운 내용을 떠올리고 되짚어 보십시오. '1과 제목이 뭐였지? 진리가 너희를 자유케 하리라! 거기 성경구절은 뭐였지?' 이처럼 매일매일 묵상하고 인식하는 태도를 가진다면 성령께서 더 많이 조명해 주셔서 더 많은 계시를 얻고, 자연히 삶에서 더 많은 변화를 보게 될 것입니다. 물론 배우는 내용이 많아질수록 묵상할 내용도 늘어날 것입니다. 그렇게 열두 과의 과정이 구구단을 외우듯이 당신 안에 딱 자리를 잡으면, 당신은 참으로 언제나 올바른 결정을 하고 하는 일마다 형통하는 그런 사람이 될 수밖에 없습니다.

하나님의 말씀은 성공하고 승리하는 삶을 위한 설명서입니다. 제품마다 사용설명서가 있듯이, 우리를 만드신 하나님께서 우리로 하여금 최고의 삶을 살게 하려고 주신 설명서가 바로 성경 말씀입니다.

하나님께서는 우리가 이 땅에서 가장 아름다운 삶을 사는 데 필요한 모든 것을 그분의 말씀 안에 주셨습니다. 그러므로 그 말씀이 우리 안에 들어와서 제대로 자리를 잡을 수만 있다면, 말씀을 통해 마음껏 성령께서 역사하실 수 있는 그런 심령으로 준비되기만 한다면, 삶 가운데 놀라운 지혜와 지식이 나타나 우리는 어떤 상황에서나 바른 판단을 하고 바른 선택을 하게 되어 하는 일마다 형통하게 됩니다.

〈믿음의 반석〉 교육과정이 여러분의 신앙생활에 중요한 전환을 만드는 하나님의 축복의 통로가 될 것을 믿고 축복합니다. 이 과정을 끝낸 이후에 당신의 신앙생활은 전과는 다른 능력과 하나님의 역사로 충만하게 될 것입니다. 할렐루야!

제 1 과

진리가 너희를 자유케 하리라

너희가 내 말에 거하면 참 내 제자가 되고
진리를 알지니 진리가 너희를 자유케 하리라
(요 8:31-32)

Jesus told the people who had faith in him,
"If you keep on obeying what I have said, you truly are my disciples.
You will know the truth, and the truth will set you free."

> …너희가 내 말에 거하면 참으로 나의 제자가 되고 진리를 알게 되리니
> 그 진리가 너희를 자유롭게 하리라 요 8:31-32

  위의 말씀은 예수님께서 유대인들에게 하신 말씀으로서, 우리에게 매우 익숙한 구절입니다. 여기에서 '진리'는 하나님의 말씀입니다. 즉 하나님의 말씀이 우리를 자유롭게 한다는 뜻입니다.
  그런데 조건이 있는 것을 발견합니다. "너희가 내 말에 거하면"이라고 했는데 누군가 우리 집에 와서 하룻밤 자고 가는 것을 두고 '거한다'고 말하지 않습니다. '거한다'라는 것은 지속성을 내포한 표현으로 최소한 일주일이나 몇 달 이상, 오랜 기간을 머물 때 그것을 두고 거한다고 말합니다. 그러므로 우리가 하나님의 말씀에 거한다는 것, 또한 그 말씀이 우리 안에 거한다는 것은, 말씀이 나의 일부가 되어 내가 말씀대로 생각하고 말하고 행동하는 그런 상태를 일컫는 것입니다. 그런 상태가 될 때 비로소 말씀이 나를 자유롭게 하는 것입니다. 예를 들어 내가 치유에 대한 말씀 안에 거하면, 나는 치유를 받고 질병으로부터 해방될 수 있습니다. 마찬가지로 내가 부요에 대한 말씀 안에 거하고 또한 그 말씀이 내 안에 거하면, 그래서 말씀대로 생각하고 말하고 행동하는 사람이 되면, 나는 가난으로부터 자유로워지고 하나님께서 예비하신 형통을 막힘없이 누리게 될 것입니다.

경우에 따라서는 삶에서 딱히 묶여있거나 속박된 것이 없어서, 이 말씀이 크게 와 닿지 않으실 수도 있겠습니다. 그러나 '자유롭게 된다' 라는 말은 꼭 부정적인 고통이 해소되는 것만을 뜻하는 것이 아닙니다. 본인이 인식하든 인식하지 못하든, 사실 우리는 삶의 많은 영역에서 스스로의 한계에 갇혀 있습니다. 본인의 사고의 한계에 갇혀 삶의 수준이나 열매의 범위를 한정하기도 하고, 타고난 기질을 극복하지 못하여 그것이 실생활에서 많은 불이익을 낳고 있음에도 불구하고 인식조차 하지 못한 채 계속 같은 패턴을 반복하기도 합니다.

그런데 진리를 알게 되면, 우리는 마침내 그러한 한계를 발견하게 되어 말씀에서 말하는 나의 모습을 기준으로 나의 현재 모습을 바라보게 되고, 그것이 온전하지 못한 상태였음을 마침내 인식하게 됩니다. 그리고 그 말씀이 우리에게 지금 살고 있는 모양보다 더 나은 삶, 더 높은 차원의 삶이 있다는 것을 제시해줄 뿐만 아니라 그렇게 살 수 있는 능력까지도 공급해줌으로 우리는 과거의 한계를 벗어나는 자유함을 누리게 됩니다.

하나님의 말씀인 진리로 삶을 재구성하라

하나님의 말씀은 진리이며 삶의 어느 분야든지 말씀 위에 세운다면 성공할 수밖에 없습니다. 인간을 만드신 하나님께서는 어떻게 해야 우리가 최고의 삶을 살 수 있는지 아시며 우리가 살아가는데 필요한 말씀들을 모두 성경에 주셨기 때문입니다. 그러나 우리는 우리 안에 자신이 인지하지 못하는 많은 경험과 이론들로 만들어진 잘못된 사상들을 가지고 있습니다. 이것들은 하나님의 말씀인 진리를 받아들이는 데 장애가 될 뿐 아니라 자유롭고 능력 있는 그리스도인으로 살지 못하게 하는 원인이 되기도 합니다. 복음으로 말미암아 구원을 얻었음에도 불구하고 많은 그리스도인들은 자기가 가지고 있는 사상과 사고방식 때문에 복음의 자유와 능력을 경험하지 못합니다.

우리는 개인적인 경험, 접한 정보, 배운 지식 등을 통하여 각자의 생각을 형성하고 있기 때문에 이러한 생각을 바꾼다는 것은 만만치 않은 일입니다. 새로운 말씀을 접하고 나서 이제 이 말씀으로 내 생각을 완전히 바꾸리라 마음먹는다 해도, 그 생각은 머릿속에서 다른 여러 생각들과 연결되어 있기 때문에 한 가지 생각을 바꾸기 위해서는 연결된 다른 생각들도 다루어야 하는 경우가 많습니다.

예를 들어 모든 사람은 행복을 원합니다. 그래서 어떻게 하면 행복할 수 있을지 각자 조건을 가지고, 의식적으로든 무의식적으로든 그것을 추구하며 살아갑니다. 어떤 사람은 돈이 많으면 행복할 것이라고 생각해서 정말 열심히 돈을 법니다. 또 어떤 사람은 좋은 학벌을 갖추면 행복이 보장되리라 믿고, 본인은 물론 자녀들에게도 공부를 열심히 시킵니다. 뿐만 아니라 집이 있으면, 차가 있으면, 결혼만 하면, 아기만 생기면 등등 시시때때로 행복을 위한 수많은 조건들을 발견하며 살아갑니다. 그렇게 노력하고 애써서 원하던 지점에 마침내 도달했을 때, 물론 기쁨이 있지만 우리가 경험했듯이 그 기쁨은 그렇게 오래가지 않습니다. 그 자리에서도 나름의 문제와 필요가 있고, 다시 그것을 해결하고 충족하기 위해 노력하는 삶이 반복되는 것입니다. 이처럼 하나님의 말씀을 모르는 사람들은 나름대로 행복의 그림을 그리고 평생 그것을 따라가지만, 결국은 내가 추구해온 이 길에는 마치 신기루처럼 온전한 행복을 찾아 그곳에 머무를 수 없다는 것을 발견하게 됩니다.

사실 인간이 진정으로 행복할 수 있는 비결은 오직 하나님만 정확히 알고 계십니다. 그분께서 인간을 만드신 분이기 때문입니다. 그리고 하나님께서는 말씀에서 그 해답들을 제시해 주셨습니다. 성경은 하나님과의 관계가 회복되지 않고 말씀 위에 세우지 않은 삶은 결코 행복할 수 없으며, 또한 하나님께서 자기를 이 땅에 보내신 목적과 부르심을 따라 사는 사람이 가장 행복한 사람이라고 분명히 알려줍니다.

하나님의 말씀은 진리입니다. 어떤 분야든지 말씀으로만 세운다면 그 분야는 반드시 성공하게 되어 있습니다. 반대로 어떤 분야든지 말씀에 따라 세우지 않았을 때는 당장 보기에는 큰 문제가 없어 보이지만 시간이 지나면서 문제가 생기게 됩니다. 하나하나 하나님의 말씀으로 삶의 분야들을 다루는 과정을 통과하여 마침내 말씀이 최고의 자리를 차지하기만 한다면, 누구나 하나님께서 주신 모든 축복을 누리는 사람이 될 수 있습니다. 저는 사역 현장에서 다양한 분들을 만나서 상담하고 양육해왔습니다. 사실 그러한 경험들이 〈믿음의 반석〉 교육과정을 탄생시킨 배경이기도 합니다. 이혼 직전에 처한 부부를 상담하기도 했고, 정신 문제를 가진 분들도 여러 번 만났습니다. 특히 정신 문제는 의학적으로 사실상 뚜렷한 치료법이 없는 경우가 대부분으로, 약을 복용하더라도 다소간의 완화만 있을 뿐 완치는 어렵습니다. 그러나 그런 분들께 하나님 말씀을 체계적으로 넣어 줌으로써 생각을 바꾸어나갈 때, 결국 완벽하게 치유되어 변화된 삶을 사는 모습을 여러 번 목격하였습니다. 그렇기 때문에 저는 어떤 악한 문제를 가진 성도를 만나더라도 한 가지 분명한 확신을 가지고 있습니다. 바로 하나님의 말씀이 모든 문제에 대한 해답이라는 것입니다. 누군가 어떤 분야에서 문제를 가지고 있다면 이유는 단 하나, 그 분야의 삶을 하나님의 말씀대로 세우지 않았기 때문입니다. 다시 말하지만, 하나님의 말씀대로 세운 것은 반드시 성공하게 되어 있습니다. 하나님의 말씀은 모든 분야에서 진리이기 때문입니다. 그러므로 문제가 있는 부분을 말씀으로 교정하고 다시 세워간다면, 해결되지 못할 문제는 없으며, 반드시 그 문제로부터 빠져나올 뿐 아니라 더욱 강건해질 것입니다. 종종 그런 어려움을 통과하며 하나님 말씀에 따라 삶을 다시 세운 사람들의 삶이 전보다 훨씬 자유롭고 행복하며 더 높은 차원의 삶을 살게 되는 것을 목격하였습니다.

당신도 고장 난 저울입니다

그러므로 진리인 하나님의 말씀과 복음의 메시지를 막힘없이 받아들이는 것이 너무나 중요합니다. 사실 저도 예수님을 믿고 난 후에도 꽤 오랜 시간 동안 잘못된 접근을 해왔습니다. 제 기준으로 하나님을 판단해왔던 것입니다. 처음에 예수님을 영접하고 성령께서 내 안에 계시다는 말도 머리로는 이해했지만 마음으로는 전혀 믿어지지 않았습니다. 그러다 성령 충만을 받고 방언을 말하게 되면서 처음으로 영적인 체험을 하면서 성령님의 존재를 인식하게 되었습니다. 최소한 성령님의 존재에 대한 말씀에 있어서는 개인적인 경험을 갖게 되었습니다. 그러나 그 후에도 제가 가진 자연적인 지식과 통념에 일치하지 않는 말씀들을 볼 때마다 이해할 수 없었고 여전히 믿기가 매우 어려웠습니다. 제 스스로 바르고 논리적인 생각을 하는 사람이라고 믿었기 때문에, 하나님의 말씀을 있는 그대로 받아들이고 싶으면서도, 한편으로는 여전히 저만의 기준을 고수하며 멋대로 어떤 말씀은 취하고 어떤 말씀은 거절하는 접근을 해왔던 것입니다.

그러다 어느 날 하나님께서 조명해주셔서 제가 붙잡고 있는 기준과 접근이 얼마나 불완전한지를 깨닫게 되었습니다. 저는 제가 '고장 난 저울'이라는 것을 깨달았습니다. 고장 난 저울의 특징은 우선 무게를 나타내는 바늘이 처음부터 영점에 있지 않다는 것입니다. 마이너스에 가 있거나 아니면 앞으로 더 돌아가 있습니다. 또한 물건을 올렸을 때도 바늘이 일정하게 움직이지 못합니다. 이와 같이 저도 불신자 가정에서 태어나 불신자로서 오랜 세월 살아오며 세상의 초등학문으로 훈련 받았습니다. 처음부터 하나님의 말씀이 옳은지 구별할 수 없는 상태였던 것입니다. 그런 제가 거의 15년 동안 하나님 말씀을 제 기준에 달아보고 그럴듯한지 아닌지, 받아들일 만한지 아닌지를 계속 판단해왔습니다. 물론 그렇게 신앙생활을 하는 중에도 성령의 역사가 있었고 하나님의 은혜로 저의 믿음이 조금씩 증가하고는 있었지만, 너무나 어리석고 비효율적인 접근을 해왔던 것을 발견한 것입니다. 오히려 반대로 하나님의 말씀이 저울이 되어 거기에 저의 생각을 달아보고 그 생각이 옳지 않을 때에는 말씀을 따라 제 생각을 바꾸어야 옳은 일이었습니다. 어느 순간 성령님께서 조명해주심으로 이것을 깨닫던 날을 저는 잊을 수 없습니다. 그 후로 저의 신앙생활이 급진적으로 전진하기 시작했습니다.

그런 일은 한 가지 인상적인 경험을 하던 중 일어났습니다. 정신 문제가 있는 한 자매를 만났는데, 우리 성도는 아니었고 여러 교회를 떠돌아다니는 분이었습니다. 그런 모습이 너무 안타까워 만나면 친절하게 대화를 하고 조언을 해주곤 했습니다. 그 자매는 외양부터 특이했습니다. 한겨울에도 늘 얼굴을 다 가리는 썬캡을 쓰고 다녔습니다. 요즘은 운동을 하면서 그런 모자를 쓰는 분들이 많지만 한 20년 전만해도 그런 사람은 없었습니다. 그리고 또한 알록달록한 스티커를 손에 붙이고 다니기도 하고, 흰 운동화에 여러 색 볼펜으로 여러 표시를 하고 다니기도 했습니다. 누가 봐도 정상으로는 보이지 않았습니다.

그래서 제가 어느 날 말했습니다. "자매님, 자매가 머리에 꼭 뭔가를 쓰고 싶으면 그 썬캡은 벗고 다른 모자를 쓰면 어떨까요?" 그랬더니 그 자매가 그런 행동을 하는 나름의 이유를 들을 수 있었습니다. 그 자매는 본인이 받는 괴로움의 원인은 자기 안에 역사하는 악한 영들 때문이라고 믿고 있었고, 특히 남자를 보면 음란한 생각이 들어온다고 했습니다. 그런데 어디를 가든 남자를 볼 수밖에 없으니 되도록 시야를 가리기 위해서 가장 챙이 넓은 썬캡을 쓰고 다닌다는 것입니다. 또한 여러 가지 색의 스티커를 붙이거나 신발에 그림을 그리는 것은, 특정 위치에 특정 색깔로 표시를 하면 자기 안에 있는 악한 영들이 덜 역사를 하기 때문이라고 했습니다. 그것이 그 자매가 믿는 바였습니다. 우리가 보기에는 매우 이상한 행동이지만, 나름의 근거와 체계를 가지고 있었습니다.

그 자매와의 대화 중에 하나님께서 제게 계시를 주셨습니다. 그 자매가 자기 기준에 충실하듯이, 세상 모든 사람들은 각자 자신의 기준에 충실하게 살아가는데, 그것이 하나님의 기준에 맞지 않는다면 결국 하나님께서 보시기에는 그 자매나 우리나 전혀 다를 바가 없는 것이었습니다. 다시 말해 제가 나름 세상의 일반적인 기준에는 맞게 살아가는 것 같지만, 그것이 진리가 아니라면 말씀 앞에서는 그 자매나 저나 전혀 차이가 없고 둘 다 잘못된 기준을 가지고 그 기준에 충실히 살아가고 있을 뿐입니다. 성경은 "하나님의 어리석음이 사람보다 지혜롭고 하나님의 약하심이 사람보다 강하니라"라고 말씀합니다(고전 1:25). 하나님의 말씀에서 비롯된 것이 아니라면, 우리가 지향하는 모든 것은 어리석음의 소산일 뿐입니다. 이것을 발견하면서 저는 모든 분야에서 저의 생각과 사고를 하나님 말씀으로 무장하기로 결단했고, 그때부터 비로소 하나님의 말씀에 절대적 권위를 두며 제가 변화하기 위한 접근으로 말씀을 보게 되었습니다.

그래서 〈믿음의 반석〉 교육과정의 첫 번째 시간인 1과에서 "진리가 너희를 자유케 하리라"는 하나님의 말씀이 인생의 모든 분야에서 우리를 자유롭게 한다는 것을 믿고, 말씀을 최고의 권위에 두기로 작정하는 것을 목적으로 합니다. 이번 과를 끝내시면서, "나는 모든 분야에 하나님의 말씀으로 무장하고 살아갈 거야. 이제 하나님의 말씀을 내 모든 삶과 가치관의 기준으로 삼고, 그 말씀을 최고의 권위에 두고 살아갈 거야. 그게 바로 내가 완벽하게 성공하는 비결이야."라고 결론 짓고 결단하게 되시기를 축복합니다.

말씀을 온전히 받아들이기 위해서는 먼저 진리를 받아들이지 못하도록 방해하는 생각들을 알아보고 제거하는 것이 효과적인 절차이겠습니다. 그리스도인으로서 하나님의 말씀대로 하나님의 말씀에 최고의 권위를 두고 살고 싶어 한다 해도 우리 안에는 이 세상과 옛 본성의 영향으로 인해 형성된 누구에게나 공통된 방해 요소가 있습니다. 크게 세 가지로 살펴보겠습니다.

율법적인 생각

율법적인 생각이란, 무엇이든지 나의 행동으로 말미암아 하나님의 복을 받는다는 생각을 말합니다. 이런 접근은 우리가 말씀을 대할 때에도 하나님의 뜻과 하나님의 성품을 발견하기보다는, '해라', '하지 마라'의 율법의 의미로만 이해하고 받아들이게 합니다. 그래서 하나님이 은혜로 주신 것들을 알지 못하고, 누리지 못하게 되는 것입니다.

예수님은 이 땅에 오셔서 우리에게 영생하는 생명을 주심으로 우리가 풍성한 삶을 살게 해주셨습니다.

예수 믿는 사람들은 그리스도 안에서 이미 승리하는 삶을 받은 사람들입니다. 우리 그리스도인들은 승리하는 삶을 살기 위한 본성과 능력과 기업을 이미 모두 받았습니다. 그런데 그 받은 것들을 위해서는 우리의 내면, 우리의 영이 강화되어야 합니다. 즉 바깥으로부터 무언가를 제어하거나 새로 공급받아서 안을 변화시켜야 하는 것이 아니라 우리 내면에 잠재되어 있는 능력을 풀어냄으로써 바깥을 변화시키는 것입니다. 그러나 율법적인 접근은 우리의 바깥 행동을 다루면서, 우리 안에 이미 선한 것들이 주어져있다는 사실을 제대로 인식하지 못하게 만듭니다. 이러한 율법적인 생각의 틀을 깨지 못하면 무슨 말씀을 듣더라도 율법식으로 받아들이게 됩니다. 하나님께서 그 말씀을 주신 의도와 상관없이, 항상 "이 말씀에서는 무엇을 하라고 하시는 것인가?"라고 생각하며 율법식으로 해석하게 됩니다.

"…우리에게 주신 성령에 의하여 하나님의 사랑이 우리 마음속에 부어졌기 때문이라"라는 로마서 5:5 말씀을 예로 들어 봅시다. 이 말씀을 통해 우리는 하나님의 사랑이 성령을 통하여 이미 우리 안에 주어졌고, 따라서 우리는 하나님의 사랑으로 사랑할 능력을 가졌다는 것을 알 수 있습니다. 이를 인식할 때 우리 안에 있는 사랑은 활성화되고, 자연스럽게 다른 사람을 사랑하는 삶을 살게 됩니다. 이처럼 하나님께서 우리를 위해 이미 하신 일들과 예수님을 통해 우리에게 주어진 선한 것들에 초점을 맞출 때, 비로소 말씀은 복음 곧 기쁜 소식으로 다가오고, 우리는 삶에서 그러한 능력들을 막힘없이 풀어내게 됩니다.

그런데 같은 말씀을 들어도 율법적인 접근을 가진 사람은 '그래서 사랑하라는 말이구나' 라고 이해합니다. 하나님께서 말씀을 통해 우리에게 주시려는 유익은 건너뛰고, 그저 또 하나의 행동 규범으로만 말씀을 받는 것입니다. 그렇게 되면 내가 해야 할 방향은 알지만, 그것을 행할 능력이 있다는 것은 알지 못하고 안에 이미 주어진 능력을 활성화할 수 없습니다. 결국 내 힘으로 애써서 하나님의 말씀을 지키려고 노력하지만 곧 한계를 느끼게 되고 그러다 보면 신앙생활은 너무 힘들고 부담스러운 일이 되어 버리고 맙니다.

여러분은 다음의 말씀을 어떻게 이해하고 계십니까?

> 수고하고 무거운 짐진 자들아 다 내게로 오라 그러면 내가 너희에게 쉼을 주리라 나는 마음이 온유하고 겸손하니 내 멍에를 메고 나에게서 배우라 그리하면 너희가 너희 혼에 쉼을 얻으리라 이는 내 멍에는 쉽고 내 짐은 가볍기 때문이라 마 11:28-30

위의 성경 구절은 바로 제가 가진 율법적인 생각을 발견하게 해주었던 구절입니다. 위 구절에서 가장 중요한 메시지가 무엇일까요? 여기에서 예수님께서 말씀하고자 하시는 바는 바로 "쉼"입니다. 예수님께서는 사람들이 그분의 품으로 와서 세상의 짐을 벗고 안식을 누리기를 원하십니다. 그것이 주님의 심정입니다. 그래서 우리를 초청하고 계신 것입니다. 우리 모두는 세상에서 수고스럽고 무거운 인생의 짐을 지고 있습니다. 이 짐을 가볍게 하는 길은 오직 예수님께로 나오는 것뿐입니다.

그런데 저는 예전에 이 구절을 읽을 때 가장 중요한 단어가 '오라'라고 생각했습니다. 그래서 뒤이어 나오는 예수님의 말씀들, 즉 나는 온유하고 겸손하다거나, 너희 마음이 쉼을 얻을 것이라거나, 내 멍에는 쉽고 가볍다는 이야기들은 모두 우리를 오게 만들기 위해 설득하는 말로 여겼습니다. 이런 것이 바로 율법적인 생각입니다. 말씀에 담긴 하나님의 의도나 심정을 헤아리지 못하고, 그저 무엇을 해야 할지 혹은 하지 말아야 할지만을 찾는 것입니다. 그래서 저도 우리에게 쉼을 주고자 하시는 예수님의 마음은 발견하지 못하고, "오라고 하시니까 가야 되는구나. 나는 주님께 나왔으니 됐네."라는 식으로 적용해버리고 말았던 것입니다.

또 다른 말씀을 하나 더 보겠습니다.

> 그러나 참된 경배자들이 아버지께 영과 진리in spirit and in truth로 경배드릴 때가 오나니 바로 지금이라 이는 아버지께서 자기에게 경배드리는 그런 자들을 찾으심이니라 하나님은 한 영이시니 그분께 경배드리는 자들은 영과 진리in spirit and in truth로 경배드려야만 하리라
> 요 4:23-24

위 구절에서 "영과 진리로"라는 표현을 개역한글성경에서는 "신령과

진정으로"라고 번역했습니다. 흔히 예배 때 대표기도를 하시는 분들이 "오늘도 신령과 진정으로 드리는 예배가 되게 하여 주시고…"라고 하시는 것을 많이 들어보셨을 것입니다. 이처럼 일반적으로 이 구절을 영을 다해서 진심과 정성으로 드려야 그것이 곧 하나님께서 기뻐하시는 참된 경배요 예배라는 뜻으로 이해해 왔습니다.

그러나 문맥을 보면 실제로 예수님께서 뜻하신 바는 다소 다릅니다. 위 구절은 예수님께서 사마리아 여인을 만나서 대화하시는 중에 하신 말씀입니다. 그 여인은 이방인이어서 하나님을 알지는 못했지만, 영적 갈급함이 있는 사람이었습니다. 예수님께서 그것을 아시고 먼저 다가가서 물을 청하며 말을 붙이시고는 영적인 이야기를 풀어 가십니다. 그런 과정에서 여인은 예수님께서 선지자이심을 깨닫게 되고, 평소 자신이 가지고 있던 영적인 질문을 드립니다. "우리 사마리아인들은 이 산 위에서 예배를 드리고, 유대인들은 예루살렘에서 예배를 드립니다. 무엇이 옳습니까?" 예수님께서 이 질문에 대해 대답하신 말씀이 바로 위의 구절입니다. 즉 이것은 앞으로 올 거듭난 새로운 피조물의 예배에 대해서 말씀하시고 계신 것입니다.

하나님은 영이시며, 그분의 형상을 따라 영적 존재인 인간을 창조하셨습니다. 그러나 아담이 범죄함으로 말미암아 인간은 그 생명을 잃어버리고 하나님과 교통할 수 없는 상태가 되어버리고 말았습니다. 그 이후로 예수님께서 오시기 전까지 이 땅에 하나님과 영으로 직접 교통할 수 있는 사람은 한 명도 없었습니다. 유대인이나 구약에 나오는 선지자들도 마찬가지였습니다. 그런데 그것을 회복하시기 위하여 예수님께서 오셨습니다. 그런 그분께서 친히 말씀하십니다. "이제 영이신 하나님께 영과 진리로 예배하는 참된 예배자들이 올 것이다. 그 때가 되었다. 그 일을 하기 위해 내가 왔다." 따라서 여기에서 "영과 진리로" 예배한다는 말은, 거듭난 새로운 피조물의 영과 진리인 말씀으로 예배드리는 것을 의미합니다. 즉 어느 곳에서 예배를 드리는 것이 옳으냐는 질문에 대해, 이제 우리의 영이 회복되고 말씀이 회복됨으로써 구약시대의 예배와는 다른 완전히 새로운 방식의 예배, 곧 하나님께서 우리를 향해 진정으로 꿈꾸어온 그런 예배를 드리게 될 것을 말씀하신 것입니다.

그런데 이 말씀을 두고 "신령과 진정으로" 즉 영을 다해 정성으로 예배해야 참된 예배라는 식으로 해석한다면 본래 의도와는 거리가 멀어집니다. 이것이 모든 말씀을 율법적인 생각으로 접근할 때 일어나는 결과입니다. 흔히 종교적으로 가지고 있는 '예배'라는 것에 대한 인식과 '신'에 대한 태도를 투영하여 말씀을 해석하는 것입니다. 물론 정성을 다하고 마음을 다하는 것은 좋은 일입니다. 그러나 위 말씀의 본질은 그것이 아닙니다.

그런데 이렇게 모든 말씀을 율법적으로 받아들이는 그리스도인이 생각보다 많습니다. 사실 율법적인 생각은 우리가 살아가면서 나도 모르게 자연스럽게 익히게 되는 사고방식 중의 하나인 것 같습니다. 저는 전통교단이 아닌 성령의 역사를 환영하는 비교적 자유로운 분위기의 교회들에서 신앙생활을 해왔기 때문에 율법적인 생각이란 전통교단에 속한 분들에게 많이 있는 것이고 저에게는 전혀 그런 것이 없다고 믿었습니다. 그런데 성령님께서 말씀에 대해 계시해주실 때 제 안에도 많은 율법적인 접근과 태도들이 있음을 발견하였습니다. 여러분 중에서도 '나는 어떤 때 어떤 계기로 율법적인 생각을 발견하고 정리했다' 라고 말할 수 있는 경험이 아직 없으시다면, 아직 율법적인 생각을 가지고 있는 것으로 보면 맞을 것입니다. 율법적인 사고에서 빠져 나온 사람은 율법적인 것들이 정확하게 진단이 되지만, 아직 빠져나오지 못한 사람은 스스로도 인지하기가 어렵습니다. 우리는 "나는 이제 완벽하게 율법적인 생각에서 벗어났다!"라고 심령으로부터 분명하게 확신할 수 있기까지 지속적으로 이런 생각을 다루어야 합니다. 단번에 해결되는 것은 아닙니다. 지속적인 인식과 훈련이 필요합니다. 그리고 바로 오늘이 여러분에게 그 중요한 시작이 될 것입니다.

율법적인 생각을 복음적인 생각으로 바꾸고 성경을 대하면, 점점 주님의 뜻을 더 잘 알게 되고, 그만큼 주님에 대한 신뢰와 믿음이 증가하게 되며, 진정으로 "진리가 우리를 자유케 하는" 그런 신앙생활을 누릴 수 있게 됩니다.

도덕적인 생각

우리가 어려서부터 접하는 전래동화나 여러 이야기들의 주제는 항상 "권선징악"이었습니다. 착한 일을 하는 사람은 복을 받고, 나쁜 짓을 하는 사람은 벌을 받는 것입니다. 그것이 지극히 당연하고 정당한 처사였습니다. 그런데 성경을 보다 보면 우리가 지금까지 배우고 익혔던 도덕적 기준을 거스르는 듯한 부분을 발견하게 됩니다. 특히 구약 성경이 그렇습니다. 다윗은 간음하고 살인을 했는데도 하나님께서 용서해주시고 "내 마음에 합한 사람"이라고 하시는 반면, 사울 왕은 그저 제사 한 번 잘못 지냈을 뿐인데 하나님께 버림을 받습니다. 그럴 때 우리는 참으로 하나님께서 과연 좋은 아버지이신지, 그런 상황을 어떻게 이해해야 할지 난감해지고 맙니다.

  사실 이 도덕적인 생각이 많은 불신자들로 하여금 복음을 받아들이지 못하게 하는 장애물입니다. 저도 고등학교 때 교회 다니는 친구들을 보면서 한편으로는 그들이 가지고 있는 단순한 믿음이 부럽기도 했지만 또 한편으로는 정말 이해가 되지 않았습니다. 하나님이 계시고 천국과 지옥이 있는데, 예수님을 믿기만 하면 아무리 죄를 많이 지어도 천국에 가고, 예수님을 믿지 않으면 아무리 착하게 살아도 지옥에 갈 수밖에 없다는 것입니다. 그 말을 듣고 저는 재고의 여지 없이 단번에 '말도 안 되는 소리'라고 결론을 내렸습니다. 저의 선행 중심적인 도덕관념으로는 결코 받아들일 수 없는 이야기였기 때문입니다. 어떻게 그런 불공평한 분을 하나님이라고 믿고 따를 수 있는지 도저히 이해할 수가 없었습니다. 성경은 도덕적으로 상당히 높은 수준을 요구하고 있지만, 성경을 읽다 보면 때로 성경에 있는 사건이나 하나님의 반응이 도덕적인 것에 반하는 경우를 보게 됩니다. 그런 경우라도 우리의 도덕적 생각보다 더 의로우신 하나님을 신뢰하며 있는 그대로 말씀을 진리로 받아들인다면 우리가 더 성장해 갈 때 하나님의 반응을 이해하게 될 것입니다.

> 이스라엘 자손이 광야에 있을 때 안식일에 어떤 사람이 나뭇가지를 거둬들인 것을 그들이 본지라 나뭇가지를 거둬들이는 자를 본 사람들이 그를 모세와 아론과 온 회중 앞으로 데리고 와서 그를 감방에 가두었으니 이는 그에게 어떻게 조치해야 하는지가 공포되지 않았음이더라 주께서 모세에게 말씀하시기를 그 사람을 반드시 죽일지니 온 회중이 진영 밖에서 그를 돌로 칠지니라 하시더라 민 15:32-36

위의 말씀은 도덕적으로 접근할 때 이해하기 힘든 성경 구절 중 하나입니다. 본래 안식일에는 일을 해서는 안 되는 것이었는데 어떤 사람이 밥할 땔감을 전날 미처 준비하지 못했는지 안식일에 나무를 했습니다. 이 부분은 영어 성경을 보면 "gather"이라는 단어로 적혀 있습니다. 즉 장작을 팬 것도 아니고 나뭇가지를 주워 모은 정도였습니다. 그러다 모세 앞에 끌려 왔는데, 하나님께서는 모세에게 그를 돌로 쳐 죽이라고 명령하십니다. 이런 장면을 볼 때 우리는 "남한테 피해를 준 것도 아니고, 그냥 나무 몇 개 좀 주은 것 같은데 이게 죽어야만 하는 일인가? 하나님은 너무 무서우시고, 이해할 수 없는 분인 것 같다. 대체 어떻게 해야 하나님 마음에 들 수 있는 걸까?"라고 생각하며 하나님의 신실하심이나 선하심에 대한 근본적인 의문을 갖게 될 수도 있습니다.

그러나 하나님은 항상 옳으신 분입니다. 특별히 구약 성경에 나오는 모든 사건들은 신약에 오실 메시아와 그분으로 말미암아 나타나는 새로운 피조물의 삶을 비추는 그림자이자 모형입니다. 그중에서도 안식이나 제사 등 예수님께서 오셔서 하실 일을 나타내는 그림자나 모형을 건드리는 것에 대해서는 강력하게 처벌하시는 것을 발견합니다. 이스라엘 백성들 가운데 역사하셔서 예수님이 메시아로 오실 것에 대한 모형과 그림자를 나타내는 것을 범하는 것에 대해 하나님은 단호하셨습니다.

모세에게도 비슷한 일이 있었습니다. 이스라엘 민족이 광야에서 물이 없어 아우성을 치자 모세가 하나님께 아뢰니 하나님께서 "네 지팡이로 호렙 산에 있는 반석을 치라"고 명령하셨고, 그러자 그곳에서 물이 나왔습니다(출 17장). 이후 백성들을 이끌고 가나안 땅 앞까지 갔는데, 또 다시 물이 없어 백성들이 소동하는 사건이 일어났습니다(민 20장). 그런데 이때는 하나님께서 전과 달리 "반석에게 명하여 물을 내라"라고 말씀하셨습니다. 그러나 모세는 그 지시를 어기고 또 다시 반석을 지팡이로 치고 말았습니다. 그때 하나님께서 이렇게 말씀하십니다. "너희가 나를 믿지 아니하고 이스라엘 자손의 목전에서 내 거룩함을 나타내지 아니한 고로 너희는 이 회중을 내가 그들에게 준 땅으로 인도하여 들이지 못하리라" 이 사건으로 모세는 가나안 땅으로 들어가지 못하게 되었습니다.

이것을 보면서 '모세가 완악한 이스라엘 백성을 이끌고 얼마나 많은 고생을 했는데, 반석을 치나 반석에 명령하나 무슨 큰 차이가 있다고 가나안 땅에도 못 들어가게 하실까?' 라고 생각할 수 있습니다. 그러나 신약 성경의 계시에 비추어 보면 하나님의 뜻을 이해할 수 있습니다.

> 모두 구름과 바다 속에서 모세에게 침례를 받았고 또 모두 같은 영적 음식을 먹었으며 모두 같은 영적 음료를 마셨다는 것이라 이는 그들이 그들을 따랐던 그 영적 반석에서 나온 것을 마셨음이요 그 반석은 그리스도셨음이라 고전 10:2-4

반석은 그리스도의 모형입니다. 그리스도는 단 한 번 십자가에서 그 몸이 찢기고 죽으심으로써 속량 사역을 완성하게 되어 있습니다. 그것으로 완벽합니다. 한 번 죽으신 예수님이 또 죽으실 필요가 없습니다. 그러므로 한 번 친 반석을 또 다시 칠 필요가 없고, 그래서도 안 됩니다. 예수님은 이 세상에 오셔서 우리를 위해 한 번 죽으셨고 그 후로는 이미 이루어진 구원의 바탕 위에 믿음의 말로 명령하면 되는 원리가 숨어 있습니다. 그런데 모세가 반석을 두 번 친 것은 오실 메시아에 대한 정확한 모형을 나타내지 못했으므로 하나님께서 그것을 엄히 다루셨던 것입니다. 이처럼 하나님의 뜻과 성경의 맥에 대한 정확한 이해가 없는 상태에서 나의 도덕적인 생각과 기준으로 하나님을 평가하는 것은 아무런 의미가 없는 일입니다.

우리는 이런 것들을 신약에서도 발견합니다.

그 다음날 그들이 베다니에서 나왔을 때에 주께서 시장하신지라 저쪽에 잎이 있는 한 무화과나무를 보시고 거기에 무언가 있을까 하여 가보셨으나 잎사귀 외에는 아무것도 찾지 못하셨으니 이는 무화과의 때가 아직 아니기 때문이라 예수께서 대답하여 무화과나무에게 말씀하시기를 이후로는 영원히 네게서 아무도 열매를 먹지 못하리라고 하시니 제자들이 그 말을 듣더라…
아침에 그들이 지나갈 때에 그 무화과나무가 뿌리로부터 말라 버린 것을 보고 베드로가 생각이 나서 주께 말씀드리기를 선생님, 보소서 선생님께서 저주하신 그 무화과나무가 말라 버렸나이다 라고 하니 예수께서 대답하여 그들에게 말씀하시기를 하나님을 믿으라 진실로 내가 너희에게 말하노니 누구든지 이 산더러 옮겨져 바다에 빠지라고 말하고 그의 마음에 의심하지 않으며 그가 말한 것들이 이루어지리라고 믿으면 말한 것은 무엇이든지 이루어지리라 그러므로 내가 너희에게 말하노니 너희가 기도할 때에 바라는 것들은 무엇이나 받은 것으로 믿으라 그리하면 너희 것이 되리라 막 11:12-14, 20-24

저도 예전에 이 구절을 읽으면서 항상 찜찜한 마음이 있었습니다. '무화과 때가 아닌데 무화과 열매가 없다고 나무를 저주하신 것은 이치에 맞지 않는데 선하신 예수님께서 왜 그러셨을까?' '차라리 무화과 때가 아니라는 말씀이 없었다면 이해할 수 있었을 텐데.' 이것이 저에게는 꽤 오랜 시간 풀리지 않는 의문이었습니다. 그러나 성령을 받고 말씀을 바르게 접근하기 시작하면서 저는 저의 잘못된 접근을 발견하게 되었습니다. 내 안에는 그런 사고가 전혀 없다고 생각했는데, 제가 도덕적인 생각으로 예수님의 행동을 판단하고 있는 것을 깨닫게 된 것입니다. 이처럼 '고장 난 저울'에 성경 말씀을 달아 보면서 잘못된 접근을 하고 있음을 깨닫고 나서야 이 말씀에 대해 온전히 이해할 수가 있었습니다.

예수님께서 하신 모든 행동과 말은 하나님의 뜻의 표현이었습니다. 예수님께서는 나무에게 어떤 잘못이 있어서 저주하신 것이 아닙니다. 그저 믿음의 원리를 제자들에게 보여주시기 위한 예로 그 나무를 사용하신 것뿐입니다. 사람들은 집을 짓거나 불을 때거나 자신의 필요를 위하여 나무를 잘라다 씁니다. 나무가 잘못해서가 아니라 인간이 세상의 자원들을 향유할 능력과 권세를 가지고 있기 때문에 그렇게 하는 것입니다. 그런데 하물며 온 우주 만물의 창조주이시며 주인이신 예수님께서 우리에게 영적인 교훈을 주시기 위해 나무 한 그루를 사용하신 것을 문제 삼는다면 얼마나 앞뒤가 맞지 않는 접근입니까.

이 일을 통하여 예수님께서는 새로운 종류의 기도에 대해 가르치고자 하셨습니다. "이루어질 줄 믿고 의심하지 않고 말하면 그대로 된다. 무엇이든 기도하고 구하는 것은 받게 된다." 구약시대에는 이런 기도가 없었습니다. 구약의 성도들은 거듭나지 않았고 하나님의 생명인 조에zoe 생명이 없는 자들이었기 때문에, 그저 율법을 지키며 하나님의 긍휼을 구하는 것이 그들의 기도 방법이었습니다. 그러나 이제 예수님께서 오셨고, 그분의 속량 사역을 통하여 곧 나타날 새로운 피조물에게는 다른 방식의 기도가 있습니다. 즉 거듭난 의인의 위치에서 믿음을 사용하여 선포하고 불러냄으로써 결과를 보는 것입니다. 이것이 바로 이 사건을 통해 예수님께서 전하고자 하신 메시지입니다.

이처럼 모든 성경 말씀을 볼 때 우리는 그 안에서 하나님께서 주시고자 하시는 핵심 메시지를 발견하고 취해야 합니다. 그렇게 큰 맥을 잡으면 주변적인 것들도 자연히 풀어지게 마련입니다. 그런데 처음부터 도덕적인 생각의 틀에 갇혀서 난데없이 나무의 편이 되어 말씀에 접근하면, 정작 중요한 메시지에는 닿지도 못하고 처음부터 막혀버리고 마는 것입니다.

따라서 어떤 말씀을 접하든지, 하나님의 선하심을 신뢰하고 하나님께서 하시는 일과 그분의 말씀은 항상 옳다는 전제를 분명히 해야 합니다. 나의 도덕적인 관념으로 이해가 되지 않는 부분을 만나더라도, 하나님께는 결코 문제가 있을 수 없고 때가 되면 내가 그분의 의도를 이해할 수 있을 것이라는 태도를 가져야 합니다. 그래서 의문점을 불필요하게 오래 붙들고 있기보다는 잠시 접어두고 그 말씀을 통해 하나님께서 말씀하고자 하시는 바에 집중하는 것이 현명한 반응입니다. 결론적으로 우리 안의 그 어떤 생각이나 사상이라도 하나님의 말씀을 진리로 받아들이는 데 방해 요소가 된다면 결코 허용해서는 안 됩니다.

이론들

눈에 보이는 이 세상의 자연법칙과 이론, 과학, 우리의 경험 등도 하나님의 말씀을 받아들이는 데 방해가 되는 요소들입니다. 이런 부분에 묶여있는 경우 신구약에 걸쳐서 등장하는 여러 기적적인 사건들을 읽을 때마다 어려움을 겪게 됩니다.

저녁이 되자 제자들이 그에게 와서 말씀드리기를 "이 곳은 외딴 곳이고 이제 시간도 지났으니 무리를 보내어 마을로 들어가 각자 양식을 사 먹게 하소서."라고 하니 예수께서 그들에게 말씀하시기를 "그들이 갈 필요가 없느니라. 너희가 그들에게 먹을 것을 주라." 하시더라. 제자들이 주께 말씀드리기를 "여기 우리에게 있는 것은 빵 다섯 덩어리와 물고기 두 마리 뿐이니이다."라고 하니 주께서 말씀하시기를 "그것을 여기 내게로 가져오라."고 하시고 무리를 풀밭에 앉으라 명하신 후에 빵 다섯 덩어리와 물고기 두 마리를 가지고 하늘을 바라보며 축복하시고 빵을 떼어 제자들에게 주시니, 제자들이 무리에게 주니라. 그들이 모두 먹고 배불렀으며 남은 조각들을 거두니 열두 광주리에 가득 차더라. 음식을 먹은 사람들은 여자들과 아이들을 제외하고도 약 오천 명이더라. 그리고 나서 곧 예수께서 제자들을 재촉하여 배를 타고 먼저 건너편으로 가게 하시고 그 동안 주께서는 무리를 흩어 보내시더라. 무리를 보내신 후 주께서는 기도하러 따로 떨어져 있는 산으로 올라가셨는데 저물었을 때에 거기에 홀로 계시더라. 한편, 그 배는 이제 바다 한가운데 있었는데 바람이 거슬러 불므로 파도에 시달리고 있더라. 밤 제 사경에 예수께서 바다 위를 걸어서 그들에게 다가오시니 제자들이 바다 위를 걸어오시는 그를 보고 불안하여 말하기를 "유령이다!"라고 하며 무서워 소리지르더라. 마 14:15-26

예수님께서 오병이어로 여자와 어린이를 제외하고 오천 명을 먹이시고, 또 물 위를 걸으시는 기적을 연속적으로 행하시는 장면입니다. 저는 제가 경험하고 만져보지 않은 것은 절대 받아들이지 않는 논리적인 기질을 가지고 있었습니다. 그래서 어떻게 보면 신앙생활을 시작하고 난 후에 말씀을 받아들이는 데 방해가 되는 세 가지 요소 중에서 제가 가장 직접적으로 부딪혔던 부분이 바로 이것이었습니다. 물 위를 걷는다는 것은 과학적으로 불가능하고, 그런 사람에 대해서 본 적도 들은 적도 없는데, 예수님께서 그렇게 하셨다는 것이 저의 사고의 한계로는 도저히 용납되지 않았습니다. 오병이어의 기적이나 구약에서 바다를 갈랐다는 이야기 모두 만화나 공상영화에서나 나올 듯한 이야기로 여겨졌습니다.

그러나 이 부분에 대해서도 후에 성령의 조명을 통해 새롭게 깨닫고 생각을 바꾸게 되었습니다. 하나님께서는 온 우주 만물과 모든 세계의 창조주이십니다. 즉 3차원적인 세상을 지으시고 자연 법칙을 놓으셨을 뿐 아니라 4차원의 영적인 영역도 모두 주관하는 분이십니다. 그렇게 시간과 공간과 차원을 초월하여 다스리시는 분께서, 3차원의 영역에 잠시 4차원의 원리를 풀어놓으시어 인간의 눈에는

'기적'으로 보이는 일들을 일으키시는 것은 결코 불가능하거나 어려운 일이 아니고, 오히려 너무나 쉽고 당연한 일입니다. 사실 하나님께서는 영적인 법칙을 자연적인 법칙보다 상위에 두셨으며, 따라서 3차원의 원리는 4차원의 원리에 순복하고 삼켜지게 되어 있습니다. 따라서 우리가 자연적인 이론과 감각에서 벗어나 초자연적인 영의 원리들을 인식하고 풀어놓기 시작한다면, 비단 구약의 선지자나 예수님만이 아니라 지금 현재 우리의 삶에서도 기적이라 할만한 영적 실재들이 나타날 것입니다.

역사적으로 보면 사람들이 이성적이고 경험적인 사고를 하게 되면서, 오히려 교회 안에서 당연히 일어나고 경험되어야 할 많은 기적들을 놓쳐버리고 말았습니다. 성경의 사건들을 읽을 때 아예 처음부터 받아들이지 못하거나, 아니면 그나마 조금 양보하여 그런 일은 예전 성경 시대에 하나님이나 예수님만 행하신 것이고, 지금 우리에게는 상관이 없다고 적용해온 것입니다.

그러나 지금도 성경의 기적은 곳곳에서 일어나고 있습니다. 오병이어의 기적에 대해서는 특별히 하이디 베이커라는 목사님이 유명합니다. 아프리카 지역에서 고아들을 돌보고 계시는데, 돈도 돈이지만 식량 자체가 부족한 지역이기에 빵을 나누어줄 때마다 사람 수에 비해 부족한 양을 가지고 시작하지만 끝에는 오히려 빵이 남는 기적이 지속적으로 일어나고 있습니다. 또한 다른 치유 집회나 전도 현장에서는 금이빨이 생기고 새로운 이가 자라났다거나, 심지어 죽은 사람이 살아난 일들에 대해서도 많은 보고가 있습니다. 지금 우리가 사는 시대는 마지막 때로서, 말씀에 대한 계시가 온전하게 열리고 또한 성경에 기록된 기적들이 회복되는 시기입니다. 이런 때에 단지 우리가 경험하지 못했고 과학으로 설명할 수 없는 일이라고 해서 거절해서는 안 됩니다. 이제는 그런 제한을 모두 내려놓고, 언제 어디서나 동일하게 살아 역사하시는 하나님을 인식하며 인정해야 합니다. 뿐만 아니라 거듭난 우리에게 예수님을 대신하여 이 땅에 하늘의 원리를 풀어낼 권세가 주어졌음을 알고, 이제는 내가 바로 그러한 기적의 통로가 되어야 함을 인식해야 합니다.

> 그들 가운데 이 세상의 신이 믿지 않는 자들의 마음을 어둡게 하여 하나님의 형상이신 그리스도의 영광스러운 복음의 광채가 그들에게 비치지 못하게 하느니라 고후 4:4

어떤 사람이 예수를 받아들이지 않으면 우리는 나름의 이유를 찾으려고 합니다. "그 사람은 부족한 게 없어서 갈급함이 없어.", "저 사람은 배운 게 많아서 믿기가 힘들 거야." 그러나 이것은 모두 자연적인 관점의 해석에 지나지 않습니다. 성경은 분명하게 말합니다. "이 세상의 신이 믿지 아니하는 자들의 마음을 혼미하게 하여 복음의 빛이 비치지 못하게 함이니" 당신이 누군가를 전도하려고 하는데, 그가 세상에서 너무 잘 나가고 여러 조건이 나보다 훨씬 나아 보인다고 해서, 이 복음을 받아들이지 않을 것이라고 단정해서는 안 됩니다. 또 반대로 '저 사람이 이런 문제가 있으니까, 내가 그걸 도와주면 마음을 열고 예수님을 믿게 되겠지.'라는 생각도 바른 생각은 아닙니다. 경험과 상황을 보고 판단하는 혼적인 사고방식에서 벗어나십시오. 성경은 이 세상의 신, 즉 불신자들의 왕인 마귀가 그들의 심령을 사로잡고 또한 생각을 어둡게 하여 이 복음을 있는 그대로 받아들이지 못하게 방해하기 때문에 그들이 복음을 받아들이지 못하고 있다고 말합니다. 이유는 그것뿐입니다.

우리는 이처럼 모든 것을 성경대로 바라보고 인식하는 습관을 들여야 합니다. 성경을 볼 때에도 마찬가지입니다. 내 생각의 틀이나 자연적인 관점의 바탕에 말씀을 끼워 맞추는 것이 아니라 모든 면에서 그분의 말씀을 최고의 권위에 두는 훈련을 끊임없이 계속해야 합니다. 이를 위해 앞서 살펴본 하나님 말씀의 진리를 받아들이는 데 방해가 되는 대표적인 세 가지 생각들을 정확하게 파악하고, 내가 가진 생각에 맞지 않는 말씀을 보더라도 기꺼이 내 생각을 양보하고 말씀을 가장 높은 자리에 두는 접근을 체질화시켜야 합니다.

거듭난 성도들은 이제 새 피조물이 되었고 새로운 나라, 즉 하나님의 나라에서 새로운 법과 진리를 따라 사는 하나님의 자녀들입니다. 하나님의 말씀인 진리가 우리 안에 지속적으로 거하고 그 말씀들이 우리의 어떤 생각이나 이론들보다 높아져서 우리의 생각과 삶을 지배하게 할 때, 우리는 진리로 말미암아 자유롭게 되며, 능력 있고 자유로운 그리스도인이 됩니다.

새로운 피조물의 패러다임으로 전환하라

　우리가 새로운 피조물답게 기능하는 방법은 오직 성경과 성령님만이 알려 줄 수 있습니다. 성경 이외의 다른 어떤 곳에서도 가르쳐 줄 수 없습니다. 말씀을 따라서, 새로운 피조물인 내가 어떤 존재인지, 어떤 능력이 있는지, 나에게 어떤 삶이 준비되어 있는지를 성경과 성령님의 조명을 통해 배우고 알아가는 것입니다.

　우리는 과거의 패러다임을 바꾸어야 합니다. 많은 성도들은 여전히 구약적인 패러다임을 많이 가지고 있습니다. "성경을 열심히 행하고, 하나님을 기쁘게 하면, 축복을 받는다." 이것이 바로 구약적이고 율법적인 패러다임입니다. 그러나 이제 신약에 속한 우리는 거듭나서 영생, 즉 하나님의 생명을 받은 자들입니다. 자녀 된 우리에게는 이미 모든 축복이 주어졌습니다. 하나님께서 이제 우리에게 더 주셔야 할 것이 없습니다. 구약 사람들은 죄의 본성을 통제하며 끊임없이 하나님께 구하고 얻어야 했지만, 이제 우리는 의의 본성을 가지고, 예수님의 사역으로 말미암아 영적인 차원에서 이미 다 이루어진 것들을 말씀 안에서 발견하여 그것을 붙잡고, 성령님의 도움을 받아 취하기만 하면 되는 것입니다. 이 놀랍게 발전하는 삶에서 이제 우리를 막을 수 있는 것은 오직 우리의 변화되지 않은 생각뿐입니다. 예를 들어, 한 사람이 감옥 안에 갇혀 있습니다. 그는 여기에서 결코 나갈 수 없다고 생각하고 괴로워하며 그 안에 앉아 있습니다. 그런데 사실 그 감옥문은 예전부터 열려 있었습니다. 그렇다면 그가 해야 될 일은 무엇입니까? 감옥문이 열려 있다는 사실을 발견하고, 그저 그 문을 열고 나가기만 하면 되는 것입니다. 구약의 패러다임에 머물러 있는 그리스도인의 모습이 마치 이와 같습니다. 예수님께서는 이미 우리를 속박하는 모든 문제를 해결하셨을 뿐 아니라 우리에게 모든 축복을 열어주셨는데, 여전히 자신의 생각의 견고한 진 안에 들어앉아 "이건 안 될 거야. 하나님께서 해주셔야 해."라며 갇혀 있는 것입니다. 우리 모두는 각자 자기가 직접적이거나 간접적인 경험으로 만든 감옥에 살고 있습니다. 이제까지 살던 삶에서 진보하고 싶다면 우리는 진리의 말씀으로 생각을 바꾸며 과거에 있던 감옥으로부터 걸어나올 수 있습니다.

몸이 아픈 경우, 과거의 패러다임이라면 아마 이렇게 기도할 것입니다. "하나님, 제가 아픕니다. 잘못한 것이 있다면 회개합니다. 자비와 긍휼로 저를 고쳐 주세요." 그러나 새로운 피조물의 패러다임은 다릅니다. 하나님께서 예수님을 채찍에 맞게 하심으로써, 우리가 나을 길을 예비하셨고, 우리의 치유는 그리스도 예수 안에서 이미 이루어진 사실입니다(벧전 2:24). 우리는 이 말씀을 앎으로써, 하나님께 낫게 해달라고 무기력하게 기도하기보다는 "예수께서 채찍에 맞으심으로 나는 나았습니다! 나는 아플 필요가 없습니다. 나는 내 몸의 증상을 거절합니다. 나는 신성한 건강을 누립니다!"라고 선포하며, 말씀에 근거하여 믿음으로 질병으로부터 스스로 빠져나올 수 있습니다. 예수님이 하신 일에 대한 믿음과 말씀을 근거로 있던 자리에서 벌떡 일어나서 당당히 걸어 나온다면 아무도 그 길을 막을 수 없다는 것을 발견하게 될 것입니다. 우리 신앙생활의 패러다임은 이러한 방향으로 반드시 변화되어야 합니다.

계시를 사모하라

바울의 기도는 새로운 피조물이 해야 할 기도의 모범입니다. 대표적으로 에베소서 1장(계시 기도)과 3장(능력 기도), 골로새서 1장(열매 기도)의 기도가 있는데, 이 중에서 에베소서 1장의 기도는 성도들을 위한 기도로서, 오늘날에도 모든 성도가 자기 자신은 물론 섬기는 영혼들을 위해 지속적으로 고백하기에 적합한 기도문입니다.

우리 주 예수 그리스도의 하나님, 영광의 아버지께서 자기를 아는 지식 안에서 지혜와 계시의 영을 너희에게 주시어 너희의 지성의 눈을 밝히셔서 너희로 하여금 그의 부르심의 소망이 무엇이며 성도들 안에 있는 그의 유업의 영광의 풍성함이 무엇인지 또 그의 강력한 능력의 역사하심을 따라, 믿는 우리에게 향하신 그의 능력의 지극히 위대하심이 어떤 것인가를 너희로 알게 하시기를 원하노라. 엡 1:17-19

여기에서 바울은 가장 먼저 "지혜와 계시의 영을 주시기를 원한다"라고 기도합니다. 더 큰 하나님의 사랑과 긍휼을 구하는 것이 아닙니다. 그것은 이미 우리에게 넘치도록 주어졌습니다. 이제 우리에게 필요한 것은, 지혜와 계시의 영(성령)을 통하여 하나님을 더 깊이 알게 되고, 그분께서 우리에게 주신 부르심과 기업과 축복과 능력을 발견하는 일입니다. 마치 인색한 이방신을 섬기는 사람처럼 하나님께 복을 달라고 구하는 것이 아니라 이미 주어진 것을 내가 발견하고 취하면 됩니다. 이제 중요한 것은 축복을 '더 받는' 것이 아니라 이미 받은 것들에 대해 '아는' 일인 것입니다.

이처럼 우리가 영으로 '알게' 하는 것이 바로 계시의 작용입니다. 계시는 우리가 온전한 신앙생활을 누리기 위해서 너무나 중요한 요소입니다. 그래서 사도 바울은 지혜와 계시의 영을 주시기를 기도했습니다.

계시란, '감추인 것이 드러나다' 라는 뜻으로 우리가 지식으로만 알고 있던 말씀이 우리 영에 성령으로 말미암아 밝혀져서 더 이상 믿으려고 애쓰는 상태가 아니라 믿게 되는 상태를 말합니다. 계시는 말씀을 입술로 고백할 때나 말씀을 들을 때, 성령의 역사로 말미암아 우리의 영에 나타나게 됩니다.

계시는 혼적으로 깨달음을 얻는 것과는 다릅니다. 이는 우리가 혼적인 영역에서 일단 동의하고 받아들인 사실이, 영적인 영역에 비춰짐으로 말미암아 깨달아지는 것입니다. 다시 말해 내가 '깨닫는' 것이 아니라 성령님의 조명하심으로 말미암아 '깨달아지는' 상태를 말합니다.

예를 들어 어두운 방 안에 들어간 상황을 생각해 봅시다. 불이 없이 깜깜한 방에서 아무것도 보이지 않는 상태에서 당신이 누군가에게

들은 대로 방안의 모습을 상상하며 더듬고 있을 때 누군가 불을 켜주었습니다. 그러면 즉시 당신의 눈이 밝아져서 방안에 있는 모든 것을 보게 될 것입니다. 그것들은 처음부터 그곳에 있었지만, 누군가 불을 켜주었을 때 비로소 당신의 눈에 들어오게 된 것입니다. 이와 같이 성령님의 개입으로 말미암아 영적인 영역에 일어난 어떤 작용을 통하여, 하나님의 말씀이 우리에게 밝혀지는 상태, 즉 깨달아지고 이해되고 영으로부터 믿음을 발휘할 수 있게 되는 상태를 두고 "계시를 받았다"라고 표현합니다.

계시는 말씀을 읽는다고 해서 항상 자연히 일어나는 것은 아닙니다. 처음에는 혼을 통해 말씀을 지식으로 받고 '하나님께서 나에게 이런 것을 주셨구나.' 하는 새로운 정보를 얻게 됩니다. 이로 인해 우리는 새로운 그림을 그리게 되고 인식하게 됩니다. 그러나 그러한 그림이 실제로 내 것이 되기 위해서는 계시가 필요합니다. 성경을 통해 새로운 지식을 배우고, 그 후에도 여러 번 듣다가 어느 순간 "아! 정말 그렇구나!"라고 밝혀지고 깨달아지는 순간이 오는 것입니다. 이러한 빛은 오직 성령님으로부터만 오는 것입니다.

한 예로 치유 분야에 있었던 저의 경험을 나누겠습니다. 저는 어려서부터 잔병치레가 잦았습니다. 소풍만 다녀와도 온몸이 쑤시고, 고등학교 때는 불면증에 시달리기도 했으며, 소화불량이나 편두통은 늘 가지고 있던 증상이었습니다. 그중에서도 저를 가장 힘들게 했던 것은 편두통이었습니다. 조금만 신경 쓸 일이 있으면 온 종일 머리가 아프고, 별일이 없을 때에도 오후가 되면 머리가 아프곤 했습니다. 그러던 제가 예수를 믿고 어느 날 케네스 해긴 목사님의 『믿는 자의 권세』라는 책을 읽던 중이었습니다. 늘 보던 성경 구절이었는데 그날은 치유에 대한 구절을 보다가 불현듯 제 안에 불이 들어오는 듯 했습니다. 흔히 만화영화에서 어떤 아이디어가 떠오를 때 머리에 전구가 켜지는 그림으로 표현하듯이, 제 안에 그렇게 전깃불이 켜진 것 같았습니다. '예수님께서 십자가에서 돌아가신 것은 이천 년 전의 일이지만, 내가 그것을 믿고 받아들일 때 나에게 구원이 실재가 된 것처럼 치유도 마찬가지구나! 예수님께서 이천 년 전에 채찍에 맞으심으로 내가 아프지 않아도 될 길을 다 마련하셨는데, 내가 구원을 받아들이고 거듭난 것과 똑같이, 치유도 내가 지금 받아들이면 나에게 실재가 되는 것이구나! 그렇다면 나는 정말로 아플 필요가 없구나!' 이 진리가 깨달아지면서 저에게 계시가 왔습니다. 그리고 저는 즉시 저의 머리에 손을 얹고 기도했습니다. 기도한 후에도 증상은 여전히 남아있었지만, 저는 제가 아플 필요가 없다는 것을 영으로 확신하게 되었기 때문에 증상과 상관 없이 그 진리를 계속해서 붙들고 있었고 그렇게 믿음을 유지할 때 결국 증상은 떠나갔고, 저는 평생 시달려온 고질적인 편두통으로부터 완전히 자유롭게 되었습니다. 치유 분야의 말씀에 대한 계시가 저를 질병으로부터 해방시킨 것입니다. 이후로 저는 치유 외에도 재정 분야와 염려와 걱정 등 여러 분야에서 점차적으로 계시를 받고 자유롭게 되는 경험을 하게 되었습니다. 저의 삶에서 계시가 증가될수록 환경을 이기는 능력도 증가했습니다. 이처럼 우리가 그리스도인으로서 얼마나 능력 있게 살아갈 수 있느냐는 얼마나 많은 분야에서 얼마나 많은 계시를 가지고 있느냐에 달려 있습니다.

계시는 단순히 지식을 공부하는 것과는 다릅니다. 지식은 내가 많이 듣고 많이 배우면 되지만, 우리가 말씀을 머리로 많이 안다고 해서 그것이 우리의 삶을 실제로 바꾸어주지는 못합니다. 그러나 성령님의 개입으로 말미암아 말씀이 영에 계시로 비춰지면 행할 능력이 따라옵니다. 그래서 영적 성장은 곧 능력의 증가입니다. 치유, 형통, 사랑, 평안, 속량, 하나님의 성품, 부르심과 영혼구원 등 우리는 말씀에서 다루는 모든 분야에서 계시를 통해 깨달음을 더해가야 합니다. 이스라엘 민족이 가나안 땅을 약속 받았지만 요단강을 건너 여리고 성을 무너뜨리고 또 다른 성들을 하나하나 차지해야 했듯이, 하나님께서 우리에게 이미 다 주신 것이라 하더라도 말씀을 통해 하나하나 발견하고 계시를 받을 때 비로소 우리가 누리는 영역의 경계가 확장됩니다. 우리가 먼저 말씀 가운데서 그것들을 발견하고, 성령께서 그것을 비추어 주심으로 말미암아 그 하나하나가 우리에게 실재가 되는 것입니다. 이처럼 우리의 변화와 발전은 하나님의 말씀과 성령의 역사를 통해서만 가능합니다. 하나님의 말씀은 우리의 방향과 의지를 결정하게 하며, 성령님의 역사는 능력을 공급하여 우리가 그러한 삶을 살 수 있도록 인도하십니다.

고백기도를 하는 방법

매 과가 끝나면, 책 뒤에 수록된 〈믿음의 고백〉 기도문에서 각 과에 해당되는 내용을 한 주간 고백하십시오. 말씀을 듣고 배울 때는 동의하고 이해한 것 같아도 실생활에서 상황에 부딪히면 기존의 생각과 습관이 즉각적으로 반응하게 됩니다. 그러므로 우리는 진리이신 하나님의 말씀을 고백함으로써 그것을 우리의 사상으로 삼아야 합니다.

최소한 하루에 두 번은 하실 것을 권면합니다. 고백할 때는 당연히 소리를 내셔야 하고, 그냥 읊는 것이 아니라 동의하는 심령으로 감정까지 담아 큰 소리로 선포하시는 것이 좋습니다. 고백하다가 특별히 와 닿고 감동되는 구절이 있다면, 성령께서 개입하셔서 계시되도록 그 부분에 머물러서 반복하여 고백하거나 감사기도와 방언기도를 함께 하시는 것도 좋습니다.

이번 1과에서 우리는 새로운 결단을 했습니다. 우리는 인생에서 어떤 분야라 할지라도 하나님의 말씀을 최고의 권위에 둠으로써 그 진리가 나를 자유케 하도록 할 것입니다. 따라서 말씀을 읽을 때에는 진리를 받아들이지 못하도록 방해하는 세 가지 생각, 즉 율법적인 생각, 도덕적인 생각, 이론들을 거절하고 항상 하나님과 말씀을 신뢰하는 태도를 가질 것입니다.

한 주 동안 이러한 내용을 반복해서 상기하고 고백하면서 생각을 변화시키고 말씀이 계시됨으로 말미암아 승리하는 한 주가 되시기를 축복합니다.

■ 믿음의 고백

1. 복음 안에서 주신 자유함과 능력을 선포하십시오

나는 그리스도 안에서 새로운 피조물입니다, 나는 영생하는 삶 즉 하나님과 같은 생명을 가지고 살아갑니다. 나는 하나님의 자녀이며 자녀로서의 권세를 가지고 있습니다. 나는 성경을 통해 자녀로서 합당한 삶을 알고 그러한 삶이 나의 것임을 예수 이름으로 선포하고 취하므로 내 삶은 점점 풍성해 집니다. 나는 자유케 하는 온전한 법을 들여다보고 말씀과 믿음을 따라 생각하고 말하고 행동하므로 예비하신 축복을 누립니다.

· 영생은 나의 것입니다.
· 의는 나의 것입니다.
· 사죄함은 나의 것입니다.
· 해방은 나의 것입니다.
· 치유와 건강은 나의 것입니다.
· 화평은 나의 것입니다.
· 형통은 나의 것입니다.

2. 진리를 받아들이는 데 방해가 되는 것들을 버리십시오

· 나는 하나님의 말씀을 율법적인 생각으로 받지 않고 하나님의 은혜로 받기를 원합니다. 내 안에 율법적인 사고와 판단하는 습관을 예수님의 이름으로 거절합니다.

- 나는 도덕적인 기준으로 하나님의 말씀을 보지 않습니다. 나는 복음의 눈으로 모든 성경을 보고 이해합니다.
- 나는 나의 경험과 세상 이론과 지식으로 성경을 해석하지 않습니다. 이런 것들이 하나님의 말씀의 권위보다 위에 있는 것을 나는 거절합니다.

3. 바울의 기도가 당신의 기도가 되게 하십시오

하나님 아버지! 제게 지혜와 계시의 영을 주셔서 하나님을 점점 더 알게 하옵소서. 제 마음의 눈을 밝혀 주셔서 부르심의 소망이 무엇이며, 성도에게 주신 기업의 영광의 풍성함이 무엇인지 알게 하옵소서. 하나님께서 우리 믿는 사람에게 강한 힘으로 활동하시는 믿음의 능력이 얼마나 큰지를 알게 하심을 감사합니다.

제 2 과

성경의 맥

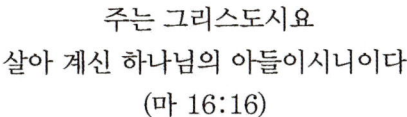

주는 그리스도시요
살아 계신 하나님의 아들이시니이다
(마 16:16)

Simon Peter spoke up,
"You are the Messiah, the Son of the living God."

…주는 그리스도, 곧 살아 계신 하나님의 아들이시니이다 마 16:16

위의 본문 말씀은 "너희는 나를 누구라고 하느냐?"라는 예수님의 질문에 대해 베드로가 했던 대답입니다. 그 고백을 듣고 예수님께서는 너무나 기뻐하셨습니다. "바요나 시몬아 네가 복이 있도다 이를 네게 알게 한 이는 혈육이 아니요 하늘에 계신 내 아버지시니라"(마 16:17) 도대체 "주는 그리스도시오 살아계신 하나님의 아들"이라는 고백에 어떤 의미가 있기에, 주님께서 그토록 그 말을 기뻐하시고, 이는 하나님께서 알려주셔야만 알 수 있는 것이라고 말씀하셨을까요? 그 해답은 이번 과에서 배울 성경의 맥을 통해 발견할 수 있습니다.

성경의 핵심은 예수 그리스도의 복음이다

지난 과에서 우리는 기존에 가지고 있던 경험이나 생각, 지식들을 하나님의 말씀 앞에 새롭게 하고 바탕을 깨끗하게 정리하는 작업을 했습니다. 이어서 이번 과에서는 성경 전체의 흐름을 일별함으로써, 정리된 바탕 위에 하나님의 말씀으로 새로운 토대를 세우는 작업을 할 것입니다. "성경의 맥"이라는 제목에서도 보듯이, 성경에는 전체를 관통하는 하나의 굵은 줄기가 있습니다. 즉 성경 전체를 통하여 하나님께서 우리에게 말씀하시고자 하는 중요한 맥이 있다는 것입니다.

당신이 누군가에게 편지를 쓴다고 생각해 봅시다. 당신이 하고 싶은 가장 중요한 이야기는 "몇 날 몇 시에 어디에서 만나자"입니다. 그러나 편지에는 그 말만 들어 있지 않습니다. 먼저 안부를 묻는 인사가 있고, 날씨에 대한 이야기도 있고, 또 다른 친구의 근황 이야기도 있을 수 있습니다. 편지를 받은 사람은 그런 다양한 말들 속에서 가장 중요한 핵심을 파악해야 합니다. 그런데 보낸 사람이 의도한 바인 "언제 어디에서 만나자"라는 말은 빼놓고 다른 내용들만 열심히 읽고 곱씹어보고 있다면, 처음부터 편지를 읽지 않은 것과 다를 바가 없습니다.

마찬가지로 성경은 하나님께서 거듭난 자들에게 보내시는 중요한 편지입니다. 여기에도 하나님께서 말씀하시고자 하는 골자가 있는데, 그것을 놓친다면 아무리 말씀을 많이 읽어도 하나님의 참된 의도를 이해하지 못하는 결과를 낳게 됩니다. 하나님께서 성경 전체를 통해 전하고자 하시는 메시지의 흐름을 알 때, 성경 어디를 보더라도 그러한 관점에서 온전히 해석하고 지금 새 언약에 속한 새로운 피조물로서 나에게 해당되고 필요한 부분들을 적용할 수 있습니다.

성경에는 구약과 신약 전체를 걸쳐 복음의 큰 맥이 흐르고 있습니다. 아담의 타락 직후, 하나님께서는 인류의 구원을 계획하셨고, 인류의 역사 전체를 예수 그리스도와 그분으로 말미암은 새로운 피조물을 위해 만들어 오신 것을 발견할 수 있습니다.

원래 인간

원래 인간은 하나님의 형상을 따라 그분과 교통할 수 있는 영적 존재로 지음을 받았습니다. 아무런 문제도 부족함도 없이 완전한 창조 가운데 인간은 이 땅의 모든 피조물을 정복하고 다스릴 권세를 위임받았습니다.

하나님께서 말씀하시기를 우리의 형상image대로 우리의 모습likeness을 따라 사람을 만들자 그리하여 그들로 바다의 고기와 공중의 새와 가축과 모든 땅과 땅 위를 기어다니는 모든 기는 것을 다스리게 하자 하시니라. 그리하여 하나님께서 자신의 형상대로 사람을 창조하셨으니 곧 하나님의 형상대로 그를 창조하셨으며 그들을 남자와 여자로 창조하셨느니라 창 1:26-27

26절에 '형상image'이란 생긴 모습을, '모습likeness'이란 기능을 의미합니다. 즉 인간은 하나님과 같이 창조되어 하나님과 같은 방식으로 기능하며 이 세상의 모든 것들을 다스릴 능력을 가진 영적 존재로 창조된 것입니다.

하나님은 또한 아담에게 하나님을 대신하여 이 땅을 다스릴 합법적인 권세를 주셨습니다.

하나님께서 그들에게 복을 주시고 하나님께서 그들에게 말씀하시기를 다산하고 번성하며 땅을 다시 채우고 그것을 정복하라. 그리고 바다의 고기와 공중의 새와 땅 위에서 움직이는 모든 생물을 다스리라 하시니라 창 1:28

당시의 아담은 이 땅의 왕과 같은 존재였습니다. 이처럼 사람이 환경의 지배를 받는 것이 아니라 환경을 다스리는 것이 본래 하나님의 계획이자 본래 창조의 모습이었습니다.

뿐만 아니라 이 창조는 완전한 창조였습니다. 최근 들어 기상이변으로 인해 각종 지진, 해일, 쓰나미가 더욱 잦아졌다는 소식을 듣게 되는데, 사실 이것은 하나님께서 본래 만드신 우주의 모습이 아닙니다. 이 모든 것은 인간의 타락으로 인해 이 땅이 저주받은 후부터 생겨난 현상입니다. 처음 하나님의 창조는 완전했습니다. 하나님은 완전하신 분이시므로, 그분께서 하시는 일은 완전할 수밖에 없습니다.

하나님께서 지으신 그 모든 것을 보시니, 보라, 그것이 아주 좋았더라. 저녁과 아침이 되니 여섯째 날이더라. 창 1:31

하나님께서 지으시고 난 직후 보셨을 때, 모든 것이 그분의 눈에도 "심히 좋은" 상태였습니다. 이는 인간이 어떤 절경이나 걸작을 보고 "참 좋다!"라고 하는 것과는 차원이 다릅니다. 아무런 결핍이나 부족함이나 조금의 흠도 없는 완벽한 상태, 그것이 바로 하나님께서 보시기에 좋았던 본래 창조의 상태였습니다.

하나님께서 우주 만물을 조성하신 목적은 바로 "인간"이었습니다. 부모가 태어날 아기를 위해 필요한 모든 것을 완벽하게 마련하고 준비한 후 자녀의 탄생을 기다리듯이, 하나님께서도 먼저 세상을 완벽하게 만드신 후 맨 마지막에 인간을 만드시고, 그에게 이 세상을 다 주셨을 뿐 아니라 잘 다스릴 수 있는 능력과 권세도 주셨습니다. 그것이 창조에 담긴 하나님의 뜻이었습니다. 그러나 이 모든 축복을 누리기 위해서는 한 가지 조건이 있었습니다.

선과 악의 지식의 나무에서 나는 것은 먹지 말라. 네가 거기서 나는 것을 먹는 날에는 반드시 죽으리라 하시니라 창 2:17

이에 대해 많은 사람들이 질문을 합니다. "하나님께서 선악과를 안 만드셨으면 되었을 텐데, 왜 굳이 만드셔서 아담이 먹고 타락하게 하신 걸까?" 이처럼 성경 말씀을 읽으면서 의문이 생길 때 우리가 분명히 인식해야 할 것은 바로 하나님의 성품입니다. 하나님은 사랑이십니다. 그 아가페 사랑은 사람은 이해할 수 없는, 하나님만이 하실 수 있는 사랑입니다. 그 사랑에는 어떤 상황 가운데도 자기의 유익을 구하지 아니하고 상대방의 유익을 위하는 성질이 내포되어 있습니다.

직접 만든 피조물이라 할지라도 자유의지를 주시는 것이 하나님의 성품입니다. 자신의 사역을 도울 천사들을 창조하신 후에도 하나님께서는 그들에게 자유의지를 주셨습니다. 마찬가지로 이 땅을 만드신 후에도 아담에게 모든 권세를 주심과 동시에 자유의지를 주셨습니다. 그리고 하나님께서 주신 모든 것을 누리기 위한 단 한 가지 조건으로, 선악을 알게 하는 나무 실과를 먹어서는 안 된다는 명령을 주셨습니다. 그 열매를 먹으면 '죽으리라'는 말씀은 그것이 독이 든 열매라서 먹으면 죽게 된다는 그런 뜻이 아닙니다. 실제로 그들은 열매를 먹고 난 후에 즉시 육체적으로 죽은 것이 아닙니다. 이는 하나님의 말씀에 대한 순종과 불순종의 기준이었습니다. 피조물로서 우리가 하나님께서 주신 모든 것을 온전히 누리기 위해서는 우리를 만드신 그분의 말씀에 대한 순종이 전제되어야 합니다. 그것은 예나 지금이나 마찬가지입니다. 하나님의 자녀가 된 우리도 하나님의 말씀을 따르며 기능할 때 비로소 약속된 복을 누릴 수 있습니다. 우리가 순종하면 하나님께서 상을 주시고 불순종하면 버리시는 그런 차원이 아닙니다. 우리의 선택으로 말미암아 우리의 위치가 바뀌는 것입니다. 말씀에 순종할 때 말씀의 원리 안으로 들어가게 되고, 그 원리 안에서는 당연히 말씀에서 말하는 바의 결과가 나오도록 되어 있습니다. 반대로 말씀에 불순종하면, 말씀이 아닌 세상의 원리 안으로 들어가게 되고, 그 원리 안에서는 당연히 이 세상 신인 마귀가 주는 결과, 즉 어둠과 죽음의 결과가 나오게 되어 있습니다.

그래서 선악을 알게 하는 나무의 열매는 먹지 말라고 명령하셨고, 그것은 하나님께 따르느냐 그렇지 않느냐에 대한 단 하나의 기준이었습니다. 하나님께 순종할 때 아담은 그분께서 주신 생명의 원리 가운데 기능하게 되고, 그 통치를 받는 피조물들도 모두 제자리에서 기능하게 되어 있었습니다. 그러나 만약 지켜야 할 기준이 없이 모든 것을 다 할 수 있게만 한다면, 그것은 사실 자유의지가 없는 것과 같습니다. 하나님의 높은 차원의 사랑, 지극히 고상한 종류의 그 사랑을 어떻게 설명할 수 있을까요. 그분께서는 사람과 진정한 깊은 교제를 나누기 원하셨습니다. 선택의 여지없이 하나님을 따를 수밖에 없는 그런 상태의 관계는 하나님께서 원하신 바가 아니었습니다. 자유의지를 가진 개체로서 자발적으로 하나님을 선택하고, 이 완전한 창조 가운데 충만한 교제와 진정한 소통을 나누기 원하셨습니다.

그리고 태초에 창조된 인간의 영 안에는 하나님을 향한 지극히 자연스러운 지향이 있었고, 또한 하나님과 반대되는 것은 거절할 충분한 능력과 권세가 있었습니다. 하나님은 결코 우리에게 할 수 없는 일을 하라고 하시는 분이 아닙니다. 하나님은 아담과 하와가 선악과를 먹을 수밖에 없음을 뻔히 알면서 먹지 말라고 지시하고 시험하신 것이 아닙니다. 기억할 것은, 처음 창조된 인간은 지금 이 땅에 태어나는 인간과는 완전히 다른 생명을 가지고 있었다는 사실입니다. 하나님과 같은 종류의 생명을 따라 지어져서 그 안에 죄성이 전혀 없었고, 따라서 하나님의 말씀을 충분히 지키고 따를 수 있는 능력이 있었습니다. 죄의 본성을 가진 사람들은 하지 말라고 하면 더 하는 경향이 있지만, 아담에게 있어서는 하나님께서 하지 말라고 하시는 일을 하는 것이 오히려 이상하고 특이한 반응이었습니다.

인간의 타락

그러나 아담과 하와는 하나님의 명령을 거역하였고, 그로 인해 원죄가 모든 인간에게 들어오게 되었습니다.

주 하나님께서 지으신 들의 어떤 짐승들보다도 뱀은 더욱 간교하더라. 그가 여자에게 말하기를 "참으로 하나님께서 말씀하시기를 '너희는 동산의 모든 나무에서 나는 것을 먹지 말라.' 하시더냐?" 하니 여자가 그 뱀에게 말하기를 "동산 나무들의 열매는 먹을 수 있으나 동산 가운데 있는 나무의 열매에 관해서는 하나님께서 말씀하시기를 '너희는 그것을 먹지도 말고 만지지도 말라. 혹 죽을까 함이라.' 하셨느니라." 하더라. 그 뱀이 여자에게 말하기를 "너희가 반드시 죽지는 아니하리라. 너희가 그것을 먹는 날에는 너희의 눈이 열리고 너희가 신들과 같이 되어서 선과 악을 알게 되는 줄을 하나님께서 아심이라." 하더라. 여자가 보니 그 나무가 먹음직하고, 보기에도 즐겁고, 현명하게 할 만큼 탐스러운 나무인지라. 그녀가 거기에서 그 열매를 따서 먹고 그녀와 함께한 자기 남편에게도 주니 그가 먹더라. 창 3:1-6

마귀가 뱀의 모양을 하고 하와에게 와서 물어봅니다. 이것은 목적이 있는 접근이었고, 하와의 약점을 찾기 위한 전략적인 질문이었습니다. 마귀의 속성은 사기꾼과 같습니다. 사기꾼은 당연히 자기 소유가 아닌 것을 두고 어떻게 빈틈을 찾아 속여서 탈취해갈까를 연구합니다. 마귀도 하와에게 접근하여 "하나님께서 모든 열매를 먹지 말라고 했느냐?"라고 물어보면서, 그녀가 하나님의 명령에 대해서 얼마나 잘 알고 있는지를 시험해 보았습니다. 그러자 하와는 대답합니다. "다른 건 다 먹어도 되는데, 하나님께서 동산 중앙의 나무 열매는 먹지도 말고 만지지도 말라고, 그러면 죽을지도 모른다고 하셨어." 이 대답을 통해 마귀는 하와가 말씀을 부정확하게 알고 있음을 발견했습니다. 하나님께서는 먹으면 안 된다고 하셨지 '만지지도' 말라고 하지는 않으셨고, 또한 '반드시 죽으리라' 고 하셨지 '죽을지도 모른다' 라고 여지를 두지는 않으셨습니다.

그래서 마귀는 하와의 약한 부분을 파고들어 반대의 정보를 넣어주었습니다. "먹어도 절대 안 죽어. 하나님께서 너희가 먹고 지혜로워져서 그분처럼 될까 봐 그렇게 말하신 거야." 그럴 때 하와가 하나님의 성품과 말씀에 대해 정확히 알고 있었다면, 그런 거짓말은 단박에 거절하고 본인에게 주어진 권세를 사용하여 마귀를 내쫓을 수 있었을 것입니다. 그러나 불분명한 지식과 계시로 말미암아, 거짓의 유혹 앞에서 하와는 틈을 내주고 말았습니다. 유혹을 받고 나무를 보니 '먹음직스럽기도 하고 보기도 좋고 지혜롭게 할 만큼 탐스러워' 보였습니다. 거짓 정보를 통해 그릇된 시각을 갖게 되고, 죄의 길이 더 매력적으로 보이기 시작했습니다. 그래서 결국 선악을 알게 하는 나무 열매를 먹고 말았습니다. 그리고 아담 또한 여자에 대한 권세를 가진 남자로서 그 모든 상황을 지켜보면서도 방관하고 스스로의 선택으로 말미

담아 하와가 주는 열매를 함께 먹고 말았습니다. 그 결과 모든 인류에게 죄가 들어왔습니다.

이러한 타락으로 인해 여러 가지 악한 결과가 따라왔습니다.

첫째, 모든 인간이 영적 죽음 상태에 이르게 되었습니다. 하나님은 영이시고, 우리도 영적 존재입니다. 그래서 우리는 하나님과 영을 통하여 교통할 수 있습니다. 그런데 아담의 범죄로 인해 영적 죽음이 들어오고, 인간은 더 이상 하나님과 영으로 교통할 수 없는 상태가 되었습니다. 영적인 하나님을 볼 수도, 알 수도, 이해할 수도 없게 된 것입니다.

보통 '죽음'이라 하면 육체적인 죽음을 가장 먼저 떠올립니다. 그러나 죽음이란 본질적으로 하나님의 영향력으로부터 끊어지는 것입니다. 생명이 있는 모든 것은 하나님으로부터 비롯된 것입니다. 인간이 어떤 생물을 비슷한 모양으로 만들 수는 있을지라도 그것에 생명을 부여하는 것은 하나님만 하실 수 있는 일입니다. 따라서 죽음이란 하나님으로부터 끊어지는 것을 의미합니다. 예를 들면 식물이 하나님으로부터 받은 생명을 따라 계속 자라나고 열매를 맺다가, 어느 순간 그 생명이 떠나서 더 이상 열매를 맺거나 성장하지 못하고 활동하지 않는 상태, 그런 상태를 두고 죽음이라고 부릅니다.

마찬가지로 인간이 하나님으로부터 온 영적인 생명력을 잃어버리면, 바로 그것을 영적 죽음이라 표현합니다. 이것은 영이 아예 없어지는 것이 아니라 영 가운데 역사하던 하나님의 생명이 떠난 것을 뜻합니다. 인간의 영 안에 있던 하나님의 본성이 죄로 말미암아 떠나버리고, 죄의 본성으로 교체되는 것입니다. 그래서 인간의 영은 더 이상 하나님을 볼 수도, 알 수도 없는 상태가 됩니다. 따라서 불신자가 하나님의 일들을 이해하지 못하는 것은 너무나 당연합니다.

둘째, 모든 인간이 죄인이 되어 죄를 지을 수밖에 없는 상태가 되었습니다.

이는 모든 사람이 죄를 지었으므로 하나님의 영광에 이르지 못하다가
롬 3:23

세상에서는 행위를 기준으로 죄인과 의인을 구분합니다. 즉 죄를 지으면 죄인이고 착한 일을 하면 의인입니다. 그러나 말씀에서는 행위가 아닌 본성을 기준으로 합니다. 죄를 지어서 죄인이 되는 것이 아니라 본성이 죄인이기 때문에 어쩔 수 없이 죄를 짓게 되는 것입니다. 모든 인간은 남자의 씨를 받고 여자의 몸에 잉태되어 태어납니다. 따라서 아담의 씨를 받고 태어난 모든 인류 가운데 죄인이 아닌 사람은 없습니다. 죄인의 본성을 가진 자는 죄를 짓지 않을 능력이 없고, 실제로 이 땅에 살아가는 동안 크고 작은 잘못과 죄를 저지를 수밖에 없습니다. 그렇게 인간은 죄의 저주에 묶인 상태가 되었습니다.

그런즉 한 사람의 범죄로 말미암아 심판이 모든 사람에게 임하여 정죄에 이른 것같이… 롬 5:18

셋째, 모든 인간이 사탄에게 잡히게 되었습니다.

너희는 너희 아비 마귀에게서 나와서 너희 아비의 정욕을 행하고자 하는도다 그는 처음부터 살인자였으며 진리 가운데 거하지 아니하였으니 이는 자기 안에 진리가 없음이라 그가 거짓말을 할 때는 자신에게서 우러나와 한 것이니 이는 그가 거짓말쟁이요 또 거짓말의 아비이기 때문이라 요 8:44

제가 처음 이 구절을 접했을 때는 솔직히 잘 이해가 되지 않았습니다. "너희 아비 마귀"라는 표현이 실제 저의 육신의 아버지를 가리키는 것인 줄 알고 기분이 상했습니다. '우리 아버지가 불신자이긴 하지만, 그래도 평생 누구보다 모범적으로 사신 분인데 마귀라니.' 이처럼 말씀을 지극히 자연적이고 육신적인 관점으로 이해하고 해석했었습니다.

잘 아시다시피, 여기에서 일컫는 '아비'란 육신의 아버지가 아니라 영적인 아버지를 말합니다. 사실 육신의 탄생도 저의 선택과는 상관이 없었습니다. 저는 태어나보니 최씨 집안의 막내딸이었습니다. 그래서 물려받은 혈통이나 기질, 집에서 배운 습관을 따라 자연스럽게 살아가게 됩니다. 마찬가지로, 영적으로도 우리는 태어날 때부터 우리의 의사와는 상관없이 마귀의 본성을 가지고 태어납니다. 그렇게 물려받은 것입니다. 그래서 거듭나지 않는 한, 자연스럽게 우리의 영적 아비인 마귀의 본성을 따라 죄인으로서 죄를 지으며 살아가게 됩니다. 위 구절에서 예수님께서는 이처럼 인간이 죄에서 벗어나지 못하고 잘못된 행동을 할 수밖에 없는 이유에 대해서 말씀하셨습니다. 타고난 근원이 그러하다는 것입니다.

영적으로 마귀에게 종속된 인간은 언젠가 육체를 벗고 이 땅을 떠날 때 그의 영적 아비가 있는 영원한 지옥으로 가게 됩니다. 사람이라는 존재를 한마디로 표현한다면 다음과 같습니다. "사람은 영이고, 혼(의지·감정·생각)을 가지고 있으며, 몸 안에 살고 있습니다." 즉 이 땅에서의 인간의 삶이란 '영'이 '혼'과 결합되어, '몸' 안에서 살아가는 것입니다. 따라서 본질적으로 인간은 죽지 않습니다. 영은 영원한 존재이기 때문입니다. 시간이 지나면 육체를 벗을 날이 오고, 세상에서는 그것을 죽음이라고 일컫지만 그것은 우리의 본질인 영이 혼과 함께 거처를 옮기는 과정일 뿐입니다. 그때에는 영의 그 본질을 따라 각자가 속한 곳으로 가게 될 것입니다. 다시 말해, 거듭나서 하나님의 생명을 받은 자는 그의 영적 아비인 하나님께서 계신 천국으로 갈 것이고, 거듭나지 못하여 여전히 죄인의 생명을 가진 자는 그의 영적 아비인 마귀가 있는 영원한 지옥으로 갈 것입니다.

> 그때에 왕이 왼편에 있는 자들에게도 말하기를 너희 저주받은 자들아, 내게서 떠나 마귀와 그의 천사들을 위하여 준비한 영원한 불 속으로 들어가라 마 25:41

많은 사람들이 하나님의 성품에 대한 이해가 없는 상태에서 천국과 지옥에 대해 오해를 합니다. 그들은 심판자인 하나님께서 예수 믿는 사람만 천국으로 들여보내시고, 믿지 않는 사람은 지옥으로 떨어뜨려 버리는 장면을 그립니다. 그러나 본질은 다릅니다. 하나님께서 지옥을 만드신 이유는 사람을 보내기 위함이 아니라 위의 구절에서 분명히 말하듯이 "마귀와 그 사자들"을 위해서였습니다. 그러나 인간의 타락으로 말미암아 모든 인간이 마귀의 권세 아래 속하게 되면서, 어쩔 수 없이 자동적으로 지옥으로 끌려가게 된 것입니다.

예전에 햄을 만드는 공정 과정에 대한 영상을 본적이 있습니다. 처음에는 살아있는 돼지가 컨베이어 벨트에 올라갑니다. 돼지들은 여기가 어디인지, 자기가 왜 이곳에 와 있는지도 모른 채, 벨트 위에 줄줄이 세워집니다. 그러다 어느 순간 툭 떨어져서 죽임을 당하게 되고, 여러 과정을 거쳐 마지막에는 햄으로 포장이 되어 나옵니다. 이것이 바로 아담 이래 우리 인간의 모습이요, 운명입니다. 원하든 원하지 않든, 우리는 이 땅에 죄인으로 태어나서 죄인으로 살다가 결국은 지옥으로 갈 수밖에 없는 그런 운명 가운데 놓여 있습니다.

이와 같이 아담의 타락의 결과로, 모든 인간에게 저주가 임하게 되었습니다. 첫째로 영적 죽음 상태에 이르러 하나님과 교통할 수 없게 되었고, 둘째로 죄인으로 태어나 죄를 지을 수밖에 없어 죄의 저주를 받게 되었으며, 셋째로 사탄에게 사로잡혀 그의 권세 아래 종노릇 하다가 결국은 영원한 지옥에 갈 수밖에 없게 되었습니다.

하나님의 구원 계획

하나님께서는 모든 인간이 처한 저주에서 그들을 완전히 회복시킬 구원 계획을 세우셨습니다. 사랑이신 하나님께서는 인간을 그런 상태로 내버려두지 않으시고, 인간이 저주에서 빠져나올 수 있는 속량의 길을 계획하셨습니다. 그 계획은 아담의 타락 직후에 즉시 계시됩니다.

> 내가 너와 여자 사이에, 또 네 씨와 그녀의 씨 사이에 적의를 두리니, 그녀의 씨는 너의 머리를 부술 것이요 너는 그의 발꿈치를 부술 것이라 하시고 창 3:15

이 구절에서 '여자의 후손'이라는 표현이 처음 등장합니다. 앞서 언급했듯이 모든 사람은 남자의 후손입니다. 남자의 씨를 받아 여자의 몸에 잉태되는 것이 인간 탄생의 법칙입니다. 그러나 단 한분 예수 그리스도만이 남자를 통하지 않고 이 땅에 오셨습니다. 그분은 성령으로 말미암아 처녀 마리아의 몸에 잉태되셨고, 그리하여 아담으로부터 전 인류에 흐르고 있는 죄의 본성을 받지 않고 태어나실 수 있었습니다. 즉 하나님께서는 이때부터 오실 예수님을 계획하시며 인류를 위한 구원의 계획을 세우셨던 것입니다. "여자의 후손은 네 머리를 상하게 할 것이요" 그 여자의 후손이 사탄에게 치명상을 입히고 이 세상에 대한 그의 권세를 무너뜨리며 승리 가운데 설 것입니다. "너는 그의 발꿈치를 상하게 할 것이다" 물론 사탄도 예수님께 육체적인 해를 입히고 십자가에 매달았습니다. 사탄은 예수님을 죽이기만 하면 자신이 승리할 것이라고 생각했습니다. 그러나 그것은 사실 하나님의 위대한 속량 계획의 일부였습니다. 사탄은 결코 상상할 수 없는 방법으로, 즉 하나님의 아들이신 분께서 친히 죄인을 위해 자신의 목숨을 내놓으시고 또한 의인의 생명으로 다시 살아나심으로써, 하나님의 속량 계획이 완성되었습니다.

창세기에서 아담의 범죄 직후 선포된 하나님의 예언 이후로, 성경의 모든 사건은 하나님의 구원 계획을 향해 달려갑니다. 이러한 맥에서 우리는 구약과 신약의 핵심과 개요를 정리해볼 수 있습니다.

■ 구약의 개요 : 오실 메시아(그리스도)

구약은 이스라엘 민족의 역사입니다. 수천 년간 실재했던 그들의 역사가 기록된 책이 바로 구약 성경입니다. 그러나 이는 단순히 이스라엘 민족만을 위한 역사책이 아닙니다. 그 안에는 새 언약에 속한 우리에게 주시는 영적 메시지와 비유로 가득합니다. 즉 구약의 모든 사건은 오실 메시아의 그림자, 즉 예수님께서 메시아로 오셔서 이 땅에서 하실 일과 그로 인해 나타날 새로운 피조물의 삶에 대한 모형으로 가득 차 있습니다. 마치 지휘자가 어떤 곡을 완성하기 위해 수많은 악기를 조율하고 조정하듯이, 하나님께서는 오실 메시아를 향한 계획을 가지고 구약의 모든 사건에 관여하심으로써, 예수 그리스도에 대한 강력한 영적 계시를 주고 계신 것입니다.

그 중에서도 중요한 사건 중의 하나는 바로 율법을 주신 것입니다. 구약 사람들은 죄의 본성을 가지고 있었습니다. 그러므로 스스로 선한 일을 할 수 없고, 하나님께서 주신 율법을 온전히 지킬 능력도 없습니다. "기록된 바 의인은 없나니 하나도 없으며"(롬 3:10) 율법을 주실 때, 하나님께서는 처음부터 그들이 그것을 지키기를 기대하지 않으셨습니다. 율법을 주신 진짜 이유는 모든 사람이 스스로 죄인임을 인정하게 하기 위한 것이었습니다. 율법이라는 기준이 제시되었을 때 그것을 절대 지키지 못하는 자신을 보면서, 사람들로 하여금 '나는 어쩔 수 없는 죄인이구나.' 라는 깨달음을 주는 것이 하나님의 의도였던 것입니다.

율법을 지키지 못한 것, 즉 죄를 범한 것에는 반드시 값이 있습니다. "죄의 삯은 사망이요"(롬 6:23) 그러나 그렇게 되면 율법 앞에 살아남을 사람이 아무도 없습니다. 그래서 하나님께서는 이를 위해 어린 양의 피로 죄를 덮는 제사를 마련하셨습니다. 구약의 레위기에 나오는 율법과 제사들은 모두 오실 메시아에 대한 표상입니다. 사람들은 제사를 지낼 때마다 '나는 죄인이고, 죽어 마땅하다. 하지만 나 대신 저 양이 피를 흘리고 죽음으로써 나의 죄를 덮어주었구나.' 라는 메시지를 지속적으로 되새깁니다. 이로 인해 예수님께서 오셔서 십자가에서 피를 흘리고 돌아가시는 이유를 알게 되는 것입니다. 침례 요한이 예수님을 처음 보았을 때 했던 말을 기억해 보십시오. "보라 세상 죄를 지고 가는 하나님의 어린 양이로다"(요 1:29) 이스라엘 사람들은 수천 년 동안 나의 죄로 인해 나를 대신하여 양을 죽이는 제사를 지내면서, 피 흘림과 속죄에 대한 사상이 뿌리 깊게 자리 잡혀 있었습니다. 따라서 요한의 그 말은 예수 그리스도의 존재에 대한 정확한 표현이었으며, 이스라엘 민족은 이 말을 통해 그분이 인간의 죄 문제를 해결하러 오신 메시아임을 알 수 있었습니다.

뿐만 아니라 구약의 예언서 곳곳에는 예수 그리스도에 대한 예언들이 있습니다. 특별히 이사야서는 예수님께서 오시기 900~1000년 전에 있었던 예언임에도 불구하고 예수님에 대한 많은 메시지를 담고 있으며, 예수님께서 어떤 모습으로 오시고 또한 어떤 모습으로 죽으실지에 대한 그림까지도 정확하게 제시합니다.

> 그러므로 주께서 친히 한 표적을 너희에게 주시리라. 보라, 한 처녀가 임신하여 아들을 낳으리니 그의 이름을 임마누엘이라 하리라. 사 7:14

> 그러나 그는 우리의 허물로 인하여 상처를 입었고, 그는 우리의 죄악으로 인하여 상하였도다. 우리의 화평을 위한 징계가 그에게 내려졌고, 그가 맞은 채찍으로 우리가 치유되었도다. 우리는 모두 양같이 길을 잃어 각자 자기의 길로 돌이켰으나 주께서는 우리 모두의 죄악을 그에게 지우셨도다. 사 53:5-6

먼저 7장의 구절은 처녀가 임신하여 아들을 낳게 될 것을 이야기합니다. 즉 한 번도 남자와 관계를 갖지 않은 처녀가 아이를 낳는 기적적인 사건이 메시아 탄생의 표적으로 일어나는 것입니다. 그리고 그렇게 태어난 아들의 이름을 '하나님께서 우리와 함께 하신다' 라는 뜻의 임마누엘이라 할 것도 예언합니다.

또한 53장의 구절에서는 예수님께서 죽으시는 모습과 이유가 언급됩니다. 그분은 순전히 우리의 허물과 죄악 때문에 고통을 당하시고 죽으셨습니다. 잘 아시다시피 십자가형은 너무나 잔인하고, 고통스럽고, 굴욕적인 형벌이었습니다. 예수님께서는 극심한 채찍질과 매질을 당하신 후, 문자 그대로 알몸으로 십자가에 달려 돌아가셨습니다.

시편 22편에는 십자가에 달리신 예수님의 모습이 생생하게 예언되어 있는데, 사람들이 그분의 속옷을 벗겨 제비뽑는 장면까지 그리고 있습니다. 그러한 고통과 죽음을 통해 예수께서는 우리를 하나님과 화목하게 만들어 주시고, 죽음과 질병과 가난 등 죄로 인한 모든 문제를 해결하셨습니다.

소선지서인 미가서에는 예수님의 탄생지도 정확히 언급됩니다.

> 그러나 너 베들레헴 에프라타야, 네가 비록 유다의 수천 가운데서 작을지라도 이스라엘을 통치할 자가 너로부터 내게로 나오리라 그의 나오심은 예로부터요, 영원부터 였느니라 미 5:2

구약 성경은 전체가 오실 메시아에 대한 그림자입니다. 즉 구약은 신약을 위한 예시이자 모형으로, 따라서 신약을 통하여 이루어진 실재에 비추어 해석되어야 합니다. 즉 구약의 말씀을 볼 때 우리에게 이미 밝혀진 신약의 계시를 따라 보지 않고, 마치 아무것도 모르는 구약 성도처럼 구약의 희미한 그림자 안에서만 말씀을 이해하려고 한다면, 오히려 하나님의 성품과 말씀에 대한 오해를 가질 수 있습니다.

■ 신약의 개요 : 오신 그리스도

신약 성경의 주제는 한마디로, 오신 그리스도와 새로운 피조물이 된 하나님의 자녀들의 삶입니다. 신약 성경은 예수 그리스도께서 드디어 동정녀 마리아에게 잉태되고 탄생하시는 사건으로 시작됩니다.

참고로 구약에서 '메시아'와 신약에서 '그리스도'는 모두 '기름부음 받은 자'라는 뜻의 단어입니다. 다만 구약 성경은 히브리어, 신약 성경은 헬라어로 기록되었기 때문에 표현이 다른 것뿐입니다.

> 그가 이 일들을 생각하고 있을 때에, 보라, 주의 천사가 꿈에 그에게 나타나 말하기를 "너 다윗의 아들 요셉아, 마리아를 네 아내로 삼는 일을 두려워 말라. 그녀에게 잉태된 아기는 성령으로 된 것이라. 그녀가 한 아들을 낳으리니 너는 그의 이름을 예수라 하라. 이는 그가 자기 백성을 그들의 죄들에서 구원할 것이기 때문이니라."고 하니라.
> 마 1:20-21

요셉이 자신의 약혼녀인 마리아가 임신한 것을 알게 되었습니다. 당시의 율법으로는 그런 간음한 여인은 돌로 쳐 죽이게 되어있었습니다. 선한 사람이었던 요셉은 어찌해야 할지 고민에 빠졌고, 그때 주님께서 보내신 천사가 꿈에 나타나 말하는 장면입니다. 여기에서 천사는 예수 그리스도에 대해서 "자기 백성을 그들의 죄에서 구원할 자"라고 정확하게 표현합니다. 즉 예수님께서 오신 것은 우리의 죄 문제를 해결하기 위함이었습니다.

그 다음날 요한이 예수께서 자기에게 오시는 것을 보고 말하기를 보라, 세상 죄를 제거하는 하나님의 어린 양이라 요 1:29

또한 오실 예수 그리스도를 예비하는 부르심을 받았던 침례 요한은 예수님을 보자 "세상 죄를 제거하는 하나님의 어린 양"이라 부릅니다. 위에서도 언급했듯이, 죄를 덮는 피 흘림의 제사를 일상적으로 행했던 이스라엘 민족에게 이는 너무나 실제적인 표현이었습니다. 예수님께서는 인간의 죄 문제를 대신 감당하도록 하나님께서 친히 택하신 어린 양이셨습니다.

주의 영이 내게 임하시니 이는 가난한 자들에게 복음을 전하게 하시려고 내게 기름을 부으심이라. 그가 나를 보내셨으니 이는 마음이 상한 자를 치유케 하시며, 포로들에게 구원을 선포하고, 눈먼 자를 보게 하고, 짓밟힌 자들을 해방시켜 주고 주의 기뻐 받으시는 해를 전파하게 하심이라."고 하시고 책을 덮으신 후 그것을 맡은 자에게 다시 주고 앉으시니, 회당에 있는 모든 사람의 눈이 그에게로 주목되더라. 주께서 그들에게 말씀하기 시작하시어 "이 성경이 오늘날 너희 귀에 이루어졌느니라."고 하시니 눅 4:18-21

예수께서 안식일에 회당에 들어가셨는데, 누군가 이사야서가 적힌 두루마리 책을 갖다 드렸습니다. 그러자 예수님께서 그것을 열고 읽기 시작하신 말씀이 지금의 이사야 61장이었습니다. 그 말씀은 오실 메시아에 대한 예언의 메시지였습니다.

"내게 기름을 부으심이라." 앞서 말했듯이, 메시아 또는 그리스도라는 단어는 '기름부음을 받은 자' 라는 뜻입니다. 이스라엘 민족은 기름부음 받은 메시아가 오셔서 그들의 문제를 해결하시고 구원을 주실 것을 수천 년 동안 고대해왔습니다. 그런데 예수님께서 그 말씀을 읽으셨고, 사람들의 시선이 집중되었습니다. 그러자 예수님께서 이어서 말씀하십니다. "이 글이 오늘 너희 귀에 이루어졌다." 다시 말해 '내가 메시아이자 그리스도로서 이 땅에 옴으로써, 이 구절은 성취되었다.' 라고 말씀하신 것입니다. 영적 희년의 선포였습니다. 예수님께서는 실제로 그분의 삶과 사역을 통하여 이 구절이 이루어지는 모습을 나타내셨습니다.

시몬 베드로가 대답하여 말씀드리기를 주는 그리스도, 곧 살아 계신 하나님의 아들이시니이다 라고 하더라 마 16:16

이번 과를 시작하면서 보았던 말씀입니다. 어느 날 예수께서 제자들에게 사람들이 나를 두고 누구라 하느냐 물으시니, 침례 요한, 엘리야, 선지자 등 다양한 대답이 나왔습니다. 그러자 예수께서는 "그러면 너희는 나를 누구라고 하느냐?"라고 물으셨습니다. 그때 베드로가 대답합니다. "주는 그리스도, 곧 살아 계신 하나님의 아들이십니다." 베드로는 예수님께서 단순히 선지자나 종교 지도자 중 한 명이 아닌, 하나님의 아들이요 인간을 구원할 그리스도 곧 메시아라고 고백했습니다. 예수님께서는 그것을 두고 베드로의 깨달음이 아닌 하나님의 계시라고 말씀하십니다. "바요나 시몬아 네가 복이 있도다 이를 너에게 나타낸 것은 혈과 육이 아니라 하늘에 계신 나의 아버지시니라."(17절)

베드로의 고백은 너무나 중요합니다. 성경의 맥이 함축된 말이며, 또한 우리의 신앙 고백입니다. 우리가 그리스도를 주님이자 살아계신 하나님의 아들로 아는 것은 사람의 이해가 아닌 성령의 계시로만 가능합니다. 그리고 그렇게 믿고 고백할 때, 하나님께서 예수님을 통해서 베드로에게 계시하신 "너는 베드로(반석)라 내가 이 반석 위에 내 교회를 세우리니 음부의 권세가 이기지 못하리라"(18절)라는 말씀이 우리에게도 성취됩니다.

> 그때 예수께서 그 식초를 받으시고 말씀하시기를 다 이루었다고 하시더니 고개를 떨구시고 숨을 거두시더라 요 19:30

예수님께서 십자가에서 죽으시는 마지막 모습입니다. 예수님은 이 땅에서 많은 일을 하셨지만, 가장 중요한 일은 죄인들을 위하여 십자가에 죽으시고 부활하시는 일이었습니다. 따라서 "다 이루었다"라는 말씀은 "내가 이 땅에 와서 해야 할 가장 중요한 일을 완수했다."라는 의미였습니다. 또한 하나님 편에서는 창세기에서부터 예언하시고 수천 년에 걸쳐 준비해 오신 구원이 완성되었다는 뜻이기도 합니다.

구원의 성취와 완전한 회복

예수님의 죽으심과 장사되심과 부활로 말미암아 하나님의 구원 계획은 완성되었고, 첫째 아담의 타락으로 따라왔던 모든 문제들도 둘째 아담이자 마지막 아담이신 예수님을 통하여 완벽하게 해결되었습니다. "한 사람의 범죄로 말미암아 사망이 그 한 사람을 통하여 왕 노릇 하였은즉 더욱 은혜와 의의 선물을 넘치게 받는 자들은 한 분 예수 그리스도를 통하여 생명 안에서 왕 노릇 하리로다"(롬 5:17)

첫째, 영적 죽음으로 인해 하나님을 떠났던 문제를 예수님께서 하나님을 만나는 길이 되심으로써 해결하셨습니다.

예수께서 그에게 말씀하시기를 나는 길이요 진리요 생명이라 나로 말미암지 않고는 아버지께로 올 사람이 아무도 없느니라 요 14:6

예수님께서 인간이 하나님께 나아갈 수 있는 길이 되어 주심으로써, 누구나 예수님을 받아들이기만 하면 그분을 통하여 하나님께 갈 수 있는 길이 열렸습니다. 즉 하나님과 분리되고 죽었던 우리의 영이 다시 하나님과 교통할 수 있는 상태로 회복된 것입니다.

둘째, 예수님께서는 죄와 저주를 해결하심으로써 그 문제로부터 인간을 해방시키셨습니다.

> 이는 그리스도 예수 안에 있는 생명의 성령의 법이 죄와 사망의 법에서 나를 해방시켰기 때문이라 롬 8:2

'죄와 사망의 법'은 세상의 자연적인 법칙입니다. 죄에는 반드시 값이 있고, 그 값은 곧 사망이라는 것이 죄와 사망의 법, 곧 율법의 규칙입니다. 그래서 구약시대에는 죄를 지으면 저주를 받고, 율법을 잘 지키면 복을 받았습니다. 다시 말해 복과 저주를 가르는 기준이 행위에 있었습니다. 그러나 이제는 법이 바뀌었습니다. '생명의 성령의 법'은 우리의 행위에 집중하는 것이 아니라 우리 안에 하나님의 생명, 즉 조에zoe 생명이 있는지를 묻습니다. "아들이 있는 자에게는 생명이 있고 하나님의 아들이 없는 자에게는 생명이 없느니라" (요일 5:12) 죄가 없으신 분이 죄가 되셔서 친히 우리의 모든 죄와 저주를 담당하셨습니다. 그런 예수 그리스도를 받아들이면 하나님의 생명이 우리 안에 있고, 그 생명이 있다면 우리는 행동과 상관없이 본질적으로 의인이 되어, 더 이상 '죄와 사망의 법'에 묶여 있지 않고

'생명의 성령의 법'으로 기능하게 됩니다. 단순히 죄를 용서하신 정도가 아니라 본질적으로 본성을 교체함으로써 완전히 다른 종류의 삶을 살아갈 수 있게 하신 것입니다. 우리는 이제 하나님과 똑같은 생명을 가지고, 생명의 성령의 법의 영향력 아래 의인의 삶을 살아갈 수 있게 되었습니다.

셋째, 사탄에게 묶인 문제는 예수님께서 우리를 해방하심으로서 해결하셨습니다.

> 그분께서 우리를 흑암의 권세로부터 구하여 내셔서 그분의 사랑하는 아들의 나라로 옮겨 주셨으니 골 1:13

우리는 거듭난 순간, 어둠의 나라로부터 합법적으로 빠져나와서 사랑의 아들의 나라 안으로 다시 새롭게 태어났습니다. 더 이상 마귀의 나라에 속한 자가 아니라 하나님 나라의 시민이자 그분의 자녀로 다시 태어난 것입니다.

위의 세 가지 일은 구약에 예표로 나타나있던 '기름부음 받은 자'의 사역에 대한 완성이기도 했습니다. 구약시대에는 장차 오실 그리스도 – 기름부음 받은 자 – 가 하실 일을 나타내는 세 가지 직분이 있었습니다. 바로 '선지자', '제사장', '왕'으로서, 이들 모두 특별히 제조된 기름을 실제로 머리부터 온몸에 붓는 의식을 통하여 해당 직분으로 임명을 받게 되었습니다.

가장 먼저 예수께서 하나님을 만나는 길이 되신 것은 '선지자'

사역의 완성이었습니다. 구약의 선지자는 이스라엘 백성에게 하나님의 말씀을 받아서 전하는 직분을 수행하며, 특히 그들이 타락하여 하나님을 떠나있을 때마다 주님께 돌이키라고 촉구하며 돌아갈 방법을 가르치는 역할을 했습니다.

다음으로 죄와 저주를 해결하신 것은 '제사장' 사역의 완성이었습니다. "예수 그리스도의 몸을 단번에 드리심으로 말미암아 우리가 거룩함을 얻었노라 제사장마다 매일 서서 섬기며 자주 같은 제사를 드리되 이 제사는 언제나 죄를 없게 하지 못하거니와 오직 그리스도는 죄를 위하여 한 영원한 제사를 드리시고 하나님 우편에 앉으사… 그가 거룩하게 된 자들을 한 번의 제사로 영원히 온전하게 하셨느니라"(히 10:10-14).

마지막으로 사탄으로부터 해방시키신 것은 '왕'으로서의 사역의 완성이었습니다. "이제 이 세상에 대한 심판이 이르렀으니 이 세상의 임금이 쫓겨나리라"(요 12:31) 만왕의 왕이자 만주의 주이신 예수께서 이 세상에 왕으로 군림하던 사탄을 완전히 이기시고 인간에 대한 그의 지배를 끊어내셨습니다.

성령으로 기름부음 받은 그리스도 예수께서 세 가지 직분을 모두 완수하심으로써 구원을 성취하시고 완벽한 회복을 이루셨습니다. 예수께서 돌아가시던 순간, 성소와 지성소 사이에 있던 휘장이 위로부터 아래로 찢어졌습니다(마 27:51). 이제 우리는 동물의 피가 아닌 예수님의 피를 통하여 영원한 속죄와 구원을 받고 하나님의 임재 안에 담대히 나아갈 수 있게 되었을 뿐 아니라 심지어 하나님의 영이 우리 안에 직접 들어오심으로써 우리는 그분의 임재를 가지고 다니는 살아 있는 성전이 되었습니다.

예수 영접의 비밀

그렇다면 예수님께서 이루신 이 모든 일들은 어떻게 우리 삶에서 실재가 될 수 있을까요? 그것은 바로 "영접"이라는 과정을 통해서입니다. 영접은 하나님의 자녀가 되는 열쇠입니다. 죄와 사망의 법에 갇힌 자들이 지옥으로 갈 수밖에 없는 운명에서 빠져나와 예수님께서 마련하신 새로운 생명과 운명 가운데 들어가기 위한 선택의 과정입니다.

> 그러나 누구든지 그를 영접한 사람들에게는 하나님의 아들들이 되는 권세를 주셨으니, 즉 그의 이름을 믿는 사람들에게니라 요 1:12

요한복음 전체는 말씀이자 생명이신 예수님에 대해서 이야기합니다. 태초부터 말씀으로 존재했던 분이시자 하나님과 같은 분이신 예수님께서 이 땅에 빛으로 오셨습니다. 아담의 타락 이후 아무 소망 없이 어둠으로 가득하던 이 세상에, 처음으로 죄가 없으신 생명의 빛이 오신 것입니다. 그러나 어둠은 그 빛을 알아보지 못하였고 받아들이지도 않았습니다. 그래서 성경은 말씀합니다. "그를 영접하는 자에게는 하나님의 자녀가 되는 권세를 주셨으니" 누구든지 예수를 받아들이기로 선택하기만 하면, 그는 즉시 하나님의 자녀가 되고 하나님께서 예비해놓으신 생명의 길로 들어갈 수 있습니다.

그렇다면 영접의 내용은 무엇일까요? 로마서 10:9에 잘 나와 있듯이, 예수를 주Lord로 시인하고 하나님께서 그를 죽은 자 가운데서 살리신 것을 믿고 고백하는 것이 바로 영접의 내용입니다.

네가 네 입으로 주 예수를 시인하고 또 하나님께서 그를 죽은 자들로부터 살리신 것을 네 마음heart에 믿으면 구원을 받으리라 롬 10:9

하나님께서 우리 죄를 위하여 예수님을 보내셔서 죽게 하셨을 뿐 아니라 그분을 죽은 자들 가운데서 살리셨습니다. 즉 예수께서 죄와 죽음의 권세를 완전히 파괴하신 후 새로운 피조물로 일어나셔서, 우리에게도 하나님과 똑같은 종류의 새로운 생명을 주신 것입니다. 먼저 이것을 듣고 마음으로 믿어야 합니다.

또한 고백할 것은 예수 그리스도를 우리의 주님으로서 고백하는 것입니다. 지금까지 예수를 믿지 않고 살았던 삶은 세상 임금인 마귀가 나의 주 노릇을 했던 삶이었습니다. 그것은 선택의 여지없이 이 땅에 태어날 때부터 정해졌던 삶이었습니다. 그러나 이제 새로운 선택의 기회가 열렸습니다. 예수 그리스도를 받아들이고 나의 주님으로 고백한다는 것은, '나는 더 이상 마귀에 속하지 않고, 예수님의 편으로 가겠습니다.' 라고 자신의 생명에 대한 예수님의 주권을 인정하는 일입니다.

이러한 내용에 근거한 영접의 과정은, 이어지는 로마서 10:10에 잘 나와 있습니다.

이는 사람이 마음으로 믿어 의에 이르고 입으로 고백하여 구원에 이르기 때문이라 롬 10:10

우리가 먼저 마음으로 믿게 되면, 우리 안에 의가 이루어지고 구원을 받기에 합당한 상태가 됩니다. 마치 댐에 물이 가득 차오른 것과 같은 그런 상태입니다. 그러나 수문이 열려야 비로소 물이 터져나가듯이 우리 안에 이루어진 의의 상태를 구원에까지 완성시키는 것은 바로 입으로 하는 고백입니다. 즉 먼저 마음으로 믿고, 그 믿은 바를 입으로 고백할 때 마침내 구원이 이루어지고 결과가 나타나는 것입니다.

복음을 전하다 보면 때로 "나는 믿고 싶은데 믿어지지가 않아요."라고 말하는 사람들이 있습니다. 그런 경우에는 믿어져서 믿는 것이 아니라 믿기로 '선택하는' 것임을 가르치고 세워주어야 합니다. 믿기로 결단하고 말씀을 받아들일 때 믿음은 따라 오게 되어 있습니다. 이처럼 믿고 고백하는 것이 영접의 필수 과정이며, 나아가 거듭난 이후에도 삶의 모든 분야에서 구원의 실재를 누리기 위한 과정이기도 합니다.

영접의 결과

그러나 누구든지 그를 영접한 사람들에게는 하나님의 아들들이 되는 권세를 주셨으니, 즉 그의 이름을 믿는 사람들에게니라 요 1:12

죄의 본성을 가지고 마귀의 자녀로 살아가던 삶에서 벗어나 하나님의 합법적이자 실제적인 자녀로 다시 태어나 그분의 가족에 들어가게 됩니다.
둘째, 새로운 피조물로 거듭나서 새로운 본성을 갖게 됩니다.

그러므로 누구든지 그리스도 안에 있으면 새로운 피조물이라 옛 것들은 지나갔으니, 보라, 모든 것이 새롭게 되었도다 고후 5:17

영접한 결과 우리는 새로운 피조물로 거듭나게 됩니다. 거듭난다는 것은 말 그대로 다시 태어난다는 뜻입니다. 예수를 영접할 때 우리는 본질적으로, 즉 영적으로 다시 태어납니다. 죄인이었던 옛사람은 죽고, 하나님의 본성을 가진 의인 즉 새로운 사람으로 다시 태어나는 것입니다.
"내가 온 것은 양들로 생명을 얻고 더 풍성히 얻게 하려 함이라" (요 10:10) 이것이 예수님께서 이 땅에 오신 목적이었습니다. 단순히 우리 죄를 용서하시기 위함이 아니라 우리에게 하나님과 똑같은 종류의 생명zoe을 주시려고 오신 것입니다.

말씀에서 모든 사람이 '죄인'이라고 이야기하는 근거가 무엇입니까? 그 근거는 우리의 행위에 있는 것이 아니라 우리의 본성에 있습니다. 죄를 지어서 죄인이 아니라 죄인이기 때문에 죄를 지을 수밖에 없는 것입니다. 갓 태어난 늑대를 집에서 고기를 먹이며 가축처럼 기른다고 해서 사냥을 하는 늑대의 본능을 제어할 수는 없습니다. 결국 옆집의 병아리를 잡아먹고야 말 것입니다. 배가 고파서가 아니라 그의 본성이 나타나는 것입니다. 늑대가 애완동물로 집에서 키워지려면 본성이 바뀌어야 합니다. 다시 태어나야 합니다. 물론 하나님은 우리의 모든 죄를 끝없이 용서해주실 수 있습니다. 실제로 예수님께서 우리의 모든 죄를 사하시려고 우리 대신 십자가에서 죽으셨습니다. 그러나 용서는 우리가 죄를 짓지 않는 데에는 아무런 도움이 되지 않습니다. 용서 받았다고 죄를 짓지 않을 능력이 생기는 것은 아닙니다. 그 상태로는 우리는 여전히 "구원받은 죄인"이며, 죄에 속박 받은 자입니다. 계속해서 죄를 짓고 용서 받고, 또 죄 짓고 용서 받는 그런 삶을 반복할 수밖에 없습니다.

그러나 우리를 위한 하나님의 해답은 완벽했습니다. 십자가에서 죽으신 예수께서 사흘 후에 새로운 생명을 가진 새로운 피조물로 부활하셨습니다. 본성이 바뀐 것입니다. 그리고 이것을 믿고 고백할 때 우리에게도 동일한 일이 일어납니다. 단지 용서받고 용납된 수준이 아니라 또는 개선되고 수정된 수준이 아니라 새로운 피조물 – 이전에 한 번도 존재한 적이 없었던 완전히 새로운 존재 – 로 다시 태어났습니다. 이처럼 우리의 본성이 교체되는 것이 죄 문제에 대한 하나님의 완벽한 해결책이었으며, 이것이 우리가 구약 성도와 완전히 구별되는 지점입니다. 따라서 우리는 그들처럼 외부로부터 행동을 제어하는 접근을 하지 않습니다. 반대로 안으로부터, 우리의 거듭난 영을 강화하여 풀어냄으로써 바깥을 변화시키는 것이 우리의 접근입니다. 죄를 짓지 않고 죄의 영향을 받지 않으며, 오히려 죄를 다스릴 새로운 본성이 거듭날 때 이미 우리에게 주어졌기 때문입니다.

셋째, 성령님이 내주하셔서 새로운 본성을 따라 능력 있게 살아갈 수 있도록 인도해 주십니다. 본성이 바뀌었을 뿐 아니라 그 본성 가운데 하나님의 영인 성령님께서 들어오셨습니다. 성령님은 말 그대로 "거룩한 영"이시기에, 결코 죄인의 영 가운데는 들어가실 수 없습니다. 잘 아시다시피 구약시대에는 지성소에 죄인이 들어가면 즉시 죽었습니다. 빛과 어둠이 함께 할 수 없듯이, 하나님의 거룩한 임재 앞에서 죄가 견디지 못하는 것입니다. 따라서 구약 성도들은 바깥에서 일어나는 성령의 능력을 경험할 수는 있었지만, 그들 안에 성령을 모실 수는 없었습니다. 그러나 이제 거듭나서 의인의 영을 받은 우리는 성령께서 안에 내주하시며 언제 어디서나 함께 하실 수 있습니다. "너희는 너희가 하나님의 성전인 것과 하나님의 성령이 너희 안에 계시는 것을 알지 못하느냐"(고전 3:16)

> 내가 아버지께 구하겠으니 그가 또 다른 보혜사를 너희에게 주사 영원토록 너희와 함께 있게 하리니 요 14:16, 개역개정

예수님께서 말씀하시는 또 다른 보혜사란 바로 성령님을 말합니다. 여기에서 '또 다른'이라는 표현은 헬라어 원어로 "알로스allos"로서, 이는 "같은 종류의 다른 것"을 뜻합니다. 예를 들어, 마트에 가면 같은 상품이 줄지어 진열된 것을 보게 되는데, 그것들은 사실상 모두 같지만 또 각각은 개별적입니다. 그럴 때 "알로스"라는 표현을 쓸 수 있습니다. 이처럼 우리에게 오신 성령님은 예수님과 본질적으로 똑같지만 또한 구별되는 그런 존재이십니다.

또한 "보혜사"라는 단어는 원어로 "파라클레토스Parakletos"로서 "다른 사람을 돕기 위해 그와 나란히 함께 가도록 부르심을 받은 자"라는 뜻입니다. 이 단어를 영어 확대번역 성경에서는 "위로자Comforter, 상담자Counselor, 교사Teacher, 돕는 자Helper, 능력 주시는 자Strengthener, 중보자Intercessor, 비상시 대기자Standby" 등의 7가지 단어로 번역합니다. 즉 하나님과 똑같은 영께서 우리 안에서 여러 가지 모양으로 사역하시면서, 하나님의 본성으로 거듭난 우리로 하여금 그 본성을 따라 사는 법을 깨닫고 적용할 수 있도록, 친히 가장 정확한 가르침과 인도를 주시는 것입니다. 이처럼 하나님께서는 우리가 하나님의 생명을 받은 자로서 완벽하게 기능하기 위해 필요한 모든 것을 주셨습니다.

> 보혜사 곧 아버지께서 내 이름으로 보내실 성령 그가 너희에게 모든 것을 가르치고 내가 너희에게 말한 모든 것을 생각나게 하리라
>
> 요 14:26, 개역개정

성령께서 우리 안에서 모든 것을 가르치시며, 또한 그분의 말씀을 생각나게 하십니다. 어떤 상황에서나 우리가 우리의 영을 따라 기능할 수 있는 최고의 방법을 알려주시는 것입니다. 이러한 성령님을 인식하고 동행하며 우리는 매일의 삶에서 그분의 역사를 체험합니다.

넷째, 그리스도와 공동상속자로서 하나님의 우편인 권세의 자리에 앉게 되었습니다.

> 죄들 가운데서 죽었던 우리를 그리스도와 함께 살리셨으니 (너희가 은혜로 구원을 받은 것이니라) 또 함께 일으키사 그리스도 예수 안에서 천상에 함께 앉히셨으니 엡 2:5-6

예수님께서 우리를 위해 십자가에서 죽으시고 장사되셨을 때 우리의 옛사람도 죽어서 묻혔고, 그분께서 살아나셨을 때 우리도 새로운 본성으로 다시 일으켜졌으며, 예수님께서 하나님 보좌 오른편에 권세의 자리에 앉으셨을 때 우리도 함께 그 자리에 앉았습니다. 우리도 그 권세를 공동으로 누리는 위치가 된 것입니다. "자녀이면 또한 상속자 곧 하나님의 상속자요 그리스도와 함께 한 상속자니"(롬 8:17) 여기에서 '그리스도와 함께 한 상속자', 즉 "공동상속자joint-heirs"란 일정 부분씩 나누어 갖는 것이 아니라 전체의 모든 것을 함께 상속받는 것을 의미합니다.

사실상 예수님께서 그 권세를 회복하신 것은 전적으로 우리를 위함이었습니다. 예수님은 이미 하나님이시며 우주만물을 다 가진 분이셨기 때문입니다. "예수께서 나아와 말씀하여 이르시되 하늘과 땅의 모든 권세를 내게 주셨으니 그러므로 너희는 가서…"(마 28:18-19) 우리로 하여금 이 땅에서 놓쳤던 권세를 회복하고 왕 노릇하며 살아갈 수 있게 하기 위하여 예수님을 통한 권세의 회복이 일어났고, 이를 통해 우리는 예수 그리스도를 영접하기만 하면 하늘의 영적인 영역에 그리스도와 함께 앉아 있는 영광을 누리게 되었습니다.

다섯째, 영적 희년이 선포되었습니다. 앞서 보았던 누가복음 4:18-21에 예수님께서 선포하셨던 영적 희년이 영접의 결과로 우리에게 성취되었습니다.

주의 영이 내게 임하시니 이는 가난한 자들에게 복음을 전하게 하시려고 내게 기름을 부으심이라. 그가 나를 보내셨으니 이는 마음이 상한 자를 치유케 하시며, 포로들에게 구원을 선포하고, 눈먼 자를 보게 하고, 짓밟힌 자들을 해방시켜 주고 주의 기뻐 받으시는 해(희년)를 전파하게 하심이라."고 하시고 책을 덮으신 후 그것을 맡은 자에게 다시 주고 앉으시니, 회당에 있는 모든 사람의 눈이 그에게로 주목되더라. 주께서 그들에게 말씀하기 시작하시어 "이 성경이 오늘날 너희 귀에 이루어졌느니라."고 하시니 눅 4:18-21

희년이란 구약시대에 있었던 제도로, 6년간 밭을 쓰다가 일곱째 해에는 쉬게 하는 안식년을 일곱 번 지내고 난 후 50년에 한번 선포되는 해방의 해입니다.

너는 일곱 안식년을 계수할지니 이는 칠 년이 일곱 번인즉 안식년 일곱 번 동안 곧 사십구 년이라 일곱째 달 열흘날은 속죄일이니 너는 뿔나팔 소리를 내되 전국에서 뿔나팔을 크게 불며 너희는 오십 년째 해를 거룩하게 하여 그 땅에 있는 모든 주민을 위하여 자유를 공포하라 이 해는 너희에게 희년이니… 레 25:8-10, 개역개정

희년이 되면 크게 세 가지 일이 일어나는데, 바로 노예해방, 토지반환, 부채탕감입니다. 당시에는 빚을 갚지 못할 때 같은 민족끼리라도 다른 사람의 노예가 되는 일이 있었습니다. 그런데 희년이 되면 이런 사람들이 아무런 조건 없이 노예 상태로부터 해방이 되고, 주인이 진 빚 때문에 다른 주인에게 넘겨졌던 경우에도 본 주인에게 돌아가게 됩니다. 이것이 희년에 일어났던 노예해방입니다. 두 번째로 토지반환은, 이스라엘 민족은 가나안 땅 점령 후 레위 지파를 제외한 11지파가 그 땅을 나누어 가졌고, 이는 절대 사거나 팔 수 없었습니다. 만약 다른 사람에게 땅을 넘겨주게 되었다 하더라도 경작권만 임대하는 것이며, 이 또한 희년의 나팔소리가 울리면 본래 주인에게 환속됨으로써 처음에 부여받았던 각 지파의 기업을 회복하게 됩니다. 마지막으로 부채탕감은 말 그대로 희년이 되면 그동안 졌던 빚이 완전히 사라지는 것을 가리킵니다. 이 모든 일이 단지 희년이 선포되기만 하면, 이스라엘 민족 가운데 이루어지는 일이었습니다.

구약의 모든 절기는 오실 그리스도와 새로운 피조물을 위한 모형입니다. 희년 제도는 예수 그리스도로 말미암아 우리에게 선포된 영적

희년의 정확한 모형입니다. 즉 예수 그리스도를 영접하고 거듭날 때 우리에게 영적으로 이루어지는 일들을 보여주는 것입니다. 우리는 마귀에게 속박 받던 상태로부터 벗어나 해방되었고, 또한 마귀로 인해 빼앗겼던 이 땅에 대한 권세와 모든 영적 기업을 돌려받았습니다. 그리고 죄와 저주로 인해 우리가 치러야 할 모든 값이 예수 그리스도의 속량으로 말미암아 모두 치러졌습니다. 희년의 나팔소리가 울려 퍼지듯이, 우리에게 선포된 예수 그리스도의 복음을 듣고 받아들이기만 하면, 이 모든 일이 우리의 삶에 일어나게 됩니다.

이외에도 구약 성경에는 영접과 그로 인한 결과를 나타내는 모형들이 많습니다.

그들이 에돔 땅을 돌아서 가기 위해 호르 산으로부터 홍해의 길을 따라 이동하였더니, 백성의 혼이 그 길 때문에 많이 상심되었더라. 백성이 하나님과 모세를 거역하여 말하기를 "어찌하여 당신들은 우리를 이집트에서 데리고 나와 광야에서 죽게 하나이까? 여기는 먹을 것도 없고 물도 없으니, 우리 혼이 이 보잘 것 없는 음식을 싫어하나이다." 하였더니 주께서 불뱀들을 백성 가운데로 보내시어 그것들이 백성들을 물으니 많은 이스라엘 백성이 죽으니라. 그러므로 백성이 모세에게 와서 말하기를 "우리가 주와 당신을 거역하여 말함으로 죄를 지었나이다. 주께 기도하여 그 뱀들을 우리에게서 물러가게 하소서." 하니 모세가 백성을 위하여 기도하더라. 그러자 주께서 모세에게 말씀하시기를 "불뱀 한 마리를 만들어서 그것을 장대 위에 달아

놓으라. 물린 자마다 그것을 쳐다보면 살리라." 하시니 모세가 놋쇠로 뱀을 만들어 장대 위에 매어다니 뱀이 사람을 물어도 그가 그 놋뱀을 보면 살더라. 민 21:4-9

모세가 광야에서 뱀을 들어올린 것같이 인자도 그렇게 들려올려져야만 하리니 요 3:14

    이스라엘 백성이 하나님을 원망하는 죄를 짓자, 불뱀이 나와서 사람들을 물었고 많은 사람들이 그 독 때문에 죽어갔습니다. 그러자 모세가 하나님께 기도하였고, 하나님께서는 모세에게 이렇게 지시하셨습니다. "놋으로 뱀을 만들어서, 전 진영에 있는 이스라엘 백성들이 다 볼 수 있는 높은 장대 위에 매달아 올려라. 그것을 본 사람은 살 것이다." 이것은 논리적으로나 과학적으로는 전혀 이치에 맞지 않는 이야기입니다. 차라리 산에서 어떤 약초를 캐다가 상처에 붙이라고 한다면 그나마 납득이 될 텐데, 그냥 높이 달린 놋뱀을 쳐다보기만 하면 해독이 되고 목숨을 구한다는 것입니다. 그러나 실제로 그 말을 믿고 나와서 놋뱀을 쳐다본 사람은 살았고, 반대로 그 말을 믿지 않고 장막 안에 누워만 있었다면 결국 죽었을 것입니다. 이처럼 인간적으로는 이해할 수 없는 말씀이지만, 하나님의 말씀을 믿기로 정하고 나아갔을 때 그들 가운데 구원이 일어난 것입니다.
    예수님께서는 이 사건을 직접 언급하시며, 그 놋뱀처럼 "인자도 들려야" 한다고 말씀하셨습니다. 마찬가지로, 그리스도께서 우리 죄 때문에 대신 십자가에서 죽으시고 부활하셔서 우리에게 새로운 본성을 주신다는 말씀은 사실 자연적인 영역에서 보면 참으로 얼토당토않은 어리석은 이야기입니다. 그러나 이 복음은 그것을 받아들인 자에게는 생명이 되며 무한한 능력이 됩니다. 하나님께서는 구약의 사건을 통하여 우리가 예수를 믿고 구원받는 사건에 대한 그림을 보여주셨습니다. 예수께서는 모든 인류의 구원을 위하여 십자가에 들려지셨고, 우리가 이성과 논리를 넘어 그저 믿기로 결단하고 그 축복 안으로 들어가기만 하면, 모든 영적인 혜택이 우리에게 이루어지고, 우리는 새로운 생명 가운데 승리하는 삶을 살 수가 있습니다.

그때에 모세가 이스라엘의 모든 장로들을 불러서 그들에게 말하기를 "너희는 너희 가족 수대로 어린 양을 골라 내어 가져다가 유월절 양으로 잡고 우슬초 다발을 만들어 대야에 있는 피에 적셔서 대야에 있는 피로 문 인방과 양쪽 기둥에다 뿌리고 너희 중 아무도 아침까지 자기 집 문 밖으로 나가지 말지니라. 주께서 이집트인들을 치려고 두루 다니시리니 문 인방과 양쪽 기둥에 피를 보시면 주께서 그 문을 지나치실 것이며 멸망시키는 자로 너희 집에 들어가서 너희를 치도록 허락하지 않으실 것임이니라. 너희는 이것을 너와 네 아들들에게 율례로 삼아 영원히 지킬지니라. 너희가 주께서 약속하신 대로 너희에게 주실 그 땅에 가면 이 의식을 지킬지니라. 너희 자녀가 너희에게 '이 의식이 무엇을 의미하는 것이니이까?' 라고 물을 때 너희는 말할지니 '그것은 주의 유월절 제사라. 주께서 이집트인들을 치실 때 이집트에 있는 이스라엘 자손들의 집들을 지나치시어 우리의 집들을 구해 주셨느니라.' 하라." 하니 백성들이 고개를 숙여 경배하더라. 이스라엘 자손들이 떠나 주께서 모세와 아론에게 명령하신 대로 그들이 행하더라. 한밤중에 주께서 이집트 땅에 있는 모든 첫태생들을 치셨는데 자기 보좌에 앉은 파라오의 첫태생부터 감옥에 갇힌 자의 첫태생까지이며 가축의 모든 첫태생까지더라. 파라오가 밤중에 일어났으니, 곧 그와 그의 모든 신하들과 모든 이집트인들이라. 이집트에 큰 울부짖음이 있었으니 이는 사람이 죽지 않은 집이 하나도 없음이더라. 출 12:21-30

이스라엘 백성이 애굽에서 나올 때에도 예수 그리스도의 구원의 예표가 되는 사건을 발견할 수 있습니다. 앞서 애굽 땅에 9가지 재앙이 일어났는데도, 바로는 이스라엘 백성을 보내주지 않았습니다. 그러자 마지막으로 사람과 동물을 막론하고 애굽 땅에 있는 장자가 다 죽는 재앙이 일어났습니다. 이 재앙이 일어나자 비로소 바로는 이스라엘 백성을 풀어줍니다.

그러나 그날 밤 어린 양을 잡아서 그 피를 문 인방과 설주에 바른 집에서는 장자가 죽지 않았습니다. 이스라엘 민족이라서가 아니라 하나님의 지시를 듣고 따랐다면 어느 집이나 죽음의 사자가 들어가지 못하고 넘어갔던 것입니다. 이처럼 인간의 상식으로는 이해할 수 없는 지시였지만 하나님의 말씀을 받아들이고 행했을 때, 예수 그리스도를 상징하는 어린 양의 살과 피를 통한 구원과 해방의 사건이 그들 가운데 일어난 것을 볼 수 있습니다.

이처럼 구약 성경에 기록된 모든 사건은 단순히 이스라엘 백성에게 일어났던 일들의 기술이 아니라 오실 그리스도에 대한 영적 의미를 담은 상징이자 예표의 역할을 한다는 것을 다시 한 번 확인할 수 있습니다.

복음의 안경을 쓰고 말씀을 취하라

이번 과를 통하여 신구약 성경 전체를 복음의 흐름에 따라 살펴보았습니다.

완전한 창조 가운데 아무런 결핍도 문제도 없었던 에덴동산에서 첫째 아담의 타락이 일어났고, 그로 인해 죄와 저주가 온 인류에게 들어왔습니다. 그러나 하나님의 완전한 구원 계획 안에서 마지막 아담인 예수 그리스도께서 이 땅에 오셨습니다. 그분은 우리의 신분과 권세를 완전히 회복하셨을 뿐만 아니라 우리를 새로운 피조물이 되게 하셨습니다.

예수를 영접한 우리는 하나님의 자녀가 되었고, 세상을 정복하고 다스리는 권세를 가지게 되었습니다. 따라서 이제는 새로운 피조물로서 새로운 본성을 강화시키며 하나님께서 그리스도 예수 안에서 기업으로 주신 것들을 찾아 누리는 축복된 삶을 살기만 하면 됩니다.

예수께서 이 땅이 오신 것은 단순히 우리로 하여금 부정적인 삶에서 벗어나게 하려는 목적이 아니었습니다. 그것은 과정이었고, 궁극적인 목적은 하나님과 같은 종류의 새로운 생명을 우리에게 주셔서 우리로 하여금 세상을 다스리고 이 땅 가운데 하나님의 뜻을 나타내며 살게 하려는 것이었습니다. 그래서 예수께서는 십자가에서 죽으심으로 우리의 죄 문제를 해결하셨을 뿐만 아니라 부활하심으로써 새로운 생명을 주셨습니다. 새로운 피조물을 일으키시고, 그 자신이 그 첫 열매가 되셨습니다. 이로 인해 이후에 거듭난 우리는 모두 탁월한 하나님의 생명과 영생을 가질 수 있게 되었습니다.

우리는 말씀 안에서 인간을 향한 하나님의 이러한 뜻과 계획을 발견하고, 또한 거듭난 새로운 피조물인 내가 누구인지에 대해서 정확히 발견할 수 있어야 합니다. 이처럼 정확한 복음의 안경을 끼고 새 언약에 속한 새로운 피조물로서 성경 속의 모든 사건과 인물과 말씀을 대할 때 하나님께서 의도하신 온전한 메시지를 취하며 그분께서 보내주신 사랑의 편지의 유익을 누릴 수 있게 될 것입니다.

제 3 과

그리스도인은 누구인가?

그런즉 누구든지 그리스도 안에 있으면
새로운 피조물이라
이전 것은 지나갔으니 보라 새 것이 되었도다 (고후 5:17)

또 증거는 이것이니 하나님이 우리에게 영생을 주신 것과
이 생명이 그의 아들 안에 있는 그것이니라
아들이 있는 자에게는 생명이 있고
하나님의 아들이 없는 자에게는 생명이 없느니라
(요일 5:11-12)

자녀들아 너희는 하나님께 속하였고
또 그들을 이기었나니 이는 너희 안에 계신 이가
세상에 있는 자보다 크심이라 (요일 4:4)

지난 1과에서 우리는 하나님의 말씀을 최고의 위치에 두는 작업을 하였고, 2과에서는 성경 전체를 관통하고 있는 예수 그리스도의 복음의 맥에 대해 살펴보았습니다. 그리고 이번 3과의 제목은 "그리스도인은 누구인가?"입니다. 이 과의 내용은 〈믿음의 반석〉 교육과정 전체에서 가장 중요한 내용입니다.

거듭난 그리스도인으로서 우리는 철저하게 말씀에 근거하여 자기 자신을 바라보고 인식해야 합니다. 세상은 결코 당신이 누구인지에 대해 정확한 정보를 줄 수 없습니다. 오직 하나님의 말씀만이 우리의 존재에 대해 가장 확실한 정보를 주며, 또한 그렇게 살 수 있는 능력도 함께 줄 수 있습니다.

이번 과에 들어가기에 앞서, 지금까지 살아온 배경이나 경험이나 습관이나 사고방식을 모두 말씀 앞에 내려놓으십시오. 스스로 '나는 이런 사람이야.'라고 여겨왔던 생각도 모두 내려놓으십시오. 오직 하나님의 말씀에 근거하여 당신이 누구이며, 무엇을 가지고 있고, 무엇을 할 수 있는지에 대해 새로운 자아상을 그리기로 결단하십시오. 말씀의 재료를 바탕으로 새로 그린 이 자아상이 당신의 모든 존재와 삶 전체를 온전히 지배할 수만 있다면, 당신은 새로운 생명 가운데 참으로 놀라움의 연속인 삶을 살게 될 것입니다.

그리스도인 : 하나님의 본성을 가진 자

그리스도인이라는 이름은 믿는 자들이 스스로 붙인 것이 아닙니다. 초대교회 때 안디옥 사람들이 안디옥 교회 성도들을 보면서, 그들이 성령으로 힘입어 살아가는 모습이 마치 예수 그리스도께서 이 땅에 계실 때의 모습과 같다고 하여 '그리스도인'이라고 부르기 시작한 것이 어원입니다. 즉 그리스도인이라는 말은 '예수 그리스도를 따르는 자들', 더 정확히는 '그리스도와 같은 자들'이라는 의미입니다.

따라서 그리스도인인 우리가 스스로를 볼 때에도 단순히 예수 믿는 사람이나 교회 다니는 사람이 하나님의 본성을 가진 새로운 피조물이자 이 땅에 예수님을 대신하여 보냄 받아 그분과 같은 능력과 기름부음 가운데 기능하는 자로서 인식해야 합니다. 이것이 그리스도인으로서 가져야 할 정확한 자의식입니다.

그렇다면 그리스도인이 어떤 존재이고, 무엇을 가지고 있으며, 무엇을 할 수 있는지, 성경 말씀을 통해 좀 더 구체적으로 살펴봅시다.

그리스도인은 영생을 가지고 있습니다

영생이란 말 그대로 '영원한 생명'이라는 뜻입니다. 그래서 많은 그리스도인들이 '영생을 가지고 있다'라고 할 때 시간적인 의미에 중점을 두어 이 땅에서 끝나는 생명이 아니라 죽은 후에도 천국에 가서 영원히 사는 생명을 얻은 것이라고 이해합니다. 물론 틀린 말은 아닙니다. 그러나 우리가 가진 영생은 그 이상입니다.

성경에서 영생이라고 번역된 단어의 헬라어 원어는 "조에zoe"로서, 이는 하나님과 같은 종류의 생명God-kind of life이라는 뜻입니다. 고양이를 고양이답게 하는 생명이 있고 강아지를 강아지답게 하는 생명이 있습니다. 이처럼 각자 지닌 생명의 특징에 따라 정체성이 결정되는 것입니다. 우리가 받은 조에 생명은 하나님을 하나님답게 하는 생명입니다. 그리스도를 영접하는 순간, 우리를 지배하던 죄의 생명은 끊어지고 우리는 하나님과 같은 생명으로 거듭나서 완전히 새로운 존재가 됩니다. 그리스도인이 가진 이 영원한 생명, 즉 하나님의 생명은 우리로 하여금 하나님의 신성한 본성에 참여하는 자가 되게 합니다.

> 또 증거는 이것이니, 하나님께서 우리에게 영생을 주신 것과, 이 생명이 그의 아들 안에 있다는 것이라. 그 아들이 있는 자는 생명이 있고 하나님의 아들이 없는 자는 생명이 없느니라. 내가 하나님의 아들의 이름을 믿는 너희에게 이런 것들을 쓴은 너희에게 영생이 있음을 알게 하려 함이며, 또한 너희가 하나님의 아들의 이름을 믿도록 하려 함이라. 요일 5:11-13

하나님께서는 태초에 아담을 만드시고 자신과 똑같은 종류의 생명을 주셨습니다. 그러나 아담이 범죄 함으로써 죄의 본성이 들어왔고, 하나님의 생명은 그를 떠날 수밖에 없게 되었습니다. 이후에 태어나는 모든 인류는 아담으로부터 생명을 받았기 때문에 모두 죄의 본성을 갖게 되었습니다.

그런데 예수님께서 이 땅에 오심으로써, 드디어 하나님의 생명의 빛이 인류 가운데 들어왔습니다. 예수께서는 십자가에서 죽으시고 또 부활하심으로 말미암아 우리를 위한 속량 사역을 완성하고 떠나셨고, 이제 그분을 받아들이는 자는 하나님의 자녀가 되는 권세를 얻으며 자녀로서 하나님과 똑같은 종류의 생명을 받게 됩니다. 이처럼 영생은 예수님께서 가져오신 것으로서, 거듭난 그리스도인들만이 가지고 있는 생명입니다. 거듭나지 못한 자연인과 거듭난 하나님의 자녀는 본질적으로 다릅니다. 그들은 죄의 본성을 가지고 있지만, 그리스도인은 의의 본성, 즉 영생을 가지고 있습니다.

우리가 이 영생을 가지고 있음을 아는 것이 매우 중요합니다. 위 말씀을 기록한 사도 요한은 많은 사도들이 일찍 순교했던 것과는 달리, 기록에 따르면 95세까지 살았다고 합니다. 물론 그도 많은 핍박을 당했고 죽을 고비가 있었지만, 하나님께서 주시는 마지막 계시를 기록해야 하는 부르심으로 인해 이 땅에서의 긴 삶이 허락되었고 그는 능히 그 어려운 고비들을 영생의 능력으로 이긴 간증을 가지고 있습니다. 따라서 그는 거듭난 영생을 강화하고 풀어놓으며 성장할 기회가 많았고, 그만큼 성숙하고 깊은 계시를 가졌던 사람이었습니다. 우리가 도달해야 할 영적 성장의 최고점을 산 정상에 비유한다면, 사도 요한이 있던 위치는 바로 산 정상이었습니다. 그리고 그러한 위치에 있는 자의 언어로 기록된 것이 위의 구절입니다. 따라서 위 구절도 단순히 "거듭난 너희 안에는 영생이 있다"라고 알려주는 것이 아니라 평생 그 영생의 생명을 살아왔던 사람으로서 "너희 안에 있는 그 영생이 얼마나 대단하고 놀라운 생명인지 알아야 한다."라는 의미로 보는 것이 보다 정확한 이해입니다. 이처럼 우리는 우리 안에 하나님과 똑같은 종류의 생명이 있다는 것을 알 뿐 아니라 그 생명이 어떤 생명인지를 알아야 합니다.

이 영생이 우리를 비그리스도인과 구별합니다. 그리스도인이나 비그리스도인이나 겉으로 보이는 삶의 모습은 크게 차이가 없어 보일 수도 있습니다. 모두 똑같이 학교 다니고, 회사 다니고, 결혼하고, 아이 낳고 살아가는 것처럼 보입니다. 그러나 우리는 그들과 본질적으로 다릅니다. 본성이 다르고 권세가 다르고 능력이 다릅니다. 세상 사람들은 열심히 살더라도 죄의 본성으로 말미암아 옳은 것을 선택할 능력이 없습니다. 또한 환경이나 상황의 영향을 받는 삶을 살기 때문에 좋지 않은 환경을 만나면 결국 실패하고 포기할 수밖에 없습니다. 그러나 이 영생을 가진 우리의 삶은 그럴 수 없습니다. 우리는 능히 하나님의 말씀을 따라 행하며, 상황을 변화시키고 다스리며 살아갑니다.

예수님께서는 이 영생을 따라 사는 삶의 가장 아름다운 모델이셨습니다. 그분은 하나님의 말씀을 따라 살면서, 그 길에 걸림이 되는 모든 상황과 환경을 완벽하게 통치하셨습니다. 폭풍을 잠잠케 하셨고, 어린 아이의 한 끼 도시락을 가지고 수만 명을 먹이셨으며, 질병을 치유하고, 심지어 죽은 자를 살리셨습니다.

이 영생은 하나님 안에 있는 생명으로서, 당신으로 하여금 하나님처럼 기능하게 합니다. 어떤 문제가 있더라도 당신 안에 영생이 있음을 아십시오. 당신은 보통 사람이 아닙니다. 하나님께서 '빛이 있으라' 고 말씀하시고 믿으실 때 빛이 창조되었던 것과 같이, 상황과 환경에게 명하고 그대로 될 줄 믿음으로써 환경을 변화시키십시오.

이와 관련하여 한 예화를 나누고 싶습니다. 오리 알이 어쩌다가 달걀과 섞이게 되었습니다. 그 사실을 모르는 암탉은 오리 알도 똑같이 품었고, 그래서 오리가 병아리와 함께 부화되었습니다. 암탉은 자라는 병아리들에게 닭으로서의 삶을 가르치기 시작했습니다. 날카로운 발톱으로 땅을 헤집고, 뾰족한 부리로 모이를 쪼아 먹는 법을 가르쳤습니다. 그러나 새끼 오리는 어느 것 하나 제대로 할 수가 없었습니다. 가만히 보니 생긴 것도 다른 병아리와는 너무나 달랐습니다. 부리는 뭉툭하고, 발톱은커녕 발가락도 제대로 분리되어 있지 않았습니다. 또한 암탉은 병아리들을 데리고 다니면서 주변에 조심해야 할 것들에 대해서 교육을 시켰습니다. "우리 닭들은 절대 물을 가까이 해서는 안 된단다." 모두 엄마의 말을 듣고 철저히 지켰습니다.

새끼 오리가 자랐습니다. 물론 그동안 닭으로서 제대로 할 줄 아는 것이 없었기 때문에 알게 모르게 따돌림을 당하는 처지가 되었습니다. 그렇게 혼자 조용히 고민을 하며 뒤뜰에 있다가 우연히 연못을 바라보게 되었습니다. 순간 '저 물에 들어가 보고 싶다' 라는 강렬한 끌림을 느끼게 되었습니다. 오리는 본래 물에서 살도록 만들어졌으므로 사실 당연한 일이었습니다. 암탉의 경고를 뒤로 하고 살며시 물에 발을 넣어 보았습니다. 크게 이상이 없는 것 같았습니다. 그래서 좀 더 과감하게 발걸음을 떼어보았습니다. 그랬더니 이게 어쩐 일인가요. 깃털이 젖지도 않고 자연히 물에 뜨는 것이었습니다. 그 상태에서 발을 움직여 보니 너무 자연스럽게 물 위를 떠다니게 되었습니다. 그렇게 신기한 경험을 한 후로 이 오리는 점점 혼자 물에 가서 노는 시간이 많아졌습니다.

그러던 어느 날, 오리 떼가 날아왔습니다. 지나가다 보니 웬 오리 한 마리가 연못에서 혼자 놀고 있는 모습이 보였습니다. "넌 왜 여기 혼자 있니?" 그 오리는 대답했습니다. "나는 원래 닭이고 여기가 집이야." 그러나 오리들이 볼 때에 그 아이는 분명히 오리였습니다. 그래서 오리들은 그를 설득하기 시작했습니다. "물에 비친 네 모습을 봐. 우리랑 똑같이 생겼잖아. 너는 분명히 닭이 아니고, 우리와 같은 오리야." 그리고 오리의 삶에 대해서 가르쳐주었습니다. 어떻게 물에서 더 잘 헤엄을 치고 물고기를 잡을 수 있는지, 또 어떻게 날 수 있는지도 알려 주었습니다. 처음에는 어색했지만 금세 그대로 따라하게 되었습니다. 닭의 삶을 배울 때와는 너무나 달랐습니다. 그렇게 오리들과 시간을 보내며 마침내 그들이 떠날 때가 되었을 때, 이제는 그 오리도 본인의 정체성을 정확히 알게 되었습니다. 그래서 오리 떼들과 함께 날아오르며, 아직도 땅바닥에서 모이를 주워 먹고 있는 닭들에게 이렇게 외쳤습니다. "나는 이제 다른 나라로 간다, 이 바보들아!"

우리가 어릴 때 들었던 "미운 오리 새끼"라는 동화와도 비슷한 이야기입니다. 이것은 본성에 대한 이야기입니다. 오리가 아무리 닭의 삶을 배우려고 해도, 오리의 본성은 바뀌지 않습니다. 세상은 우리에게 계속해서 그들의 삶의 방식을 가르칩니다. 그러나 거듭난 그리스도인은 더 이상 세상에 속한 자가 아니라 하나님의 생명과 본성을 가진 자입니다. 그러므로 세상 사람들처럼 살아서는 결코 우리의 본래 능력대로 살아갈 수가 없습니다. 우리로 하여금 하나님의 생명을 가진 자답게 살 수 있도록 가르쳐 주실 수 있는 분은 오직 하나님뿐이십니다. 그래서 그분께서는 우리에게 말씀을 주셨을 뿐 아니라 예수님을 통해 모델을 보여주셨고, 또한 항상 우리를 인도하시고 가르치실 성령님을 보내주셨습니다. 따라서 이제 영생을 가진 자답게 살아가는 것은 온전히 우리의 몫입니다.

■ 말씀 고백

- 나는 영생을 가진 자입니다.
- 영생은 하나님의 생명God-kind of life이며, 내가 예수님을 영접할 때 이 영생은 내 안에 주어졌습니다.
- 이 조에zoe 생명은 내 영에 가득합니다. 이 조에 생명은 내 혼에 가득합니다. 이 조에 생명은 내 육체에 가득합니다.
- 이 조에zoe 생명은 생명을 주는 영입니다. 그러므로 어떤 질병도 내 몸에 머무를 수 없습니다. 모든 연약함과 질병은 견디지 못하고 떠나갑니다.

- 내가 마음에 들지 않는 환경을 만나면 나는 믿음으로 선언함으로 상황을 변화시킵니다.
- 내가 조에zoe 생명 안에서 믿음으로 선언하면 상황은 변화될 수밖에 없습니다.

그리스도인은 사탄을 정복했습니다

거듭난 그리스도인은 어린 자나 큰 자나 모두 그리스도 안에서 이미 사탄을 정복하고 승리했습니다. 예수 그리스도께서 지옥과 사망을 완전히 이기고 부활하신 사실을 믿고 받아들이기만 하면, 예수님과 동일시identification됨으로 말미암아 그 완전한 승리와 부활에 동참하게 되고, 이제 더는 마귀의 공격이나 방해에 영향 받지 않게 됩니다.

물론 사탄은 실재합니다. 실제로 신앙생활을 하면서 직간접적으로 사탄의 역사를 경험하고 느끼는 일들이 있습니다. 흔히 '은혜 받으려니까 사탄이 역사한다' 라는 말처럼, 영적으로 승진하려고 할 때 사탄이 우리의 약점을 통해 우리를 넘어뜨리고 방해하는 것도 사실입니다. 그러나 이러한 현상과 경험을 당연한 것으로 받아들여서 진리보다 우위에 두어서는 안 됩니다. 사탄은 분명히 실재하지만 이제 법적으로 패배가 선언된 적이며, 우리는 예수 그리스도와 함께 사탄을 이기고 정복한 자들로서, 사탄은 우리 그리스도인에게 아무런 영향력도 행사할 수 없습니다. 사탄의 역사가 있더라도 우리는 결코 그것에 영향 받지 않고 승리하도록 정해져 있습니다. 이것이 우리가 추구해야 할 가장 크고 온전한 진리입니다.

> 내가 그리스도와 함께 십자가에 못 박혔으나 그럼에도 나는 살아 있노라. 그러나 내가 사는 것이 아니요 그리스도께서 내 안에 사시는 것이라. 내가 이제 육신으로 사는 삶은 나를 사랑하시어 나를 위해 자신을 주신 하나님의 아들을 믿는 믿음으로 사는 것이라. 갈 2:20

그리스도와 우리의 동일시에 대한 정확한 고백입니다. 예수께서 십자가에서 죽으셨을 때 우리도 그분과 함께 죽었고, 그분께서 묻히셨을 때 우리도 묻혔으며, 그분께서 부활하셨을 때 우리도 부활했습니다. 이제 우리가 사는 삶은 우리 안에 계신 그리스도로 힘입어 살아가는 삶입니다.

> 죄들 가운데서 죽었던 우리를 그리스도와 함께 살리셨으니 (너희가 은혜로 구원을 받은 것이니라.) 또 함께 일으키사 그리스도 예수 안에서 천상에 함께 앉히셨으니 엡 2:5-6

우리는 그리스도 안에서 그분과 함께 새로운 생명으로 살아났을 뿐 아니라 예수님과 함께 하나님의 보좌 우편 권세의 자리에 앉아 있습니다. 이것이 우리의 영적 위치입니다.

이런 말들이 처음에는 어색하고 생소하게 느껴질 수 있습니다.

그러나 우리 모두 안에는 성령님이 계십니다. 그러므로 영적으로 아무리 어리더라도 진리를 분별할 수 있는 능력을 가지고 있습니다. 지적으로는 너무나 그럴듯하고 세련되게 말씀을 풀어가는 것 같은데, 영으로는 뭔가 개운하지 않고 동의되지 않는 경우가 있습니다. 반대로 진리를 듣게 되면 머리로는 당장 이해가 되지 않더라도 우리의 영은 기쁨으로 반응합니다. 이러한 진리를 만났다면, 그 말씀을 우선 받아들이고, 반복하여 듣고 고백함으로써 의식화해야 합니다. 그렇게 우리에게 익숙해지고 믿음이 생기면 드디어 권세가 능력으로 나타나게 됩니다. 그리고 우리가 그리스도와 하나가 되어 그의 죽으심과 부활과 권세에 동참했다는 이 말씀은 분명한 진리입니다.

> …자신의 죽음을 통하여 죽음의 세력을 가진 자, 곧 마귀를 멸망시키며 또 죽음을 두려워하므로 평생을 노예로 속박되어 있는 자들을 놓아 주시려 함이니라. 히 2:14-15

예수님은 마귀를 정복하시고 사망과 지옥의 열쇠를 빼앗으셨습니다 (계 1:18). 즉 마귀를 무장해제 시키셔서 더 이상 아무런 능력이나 영향력도 없게 만드셨다는 뜻입니다. 예수께서는 이 일을 위하여 오셨으며, 그 결과 마귀는 이미 패배한 적이 되었습니다. 그러므로 그리스도와 동일시되어 그분의 승리와 영광에 동참한 우리는 결코 마귀를 두려워할 필요가 없습니다.

어린 자녀들아, 너희는 하나님께 속하였고 또 그들을 이겼으니, 이는 너희 안에 계신 분이 세상에 있는 자보다 더 크시기 때문이라. 요일 4:4

앞서 갈라디아서 2:20 말씀에서도 보았듯이, 이제 우리는 우리 안의 그리스도로 말미암아 살아갑니다. 이처럼 우리 안에 계신 분과 그 기름부음이 세상의 신인 마귀보다 훨씬 크시므로, 우리는 모든 종류의 속박으로부터 완전히 해방되어 승리자의 위치에 서 있습니다.

비교적 복음적인 메시지를 접하며 신앙생활을 시작했음에도 불구하고 마귀의 존재에 대해 여러 곳에서 다양한 말을 듣다 보니 저도 어떤 시기에는 마귀에 대해서 두려움을 가졌던 적이 있습니다. 마귀가 역사하는 것 같은 꿈을 꾸면 무서운 기분이 들어서 그것을 해결하기 위해 기도하고 쫓으려 애썼던 적도 있습니다. 그러다 영적으로 성장하고 말씀을 분명히 알게 되면서 더 이상 마귀를 두려워하지 않게 되었습니다. 한번은 기도하고 자려고 잠자리에 누웠는데, 영적인 눈이 열려서 귀신이 앞에 앉아 있는 것을 보게 되었습니다. 그때 저의 반응은 아무렇지 않게 "넌 왜 여기 있니? 가!"라고 말하고는 돌아눕는 것이었습니다. 이처럼 두려움은커녕 너무나 자연스럽게 대응하는 저를 보게 되었습니다. 사실은 이것이 모든 그리스도인의 의식이자 반응이 되어야 합니다. 사탄이 이 세상 임금으로서 실재하는 것은 사실이지만 그는 이제 우리에게 역사할 수 있는 발판이 전혀 없고, 우리는 어떤 상황에서라도 항상 승리할 수밖에 없습니다. 이처럼 마귀의 존재에 대해서 하나님께서 주신 최고의 계시 가운데 굳게 서야 하겠습니다.

- 나는 그리스도 안에 있으므로 마귀를 이긴 자입니다.
- 나는 마귀를 두려워하지 않습니다.
- 마귀는 내게 상관할 것이 없는 자입니다.
- 그러므로 나는 항상 승리합니다. 이는 내 안에 계신 이가 세상에 있는 자보다 크기 때문입니다.

그리스도인은 믿음을 가지고 있습니다

많은 그리스도인들이 믿음이 없다, 믿음이 부족하다는 말들을 자주 합니다. 그러나 그리스도인은 누구나 거듭날 때 이미 일정 분량의 믿음을 받았으므로, 모두 믿음을 가지고 있습니다.

…다만 하나님께서 각 사람에게 나누어 주신 믿음의 분량the measure of faith에 따라 건전하게 생각하라 롬 12:3

위의 구절을 영어성경으로 보면, "믿음의 분량"이라는 부분을 "the measure of faith" 즉 "일정한 믿음의 분량"이라고 적고 있습니다. 즉 하나님께서는 누구에게는 믿음을 많이 주시고, 다른 누구에게는 조금 주시는 것이 아닙니다. 우리 모두는 거듭날 때 충분한 믿음을 동일한 분량으로 받았습니다. 그리스도의 복음에는 능력이 있습니다. 그것을 듣고 받아들이면 우리는 믿음을 받게 됩니다. 그래서 모든 그리스도인은 누구나 필요한 믿음을 가지고 있으며, 이제 그 믿음을 키우는 일은 우리 각자의 몫입니다.

먼저 믿음을 키우는 것에는 두 가지 측면이 있습니다. 먼저 분야별로 확장해가는 것입니다. 이스라엘 백성이 가나안 땅을 약속 받고 그 땅에 들어갔지만, 각 성을 차지하기 위해서는 전투를 해야 했습니다. 여리고 성을 점령했다고 해서 아이 성이 저절로 얻어진 것이 아니었습니다. 아이 성을 위한 전투를 또 해야 했고, 그 이후의 다른 땅을 차지할 때에도 마찬가지였습니다. 물론 그 결과는 승리로 정해져 있었지만 전투를 통한 확장의 과정은 필수적이었습니다. 우리가 그리스도 안에서 하나님께서 주신 유업을 누리는 것도 마찬가지입니다. 이미 우리에게 주어진 것들이지만 온전한 누림을 위해서는 그것을 차지하는 믿음의 싸움이 있어야 합니다. 구원받고 거듭난 이후에도, 치유나 물질 등 각 분야에 대해 믿음으로 정복하고 차지하는 과정을 거쳐야 합니다.

또한 한 분야 안에서도 믿음을 점점 더 강하게 발전시켜야 합니다. 이는 마치 드는 것의 무게를 점점 늘리며 근육을 강하게 단련해가는 과정과 같습니다. 물질 분야에서도 처음에는 필요한 것을 공급받는 수준에서 시작하여, 지속적으로 믿음을 훈련함으로써 감당할 수 있는 물질의 양이 커지고, 마침내 초자연적인 공급 가운데 하나님의 나라를 위하여 크게 심는 위치로 올라갈 수 있습니다. 또한 치유 분야에서도 처음에는 감기 같은 작은 질병을 고치는 수준에서, 나중에는 전혀 질병의 영향을 받지 않으며, 나아가 다른 사람의 중병도 치유되도록 도울 수 있는 정도로 발전할 수 있습니다.

이처럼 동일하게 믿음을 받았지만 각자의 도전과 훈련에 따라 현재 도달한 믿음의 수준은 달라집니다. 분명한 사실은 우리는 모두 믿음을 받았고, 그 믿음은 계속해서 발전할 수밖에 없다는 것입니다. 그러므로 새로운 피조물은 절대 "나는 믿음이 없어"라거나 "내 믿음은 역사하지 않아"라는 말을 할 수 없습니다. 그것은 우리의 언어가 아닙니다. 하나님께서 우리에게 주신 믿음은 온전하며 항상 승리하는 믿음입니다.

> 또 주께서 말씀하시기를 "너희에게 겨자씨 한 알만한 믿음이 있다면 이 뽕나무에게 말하여 '뿌리가 뽑혀서 바다에 심겨지라.' 고 해도 그것이 너희에게 복종하리라." 눅 17:6

그리스도인은 누구나 산을 움직일 만한 믿음이 있습니다. 위 구절에서 예수님께서는 겨자씨 한 알만한 믿음이라도 그것은 역사한다고 말씀하십니다. 겨자씨는 씨 중에서도 정말 작은, 좁쌀보다도 작은 씨앗입니다. 결국 믿음의 크기는 문제가 아니라는 것입니다. 불신앙이나 의심으로 오염되지 않은 순전한 믿음이 겨자씨만큼만 있어도 그것은 반드시 역사합니다.

우리의 믿음은 들음으로써 확장되고, 사용함으로써 강해집니다. 먼저 우리가 새로운 분야에 대한 믿음을 갖고 믿음을 확장하기 위해서는, 말씀을 들음으로써 지식을 얻어야 합니다(롬 10:17). 거듭났지만 "예수께서 채찍에 맞음으로 너희는 나음을 얻었나니"(벧전 2:24)

라는 말씀을 듣지 못했다면, 치유에 대한 믿음은 발휘할 수 없을 것입니다. 마찬가지로 "너희 염려를 다 주께 맡기라 이는 그가 너희를 돌보심이라"(벧전 5:7)라는 말씀을 듣지 못했다면, 염려 부분에 대해서는 믿음을 사용하지 못할 것입니다. 따라서 우리는 말씀을 공부하고 들음으로써 우리에게 주어진 땅에 대해서 정확히 알고 하나도 빠짐없이 누릴 수 있도록 믿음을 확장해나가야 합니다.

이렇게 확장된 믿음을 강하게 하기 위해서는 믿음을 계속해서 사용하고 훈련해야 합니다. 말씀을 통해 얻은 지식을 단순히 지식으로만 둘 것이 아니라 삶에 적용하고 도전함으로써 믿음의 역량을 키우는 것입니다. 그렇게 할 때 같은 분야 안에서도 계시가 점점 깊어지고 믿음의 능력이 커지게 됩니다.

이는 우리가 믿음으로 행하고 보는 것으로 하지 아니함이라 고후 5:7

믿음이 바로 우리가 사는 영역입니다. 우리의 몸은 이 땅의 3차원적인 영역에 거하고 있지만, 우리가 기능하는 영역은 4차원적인 영의 영역, 믿음의 영역, 말씀의 영역입니다. 우리는 거듭날 때도 믿음으로 거듭나서, 모든 영역에서 믿음으로 취하고, 믿음으로 살며, 믿음으로 죽는 자들입니다. 그리스도인의 삶은 의인의 행진이며, 그 행진은 곧 믿음의 역사입니다. 믿음이 아니고서는 그리스도 안에서 우리에게 약속된 것들을 하나도 얻을 수 없습니다. 이처럼 그리스도인의 삶의 모든 영역에서 믿음은 필수적인 요소이며, 믿음으로 살아갈 때 우리의 승리는 보장되고 예수님께서 이루신 모든 일이 우리에게 실재가 될 것입니다.

· 나는 믿음을 가지고 있습니다.
· 그 믿음은 내가 거듭날 때 주어졌고 그 믿음은 산을 움직이는 능력이 있습니다.
· 나는 보는 것으로 행하지 않고 믿음으로 행합니다.
· 나는 믿음의 영역에서 생각하고 말하고 행하므로 항상 승리합니다.
· 나는 말씀을 들음으로 믿음을 확장시키고 믿음을 행하므로 내 믿음은 점점 강해집니다.
· 나는 믿음으로 세상을 이깁니다.

그리스도인은 하나님의 의로 의롭게 되었습니다

곧 이때에 자기의 의를 선포하심은 자신도 의롭게 되시고 또한 예수를 믿는 자도 의롭다 하려 하심이니라. 롬 3:26

모든 거듭난 그리스도인은 의인이 되었습니다. 여기에서 말하는 '의'란 행동으로 인한 것이 아니라 본성에 의한 것입니다. 즉 우리는 의로운 행동을 해서 의인이 되는 것이 아니라 믿고 거듭날 때 새로운 생명 즉 의인의 본성을 받음으로써 의롭게 되는 것입니다.

◻ 의의 정의

첫 번째로 의는 하나님의 임재 앞에 어떠한 정죄감, 죄책감, 열등감 없이 설 수 있는 권리 또는 능력을 말합니다. 따라서 거듭난 의인은 하나님 앞에서 두려움이나 정죄감으로 인해 엎드리는 것이 아니라 그분의 임재 가운데 담대하게 나아가 그분과 화평을 누리고 자유롭게 소통할 수 있는 그러한 권세와 능력을 가지고 있습니다.

두 번째로 의는 바르게 행하고 하나님의 뜻을 선택할 수 있는 능력을 말합니다. 의는 하나님의 성품이므로, 당연히 바른 것을 선택하고 행할 수 있는 능력을 내재하고 있습니다. 따라서 근본적으로 이러한 본성을 받고 거듭난 의인은 말 그대로 "죄에 대하여 죽은 자"(벧전 2:24)로서 죄와 어둠의 영향을 전혀 받지 않고 하나님의 뜻을 따라 살아가며 최고의 열매를 맺을 능력을 가지고 있습니다.

세 번째로 의는 무죄 선언입니다. 무죄 선언이란 말 그대로 피의자가 죄가 없고 결백하다고 공표하는 것입니다. 즉 그는 죄값을 치르거나 용서를 받음으로써 죄에서 해방된 것이 아니라 애초부터 죄와 아무 상관이 없고 죄를 지은 적이 없는 자로 인정받는 것입니다. 우리가 받은 의가 그러합니다. 말씀에서 우리를 두고 의롭게 되었다고 하는 것은, 죄를 지었지만 예수님의 보혈로 값을 치러서 용서가 되었다는 차원의 이야기가 아닙니다. 물론 이것이 거듭남을 위해 필요한 과정이지만, 결과적으로 그리스도 안에서 거듭나서 새로운 피조물인 현재 우리의 상태는 그러한 구원 받은 죄인이 아니라 전혀 죄가 없는 완벽한 의인입니다. 이것이 하나님께서 우리를 보시는 관점입니다. 그분께서는 우리를 죄를 지었었지만 용서받고 지금은 의롭게 된 사람이 아니라 이전에 전혀 죄를 지은 적이 없고 과거가 없는, 완벽히 새로운 존재이자 의인으로서 인식하고 계십니다.

□ 의의 특성

첫째, 의는 행위가 아니라 본성입니다. 이것이 세상에서 말하는 죄인과 의인의 기준과 매우 다른 점입니다. 세상에서는 행동을 보고 죄인과 의인을 구분합니다. 즉 착한 일을 하면 의인이고 나쁜 일을 하면 죄인입니다. 그러나 말씀은 그렇게 말하지 않습니다. 죄인이란 죄를 지어서 죄인이 아니라 본성이 죄인이기 때문에 죄를 지을 수밖에 없는 것입니다. 따라서 본성이 해결되지 않으면 죄인의 상태에서 벗어날 수 없습니다. 의도 마찬가지입니다. 의로운 행동을 해서 의인이 되는 것이 아니라 의의 본성을 가졌기에 의인입니다. 따라서 거듭난 후에 잘못된 행동을 했다고 해서 죄인이 되는 것은 아닙니다. 다만 우리의 본성을 강화하고 활성화함으로써 의인다운 삶을 살아야 할 것입니다.

둘째, 의는 자라지 않으며, 자라는 것은 의 의식righteousness consciousness입니다. 우리가 받은 의는 완벽하기 때문에 더 자라거나 증가할 필요가 없습니다. 방금 거듭난 사람이나, 오래 믿은 사람이나, 심지어 예수님이나, 받은 의에는 차이가 없습니다. 즉 우리는 '더' 의로워져야 할 필요가 없다는 뜻입니다. 다만 문제는 이 의를 얼마나 "의식"하는가에 달려있습니다. 완벽한 의를 가졌더라도, 그것이 실재가 되는 것은 스스로를 얼마나 그러한 자로 인식하고 그 의를 사용하느냐에 달려 있습니다.

셋째, 의는 값없이 주는 선물입니다. 우리가 거듭날 때 아무 조건 없이 하나님께서 은혜로 주신 선물입니다. 그러므로 우리의 행동에 따라 취소되거나 없어지지 않습니다. 하나님께서 주시는 은혜의 선물과 부르심은 철회되지 않기 때문입니다(롬 11:29, 표준새번역).

> 너희가 믿음으로 말미암아 은혜로 구원을 받았으니 이것은 너희에게서 난 것이 아니요 하나님의 선물이라. 행위에서 난 것이 아니니 아무도 자랑하지 못하게 하려 하심이라. 엡 2:8-9

> 그리스도 예수 안에 있는 구속을 통하여 그의 은혜로 값없이 의롭게 되었음이라. 롬 3:24

넷째, 그리스도께서 우리의 의이십니다. 예수님을 영접하고 그리스도를 받아 들였다면 우리는 곧 의를 가지고 있는 것입니다.

> 너희는 하나님으로부터 나서 그리스도 예수 안에 있고 예수는 하나님으로부터 나와서 우리에게 지혜와 의로움과 거룩함과 구원함이 되셨으니 고전 1:30, 개역개정

위 구절을 근거로 우리는 "예수님은 나의 지혜이십니다. 예수님은

나의 의이십니다. 예수님은 나의 거룩함이십니다. 예수님은 나의 구원이십니다"라고 고백할 수 있습니다. 거듭남으로 말미암아 이 모든 좋은 것들이 우리에게 실재가 되었습니다.

위와 같은 의의 특성들이 아래 로마서 3장에 잘 나와 있습니다.

그러나 이제는 율법없이 하나님의 의가 나타났으니, 율법과 선지서들을 통해 증거된 것이니라. 곧 하나님의 의는 예수 그리스도를 믿음으로 인한 것으로 모든 자와 믿는 모든 자에게 미치나니, 차별이 없느니라. 이는 모든 사람이 죄를 지었으므로 하나님의 영광에 이르지 못하다가 그리스도 예수 안에 있는 구속을 통하여 그의 은혜로 값없이 의롭게 되었음이라. 하나님께서는 그를 그의 피에 대한 믿음을 통하여 화목제물로 세우셨으니, 이는 하나님의 오래 참으심 가운데서 이전에 지은 죄들을 사하심으로 인하여 그의 의를 선포하려 하심이요, 곧 이때에 자기의 의를 선포하심은 자신도 의롭게 되시고 또한 예수를 믿는 자도 의롭다 하려 하심이니라. 그러므로 자랑할 데가 어디 있느냐? 있을 수 없느니라. 무슨 법으로냐? 행위의 법으로냐? 아니라. 오직 믿음의 법에 의해서니라. 그러므로 우리는 사람이 율법의 행위들이 없이 믿음으로 의롭게 된다고 단정하노라. 롬 3:21-28

□ 어떻게 의롭게 되는가

믿음에 의한 새로운 탄생으로 의롭게 됩니다. 예수께서 우리의 범죄로 인해 드려지셨고 또 우리를 의롭게 하시기 위하여 일으켜지신 사실을 믿음으로 말미암아, 우리는 그 죽음과 부활에 동참하여 새롭게 태어나고 그리스도의 의를 받게 됩니다.

> 예수께서는 우리의 범죄함을 인하여 드려지셨고, 우리의 의롭게 하심을 위하여 다시 일으켜지셨느니라. 롬 4:25

이 새로운 탄생은 영적인 영역의 일입니다. "육으로 난 것은 육이요 영으로 난 것은 영이니 내가 네게 거듭나야 하겠다 하는 말을 놀랍게 여기지 말라"(요 3:6-7) 그러므로 거듭난 이후에도 우리의 외양이나 생각에는 즉각적인 변화가 없습니다. 그러나 우리의 본질인 영이 죄의 본성에서 의의 본성으로 교체됨으로 말미암아, 우리에게는 근원적이고 전격적인 변화가 일어나고, 새로운 삶이 시작됩니다.

☐ **의의 열매를 갖게 됨으로써 우리가 얻게 된 것들이 있습니다**
첫째, 죄로부터 자유해졌습니다.

> 죄가 너희를 주관하지 못하리니, 이는 너희가 율법 아래 있지 아니하고 은혜 아래 있기 때문이라. 롬 6:14

더 이상 죄는 우리를 지배하거나 우리에게 영향을 미칠 수 없습니다. 죄를 짓지 않고 옳은 것을 선택할 수 있는 능력인 의가 우리 안에 들어왔기 때문입니다. 이처럼 죄로부터의 진정한 자유가 이루어졌고,

우리는 죄를 완벽히 다스릴 수 있는 위치로 올라왔습니다. 따라서 우리가 할 일은 오직 이 본성을 의식하고 풀어내는 것뿐입니다. 물론 성장하는 과정에서 실수할 수 있습니다. 그러나 어린 아이가 제대로 말하고 걷고 행동하지 못한다고 해서 그 아이를 두고 "넌 사람이 아니야."라고 말하지는 않습니다. 우리의 거듭난 의의 생명도 마찬가지입니다. 의인답게 살지 못한다고 해서 "내가 무슨 의인이야. 난 죄인이야."라고 본성 자체는 부인할 수는 없습니다. 다만 그 본성을 따라 온전하게 기능할 수 있도록 세워지고 훈련되는 과정이 필요한 것입니다. 그러므로 마치 내가 죄와 어둠에 속한 자처럼 보이는 사건이 생기더라도, "역시 나는 이럴 수밖에 없어."라는 생각을 결코 허용하지 말고, "나는 죄를 짓지 않을 능력을 가지고 있다!"라는 의식과 고백을 계속 고수해야 합니다.

둘째, 세상과 사탄과 모든 환경을 다스리게 되었습니다. 이것이 계속해서 언급해온 의의 능력이자 의인의 능력입니다.

> 한 사람의 범죄로 말미암아 사망이 그 한 사람으로 인하여 군림하였다면, 더욱더 은혜의 풍성함과 의의 선물을 넘치도록 받는 사람들이 한 사람 예수 그리스도로 인하여 생명 안에서 군림할 것이니라. 롬 5:17

우리는 말 그대로 내가 속한 세상에 그리스도를 대신하여 세워진 왕입니다. 따라서 나의 세상에서 말씀에 일치하지 않는 현상이나 환경들을 하나님의 뜻에 맞도록 변화시키고 복종시킬 권세를 가지고 있습니다. 거듭났다고 해서 삶의 문제가 완전히 사라지는 것이 아닙니다. 그러나 같은 문제에 대한 우리의 위치와 태도는 완전히 바뀌었습니다. 그리스도인의 삶은 문제가 없는 삶이 아니라 문제를 다스리는 삶입니다. 사탄은 계속 거짓말을 하고 잘못된 생각과 감정으로 우리를 넘어뜨리려고 합니다. 그러나 우리는 결코 피해자가 될 수 없습니다. 설사 우리가 틈을 내주어서 일어난 문제라 할지라도 정죄감에 빠져 침체되어 있는 것은 우리가 취할 태도가 아닙니다. 의인의 사고방식으로 생각과 심령을 새롭게 하고 나아갈 때 우리는 반드시 최고의 결과를 얻게 될 것입니다. "하나님을 사랑하는 자 곧 그의 뜻대로 부르심을 입은 자들에게는 모든 것이 합력하여 선을 이루느니라"(롬 8:28)

셋째, 하나님과 하나가 되었습니다.

> 그러므로 우리가 믿음으로 의롭게 되었으니, 우리 주 예수 그리스도를 통하여 하나님과 화평을 갖느니라. 롬 5:1

위 구절에서 하나님과 화평을 누린다는 말은 하나님과 화해했다거나 관계가 회복되어 화목하게 되었다는 뜻도 있지만, 보다 정확하게는 "하나 됨oneness"을 의미합니다. "그 날에는 내가 아버지 안에, 너희가 내 안에, 내가 너희 안에 있는 것을 너희가 알리라"(요 14:20) 우리에게서 죄의 본성이 떠나고 의의 본성이 들어옴으로 말미암아 성령께서 우리 안에 오실 수 있게 되었고, 우리는 이제 하나님과 완벽한 연합과 하나 됨을 이루게 되었습니다.

□ 의의 결과

의의 결과로 우리는 믿음을 갖게 됩니다. 의 의식이 강하면 믿음으로 담대하게 기도하고 기도한 것을 응답받을 수 있게 됩니다.

…네 공의가 네 앞에 행하고 여호와의 영광이 네 뒤에 호위하리니 네가 부를 때에는 나 여호와가 응답하겠고 네가 부르짖을 때에는 내가 여기 있다 하리라 사 58:8-9, 개역개정

의가 있는 곳에는 주님의 영광, 즉 그분의 임재가 뒤따릅니다. 그럴 때 우리가 주를 부르면 주님께서 응답하시고, 주를 찾으면 "내가 여기 있다."라고 대답할 것이라 말씀하십니다. 이러한 구약의 말씀을 우리에게 적용하면, 의인인 우리가 하는 기도에 대해 주님께서 반드시 응답하신다는 의미로 해석할 수 있을 것입니다. "의인의 간구는 역사하는 힘이 큼이니라"(약 5:16) 이처럼 하나님의 뜻은 언제나 변함이 없으십니다. 하나님께서는 항상 우리에게 주기 원하시고 응답하기 원하십니다. 그래서 우리에게 언제나 그분께 아무런 정죄감이나 두려움 없이 나아갈 수 있는 자격인 의를 주셨습니다. 따라서 우리는 이러한 우리의 위치를 의식하며, 언제 어떤 상황에서든 하나님과 그분의 말씀에 대한 믿음을 막힘없이 발휘해야 합니다. 의 의식으로 충만한 사람은 하나님 앞에 담대하게 구하고 결과를 기대하며, 또한 쉽게 믿음의 열매를 경험하며 살 수 있습니다.

◻ **의를 방해하는 것들**

엄밀히 말해 우리가 받은 온전한 의를 방해할 수 있는 것은 없습니다. 다만 그 의에 대한 우리의 의식을 방해함으로써 우리가 의인답게 기능하지 못하게 하는 요소들이 있습니다.

그 대표적인 것이 바로 정죄 의식입니다. 이는 말 그대로 의와 반대되는 생각으로서, 이것을 붙잡을 때 우리의 의 의식은 약해지고 소멸됩니다.

> 이는 만일 우리 마음이 우리를 정죄한다면 하나님은 우리 마음보다 더 크시고 모든 것을 아시기 때문이라. 요일 3:20

거듭난 우리를 정죄할 수 있는 것은 이제 없습니다. 율법도, 사탄도 더 이상 우리를 정죄할 근거가 없으며, 하나님께서도 우리를 죄가 없는 완전히 새로운 피조물로 보시기에 더 이상 정죄하지 않으십니다. 하나님께서는 심지어 "만일 우리가 우리 죄를 자백하면 그는 미쁘시고 의로우사 우리 죄를 사하시며 우리를 모든 불의에서 깨끗하게 하실 것이요"(요일 1:9)라는 말씀도 주셔서, 우리가 거듭난 후에 실수를 저지르더라도, 즉시 그분 앞에서 회개함으로써 해결하고 의인의 행보를 지속할 수 있는 근거를 주셨습니다.

따라서 이제 우리를 정죄하는 것은 율법도 하나님도 아닌, 잘못 기능하고 있는 우리의 양심뿐입니다. 어떤 경우에도 정죄 의식을 허락하지 마십시오. 어떤 면에서 정죄감은 죄 자체보다 더 해롭습니다.

죄의 행위는 그 순간으로 끝난 것이지만 정죄감은 계속 남아서 우리의 생각과 삶을 지배하기 때문입니다. 따라서 말씀으로 변화되지 않은 우리의 생각이나 양심이 여전히 우리 자신을 정죄할 때, 결코 그것을 받아들이지 마십시오. 그렇다고 잘못을 무조건 덮어 두고 외면하라는 뜻은 아닙니다. 일단 말씀을 따라 하나님 앞에서 그 부분을 인정하고 돌이키는 과정이 있어야 하겠고, 그렇게 했다면 이후에는 더 이상 그 문제로 인해 의 의식이 방해 받아서는 안 된다는 뜻입니다. 우리 마음보다 크신 하나님께서 친히 "너는 죄를 지었던 과거가 전혀 없는 의인이야! 나의 자녀인 네가 만약 죄를 짓더라도 나는 용서하고 너의 모든 불의를 깨끗하게 할 거야! 나는 너를 볼 때 결코 죄를 기억하지 않아! 너는 무죄야!"라고 선언하셨습니다. 우리가 항상 끊임없이 의식할 바는 오직 이것입니다.

또한 말씀에 동의하지 않는 것도 의 의식을 방해합니다. 이는 사실 정죄 의식의 근본적인 원인이기도 합니다. 그리스도 안에서 우리의 정체성에 대해 말씀하시는 하나님의 말씀보다, 우리의 생각과 경험과 전통과 자기 의를 우위에 둔다면 우리는 결코 의인의 삶을 온전히 누릴 수 없습니다.

> 이는 그들이 하나님의 의를 모르고 자기들의 의를 세우려 함으로써 그들 스스로 하나님의 의에 복종치 아니하였음이니라. 롬 10:3

사도 바울이 위 말씀을 기록할 당시 유대인들은 예수께서 완성하신 속량 사역에도 불구하고, 믿음으로 말미암은 의의 선물을 받지 않고 율법을 지킴으로써 행위로 의롭게 되려는 옛 접근법을 고수하고 있었습니다. 이는 비단 성경 시대만이 아니라 오늘날 많은 그리스도인들에게도 여전히 해당되는 말씀입니다. 열심이 있더라도 그것이 온전한 복음의 말씀과 합하지 않았다면, 다시 말해 "내가 이렇게 하면 하나님 앞에 의로워지겠지. 이렇게 하면 하나님께서 복 주시겠지."라는 생각이 조금이라도 들어있다면, 그것은 한마디로 '자기 의'에 지나지 않습니다. 또한 "이런 내가 감히 어떻게 하나님 앞에 담대하게 의인으로 나아갈 수 있겠어."라는 생각도 마찬가지입니다. 인간적으로는 겸손해 보일 수 있겠지만, 어떤 이유에서든 하나님의 말씀 앞에 스스로의 도덕적 관념이나 이론과 사상을 포기하지 못하는 모든 태도를 성경에서는 "교만"이라고 정의합니다.

이러한 의 의식에 대한 방해물을 해결하는 방법은 단 하나입니다. 성경을 통해 내가 행위와 상관없이 의인이 되었음을 의식하는 것입니다. 즉 의의 말씀을 배우고, 끊임없이 의를 의식하는 것입니다.

> 이는 너의 믿음의 교제가 그리스도 예수 안에서 너희 안에 있는 모든 선한 것을 인식함으로 인하여 효과가 있게 하려 함이라. 몬 1:6

잘못된 부분에 집중하여 그것을 고치려고 애쓰는 것이 아닙니다. 우리 안에 있는 모든 선한 것을 인식할 때 효과가 있습니다. "이런, 또 실수했네. 또 정죄감에 빠졌어. 다시는 이러지 말아야지. 더 이상

이러면 안 돼!" 이런 식의 접근은 변화를 가져오기 어렵습니다. 단순히 하지 않겠다고 다짐한다고 해서 행할 능력이 생겨나는 것은 아닙니다. 그러나 거듭난 순간 우리 안에는 이미 선한 것들이 주어졌습니다. 그러므로 말씀을 통해 그 사실을 배우고 의식함으로써 내 안에 있는 그 능력들을 활성화시키기만 하면 자연스럽게 우리의 본성이 실재가 되는 삶을 누리게 될 것입니다.

> 그러나 자유의 온전한 법을 주시하고 그 안에 계속 머물러 있는 자는 듣고 잊어버리는 자가 아니라 오히려 실행하는 자니, 이 사람은 그의 행실로 복을 받으리라. 약 1:25

이제 우리에게 주어진 복음은 우리를 속박하고 정죄하는 법이 아니라 "자유롭게 하는 온전한" 법입니다. 그리스도 안에서 내가 누구이며, 무엇을 가지고 있고, 무엇을 할 수 있는지를 말씀에서 계속해서 들여다보고 인식할 때, 우리는 자연스럽게 그것을 행동으로 나타내는 자가 될 수 있습니다.

- 나는 의인입니다. 그리스도께서 나의 의가 되셨으므로 내가 의인이 되었습니다.
- 의는 나의 본성입니다. 나의 행동과 상관없이 나는 언제나 아무 정죄감이나 열등감 없이 하나님의 임재 앞에 설 수 있습니다.
- 내 영에는 언제나 하나님의 뜻대로 행동할 수 있는 능력이 있습니다.

· 나는 언제나 담대합니다.
· 의인인 내가 하는 기도는 언제나 역사합니다. 그러므로 나는 언제나 기도한 것마다 응답을 받습니다.

그리스도인에게는 모든 것을
탁월하게 할 수 있는 은혜가 있습니다

성도들이 좋은 말씀을 듣거나 예배를 잘 드리고 나면 "오늘 은혜 받았어."라고 말하곤 합니다. 또 어떤 일이 잘 해결되면 "정말 하나님의 은혜다."라고도 표현합니다. 그만큼 "은혜"라는 말은 그리스도인에게 너무나 익숙한 단어입니다. 은혜는 헬라어로 "카리스charis"인데, 우리가 잘 아는 "카리스마"라는 단어도 같은 어원에서 유래되었습니다.

☐ 은혜의 정의
첫째로, 은혜는 공 없이 얻은 하나님의 호의입니다. 즉 아무런 값도 없이 하나님으로부터 주어진 호의를 가리킵니다. 이것이 은혜의 첫 번째 정의입니다.

둘째로, 성경에서는 피의 언약을 두고 은혜라고 표현합니다. 모든 인간은 본성적으로 죄인으로서 죄를 지을 수밖에 없습니다. 그리고 죄에는 값이 있습니다. "죄의 삯은 사망이요"(롬 6:23) 이에 대해 하나님께서는 대신 동물이 피를 흘림으로써 사람의 죄를 덮을 수 있는 길을 주셨습니다. 그리고 나아가 마침내 예수 그리스도께서 오셔서 "세상 죄를 진 어린 양"으로서 모든 사람을 대신하여 피를 흘리시고 돌아가셨고, 이로 인해 온 인류의 죄 문제가 완전히 해결되었습니다. 이것이 바로 하나님께서 우리에게 주신 피의 언약의 은혜입니다.

셋째로, 은혜는 밖으로 표출되어 나오는 영적인 능력입니다. 다시 말해 한 사람의 영에 있는 신성한 능력과 영향력이 밖으로 나타난 것으로 그의 삶에서 아름다움, 따뜻함, 호의, 매력, 품위 등을 창출해 냅니다. 어떤 사람을 만나면 왠지 기분이 좋고, 매력을 느끼고, 도움을 주고 싶은 그런 마음들을 불러일으키는 보이지 않는 기운, 그것이 바로 그의 영으로부터 흘러나오는 능력인 은혜입니다.

은혜는 기름부음과 직결됩니다. 같은 말을 해도 누가 말하느냐에 따라서 그 영향력이 달라집니다. 각 사람이 가진 은혜의 차이 때문입니다. 즉 각자 안에 있는 성령의 기름부음의 분량에 따라 영향력이 달라지는 것입니다. 이처럼 은혜는 사람마다 다르며 또한 증가할 수 있습니다.

> 한 사람의 범죄로 말미암아 사망이 그 한 사람으로 인하여 군림하였다면 더욱더 은혜의 풍성함abundance of grace과 의의 선물the gift of righteousness을 넘치게 받는 사람들이 한 사람 예수 그리스도로 인하여 생명 안에서 군림할 것이니라. 롬 5:17

위 구절을 영어 킹제임스 성경에서 보면 "의의 선물"이라는 단어 앞에는 정관사 "the"가 붙어 있습니다. 즉 의의 선물은 거듭난 모든 사람이 차이가 없이 똑같이 완벽하게 받는 것입니다. 그러나 은혜는 모든 사람이 같은 분량으로 받는 것이 아니라 영적으로 성장할수록 점점 더 풍성하게 증가합니다.

우리 각자에게 그리스도의 은사의 분량대로 은혜를 주셨으니 엡 4:7

각 사람의 영적 역량에 따라 합당한 분량대로 은혜를 주신다고 말씀합니다. 즉 영적으로 온전해지면 온전해질수록 더 많은 은혜를 누릴 수 있게 됩니다. 위 구절을 영어 리빙바이블 성경에서는 "그리스도께서 우리 각 사람에게 특별한 능력special abilities들을 주셨다…"라고 번역함으로써, 은혜라는 단어를 '특별한 능력들'이라는 말로 표현합니다. 실제로 기름부음에 따라 각 사람의 능력이 결정됩니다. "그런즉 이제는 내가 사는 것이 아니요 오직 내 안에 그리스도께서 사시는 것이라"(갈 2:20) 이제 우리는 우리의 능력으로 사는 것이 아니라 우리 안에 있는 그리스도의 능력, 즉 기름부음으로 말미암아 힘입어 살아가는 것입니다.

□ 은혜의 특징

첫째, 은혜는 모든 상황을 이기게 합니다.

내게 능력 주시는 그리스도를 통하여 내가 모든 것을 할 수 있느니라.
빌 4:13

우리가 너무나 잘 아는 구절입니다. 성경에서 "예수 그리스도"라고 하면 예수님 한 분을 가리키지만, "그리스도"라고 하면 문맥에 따라서 '기름부음 받은 자', '기름부음으로 인한 능력'을 가리키는 경우도 있습니다. 복음서에서 보듯이, 예수께서도 성령의 기름부음을 받으신 후에 비로소 능력을 받고 사역을 시작하실 수 있었습니다. 그러나 우리는 거듭날 때 우리 안에 들어오신 성령의 기름부음으로 말미암아 모든 일을 해낼 수 있는 능력을 이미 가지고 있습니다. 그러므로 이 말씀은 이상적인 바람이 아니라 우리의 현재 상태에 대한 정확한 고백입니다. 나 자신에게는 능력이 부족할지 모르나, 내 안에 부어진 그리스도의 능력, 즉 하나님의 기름부음의 능력으로 말미암아 우리는 모든 것을 할 수 있게 됩니다.

> 우리가 알거니와 하나님을 사랑하는 자들과 그분의 목적에 따라 부름 받은 자들에게는 모든 일이 합력하여 선을 이루느니라. 롬 8:28

만약 원하지 않은 고난이 왔다 하더라도 우리는 그것을 다스리고 다룰 수 있는 능력으로 가득 차 있습니다. 모든 그리스도인들은 이런 의식으로 언제나 무장되어 있어야 합니다. "대체 왜 이런 일이 나한테 일어났지?"라는 소극적이고 방어적인 태도는 결코 허용하지 마십시오. 그 원인을 정확히 알 수도 없을뿐더러 근본적으로 우리가 이 땅에서 살아가는 한 크고 작은 문제는 계속해서 일어날 수밖에 없습니다. 그리스도인의 삶은 문제가 없는 삶이 아니라 문제를 잘 다루어 승리하는 삶입니다. 그리고 다룰 수 있다면 그것은 더 이상 나에게 문제가 아닙니다.

따라서 하나님의 사랑을 받고 부르심을 입은 자로서 승리자의 위치에 서서, 우리 안의 도우시는 능력을 따라 문제를 통과하고 나면, 결국 우리의 역량이 증가되고, 그 고난이 오히려 우리를 발전시키는 긍정 인자로 작용하게 됩니다. 이것이 우리가 믿고 확신하는 바입니다.

둘째, 은혜는 승진시키는 영적 능력입니다.

> 그러나 의인의 길은 빛나는 빛같이 점점 더 빛나 완전한 날에 이르거니와 잠 4:18

아침에 해가 떠서 점점 더 밝아져 가장 빛나는 완벽한 낮의 때에 이르는 것처럼, 거듭난 그리스도인의 삶에는 전진과 진보만이 예비 되어 있습니다. 우리가 영적으로 성장하고 발전할수록 능력이 증가하고, 또한 안으로부터 표출되는 은혜와 기름부음도 증가합니다. 그리고 그러한 나타남으로 말미암아 우리는 또한 더 높은 곳으로 올라가게 됩니다.

셋째, 은혜는 거듭날 때 우리의 영 안에 주어집니다. 모든 그리스도인이 거듭나는 순간 선물로 주어지는 것입니다. 그러나 그 은혜 안에서 자라는 것은 우리 각 사람의 몫입니다. 은혜는 우리의 심령으로부터 나타나는 영적 능력인데, 이러한 능력은 말씀을 통한 계시 지식이 증가하고 영적으로 성장하면서 함께 증가합니다. 또한 개인의 사명을 따라 그것을 감당할 수 있도록 하나님께서 각자 다른 은혜를 더하여 주시기도 합니다.

　넷째, 은혜는 우리를 성공하게 합니다. 앞서 나누었듯이, 은혜는 각 사람의 영에서부터 밖으로 나타나는 신성한 능력이자 영향력으로서 그의 삶에서 따뜻함과 매력과 호의 등을 만들어내며 사람과 상황과 환경을 끌어당겨 불가능을 가능케 합니다. 따라서 풍성한 은혜 가운데 사는 그리스도인은 삶에서 성공할 수밖에 없습니다.

> 한 사람의 범죄로 말미암아 사망이 그 한 사람으로 인하여 군림하였다면, 더욱더 은혜의 풍성함과 의의 선물을 넘치도록 받는 사람들이 한 사람 예수 그리스도로 인하여 생명 안에서 군림할 것이니라. 롬 5:17

　거듭날 때 의의 선물을 받고 의로워진 우리는 계시 지식의 증가를 통한 은혜의 증가로 말미암아 능력이 증가되고 영향력이 증가되어 삶을 다스리는 왕의 삶을 살아갈 수 있게 됩니다.

□ 은혜의 목적
그리스도의 풍요함을 전파하라고 주어진 것입니다.

> 이로써 그분의 능력이 효과적으로 역사하신 대로 내게 주신 하나님의 은혜의 선물을 따라 내가 복음의 일꾼이 되었노라. 엡 3:7

은혜는 우리가 그리스도 안에서 풀어낼 수 있는 기름부음의 차이라고도 할 수 있습니다. 이러한 기름부음은 부르심에 따라 다른 종류로 무장됩니다. 즉 위의 말씀에서 보듯 어떤 일꾼으로 부르심을 받았느냐에 따라 은혜의 선물이 다른 것입니다.

우리가 그리스도 안에서 기름부음을 사용하여 영적 영향력을 미치는 궁극적인 목적은 바로 온 세상 모든 영혼들에게 그리스도의 풍요함을 전파하기 위함입니다. "오직 성령이 너희에게 임하시면 너희가 권능을 받고 예루살렘과 온 유대와 사마리아와 땅 끝까지 이르러 내 증인이 되리라 하시니라"(행 1:8) 권능이란 능력, 즉 우리로부터 표출되어 나타나는 은혜입니다. 우리가 은혜를 나타내는 목적은 단순히 삶에서 유익을 얻고 성공하기 위한 것이 아니라 그로 인해 영혼들을 끌어오고 그리스도의 복음을 효과적으로 전파하기 위한 것입니다.

- 내게는 내 영으로부터 흘러나오는 은혜가 있으므로 나의 삶에는 언제나 은혜로부터 나오는 아름다움, 호의, 매력과 품위가 있습니다.
- 그 은혜 때문에 나는 언제나 사람들의 호의를 받습니다. 나는 윗사람들의 호의를 받고, 동료, 친구들의 호의를 받으며 아랫사람의 호의를 받습니다.
- 그 은혜는 하나님의 능력입니다.
- 그 은혜는 모든 상황을 이기게 합니다.

- 그 하나님의 능력이 내 영 안에 역사하고 있습니다.
- 나는 내게 능력 주시는 그리스도 안에서 모든 것을 할 수 있습니다.
- 하나님께서 나의 능력이십니다.
- 나는 인간의 능력만을 사용하는 것이 아닙니다.
- 나는 초자연적인 능력을 가지고 있습니다.
- 나는 모든 것을 할 수 있습니다. 내 마음은 기름부음을 받았습니다. 내 영도 기름부음을 받았습니다.
- 나는 탁월합니다. 요셉은 탁월한 영을 받았습니다. 다니엘도 탁월한 영을 받았습니다. 나도 탁월한 영을 받았습니다.
- 내게 불가능한 것은 없습니다.
- 하나님의 능력이 내 안에 역사합니다.
- 나를 향하여 제조된 어떤 병기도 효과적이지 못합니다. 왜냐하면 내 안에 계신 이가 세상에 있는 자보다 크기 때문입니다.
- 내 안에 계신 그리스도는 나의 능력이십니다.

그리스도인은 법적으로 하나님의 아들일 뿐만 아니라 하나님의 생명을 가진 하나님의 실제적 아들이 되었습니다

거듭난 그리스도인은 하나님의 자녀이고, 하나님은 우리의 아버지이십니다. 이는 단지 법적인 차원에서만 이루어진 것이 아니라 실제적으로 우리의 전 존재를 통하여 이루어진 일입니다.

보라, 아버지께서 어떠한 사랑을 우리에게 주셔서 우리로 하나님의 아들들이라 불리게 하셨는가. 그러므로 세상이 우리를 알지 못하나니, 이는 세상이 그분을 알지 못했기 때문이라. 사랑하는 자들아, 이제는 우리가 하나님의 아들들이라.… 요일 3:1-2

한글 성경에 "아들"이라고 동일하게 번역된 단어의 헬라어 원어를 보면, 사실 젖먹이 갓난아기를 뜻하는 '네피오스nepios', 성숙한 아들을 뜻하는 '휘오스huios' 등 다양한 단어가 있음을 알게 됩니다. 그 중에서 위 구절에 쓰인 단어는 "테크논teknon"으로서, 생물학적인 아들, 실제적 아들이라는 뜻입니다. 즉 하나님의 생명을 받고 다시 태어나서 그분의 실제 자녀가 되었다는 뜻입니다. 특별히 "이제는now"이라는 말을 통하여, 이 일이 앞으로 이루어질 약속이 아니라 현재 시제로 이미 이루어진 실재임을 분명히 알 수 있습니다.

예수께서 그녀에게 말씀하시기를 "나를 만지지 말라. 내가 아직 내 아버지께로 올라가지 아니하였노라. 그러나 내 형제들에게 가서 내가 나의 아버지, 곧 너희 아버지, 또 나의 하나님, 곧 너희 하나님께로 올라간다고 말하라."고 하시니 요 20:17

예수님께서는 이 땅에 계신 동안 스스로를 하나님의 아들이라 칭하셨고, 그로 인해 종교인들은 예수님을 정죄하고 십자가에 달았습니다. 십자가에 달리시기 전에 예수님께서 제자들을 부르신 가장 가까운 칭호는 "친구"였습니다. 그러나 십자가에서 죽으시고 부활하신 후 처음 마리아를 만나서 하신 위의 말씀을 보십시오. 드디어 예수님께서 제자들을 "형제"라고 하시고 또한 하나님을 "내 아버지 곧 너희 아버지"라고 하심으로써, 하나님께서 예수님의 아버지이신 것 같이 그들의 아버지가 되셨음을 정확하게 말씀하셨습니다. "거룩하게 하시는 분과 거룩하게 된 사람들이 모두 한 분으로부터 나왔으니 그러므로 주께서 그들을 형제라 부르기를 부끄러워 아니하시고" (히 2:11) 여기서 거룩하게 하시는 분은 예수님이시며 거룩하게 된 사람들은 거듭난 그리스도인들입니다. 예수님과 거듭난 그리스도인들은 모두 한 분, 하나님으로부터 나왔습니다.

예수님께서 최초의 새로운 피조물로 부활하심으로써, 이제 뒤따라 거듭난 모든 사람들도 새로운 피조물이자 하나님의 자녀가 되는 길이 열렸습니다. 우리 모두는 예수님께서 하나님의 실제적인 자녀이신 것과 똑같이 하나님의 실제적인 자녀가 되었으며, 하나님의 가정 안에서 예수님과 더불어 형제자매가 되었습니다.

· 나는 하나님의 아들이므로 하나님을 아빠 아버지라 부릅니다.
· 하나님께서 그의 독생자를 세상에 보내신 것은 우리로 그를 통하여 살게 하려 하심입니다.
· 예수님이 이 땅에서 사셨던 것과 같이 우리도 이 땅에서 모든 것을 다스리며 살아갑니다.
· 나는 질병을 거절합니다.

· 나는 실패를 거절합니다.
· 나는 우리를 사랑하시는 그분으로 말미암아 정복자보다 더한 자입니다.
· 나는 축복받은 자입니다.
· 내가 가는 곳마다 복이 따라갑니다.
· 예수님께서 영생을 가져오셔서 나는 예수님과 같은 종류, 같은 클래스의 삶을 삽니다.
· 나는 복의 언약궤입니다.
· 나는 이 땅에서 왕과 같이 살아갑니다. 왕의 말에는 권위가 있으므로 나는 왕과 같이 말합니다. 그러면 그 말은 말한 대로 역사합니다.
· 나는 보통 사람이 아닙니다.

그리스도인은 하나님의 의입니다

우리는 하나님의 의로 의롭게 되어, 그분의 의를 나타내는 자가 되었습니다.

하나님께서 죄를 알지도 못하는 그를 우리를 위하여 죄로 삼으신 것은 우리로 하여금 그 안에서 하나님의 의가 되게 하려 하심이라.

고후 5:21

예수님은 우리의 의가 되셨고(고전 1:30), 우리는 하나님의 의가 되었습니다. 우리는 하나님의 의와 선하심의 트로피입니다. 트로피는 어떤 선수나 팀이 이룬 승리를 나타내는 증거이자 상징물입니다. 그처럼 사람들은 우리를 통해 예수 그리스도의 승리를 보고, 또한 하나님의 의를 볼 수 있습니다.

따라서 우리는 스스로 존귀한 자로 인식하고, 우리의 삶의 방향과 목적을 분명히 해야 합니다. "사람들은 나를 통해 하나님의 의를 봅니다! 나를 통해 하나님의 선하심을 봅니다! 나를 통해 그분의 살아 계심을 봅니다! 나를 통해 하나님의 말씀의 실재를 봅니다!" 이것이 바로 우리가 취할 고백이자, 우리의 삶에 대한 정확한 설명입니다. 하나님께서는 이제 우리를 통하여 그분이 어떠한 분이신지를 세상에 나타내십니다. 따라서 우리는 매일매일 나를 통해 하나님의 성품과 뜻이 막힘없이 나타내고 표현되는 삶을 살기로 결단해야 하겠습니다. 우리는 살아계신 하나님의 영으로 쓴 그리스도의 편지입니다(고후 3:3).

- 나는 하나님의 의입니다.
- 나는 하나님의 선하심의 트로피입니다.
- 나는 하나님의 대사입니다.
- 나는 하나님의 편지입니다.
- 사람들은 나를 보고 하나님을 알게 됩니다.
- 사람들은 나를 통해 하나님의 살아 역사하심을 보게 됩니다.
- 내 삶의 구석구석마다 하나님의 영광이 나타납니다.

이번 과를 통해 배운 그리스도인의 정체성에 대한 내용을 심령에 잘 뿌리박히게 하여, 언제 어떤 상황에서나 진리를 따라 자신을 인식하고, 승리자의 위치를 지키고 서서 주어진 능력과 권세를 사용한다면, 우리는 참으로 새로운 생명 가운데 다스리고 통치하는 복 된 삶을 누리게 될 것입니다.

제 4 과

기 도

너희가 내 이름으로 무엇을 구하든지 내가 행하리니
이는 아버지로 하여금 아들로 말미암아
영광을 받으시게 하려 함이라
내 이름으로 무엇이든지 내게 구하면 내가 행하리라
(요 14:13-14)

Ask me, and I will do whatever you ask.
This way the Son will bring honor to the Father.
I will do whatever you ask me to do.

또 너희가 내 이름으로 무엇이든지 구하면 내가 그것을 행하리니,
이는 아버지로 아들 안에서 영광을 받으시게 하려는 것이라. 너희가
무엇이나 내 이름으로 구하면 내가 행하리라. 요 14:13-14

승리하는 신앙생활을 위해 우리는 모든 분야에서 새로운 피조물의 계시로 접근을 새롭게 해야 합니다. '기도'에 대해서도 예외는 아닙니다. 사실 기도는 그리스도인이나 비그리스도인을 막론하고 모든 사람에게 매우 익숙한 행위입니다. 일반적으로 기도라 하면 무언가 바라는 것을 얻거나 어려움을 해결하기 위해서 절대자에게 '비는' 행위를 떠올립니다. 그러나 우리의 기도는 이와 다릅니다. 만약 여전히 하나님께 '무언가를 받기 위한' 기도생활을 하고 계시다면, 이번 과의 내용을 통하여 성경적인 기도의 태도와 방법에 대해서 재정립하는 기회가 되시기를 바랍니다.

이제 거듭난 하나님의 자녀의 모든 기도는 응답받도록 예정되어 있습니다. 삶 가운데 변화시켜야 할 것을 말씀의 원리에 따라 기도하고, 기도한 것을 받은 줄로 믿으면, 우리는 기도응답을 받게 됩니다.

위의 본문 말씀에서 예수님께서는 "너희가 내 이름으로 무엇을 구하든지 내가 행하겠다."라고 말씀하십니다. 신약에 속한 우리는 하나님의 약속의 말씀이 모두 이루어진 시대에 살고 있습니다. 즉

예수님의 속량 사역으로 말미암아 모든 축복은 이미 우리에게 와 있고, 우리는 정확한 통로와 방법을 통하여 그것을 그저 취하기만 하면 되는 것입니다. 한마디로 우리는 하나님과 약속을 한 후에 그분께서 약속 장소에 과연 나오실까 초조해하면서 기다리는 것이 아니라 이미 약속 장소에 나와 계신 그분을 확신과 기대를 가지고 만나러 갑니다. 예를 들어 우리는 물질 축복을 받기 위해서 기도하지 않습니다. 대신 하나님께서는 나에게 물질을 주기 원하시고, 또한 이미 그리스도 안에서 그 일을 행하셨음을 인식하며, 물질을 얻을 기회와 지혜를 얻기 위해 기도합니다. 이처럼 우리를 향한 모든 분야의 축복과 공급이 그리스도 안에서 성취되었음을 이해하고, 그 바탕에서 말씀을 따라 기도할 때 우리의 모든 기도는 응답되도록 정해져 있습니다.

기도의 종류

성경은 에베소서에서 "모든 (종류의) 기도와 간구로 하되 성령 안에서 기도하고…"라고 말씀합니다(엡 6:18). 실제로 성경에는 여러 종류의 기도가 나옵니다. 어떤 기도는 우리의 영을 집중적으로 강하게 하는 반면, 우리의 혼을 말씀으로 변화시키며 강화시키는 기도가 있고, 또한 우리 몸이 느낄 수 있을 정도로 하나님의 임재를 불러일으키는 기도도 있습니다. 한편 기도하고자 하는 문제나 주제의 종류에 따라서도 기도 형태가 달라집니다. 이에 대해 케네스 E. 해긴 목사님은 『기도의 기술』

이라는 책에서 스포츠 경기에서 종목별로 다른 규칙이 적용되듯이 기도에도 종류마다 각기 다른 법칙이 적용된다고 말씀하셨습니다.

물론 우리가 한 자리에서 한 번에 하는 기도 안에도 몇 가지 종류의 요소가 혼합될 수도 있습니다. 예를 들어 같은 문제에 대해서도 간구할 수도 있고, 말씀을 고백할 수도 있고, 명령할 수도 있습니다. 그러나 어떤 종류의 기도가 다른 종류의 기도의 역할을 대신할 수 없는 경우도 분명히 있습니다.

예를 들어 말씀고백기도와 방언기도는 우리의 영·혼·몸 중에서 주로 다루는 부분이 다르고, 기대되는 결과도 다릅니다. 물론 두 기도는 함께 일하지만 각자의 고유한 역할을 서로 대신할 수는 없습니다. 다른 예로, 인생의 부르심에 대해서 하나님의 뜻을 따르기로 결단하는 '헌신기도'의 방식이 하나님께서 우리에게 이미 주신 것에 대해 믿음을 발휘하여 삶에 실제적인 변화를 나타내기 위한 '믿음의 기도'에도 적용될 수는 없습니다. 즉 이미 하나님께서 이루신 일에 대해서는 우리가 믿음을 발휘하여 취하거나 요구하면 되는 것이지, "주님의 뜻이면 해 주세요."라고 기도해서는 안 된다는 뜻입니다. 이처럼 목적과 상황에 따라 구별되는 기도의 종류와 방식들을 이해한다면, 훨씬 효과적인 기도 생활을 누릴 수가 있습니다.

☐ **경배기도**

경배기도는 목적을 가지고 하는 것이 아니라 하나님께 마땅히 드려야 할 사랑과 감사를 표현하는 기도입니다. 요한복음 4:24에서

"하나님은 한 영이시니 그분께 경배드리는 자들은 영과 진리로 경배드려야만 하리라"라고 말할 때 언급된 '경배'가 바로 이것입니다.

> 시와 찬송과 영적인 노래들을 지어 말하고, 너희 마음으로 주께 노래하며 아름다운 곡조를 만들고 항상 모든 일에 우리 주 예수 그리스도의 이름으로 하나님 아버지께 감사를 드리며 엡 5:19-20

시나 찬송이나 영적인 노래들로 하나님의 아름다움과 우리의 마음을 주께 노래하고, 때로는 우리 자신에게 말하기도 하는 것입니다. 이처럼 경배기도는 하나님의 임재 안에서 일어나는 주님과의 교제입니다. 성경에 다윗이 온 힘을 다해 뛰며 주님을 경배하는 모습이 나오지만, 그럼에도 불구하고 구약 사람들은 주님과 영으로 교통할 수 없었습니다. 예수님께서 이 땅에 오셔서 죄 문제를 해결하시고 인간에게 새 영을 주시고 나서야 마침내, 주님께서 오랜 시간 갈망하신 "참된 경배자" 즉 거듭난 영으로 그분을 경배하는 자들이 나타나게 되었습니다. 이제 우리는 "주님"이라고 잠잠히 그분을 부르기만 해도, 그분과 영으로 교통할 수 있습니다. 이러한 위치에서 경배기도를 통하여 온전히 주님과 교제하는 시간을 가질 수 있다는 것은 새로운 피조물에게 주어진 특권입니다.

경배기도는 주님을 더 많이 닮게 합니다. 성령님과 친해지고 그분 안으로 들어가서 그 임재 가운데 거하면 거할수록, 점점 더 그분의 영광으로 변화하게 됩니다. 하나님의 임재 가운데 우리의 영이 성령님과 하나가 되어 둘 사이에 거룩한 교환이 일어남으로 말미암아, 우리의 본성이 성령의 본성을 따라 더욱 강화되는 것입니다.

또한 경배기도를 통해 우리 안으로부터 성령의 임재를 불러일으키면, 그리스도가 나를 주관하게 되고, 영의 충만함이 우리의 혼과 심지어 몸에까지 영향을 미치게 됩니다. 그래서 경배기도에 훈련된 사람들은 언제든지 하나님의 임재를 쉽게 감지하고 빠져듭니다. 사실 우리가 드리는 예배나 기도, 찬양 가운데 하나님의 임재의 나타남은 항상 일어나는데, 경배기도를 많이 하는 사람은 그것을 충분히 느끼고 누릴 수 있도록 감각이 계발되는 것입니다. 이처럼 경배기도는 주님과의 교제를 통해 우리의 영과 혼과 몸 전반에 걸쳐 하나님의 임재를 불러일으킴으로써 우리 안에 거룩한 변화와 영광을 증가시키는 기도입니다.

☐ **말씀고백기도**

말씀고백기도는 우리의 혼을 하나님의 말씀으로 교체하는 기도입니다.

우리의 혼은 영과 함께 우리의 속사람을 이룹니다. 물론 우리의 본질은 영이고, 그 영이 혼을 '가지고 있는' 것이지만, 사실 영과 혼은 정확히 분리할 수 없을 정도로 굉장히 긴밀하게 결합되어 있습니다. 아시다시피 거듭날 때 우리의 영은 완전히 새롭게 되었지만, 혼은 그렇지 않습니다. 영이 아무리 성령으로 충만하더라도 혼의 영역에서 말씀을 이해하지 못하거나 거절하면 말씀이 영에 심길 수 없고, 반대로 영의 감동이 혼을 통과하여 나갈 수도 없을 뿐 아니라 그렇게 되면 우리 몸의 행동도 결코 변화될 수 없습니다. 한마디로 우리 혼이 말씀에 일치하지 않는 세상적인 생각으로 가득 차 있다면, 자연히 세상적인 말과 행동만 나올 수밖에 없고, 그렇게 세상적인 열매만 맺으며 영의 기능은 현저히 약화되는 것입니다. 그러므로 거듭난 그리스도인은 혼을 말씀으로 새롭게 하는 일을 매우 중요하게 여겨야 하며, 말씀고백기도는 이를 위한 가장 효과적인 기도입니다. 말씀고백기도는 혼을 영에 일치시키는 역할을 함으로써, 우리의 혼이 영의 지시를 받고 움직이며 영의 종노릇을 할 수 있게 합니다. 하나님의 말씀으로 혼이 변화될 때, 비로소 영과 혼이 한 방향으로 기능함으로써 우리의 속사람이 강건해지고, 속사람이 겉사람인 육신을 온전히 지배하는 상태가 이루어질 것입니다.

우리는 오랫동안 하나님을 바꾸어서 무언가를 얻으려는 접근의 기도를 해왔습니다. "너는 내게 부르짖으라"라는 예레미아 33:3 말씀이 오랜 세월 동안 우리의 기도생활의 지침이 되었습니다. 그러나 새로운 피조물의 기도는 다릅니다. 이 계시의 관점에서 말씀을 정확히 살펴보면, 기도를 비롯한 우리 신앙생활의 본질은 하나님을 바꾸는 것이 아니라 우리 자신이 변화되는 것임을 알 수 있습니다.

> 이 율법책을 네 입에서 떠나지 않게 하고 주야로 그 안에 있는 것을 묵상하여 그 안에 기록된 모든 것대로 지켜 행하라. 그리하면 네가 너의 길을 번성하게 만들 것이고 네가 좋은 성공을 이루리라. 수 1:8

위 구절도 우리가 하나님의 말씀을 지키면 그 결과 내지는 대가로 하나님께서 우리에게 복을 주신다는 의미로 해석해왔지만, 잘 살펴보면 본래 말하는 바는 다릅니다. '이 율법책', 즉 지금 우리에게 적용한다면 그리스도 안에서 내가 누구이고, 무엇을 가지고 있고, 무엇을 할 수 있는지에 대한 새로운 피조물의 계시를 계속해서 입에 담고 고백하며 그대로 행하면, '우리가' 우리의 길을 형통하게 만들게 된다는 말씀입니다. 위 구절은 "…그리하면 네가 너의 길을 번영하게 만들 것이며 네가 좋은 성공을 이루리라.then thou shalt make thy way prosperous, and then thou shalt have good success."라고 되어 있습니다. 즉 열쇠는 우리의 손에 주어진 것입니다.

우리를 향한 하나님의 뜻은 정해졌습니다. 우리를 축복하기 원하시고 우리가 잘 되고 성공하기를 원하시는 것이 하나님의 변함없는 뜻이며, 예수 그리스도를 통하여 이를 위한 모든 조건과 환경이 마련되었습니다. 그럼에도 불구하고 우리가 잘못된 생각의 지배를 받으며 잘못 기능한다면 우리 삶에서 하나님의 축복은 막히고 나타나지 못하며 소멸될 수밖에 없습니다. 우리의 혼이 하나님의 말씀으로 기경되고 교체되어 바른 생각을 하고 바른 선택을 할 때 비로소 우리가 우리의 길을 번영케 하고 우리가 좋은 성공을 이루는 일이 일어나게 될 것입니다. 이런 면에서 말씀고백기도는 우리의 혼이 하나님 말씀을 따라 기능하기 위해 꼭 필요한 기도입니다.

> 우리에게는 위대한 대제사장, 곧 하늘들로 올라가신 하나님 아들 예수께서 계시므로, 우리는 우리의 고백을 굳게 붙들어야 하리라. 히 4:14

고백을 굳게 붙든다는 것은 곧 고백을 계속한다는 뜻입니다. 지속적인 고백을 통하여 잘못된 생각들이 진리의 말씀으로 교체되고 영이 주도권을 잡게 되어 하나님께서 나를 통해 마음껏 역사하실 수 있는 상태로 변화되는 것입니다.

이 〈믿음의 반석〉 교육과정을 똑같이 배웠더라도 사람마다 변화와 계시의 폭이 다를 것인데, 그 중요한 요인은 바로 고백기도에 있습니다. 이 말씀을 듣고, 나머지 시간 동안 얼마나 스스로에게 생각이 바뀔 때까지 말씀을 고백했느냐에 달려 있는 것입니다. 저도 오랜 기간 사역하면서 다양한 문제를 가진 많은 분들을 개인적으로 만나서 상담하고 양육해왔지만, 결국 성패는 "말씀고백", 더 정확히는 말씀을 계속해서 먹임으로써 생각을 바꾸는 일에 달려 있는 것을 봅니다. 지속적인 고백을 통하여, 생각을 바꾸고 태도를 바꾸어야, 비로소 변화에 성공합니다. 아무리 잘 배워도 그것이 실제적인 결과로 나타나지 않는다면 그저 지식을 하나 더 얻은 것에 지나지 않습니다. 특별히 말씀을 처음 접한 단계일수록 고백기도의 중요성은 절대적입니다. 이 땅에 태어나 지금껏 살아오며 머릿속을 가득 채운 세상적인 사고방식과 종교적이고 율법적인 고정관념들이 무너지고, 그 위에 말씀을 따라 세워진 새로운 생각이 자리를 잡기까지 계속해서 말씀의 폭격을 가해야 합니다. 그리스도 안에 있는 진짜 내가 누구이고 무엇을 가지고 있으며 무엇을 할 수 있는지에 대한 이 말씀이 우리의 사상이 되고 체질이 될 때까지 스스로에게 끊임없이 들려주고 먹임으로써 생각을 새롭게 하는 과정을 잘 통과한다면 승리하는 그리스도인으로서 살아가기 위한 든든한 바탕이 마련될 것입니다. 이처럼 고백기도는 우리의 혼적인 영역을 하나님의 말씀과 일치하게 만들어 우리가 영과 혼으로 하나님의 말씀을 따라 승리하는 삶을 살게 해주는 중요한 기도입니다.

□ 방언기도

이는 알지 못하는 방언으로 말하는 사람은 사람에게 말하지 아니하고 하나님께 하는 것이기 때문이요, 또 어떤 사람도 알아듣지 못하나 그가 영으로 신비들을 말하는 것이기 때문이라.… 알지 못하는 방언을 말하는 사람은 자신을 세우나… 고전 14:2, 4

방언기도는 거듭나서 성령 충만 받은 그리스도인들이 성령께서 주시는 언어를 따라서 하는 기도입니다(행 2:4). 방언기도는 우리의 혼으로는 이해할 수 없고 뜻을 알 수 없습니다. 그러나 우리의 영이 하는 기도로서 영을 세우는 데에 매우 효과적입니다(고전 14:14). 위 구절에서도 방언을 말할 때 사람은 알아듣지 못하지만 하나님께 영으로 신비를 말하는 것으로서, 방언을 말하는 사람은 "자신을 세운다", 즉 그의 본질인 영을 세운다고 말씀합니다. 여기에서 '세우다edify'라는 말에는 건물을 세워가다build, 충전하다charge라는 의미도 있습니다.

이처럼 방언기도는 속사람 중에서도 '영'을 세우고 강건하게 하는 기도입니다. 영이 활성화되어 혼과 몸에 대해 주도권을 잡게 되면 자연히 말씀이 실재가 되는 삶을 살기가 쉬워집니다. 예배 전에 영으로 기도하면서 준비하는 이유가 이것입니다. 한 주간 세상에서 살아가면서 묻어온 혼적이고 육신적인 모드를 방언기도를 통하여 영적 모드로 전환함으로써 말씀이 심겨지고 우리의 영혼이 성령이 역사하시기에 좋은 상태로 만드는 것입니다.

또한 방언기도는 성령께서 우리를 위하여 하실 수 있는 최고의 중보기도입니다. "이와 같이 성령도 우리의 연약함을 도우시나니 우리는 마땅히 기도할 바를 알지 못하나 오직 성령이 말할 수 없는 탄식으로 우리를 위하여 친히 간구하시느니라"(롬 8:26) 우리가 지각으로 기도할 때에는 놓치거나 잘못 기도할 수 있는 부분, 나아가 우리가 알 수 없는 일들까지도 성령께서 기도하심으로써 우리의 영이 구비되고 강건해지게 하십니다.

□ 간구기도

간구기도는 하나님께서 우리에게 약속하신 것 가운데 본인이 원하는 바를 구하고 요청하는 기도입니다. 어떻게 보면 '기도'라고 할 때 우리가 일반적으로 떠올리는 그림에 가장 부합하는 형태인 것 같지만, 이에 대해서도 새로운 피조물은 다르게 접근합니다.

그 날에는 너희가 아무 것도 내게 묻지 아니하리라. 진실로 진실로 내가 너희에게 말하노니, 너희가 아버지께 내 이름으로 구하는 것은 무엇이나 너희에게 주시리라. 지금까지는 너희가 내 이름으로 아무

것도 구하지 아니하였으나 구하라. 그러면 받을 것이니 너희 기쁨이 충만케 하려 함이라. 요 16:23-24

먼저 우리가 기도하는 대상은 예수님도 성령님도 아닌 "하나님 아버지"이십니다. 그리고 그분께 구할 때 "예수 이름으로" 구합니다. 이는 하나님께서 우리의 기도를 더 잘 들어주시게 하려고 예수의 이름을 빌리는 것이 아닙니다. "예수 이름으로in the name of Jesus" 구한다는 것은 '예수 이름 안에서' 즉 예수님의 자리에서, 예수님의 위치에서 기도한다는 의미입니다. 거듭난 우리는 이제 그리스도로 옷 입은 자이며(갈 3:27), 하나님의 유업에 그리스도와 함께 참여한 공동 상속자로서(롬 8:17), 그리스도와 함께 하늘에 앉아 있습니다(엡 2:6). 즉 우리의 간구는 하나님께서 보시기에 예수님의 간구와 다름없이 똑같은 효력과 효과를 가지는 것입니다. 그러므로 예수 이름으로 기도한다는 것은 우리 자신의 이러한 위치를 인식하고, 하나님께서 말씀을 통해 주신 약속들을 예수 이름으로 주장하는 것을 의미합니다. 그렇게 기도할 때 우리는 무엇이든지 하나님으로부터 받게 되고, 기쁨으로 충만하게 됩니다.

□ **명령기도**

이는 예수 이름의 권세를 가지고 마귀나 질병, 상황이나 사건, 환경에 명령(선포)하는 기도를 말합니다. 예수님께서는 "누구든지 이 산더러 옮겨져 바다에 빠지라고 말하고, 마음에 의심하지 않으며, 말한 것들이 이루어지리라고 믿으면 말한 것은 무엇이든지 이루어지리라." (막 11:23)라는 말씀을 통하여 이 기도에 대해서 처음 소개해 주셨습니다. 이는 구약 성도들은 상상할 수 없었던 기도입니다. 하나님과 같은 종류의 생명을 가지고 그분과 같은 방식으로 기능하며 환경을 다스리는, 우리 새로운 피조물에게만 주어진 특권인 것입니다.

또 너희가 내 이름으로 무엇이든지 구하면 내가 그것을 행하리니, 이는 아버지로 아들 안에서 영광을 받으시게 하려는 것이라. 너희가 무엇이나 내 이름으로 구하면 내가 행하리라. 요 14:13-14

위 구절에서 "구하면"이라고 번역된 부분의 원어는 실제로 "명령하면"에 더 가깝습니다. 예수님께서 무화과나무에 명하심으로써 예시를 보여주신 바와 같이, 문제에 대해서 하나님께 해결해달라고 기도하는 것이 아니라 우리가 예수 이름으로 문제에게 명령하는 것입니다. 예를 들어 "병을 고쳐 주세요."라고 기도하는 것이 아니라 치유의 말씀을 의지하여 질병에게 "떠나가라!"라고 명하고, 또한 "귀신을 쫓아 주세요."라고 기도하는 것이 아니라 "예수 이름으로 귀신은 나가라!"라고 명령합니다. 즉 하늘과 땅의 권세를 가지신 주 예수 이름 앞에 모든 상황과 환경이 무릎 꿇을 것을 믿고 예수 이름의 권세를 사용할 때, 우리가 명한 바가 그대로 이루어지는 역사를 체험하게 됩니다.

◻ 금식기도

금식기도는 잘 아시다시피 음식을 절제하며 하는 기도입니다. 그러나 이 또한 접근을 정확히 해야 합니다. 금식기도는 우리 몸을 혹사하고 정성을 드림으로써 하나님을 감동시키고 긍휼함을 얻기 위해 하는 기도가 아닙니다. 만약 "내가 이렇게 밥도 안 먹고 기도하는데 하나님께서 들어주시겠지."라는 생각을 가진다거나, 마치 타종교인들이 공덕을 쌓는 것과 비슷하게 금식기도를 하고 있다면, 그러한 생각들은 모두 새롭게 해야 합니다.

검둥이와 흰둥이 두 마리 개가 있다고 가정합시다. 둘이 싸우면 어느 개가 이길까요? 정답은 "잘 먹은 쪽"입니다. 검둥이를 이기게 하고 싶다면 며칠 동안 검둥이에게 먹이를 많이 주고 흰둥이를 굶기면 되고, 반대로 흰둥이를 이기게 하고 싶으면 흰둥이에게 먹이를 많이 주고 검둥이를 굶기면 될 것입니다. 이런 면에서 금식기도는 영·혼·몸 중에서 몸에 대한 공급을 직접적으로 차단함으로써 육신을 제어하는 기도입니다. 어떤 이유에서든 영적으로 좀 더 충만해지고 믿음이 세워져야 할 필요를 느낄 때, 육신을 약하게 함으로써 육적인 반응이나 생각들을 제어하고 상대적으로 영의 영향력을 강화하기 위해 금식을 하는 것입니다. 금식기도는 우리가 육신에게 이렇게 선언하는 행위입니다. "나는 영이고, 육신인 너는 나의 통제 아래 있다. 너는 이제 큰 소리를 내지 말고, 내 말에 복종해라!"

금식기도의 본질은 단순히 '안 먹는 것'에 있는 것이 아니라 영을 강하게 하고, 주도하는 위치에 두는 것에 있습니다. 그러므로 금식기간 동안 음식을 절제함으로써 몸을 약하게 할 뿐만 아니라 동시에 영을 강하게 하는 기도, 말씀 고백, 경배 등의 활동에 시간을 들여야 합니다. 한마디로 금식기간 동안 밥을 안 먹어서 몸은 약하게 했지만, 오히려 힘이 없다고 잠만 잔다거나 TV를 더 많이 보거나 해서는 금식기도를 통해 얻고자 하는 유익을 얻기가 어렵습니다.

금식의 방법에 절대적인 원칙은 없습니다. 육신을 제어하는 것이 목적이므로, 상황이나 체질에 따라 본인에게 도전이 되는 수준에서 적용하시면 됩니다. 중요한 것은, 육신을 다룸으로써 언제나 속사람이 겉사람을 지배하고, 겉사람은 속사람의 지배를 받는 위치에 있어야 한다는 메시지를 준다는 것만 놓치지 않으면 됩니다.

특별히 하나님의 음성을 들어야 할 일이 있다거나, 기름부음이 약해진 것 같은 때, 또는 영적으로 한 단계 도약하려고 할 때, 이럴 때가 바로 금식할 때입니다. 예를 들어 교회에 새로운 흐름이나 프로그램이 들어와 내가 한 단계 올라가서 동참해야 할 영적 필요를 느낀다면, 금식기도를 활용하면 좋습니다. 이처럼 금식기도의 본질과 방법을 잘 이해하고 시기마다 잘 활용한다면, 영적 성장을 위한 매우 효과적인 촉매 역할을 할 것입니다.

□ 합심기도와 연합기도

또한 성경에서는 혼자가 아닌 여러 명이 함께 하는 기도의 능력에 대해서 이야기하고 있습니다.

다시 내가 너희에게 말하노니, 만일 너희 중에 두 사람이 무엇이든지 구할 것을 땅에서 합심하면 하늘에 계신 내 아버지께서 그들에게 이루어 주실 것이라. 두 세 사람이 내 이름으로 함께 모이는 곳에는 나도 그들 가운데 있느니라." 하시더라. 마 18:19-20

합심기도는 두세 사람이 한 가지 주제에 대하여 마음을 합하여 하는 기도입니다. 그럴 때 그 자리에 주님께서 임재하시고 구하는 바를 이루어 주신다고 예수께서 약속하셨습니다. 합심기도에서 가장 중요한 요소는 기도하는 사람들이 모두 같은 결과를 바라보고 마음을 합하여 기도하는 것입니다. 한 가지 문제를 놓고 기도하는데 어떤 사람은 이런 결과를 기대하고 다른 사람은 저런 결과를 기대한다면 합심이 된 상태라 볼 수 없습니다. 그래서 함께 기도하기 전에 기도제목을 가진 사람이 자신이 믿음으로 기대하는 방향에 대해서 구체적으로 나누고 모두가 같은 그림을 공유하며 심령으로 동의하는 과정이 있어야 합니다. 그렇게 기도할 때 혼자 기도할 때보다 더 큰 능력을 경험할 수 있습니다.

연합기도도 원리는 유사합니다. 다만 그 규모가 소그룹에서 회중으로 확장된 것입니다.

사도들이 풀려난 후에 동료들에게 가서 대제사장들과 장로들이 그들에게 말한 바를 모두 이야기하니 그들이 그 말을 듣고 다 같이 음성을 높여 하나님께 아뢰기를 "주여, 주께서는 하늘과 땅과 바다와 또 그 가운데 있는 모든 것을 지으신 하나님이시니이다… 이제 주여, 그들의 위협함을 살피시어 주의 종들로 담대하게 주의 말씀을 선포하게 하시고 주의 손을 펴시어 병을 낫게 하시며, 또 표적들과 이적들이 주의 거룩하신 아들 예수의 이름으로 일어나게 하소서." 하더라. 그들이 기도를 마치자 그들이 함께 모여 있는 곳이 진동하더니 그들이 모두 성령으로 충만하여 담대하게 하나님의 말씀을 선포하더라.

행 4:23-24, 29-31

초대교회 당시 예수 이름을 전하지 말라는 핍박이 계속해서 있었습니다. 이에 대해 성도들이 함께 모여 한 마음으로 하나님께 기도하자, 그분의 임재가 강력하게 나타나 그들이 모인 곳이 흔들렸고, 성도들은 성령으로 충만하게 되어 복음을 담대하게 전하는 역사가 일어났습니다. 이처럼 단체 통성기도와 같이 회중이 함께 마음을 모아 한 가지 주제에 대해 기도할 때, 혼자 기도할 때와는 다른 집단적인 기름부음의 역사를 경험할 수 있습니다.

기도의 요소

여러 가지 종류에도 불구하고, 모든 기도에는 공통적으로 적용되어야 할 요소가 있습니다.

□ **자신이 의인임을 인식한다**

"의인의 효과적이고 열렬한 기도는 역사하는 힘이 많음이라"(약 5:16) 우리는 그리스도인으로서 모두 하나님께 의를 선물로 받고, 의인이 되었습니다. 따라서 우리의 기도는 강력할 수밖에 없습니다. 우리가 받은 의는 우리로 하여금 하나님 앞에 아무런 정죄감이나 열등감이나 두려움 없이 나아가서, 아버지 되신 그분께 자녀로서 무엇이든 의뢰하고 받을 수 있게 합니다. 그 결과 우리는 하나님 앞에 담대한 믿음을 가지게 되고, 이로 인해 기도응답을 기대하고 취할 수 있게 되었습니다. 마치 부모와 정상적인 관계를 맺고 있는 자녀라면 언제든지 허락받을 필요 없이 냉장고를 열고 먹을 것을 꺼내 먹을 수 있을 것입니다. 그러므로 우리가 기도를 할 때에 무엇보다 중요한 바탕은 바로 거듭난 의인으로서의 위치를 인식하는 것입니다.

급한 문제라서 응답이 잘 되는 것이 아닙니다. 하나님의 원리는 우리의 긴박함이나 필요에 의해서가 아니라 믿음을 따라 역사하는 것이기 때문입니다. 그러므로 무슨 일이든지 그저 하나님께 매달리는 마음만으로 접근할 것이 아니라 그리스도 안에서 나는 의인이며 하나님의 자녀임을 인식하고, 관련된 하나님의 말씀을 상기하면서 믿음을 발휘하여 기도해야 합니다.

성경에는 '간절히 주를 찾고 구할 때 주께서 응답하셨다' 라는 내용의 구절이 많습니다. 물론 새로운 피조물의 계시로 정확하게 해석해야겠지만, 변하지 않는 것은 이 '간절함'이란 바로 '영'으로부터 비롯된다는 사실입니다. '난 열심히 간절히 기도했는데, 응답을 받지 못했어.' 라고 생각하신 적이 있습니까? 예수를 영접한 이후 우리의 영은 완전해졌지만, 혼은 여전히 새로워지는 과정에 있습니다. 이처럼 잘못된 혼의 기능으로 인해, 내 영이 정말 원하는 것은 따로 있는데, 마치 혼이 원하는 것들이 나의 갈망인 것처럼 혼동되어 정확한 기도를 하지 못하는 경우가 있습니다. 그런 기도는 꼭 응답되지 않을 수도 있습니다.

우리의 영으로부터 나온 간절함의 기도는 반드시 응답됩니다. 그러나 혼적인 영역에서 계산해서 나오는 요구들에 대해서는 응답이 보장되어 있지 않습니다. 저도 초신자 때는 잘못된 기도를 하여 응답받지 못했던 경험이 많았습니다. 그러나 영적으로 성숙할수록 우리의 혼도 하나님의 말씀으로 새롭게 되어 하나님의 본성에 일치하는 생각과 감정을 갖게 됨으로써, 이제는 심령에 기도제목이 생길 때 굳이 혼을 정리하고 영을 들여다보지 않아도 그것이 온전히 나의 혼까지도 원하는 바가 되고, 또한 그런 갈망을 가지게 되면 특별히 따로 기도하지 않아도 생각만으로도 응답을 받는 경험을 하게 됩니다. 그러므로 우리는 먼저 자신이 의인임을 인식하고 항상 영으로부터 원하는 것을 따라 기도하면 언제나 기도응답을 얻게 될 것입니다.

□ **예수 이름으로(안에서) 기도한다**

우리는 기도하고 나서 마지막에 꼭 "예수 이름으로 기도합니다."라는 말로 기도를 마칩니다. 이는 우리의 자격이 부족하여 예수님의 이름을 빌려 쓰는 그런 것이 아닙니다. 많은 그리스도인들이 기도 마지막에 도장을 찍듯이 저 말을 덧붙이지 않으면 기도가 응답되지 않는다고 믿는데, 그것은 사실이 아닙니다. 반대로 아무 것이나 구하고 마지막에 "예수 이름으로 기도합니다"라고 마무리한다고 해서, 하나님께 들려질 만한 합당한 기도가 되는 것도 아닙니다. 이것은 단순히 만능열쇠나 주문 같은 것이 아니라 기도할 때 우리가 취해야 할 의식과 접근과 관련이 있습니다.

"예수 이름으로(안에서)in the name of Jesus" 기도한다는 것은 예수님의 자리에서, 예수님의 위치에서 기도한다는 뜻입니다. 우리는 거듭나서 그리스도와 함께 하나님의 모든 유업에 동참한 공동상속자이며 그리스도로 옷 입은 자가 되었습니다. 따라서 하나님께 예수님과 같은 권세의 위치에서 기도할 수 있고, 또한 하나님께서도 우리의 기도를 예수님께서 하신 기도와 똑같이 다루십니다.

> 이로 인하여 하나님께서는 그를 지극히 높이시고 모든 이름 위에 있는 한 이름을 그에게 주사 하늘에 있는 것이나 땅 위에 있는 것이나 땅 아래 있는 것이나 모든 무릎을 예수의 이름에 꿇게 하시고 빌 2:9-10

예수님이 부활하신 후 하나님께서는 예수 이름에 모든 만물이 무릎을 꿇게 하셨으며, 그 이름을 사용할 권세를 우리에게 위임해 주셨습니다. "하늘과 땅의 모든 권세를 내게 주셨으니 그러므로 너희는 가라"(마 28:18-19) 예수 이름에 주어진 모든 권세가 이제 우리에게 넘겨졌고, 우리는 예수 이름으로, 예수의 위치에서 기도함으로써 이 땅에서 그 권세를 활용합니다. 이러한 인식과 실행이 바로 우리의 기도가 효력을 얻게 하는 진정한 비결입니다.

□ 하나님의 말씀을 따라 기도한다

말씀과 상반되는 것들을 기도하고 구한다면, 이는 당연히 하나님께 합당치 않은 기도가 될 것입니다. 하나님의 말씀은 곧 하나님의 뜻이자 의도이기 때문입니다. 예를 들어 말씀에서는 "원수를 사랑하라"라고 하시는데, 누군가를 저주하거나 복수해 달라는 기도를 한다면 그런 기도는 당연히 응답될 수 없습니다.

> 너희가 내 안에 거하고 내 말들이 너희 안에 거하면 너희가 원하는 것은 무엇이나 구하라. 그러면 너희에게 이루어지리라. 요 15:7

위 구절에서는 우리가 원하는 것을 하나님께 구할 때의 전제 조건에 대해서 말씀합니다. 우리는 모두 예수 그리스도를 영접하고 하나님의 자녀가 되면서, 그리스도 안에 거하는 자가 되었으므로 "너희가 내 안에 거하고"라는 조건에는 문제가 없습니다. 그런데 또 한 가지 조건이 있습니다. "내 말이 너희 안에 거하면" '거한다' 라는 단어는 일시적인 동작이 아니라 지속적인 상태를 뜻합니다. 즉 하나님의 말씀이 우리 심령에 심겨져서 뿌리를 내리고 믿음을 생산한 상태를 말하는 것입니다. 하나님의 말씀을 들음으로써 그분의 뜻을 알고 설득되어 그로 인해 생긴 믿음 위에서 구하는 기도는 무엇이든지 이루어지게 됩니다.

우리가 그의 안에서 가지는 담대함이 이것이니, 그의 뜻대로 무엇이든지 구하면ask 그가 우리를 들으시는hear 것이라. 우리가 구하는 것은 무엇이나 그가 들으시는 줄을 안다면, 우리가 그에게 구한 요청들을 받은 줄도 아느니라. 요일 5:14-15

오랜 세월을 살면서 하나님과의 관계에서 정상에 올랐고, 많은 기도응답을 경험했을 사도 요한의 담대한 고백입니다. "그분의 뜻대로 구하면, 그 기도는 반드시 그분께 들리고hear, 주님께서 들으신 기도는 무엇이든지 응답된다." 그러므로 아직 현상적으로 보이는 변화가 나타나지 않았어도 구한 것은 얻은 줄을 확실히 알고 흔들리지 않는다는 것입니다.

이처럼 구하는 기도를 함에 있어 "하나님의 뜻대로" 구하는 것은 너무나 중요한 요소입니다. 그렇다면 "하나님의 뜻대로" 구하는 것이란 무엇일까요? 이는 사실 기도의 내용이 아니라 기도하는 방법 및 태도에 관한 이야기입니다.

위 구절을 자세히 보면, "그의 뜻대로 구하면 응답해 주신다"라고 말하지 않고, "그의 뜻대로 구하면 들으심이라", 더 정확히는 "그의 뜻대로 구하면 (하나님께) 들릴 것이라hear"라고 말씀합니다. 즉 그분께서 알아들으실 수 있는 언어가 따로 있고, 하나님께서 들으시기만 한다면 모두 얻게 될 것이라는 말입니다. 하나님께서 들으실 수 있도록 그분의 뜻대로 구하는 방법이란, 예수님께서 신약 성도들에게 알려주신 방법을 따라 기도하는 것으로서, 즉 '예수 이름 안에서' '믿음으로' 구하는 것입니다. 이런 기도는 하나님께 들리는 언어입니다. 그러나 우리가 예수 그리스도 안에서 그 이름의 권세를 가진 것을 모르고, 믿음도 없이 구한다면, 그 기도는 하나님께 들리지 않을 것입니다.

하나님께 들렸다면, 그분께서 응답하지 않으시는 경우는 없습니다. 기도의 언어나 태도가 합당하지 않아서 하나님께서 의도적으로 걸러내시고 안 들어주시는 것이 아닙니다. 그런 기도는 애초부터 하나님께 닿지 못하는 것입니다. 다른 구절을 봅시다. "너희가 얻지 못함은 구하지 아니하기 때문이요 구하여도 받지 못함은 정욕으로 쓰려고 잘못 구하기 때문이라…"(약 4:2-3) 즉 구하기면 하면 다 받게 되어 있으며, 만약 구했는데도 받지 못했다면 말씀에 일치하지 않는 것을 잘못 구했기 때문입니다. 다시 말하지만, 하나님께서 우리의 기도를 듣고도 응답하시지 않는 경우는 없습니다. 다만 우리의 기도가 하나님께서 들으실 수 있는 기도인가 아닌가의 문제입니다. 예를 들어, 염려와 두려움으로 구하는 말이나 분노와 혈기에 찬 말들은 하나님께 들리지 않습니다.

하나님께서는 우리에게 모든 좋은 것을 주기 원하시며, 우리가 최고의 삶을 누리기를 원하십니다. 이러한 하나님의 뜻은 이미 계시되었습니다. 그 뜻 안에서, 자녀이자 예수 이름의 권세를 위임받은 공동상속자로서의 위치를 인식하고 그분의 말씀을 따라 믿음으로 구할 때, 우리의 모든 기도는 결과를 얻게 될 것입니다.

□ 기도한 것은 받은 줄로 믿고 의심하지 않는다

앞선 기도의 요소들을 만족시켰다면, 기도한 것은 이미 응답되어 받은 것으로 믿고 결코 의심하지 않아야 합니다. 믿음은 기도응답에 있어 가장 중요한 핵심 요소입니다.

> 너희 중에 누가 지혜가 부족하면, 모든 사람에게 아낌없이 주시고 꾸짖지 아니하시는 하나님께 구하라. 그러면 그분께서 주실 것이라. 오직 믿음으로 구하고 아무것도 의심하지 말라. 의심하는 자는 마치 바람에 밀려 요동하는 바다 물결과 같으니 약 1:5-6

믿음이 없으면 아무것도 받을 수 없습니다. 무조건 기도를 많이 하고, 애타게 구한다고 되는 것이 아닙니다. 중요한 것은 기도의 양이나 긴급함이 아니라 믿음의 여부입니다.

> 진실로 내가 너희에게 말하노니, 누구든지 이 산더러 '옮겨져 바다에 빠지라.' 고 말하고, 그의 마음에 의심하지 않으며 그가 말한 것들이 이루어지리라고 믿으면 말한 것은 무엇이든지 이루어지리라. 그러므로 내가 너희에게 말하노니, 너희가 기도할 때에 바라는 것들은 무엇이나 받은 것으로 믿으라. 그리하면 너희 것이 되리라. 막 11:23-24

새 언약에 속한 우리가 취해야 할 기도 방법을 알려주는 구절입니다. 어떤 기도제목이든지 담대하게 말하고, 말한 것이 이루어질 줄 믿고 의심하지 않을 때 그렇게 이루어진다고 말씀합니다.

하나님의 말씀 안에서 기도응답을 받는 열쇠는 기도한 것을 받은 줄 믿고 의심치 않는 것입니다. 무조건 기도만 많이 하면 응답받으리라는 잘못된 생각을 버리고 기도한 것에 대해 믿음을 가질 수 있도록 말씀을 고백하며 믿어야 합니다.

결국 믿음이 관건입니다. 그리고 믿음은 하나님의 말씀에서 비롯됩니다. "믿음은 들음에서 나며 들음은 그리스도의 말씀으로 말미암았느니라"(롬 10:17) 하나님의 말씀을 들을 때 내가 추구해야 할 온전한 그림에 대한 소망을 얻게 되고, 믿음이 일어납니다. 그래서 기도제목은 있는데 그에 대한 믿음이 잘 세워지지 않는다면, 무작정 구하는 기도를 하기보다는 먼저 관련된 성경 구절로 돌아가서 고백기도에 집중함으로써 믿음을 세우는 것이 더 효과적입니다. 그렇게 말씀이 생각과 심령에 심기고, 말씀으로 설득되어 마침내 "나는 정말 그런 사람이구나. 이 말씀이 나에게 실제로 이루어지는 것은 당연한 일이구나!"라고 계시가 일어날 때, 그때 믿음으로 기도한다면 반드시 응답을 얻게 될 것입니다.

기도응답의 형태

기도한 것이 그대로 현실에 나타나지 않았다 하더라도, 기도하다가 믿음이 올 때 그 기도는 응답된 것입니다. 또한 기도의 응답은 꼭 우리가 요구한 대로만 나타나는 것이 아니라 다른 응답의 형태도 있습니다.

우리는 우리가 원하는 특정한 결과를 경험해야만 기도응답을 받았다고 생각합니다. 그러나 아직 눈에 보이는 결과가 없더라도, 기도

하다가 믿음이 왔다면 기도는 이미 응답된 것입니다. 왜냐하면 "믿음은 바라는 것들의 실상이요 보이지 않는 것들의 증거"이기 때문입니다(히 11:1). 즉 믿음을 가졌다면 바라는 것의 실체를 얻은 것이고, 보이지 않는 것들에 대해 증거를 가진 것입니다. 이에 대해 다른 번역본(AMP)에서는 믿음을 "권리증서the title deed"라고 표현합니다. 예를 들어 우리가 자동차 구매 계약을 하고 그에 대한 권리증을 받았다면, 아직 차가 출고되어 눈앞에 나타나지 않았다 하더라도 그 차가 나의 소유임을 의심하지 않을 것이며, 실제로 그 차는 나에게 오게 되어 있습니다. 믿음이 그러합니다. 심령에 믿음이 있다면, 아직 결과가 나타나지 않았더라도, 권리증을 받은 것과 같이 우리는 이미 받은 줄로 확신할 수 있으며, 실제로 응답은 현실의 영역에 나타나게 될 것입니다. 그러므로 자연적인 영역에 변화가 나타나지 않고 있다고 해서 "난 기도응답을 못 받았어."라고 말하는 것은 성경적인 언어가 아닙니다.

그런데 그 응답은 반드시 내가 원하는 방식은 아닐 수도 있습니다. 기도응답의 형태는 크게 세 가지로 나누어 볼 수 있습니다. 첫 번째는 가장 일반적인 형태로서, 구한 대로 주시는 경우입니다. 두 번째는 구한 대로 주시되, 다른 시간대에 주시는 경우입니다. 즉시 응답을 기대했는데, 시간이 좀 지난 후에 더 좋은 때에 주시는 것입니다. 그리고 세 번째는 구한 것이 아닌 다른 것을 주시는 경우입니다. A를 구했는데 B를 주시는 것을 어떻게 기도응답이라 할 수 있는지 의아할 수도 있겠습니다. 그러나 우선 기도하면서 믿음과 평강이 왔다면 하나님께서는 그 기도에 응답하신 것입니다. 다만 나는 A가 최고라고 생각하여 구했지만, 하나님께서는 그것보다 더 좋은 B로 응답해주시는 경우가 있습니다.

사실 두 번째, 세 번째 형태의 응답은 영적으로 어릴 때에 받는 경우가 많고, 성장할수록 대부분 첫 번째 형태의 응답으로 가게 됩니다. 영적으로 어릴 때는 현재 내 믿음 수준에서 덜 좋은 것을 구하거나, 또는 혼에서 요구하는 것을 기도하게 됩니다. 그러나 그것은 하나님의 최고가 아닐 수 있습니다. 그럴 때에는 조금 유예되었다가 받거나, 아니면 다른 더 좋은 것으로 대체되는 경우도 있습니다.

저 또한 같은 과정을 거쳤습니다. 영적으로 어렸을 때에는 아직 저의 혼이 말씀으로 많이 변화되지 않았기 때문에, 저에게 정말 좋은 것이 무엇인지 잘 구별하지 못했습니다. 그래서 욕심을 따라 구하기도 하고, 육신적이고 세상적인 기준에서 좋아 보이는 것을 구하기도 했습니다. 그리고 기도한 후 분명히 믿음이 왔고 응답 받은 것을 확신했는데, 나중에 보면 제가 원하는 대로 되지 않아 실망한 적도 있었습니다. 그러나 시간이 지나고 돌아보면, 하나님께서 주신 그 응답이 저에게 더 적합한 것이었음을 발견하게 됩니다.

특별히 저희의 부르심과 관련하여 그러한 경험이 있습니다. 저희 부부가 목사님의 공부를 위해 함께 미국으로 가서 위스콘신 주 매디슨이라는 곳에서 유학하던 중에 성령을 체험하고 예수님을 뜨겁게 믿게 되어 목사님께서는 헌신을 하셨고, 케네스 E. 해긴 목사님께서 세우신 "레마성경훈련소The RHEMA Bible Training Center"를 가고자 하는 갈망을 갖게 되셨습니다. 그 때가 1985년도였습니다. 그래서 대학원

졸업 후 무작정 레마성경훈련소가 있는 오클라호마 주 털사Tulsa로 이사를 가기로 결정했습니다. 살 집도 미리 구하지 않고 그야말로 아브라함처럼 믿음으로 떠나는 길이었습니다. 함께 신앙생활을 하셨던 분들이 여기에도 주변에 신학대학이 많고 장학금 받으면서 공부할 수 있다고 모두 말리셨지만 저희는 듣지 않았습니다. 그런데 감사하게도 어린 수준일지라도 믿음으로 나아갈 때 하나님께서는 저희에게 때를 따라 기적적인 공급과 호의로 함께 하셨습니다. 이사 날이 다가오고, 이전에 다니던 한인 교회를 찾아가서 마지막 인사를 드렸습니다. 그런데 목사님께서 마침 털사에서 오신 분이 계시다면서 소개를 시켜주셨습니다. 뵙고 보니 털사에 있는 대학에 교수로 재직하시는 분이신데, 방학 동안 매디슨에 교환 교수로 오신 것이었습니다. 오클라호마 털사와 위스콘신 매디슨은 자가용으로 30시간 정도 걸리는 거리였습니다. 그분께서는 저희가 그 거리를 운전해서 간다고 하자 "왜 털사에 가려고 하세요?"라고 의아해하시며 집은 구하셨냐고 물어보셨습니다. 집을 구할 때까지 텐트를 치고 지낼 생각이라고 말씀드리니 그분은 웃으셨습니다. "털사는 너무 더워서 바깥에서 주무시다가 죽는 수도 있어요." 그러면서 본인 집이 한 달 정도 비어있으니 집을 구할 때까지 일단 지내라고 하시는 것이었습니다. 그렇게 기적적인 만남을 통해 좋은 집에서 거처를 구할 때까지 지낼 수 있게 되었습니다.

그런데 중요한 것은, 분명히 확신을 가지고 모든 경력을 다 포기하고 이사까지 했는데, 계속 레마에 입학할 길이 열리지 않았다는 것입니다. 배운 대로 믿음으로 선언도 하고, 기도하며 계속 길을 찾았지만 쉽지 않았습니다. 나중에 생각해보면 당시 하나님께서 지금은 갈 수 없다는 메시지를 주셨음에도 불구하고, 당시에는 무조건 레마에 가야 한다고 생각했기 때문에 그것도 잘못 해석하게 되었습니다. 그렇게 시간이 지나면서 비자를 연장해야 입학할 수 있다는 최종 통보를 받고, 비자 연장을 위해 풀타임 직장을 알아보았지만 모두 막히면서 결국은 입학 불허 통지를 받고 말았습니다. 당시 저희 목사님이 느꼈던 실망감은 말로 다할 수 없습니다. 목사님은 결국 "오랄 로버츠 신학대학"에 가게 되었고, 레마에는 한국에 들어와서 목회를 10년 정도 한 후 안식년이 되어서야 가게 되었습니다.

저희는 이러한 인도가 저희의 부르심을 완성하기 위한 하나님의 정확한 계획의 일부였음을 나중에 깨닫게 되었습니다. 목사님의 부르심이 부흥사나 선교사였다면, 레마의 가르침이나 학위만으로도 효과적인 사역을 하는 데 충분했을 것입니다. 그러나 저희 목사님의 부르심은 교회를 세우고 목양하는 목회자이자, "예수 선교 사관학교"와 같은 학교를 통하여 제자를 양성하고 다른 목회자도 가르쳐야 할 교사이므로 더 많은 것을 배워야 했고 실제적인 학위도 필요했습니다.

처음에는 원해서 간 것이 아니었지만 목사님은 후에 오랄 로버츠 신학대학을 너무 좋아하셨습니다. 그리고 3년 만에 감리교에서 목사 안수를 받게 되었습니다. 늦게 공부를 시작했지만, 하나님의 인도하심으로 말미암아 안수를 받고 목회자로 세워지는 것도 결과적으로 다른 사람에 비해 굉장히 빨리 이루어졌습니다. 이처럼 하나님께서 예비하신 길은 우리의 생각보다 훨씬 더 좋은 길이었습니다.

구약시대의 이스라엘 백성이 가나안 땅에 들어가기 전에 오랜 기간 광야를 돌았지만, 사실 애굽과 가나안의 실제 거리는 그렇게 먼 거리가 아닙니다. 더 빠른 길이 있지만, 당시 애굽에서 막 빠져나온 이스라엘 민족이 당장 전투를 치르고 승리할 만큼 준비되어 있지 않다고 판단하셨기 때문에 하나님께서 돌아서 가게 하셨다고 성경은 말합니다. 이스라엘 백성을 향한 하나님의 뜻은 처음부터 정해져 있었지만 그것을 이루기 위해서는 하나님의 뜻만으로 되는 것이 아니라 실제적으로 이스라엘 백성이 감당하고 구비되어야 할 몫이 있습니다. 그러나 지금은 때가 아니었습니다. 그것을 잘 아시기에 하나님께서는 그들을 우회로로 이끄시고, 하나님의 기적과 인도를 체험하며 세워지게 하셨습니다. 이처럼 때로는 우리도 우회하게 하실 수 있습니다. 그러나 궁극적으로 그것은 돌아가는 길이 아니라 하나님의 온전한 계획과 부르심을 향한 가장 빠르고 정확한 길입니다.

우리가 하나님을 신뢰하고 기도하다가 믿음이 왔다면 더 이상 걱정할 필요가 없습니다. 당장 원하는 결과가 없더라도 심령에 평안이 있다면, 마귀에게 빼앗긴 것이 아니라 하나님께서 더 좋은 것을 주시려는 것입니다. 하나님은 아버지이시기 때문에 우리가 아직 영적으로 어려서 온전한 것을 구하지 못하더라도 더 좋은 것으로 대신해 주십니다. 이처럼 당장은 내가 원하는 것에 대한 응답이 되지 않은 것처럼 보일지라도, 하나님의 신실하심을 믿고 기다리면 인생의 길을 돌아볼 때 하나님께서 후에 훨씬 더 좋은 것을 주셨음을 발견하고, 오히려 더 큰 감사를 드리게 될 것입니다.

반면 성숙한 그리스도인은 그런 일이 거의 없습니다. 그들은 기도하는 가운데 '이건 아직 기도할 때가 아니구나', '이것을 구하기보다는 다르게 기도하는 것이 더 좋겠구나' 라는 하나님의 뜻을 미리 깨닫게 되고, 무엇을 구해야 할지에 대한 정확한 그림을 성령님께 구하며 방향을 미리 수정합니다.

기도의 7단계

특별히 하나님께 무언가를 구하는 간구기도에 있어, 승리의 결과를 얻기 위한 기본적인 단계가 있습니다.

□ 무엇을 기도할지 결정하라

너희가 내 안에 거하고 내 말들이 너희 안에 거하면 너희가 원하는 것은 무엇이나 구하라. 그러면 너희에게 이루어지리라. 요 15:7

자신이 진정으로 원하는 것을 구해야 합니다. 진정으로 원하는 것이란 나의 '영'이 원하는 것입니다. 단순히 머리로 또는 감정만으로 '이게 있으면 좋겠다' 하는 그런 것이 아닙니다. 이처럼 우리의 심령으로부터 원하는 것을 구하면, 무엇이든 들어주시겠다고 하나님께서 약속하셨습니다. 따라서 기도하기 전에 정말 내 깊은 곳으로부터 소원하는 바를 찾아야 합니다. 사실 기도하려고 앉으면 필요한 것이나 기도할 것이 너무 많다고 느껴지기도 합니다. 그러나 그 중에서 영으로부터 가장 감동이 되는 지속적인 갈망을 붙잡는 것이 중요합니다.

단순히 혼적인 필요를 따라 기도하면, 끈질기게 믿음을 발휘하기가 어렵고 기도를 쉽게 그만 두게 됩니다. 특별히 셀이나 소그룹에서 기도제목을 나눌 때에도 이 점을 유의해야 합니다. 사소한 것일지라도 내 심령의 간절함에서 나온 기도제목을 나누어야 합니다. 그렇지 않고 그냥 생각나는 것이나 남이 듣기에 좋은 피상적인 기도제목을 나눈다면, 본인은 물론 함께 기도하는 사람도 믿음을 발휘하기 어렵고, 합심기도의 능력 자체를 놓치게 됩니다. 그래서 무엇을 기도할지 기도제목을 잘 정하는 것이 기도응답을 잘 받기 위한 첫 단추입니다.

□ **기도제목에 해당되는 성경의 약속을 찾으라**

무엇을 기도할지를 정했다면, 그 기도제목에 해당되는 성경 말씀을 찾아야 합니다. 기도응답의 열쇠는 결국 믿음인데, 우리의 믿음은 하나님의 말씀으로부터 오는 것이기 때문입니다.

> 그러므로 믿음은 들음에서 나오며 들음은 하나님의 말씀에 의해서니라. 롬 10:17

하나님의 말씀으로부터 확인하고 설득되어야 우리 심령에 담대함이 생기고 믿음으로 구할 수 있습니다. 반대로 하나님께서 말씀에서 약속하지 않으신 것에 대해서 영으로부터 갈망을 유지하면서 믿음으로 꾸준히 구하기는 어렵습니다.

이 율법책을 네 입에서 떠나지 않게 하고 주야로 그 안에 있는 것을 묵상하여 그 안에 기록된 모든 것대로 지켜 행하라 그리하면 네가 너의 길을 번영하게 만들 것이고 네가 좋은 성공을 이루리라. 수 1:8

그리스도 안에서 거듭난 내가 누구이고, 무엇을 가지고 있으며, 무엇을 할 수 있는지를 지속적으로 고백하고 그대로 지켜 행할 때, 우리 자신이 우리의 길을 번영하게 하고 좋은 성공을 이룬다고 말씀합니다. 즉 이제 새 언약에 속한 우리는 무작정 하나님께 달라고, 또는 해달라고 기도하는 것이 아니라 말씀에서 말하는 바를 알고 묵상함으로써 이미 이루어진 승리를 우리 삶의 영역으로 끌어와야 합니다. 만약 당신이 치유를 원한다면 치유에 대한 약속의 말씀을 (사 53:5-6, 마 8:17, 벧전 2:24 등), 부요를 원한다면 부요에 관한 약속의 말씀을(고전 8:9, 빌 4:19, 시 34:10, 사 1:19 등) 찾으십시오. 이처럼 분야별로 서너 가지 정도의 근거 말씀을 완전히 내 것으로 만들어서 언제든지 꺼내어 믿음으로 선포할 수 있어야 합니다.

□ **원하는 바를 구하라**

성경에서 근거를 찾았다면 이제는 원하는 바를 정확하게 구하면 됩니다.

구하라 그러면 너희에게 주실 것이요, 찾으라 그러면 너희가 찾을 것이요, 두드리라 그러면 너희에게 열릴 것이라. 이는 구하는 자마다 받을 것이요, 찾는 자는 찾을 것이요, 또 두드리는 자에게는 열릴 것이기 때문이라. 마 7:7-8

▢ 구한 것을 받은 줄로 믿으라

구했다면, 믿는 단계로 넘어가야 합니다. 거듭 강조하듯이 믿음은 기도응답의 열쇠입니다. 따라서 구한 후에 구한 바를 받은 것으로 믿는 단계에 도달하지 않는다면 응답은 결코 있을 수 없습니다. 믿음은 기도응답을 위해 반드시 넘어야 할 기준선입니다.

그러므로 내가 너희에게 말하노니, 너희가 기도할 때에 바라는 것들은 무엇이나 받은 것으로 믿으라. 그리하면 너희 것이 되리라 막 11:24

믿음은 억지로 애써서 되는 것이 아닙니다. 믿음은 하나님의 말씀으로부터 옵니다. 즉 하나님의 말씀을 듣고 그 말씀에 설득될 때 자연스럽게 우리의 영 안에 믿음이 생기는 것입니다. 방언으로 기도함으로써 영을 강하게 하고 또한 하나님의 말씀을 지속적으로 선포함으로써 혼과 심령에 말씀을 심다 보면, '이건 될 수밖에 없겠다' 라는 결론에 도달하게 되는 때가 있습니다. 예를 들어 계속 나를 괴롭히던 질병에 대해서 어느 순간 '나는 더 이상 이 병 때문에 아플 필요가 없어!' 라는 것을 영으로부터 알게 될 때, 그때가 바로 믿음이 생긴 때입니다. 믿음이 생기면 구한 것을 받은 줄 믿고 감사기도를 하면 됩니다. 증상이나 현상은 그대로일지라도 상관없습니다. 일단 믿는 모드, 받는 모드로 들어가서 유지한다면 변화는 반드시 일어나게 되어 있습니다.

□ **의심을 거절하라**

믿음이 왔다고 해서 증상이나 현상이 즉시 바뀌는 것은 아닙니다. 물론 그런 경우도 있지만, 그렇지 않은 경우가 더 많습니다. 그럴 때 의심을 붙잡음으로 말미암아 믿음을 무효로 만들어서는 안 되겠습니다. 우리가 바라보는 것은 보이는 것이 아니요 보이지 않는 것이기 때문입니다(고후 4:18).

> 오직 믿음으로 구하고 아무것도 의심하지 말라. 의심하는 자는 마치 바람에 밀려 요동하는 바다 물결과 같으니 그 사람은 주께로부터 어떤 것이든 받으리라 생각하지 말라. 두 생각을 지닌 사람은 그의 모든 길에 안정이 없느니라. 약 1:6-8

믿음은 영에서 일어나는 일입니다. 다시 말해 믿음은 하나님의 말씀으로 말미암아 영 안에 오는 것으로, 한 번 생기면 계속 그 안에 머물러 있습니다. 따라서 어제는 믿는 것 같다가 오늘은 아닌 것 같고, 또 이 말을 들으면 되는 것 같다가 저 말을 들으면 안 되는 것 같은, 그렇게 왔다 갔다 하는 상태는 사실 믿음이 없다고 보는 것이 맞습니다.

물론 의심의 생각이 문득 들어올 수도 있고 다소의 요동이 있을 수도 있습니다. 그러나 믿음이 있다면 그것들을 즉시 거절하고 다룰 수가 있습니다. 부정적인 저항이 올 때는 가만히 있는 것이 아니라 그 상황에 맞는 적절한 말씀으로 적극적으로 거절하고 대적해야 합니다. 초신자의 경우에는 영적 선배에게 자신이 당면한 상황이나 방해하는 생각들을 다루는 성경구절에 대해서 도움을 받으면 좋습니다.

그러므로 하나님께 복종하라. 마귀를 대적하라. 그리하면 그가 너희로부터 도망하리라 약 4:7

의심은 마귀로부터 오는 생각입니다. 그러므로 우리가 말씀의 방패를 사용하여 대적할 때 그것은 우리를 떠날 수밖에 없습니다.

□ 약속의 말씀을 입으로 묵상하라

믿음이 온 후에도 말씀 묵상, 즉 말씀 고백을 지속합니다. 이전에는 믿음을 얻기 위해 고백했다면, 이제는 현상은 아직 나타나지 않았지만 응답 된 것을 믿기 때문에 감사함으로 믿음의 고백을 유지하는 것입니다.

이 율법책을 네 입에서 떠나지 않게 하고 주야로 그 안에 있는 것을 묵상하여 그 안에 기록된 모든 것대로 지켜 행하라. 그리하면 네가 너의 길을 번성하게 만들 것이고 네가 좋은 성공을 이루리라. 수 1:8

위 구절에서 '묵상하다' 라고 번역된 히브리어 "하가hagah"는 '말씀의 뜻을 이해하고 설득되다', '작은 소리로 중얼거리다', '(사자처럼 으르렁거리며) 크게 포효하고 선언하다' 라는 뜻을 가지고 있습니다. 즉 주야로 말씀을 입으로 말하고 큰 소리로 선포할 때 우리 인생의 경로가 바르게 설정되는 결과를 가져옵니다.

(약속하신 분은 신실하시니,) 우리 믿음의 고백을 흔들림 없이 굳게 붙들자. 히 10:23

믿음이 온 후에는 우리에게 약속하신 하나님의 신실하심을 믿고 믿음의 고백을 흔들림 없이 유지해야 합니다. 믿음이 왔지만, 그것을 유지하고 풀어놓는 것 또한 우리의 할 일입니다.

□ 하나님께 찬양과 감사를 드리라

믿음이 온 후 현상이 나타나기까지 해야 할 일은 찬양과 감사입니다. 믿음은 있는데 아직 결과를 보지 못했을 때, 기도를 안 하자니 찜찜하고 그렇다고 또 구하는 기도를 하자니 불신앙의 표시인 것 같아 어떻게 해야 할지 난감할 수가 있습니다. 그럴 때에는 하나님께서 이미 응답해 주신 것과 결과가 나타나고 있음에 감사드리고 찬양하면 되겠습니다.

그는 믿음 없음으로 인하여 하나님의 약속을 의심하지 아니하였고 오히려 믿음에 견고하여져서 하나님께 영광을 돌리며 롬 4:20

아브라함이 자신은 물론 사라도 늙어 아이를 낳을 수 없을 것 같은 상태였지만, 그것을 알고도 믿음이 약해지지 않고 오히려 견고해져서 하나님께 영광을 돌렸다고 말씀합니다. 이처럼 심령에 믿음은 있지만 아직 실재가 되어 나타나지 않았다면, 계속해서 감사와 찬양을 유지하고, 때로 의심의 생각이 들어오거나 믿음을 세우고 싶을 때는 앞서 배운 바와 같이 말씀 고백을 함께 하면 됩니다.

다시 정리하면, 가장 먼저 내가 원하는 바를 명확히 하고, 그 기도제목에 해당되는 하나님의 말씀을 찾습니다. 말씀으로 설득된 후에는 원하는 바를 담대하게 구하고, 구한 후에는 받은 줄로 믿습니다. 이후에 오는 의심은 거절하고 말씀을 고백하며 찬양과 감사를 계속합니다. 이것이 하나님께 구하는 기도를 하는 단계입니다. 말씀을 붙잡고 기도하다가 믿음을 갖게 되면 구체적인 기도응답이 현실적으로는 오지 않았어도 응답을 받은 것입니다. 이때부터는 감사와 찬양하며 기다리십시오. 기도응답은 예비하신 시간에 구체적으로 나타나게 됩니다.

기도응답은 성도에게 주신 너무나 당연한 기업입니다. 하나님은 그리스도인의 삶 가운데 늘 기도응답을 누릴 수 있도록 예비하셨습니다. 기도한 것은 반드시 응답받습니다. 그것이 성경에서 약속하는 바입니다. 과거에 응답받지 못한 경험이 있다 하더라도, 1과에서 결단했듯이 우리는 과거의 경험보다 말씀을 우위에 두고 생각을 새롭게 합니다. 말씀의 진리를 믿고 하나님께서 약속하신 것들을 담대하게 믿음으로 구한다면, 우리의 모든 기도는 반드시 가장 좋은 것으로 응답되고 만족될 것입니다.

기도하고 받기

… 너희가 기도할 때에 바라는 것들은 무엇이나 받은 것으로 믿으라. 그리하면 너희 것이 되리라 막 11:24

한글성경에서 "받다"라고 번역되는 헬라어 원어에는 두 가지가 있습니다. 첫 번째는 "데코마이decomai"로서, 이는 수동적으로 받는 상태, 즉 나는 가만히 있는데 누군가 나에게 무엇을 가져다주는 상태를 말합니다. 이에 반해 두 번째 단어인 "람바노lambano"는 적극적으로 취하는 상태, 즉 줄 때까지 가만히 기다리는 것이 아니라 내가 나서서 무언가를 취하여 나의 소유로 만드는 상태를 말합니다. 위의 구절에서 "기도하고 구한 것은 받은 줄로 믿으라"라고 할 때 쓰인 단어도 람바노입니다. 그런 면에서 "기도하고 구한 것은 취한 줄로 믿으라"라고 적는 것이 더 정확한 번역일 것입니다.

이는 이를테면 어떤 사람이 "자, 제가 이 탁자 위에 여러분에게 가장 필요한 것을 두었습니다. 오셔서 가져가세요."라고 말하면, 각자 자발적으로 일어나서 그것을 가져오는 그림이라 할 수 있습니다. 이것이 기도응답에 대한 그림입니다. 우리가 그저 하나님께 매달리고 기도하기만 하면 다 알아서 해주시는 것이 아닙니다. 사실 하나님께서는 이미 우리에게 다 주셨지만, 그것을 소유하기 위해서는 우리가 믿음으로 반응하고 취하는 과정이 필요합니다.

새로운 피조물이 된 그리스도인의 기도

새로운 피조물의 계시가 점점 더 밝아지고 영적으로 성장하다 보면, 그동안 해왔던 기도가 많은 경우 잘못된 접근에서 이루어졌음을 발견하게 됩니다. 이런 부분을 발견했다면 반드시 교정하고 새롭게 하는 과정을 거쳐야 합니다. 그리스도인으로서 잘못된 접근과 승리하는 접근을 비교하면 다음과 같습니다.

잘못된 기도의 삶	승리하는 기도의 삶
·축복을 구한다	·하나님께서 주신 것들을 감사하고 찬양한다
·문제가 가득한 삶	·승리하는 삶
·울며 구하고 하나님을 탓한다	·하나님께 감사한다
·필요의식need conscious으로 가득하다	·축복의식supply conscious이 충만하다

연약한 그리스도인은 하나님께 축복을 구합니다. 축복을 원하는 것은 문제가 아닙니다. 다만 '아직 하나님께서 나에게 축복을 주시지 않으셨다'라고 인식하는 것이 문제입니다. 그들은 은연중에 하나님께서 축복을 감추어 두시고 쉽사리 베풀지 않으시는 분이라고 생각합니다. 따라서 어떻게든 하나님을 감동시키고 움직여서 원하는 축복을 얻고자, 금식하고 기도하고 봉사하며 애씁니다.

당연히 삶에 대한 태도도 지극히 수동적일 수밖에 없습니다. 항상 하나님의 보호 가운데 아무 문제도 생기지 않기를 기대하지만, 사실상 일어난 문제에 대해서는 해결할 능력이 없고, 그래서 문제가 생길 때마다 하나님께 해결해달라고 구할 수밖에 없습니다. "하나님, 저는 이게 필요합니다. 너무 힘들어요. 이 문제를 해결해야 합니다." 이렇게 필요의식으로 가득 차서, 늘 무언가 부족함을 느끼고 도움을 구하는 것입니다. 그래서 어떤 것은 은혜로 응답을 받기도 하지만 기본적으로 믿음의 원리를 잘 알지 못하고 염려와 두려움 가운데 구하기 때문에 결과를 잘 얻지 못할 때가 많습니다. 그러면 결국 스스로 자책하거나 아니면 하나님을 원망하게 됩니다.

그러나 하나님께서는 자녀들에게 예수 그리스도를 통하여 하나님 자신의 생명과 본성을 포함한 모든 것을 주셨습니다. 다만 우리의 변화되지 않은 생각과 잘못된 접근이 그것을 제한하고 있을 뿐입니다. 그러므로 하나님 앞에서 무언가를 구하고자 할 때, 우리는 하나님께서 우리 자신이 축복받기 원하는 것보다 훨씬 더 우리를 축복하기 원하시는 분임을 알아야 합니다. 그분은 우리에게 복 주시려고 작정하셨습니다. 그리고 사실상 모든 복을 이미 다 주셨습니다. 이것을 안다면 우리는 구하는 태도가 아니라 감사와 찬양의 태도를 가질 수밖에 없습니다.

승리하는 그리스도인은 마치 이스라엘 민족이 가나안 땅을 정복해 가듯이 하나님께서 주신 복을 더 누리기 위해 땅을 하나하나 차지하는 삶을 살아갑니다. 하나님의 마음을 너무나 잘 알기에 그분께 항상 감사드리며, 하나님께 무엇을 해달라고 기도하는 것이 아니라 의인으로서 이미 주신 승리를 선포하고 취하기 위해 기도합니다. 그렇게 하나님께서 주신 것들을 발견하고 실재가 되어가는 것으로 인해 우리의 감사는 멈출 수가 없습니다.

승리하는 그리스도인의 삶은 당연히 축복의식으로 가득합니다. "와, 하나님! 제게 이것도 주셨군요! 그리스도 예수 안에서 치유도 내 것입니다. 부요도 내 것입니다. 승리도 나의 것입니다! 내게 모든 것이 차고 넘칩니다!" 하나님께서 그리스도 예수를 통해 영적인 영역에서 이미 완성하신 일에 대해 정확히 알고, 또한 그러한 영적 실재들을 취하여 매일의 삶에 실제로 나타나게 하는 것이 우리의 할 일입니다. 언제나 복 받은 자의 사고방식, 왕의 사고방식을 가지고 삶의 모든 분야와 상황 가운데 다스리는 위치를 차지하고 설 때, 하나님께서 우리에게 주신 능력과 자원들이 막힘없이 발휘되고, 그로 인해 우리는 풍성하고 아름다운 삶을 점점 더 누리게 될 것입니다.

제 5 과

성령 인도

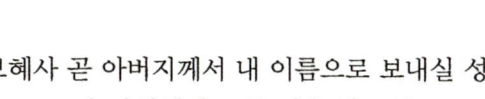

보혜사 곧 아버지께서 내 이름으로 보내실 성령
그가 너희에게 모든 것을 가르치고
내가 너희에게 말한 모든 것을 생각나게 하리라
(요14:26)

But the Holy Spirit will come and help you,
because the Father will send the Spirit to take my place.
The Spirit will teach you everything
and will remind you of what I said while I was with you.

그리스도인이라면 누구나 성령의 인도를 받기를 갈망하며 실제로 승리하는 그리스도인의 삶에서 성령 인도는 매우 중요한 요소입니다. 성령님께 양보하며 그분과 동행하고 동역할 때 우리는 우리 안에 주어진 조에 생명을 따라 최고의 부르심을 이루는 삶을 살 수 있습니다.

성령 인도에 대한 관심에 비해, 기본 바탕이나 구체적인 방법에 대한 성경적인 가르침이 많지 않았던 것 같습니다. 그래서 성령 충만을 받고 성령 인도를 받는 일은 신앙생활을 오래하거나 특별히 믿음이 좋은 일부 성도들에게만 국한된 것으로 생각하는 그리스도인들이 여전히 많습니다. 그러나 거듭난 하나님의 자녀라면 누구나 성령을 받고 그분의 인도를 받을 수 있습니다.

이제 예수 그리스도 안에서 거듭난 우리는 하나님께서 예수 안에서 주신 기업을 찾아 누리며 하나님의 자녀답게 세상에서 승리하며 평강 가운데 인도받으며 살게 되었습니다. 우리의 영은 거듭나는 순간 새로워졌지만 하나님께서 자녀에게 주신 기업을 누리기 위해서는 마음mind을 새롭게 함으로 변화를 받아 하나님의 자녀답게 생각하게 되는 과정이 반드시 필요합니다.

성령께서는 하나님의 자녀가 된 우리에게 내주하시며 매일의 삶 속에서 모든 일 가운데 우리를 인도해 주십니다. 거듭난 우리들은 모두 성령의 인도를 받고 있습니다. 다만 얼마나 풍성하게 모든 일 가운데 성령님의 인도를 받을 수 있는가는 우리가 얼마나 많은 분야에서 성령님께 귀를 기울이며 청종하느냐에 달려 있습니다.

거듭나는 순간 우리는 하나님의 나라에서 다시 태어났고, 그때부터 하나님께서는 우리의 삶에 관여하기 시작하십니다. 위의 구절에서도 보듯이, 예수께서 사역을 완성하시고 하늘로 가신 이후 하나님께서는 이 땅에 남은 우리를 홀로 두지 않으시고, 하나님의 도움이 필요할 때 언제 어디서나 개인적으로 도움을 받을 수 있도록 보혜사 성령님을 보내주셨습니다. 성령께서는 모든 믿는 자 안에 사시면서 매일매일 우리에게 모든 것을 알려 주시고, 하나님의 것을 점점 더 깨닫게 하시며, 그리스도 안에서 온전한 성장의 길로 우리를 이끌어 가십니다. 따라서 지금 우리에게는 하나님의 삼위 중에서 '성령 하나님'이 바로 가장 가깝게 느끼며 교제할 수 있는 존재입니다. 따라서 우리 안에 계신 그분의 존재와 특성을 인식하고 그 유익을 활용하는 것은 그리스도인으로서 풍성한 열매를 맺기 위해 꼭 필요한 일입니다.

성령 인도의 개념

성령 인도에 대해서 구체적으로 배우기 전에, 먼저 성령 인도의 개념에 대해서 정리하고 싶습니다. 우리가 거듭나고 성령을 받게 되면 그분께서 우리 안에 오셔서 우리의 거듭난 영과 하나가 됩니다. 그런데 이 지점에서 우리가 기억할 것은, 성령님은 하나님처럼 완벽하시고 성숙된 존재이시나 우리의 거듭난 영은 아직 그렇지 않다는 것입니다. 물론 거듭난 우리 영이 하나님과 똑같은 종류의 생명과 본성에 따른 완전한 가능성을 가진 것은 분명합니다. 그러나 우리에게는 아직 영적 성장이라는 과정이 남아있습니다. 다시 말해, 우리는 지속적으로 영을 강화하고 활성화함으로써 우리의 영이 혼과 육을 완전히 장악하고 말씀과 믿음의 영역에서 기능하는 상태로 나아가야 하며, 그 과정 중에서는 오히려 반대로 아직 새롭게 되지 않은 혼과 육의 특성들이 우리 영에 색깔을 입히고 영향을 미칠 수도 있습니다.

그러므로 성령님께서는 우리 각자가 알아들을 수 있고 감당할 수 있는 수준에서 인도하실 수밖에 없습니다. 사실 최고의 길은 정해져 있습니다. 그러나 우리는 다양한 영적 수준에 있기 때문에 모두가 그 길을 따를 수 있는 것은 아닙니다. 아직 능력이 증가되는 과정이기 때문입니다. 예를 들어, 갓 태어난 아이에게 부모는 그저 잘 자고 잘 먹기만 바랄 뿐 그 외에는 크게 바라는 것이 없습니다. 그러나 아이가 자라서 학교에 가고 또 동생이 태어나면, 부모는 아이들이 각 수준에 맞게 몸과 생각이 자라기를 기대하고 그에 따라 제시하는 가르침도 달라집니다. 그래서 드디어 성인이 되면 이제는 부모와 모든 것을 솔직하게 나누고 이해할 수 있는 위치가 됩니다. 이처럼 자녀는 태어날 때부터 성숙한 인간으로서 기능할 수 있는 모든 가능성을 가지고 있지만, 부모와 온전한 소통을 이루는 수준에 도달하기 위해서는 성장의 과정을 거쳐야 합니다. 그리고 그에 따라 단계별로 부모의 훈육도

달라집니다. 다섯 살 먹은 아이에게 열다섯 살 수준의 생각과 행동을 요구할 수는 없습니다. 알아들을 수도 없고 실행할 능력도 없기 때문입니다. 성령님께서 우리에게 주시는 영적 인도도 마찬가지입니다. 그분께서는 우리의 영적 수준으로 인하여 우리를 완벽한 최고의 길로 인도하지 못하실 때도 있습니다. 아직 영적으로 어려서 성령님 수준의 인도를 따를 수 없는 상태라면, 현재 수준에서 취할 수 있는 제한적인 최고를 주실 수밖에 없는 것입니다. 따라서 우리가 받는 '성령 인도'란 결국, 정확히 말해 '우리의 거듭난 영을 통한 성령님의 인도'인 것입니다.

그러므로 우리는 반드시 영적으로 성장해야 합니다. 성장하지 않으면 우리가 받는 성령 인도의 수준도 제한될 수밖에 없습니다. 그리고 같은 맥락에서, 누군가가 다른 사람이 받아야 할 구체적인 성령 인도를 대신 받아줄 수도 없습니다. 성령 인도는 각자의 수준과 상황과 형편에서 성령님께서 각자의 영을 감동하심으로써 이루어지는 것이므로, 영적 선배를 통해 어느 정도 방향 제시를 받을 수는 있지만 결국은 각자의 영 가운데 계시와 감동, 선택과 결단이 일어나야 합니다.

주는 나의 목자시니 내가 부족한 것이 없으리로다. 그가 나를 푸른 초장에 눕게 하시며, 잔잔한 물가로 나를 인도하시는도다. 그가 내 혼을 소생시키시고 그의 이름을 위하여 의의 길들로 나를 인도하시는도다.

시 23:1-3

이 시편을 쓴 다윗은 십여 년 동안 사울에게 쫓기며 매일 생사의 고비를 넘나들면서 누구보다 간절하게 주님의 보호와 인도를 구하여 경험했고, 마침내 풍성한 형통 가운데 살았던 사람입니다. 특별히 23편은 그러한 그의 삶과 계시가 녹아 있는 시편으로서, 성령 인도를 받는 그리스도인의 모습에 대한 아름다운 그림이라고도 할 수 있습니다.

이는 선한 목자의 인도를 받는 양에 비유됩니다. 우리의 목자 되신 주님께서는, 평안할 때는 물론이거니와 사망의 음침한 골짜기를 지나는 것 같은 어려움의 때에도 우리를 가장 좋은 길로 인도하시며, 원수가 득세하는 인생의 전투 중에서도 우리에게 상을 베푸시고 우리의 잔이 넘치게 하십니다. 그로 인해 우리는 평생 주님의 선하심과 인자하심을 누리며 그분의 나라 안에서 다스리며 살아갑니다.

이것이 성령님의 인도를 받으며 사는 그리스도인의 삶입니다. 그리고 우리 안에서 역사하시는 그분과 더 온전하게 연합하고 동역하기 위해서는 반드시 성숙한 그리스도인이 되어야 합니다. 영적으로 성장하고 성숙한 자만이 하나님의 나라에서 능력과 영향력을 발휘하면서, 그분께서 우리에게 주신 축복들을 충만하게 누릴 수가 있습니다.

그래서 결론부터 말하자면, 성령 인도를 잘 받는 '방법'은 따로 있지 않습니다. 비결은 오직 영적 성장입니다. 영적 어린 아이 상태에서 아무리 방법을 배우고 애쓰더라도, 하나님의 뜻을 이해하는 데에는 한계가 있습니다. 육신의 자녀가 자라나고 부모와 보낸 시간이 쌓이면서 자연히 부모의 뜻을 더 잘 알게 되듯이, 우리도 하나님을 알고 말씀을 알며 영이 장성한 만큼 더 쉽고 정확하게 성령의 인도를 받게 되며, 나아가 성령 인도를 받으려고 애쓰지 않더라도 나의 생각이 곧 하나님의 생각이고 나의 뜻이 곧 그분의 뜻이 되는 그런 수준에까지 이르게 될 것입니다.

성령 인도의 열쇠

성령 인도를 받는 데에는 방법이나 기술도 필요하겠지만, 거듭난 속사람을 잘 관리하고 계속해서 성장시키는 것이 최고의 길이라 하였습니다. 이러한 면에서 성령 인도를 잘 받는 심령을 마련하기 위해 알아야 할 핵심들을 살펴보겠습니다.

□ 성령님께서는 우리가 맡기는 만큼만 인도하십니다

우리의 인생 여정은 자동차 운전에 비유할 수 있습니다. 운전자는 우리 자신입니다. 하나님께서 우리 삶의 운전대를 잡고 대신 운전하시는 것이 아닙니다. 하나님께서는 이 땅에서의 모든 권세를 우리에게 위임해주셨기 때문에 우리의 인생 경로에 대한 최종 선택은 전적으로 우리 자신에게 있습니다. 그렇게 우리는 성령님을 보조석에 모시고 인생의 길을 운전해 갑니다. 물론 성령님께서는 운전자인 우리 자신보다 우리가 가야 할 길에 대해 훨씬 잘 알고 계십니다. 그러나 그분은 우리가 조언을 구하기를 기다리십니다. 내가 이 길을 잘 안다고 생각하고 혼자 알아서 운전해가면 그분은 그저 가만히 계실 수밖에 없습니다. 또한 길을 물어보고는 '그 길은 아닌 것 같은데…' 하고 다른 방향으로 간다 해도, 성령님은 운전대를 빼앗지 않으십니다. 성령님은 돕는 자로서 오셔서 우리의 주도권과 선택권을 인정하시며 우리가 내어드리고 맡기는 만큼만 일하시기 때문입니다. 따라서 모든 길에 그분을 신뢰하고 조언을 구한다면, 우리는 가장 빠르고 정확한 최고의 경로를 따라 인생을 살아가게 될 것입니다.

네 마음을 다하여 주를 신뢰하고, 네 자신의 명철을 의지하지 말라.
모든 길에서 그를 인정하라. 그리하면 그가 네 길들을 지도하시리라.
네 자신의 눈에 현명하게 되지 말라. 주를 두려워하고 악에서 떠나라.
잠 3:5-7

우리 자신의 명철에만 의지하는 태도는 주님을 따르지 못하게 하는 적입니다. '명철'이라는 단어를 영어 성경으로 보면 '이해 understanding'라고 되어 있습니다. 때로는 주님께서 나의 생각으로는 이해되지 않는 방향으로 인도하실지라도, 그분에 대한 신뢰를 우선으로 하여 모든 길에 그분을 인정하고 따를 때 성령님의 도우시는 혜택을 풍성하게 누리게 될 것입니다.

□ **우리는 모두 성령의 인도를 받을 수 있습니다**
모든 거듭난 그리스도인은 성령의 인도를 받을 수 있습니다. 이것이 성경이 말하는 바이며, 아직 한번도 성령 인도를 받은 경험이 없다 할지라도 이 진리를 믿고 내 것으로 삼아야 합니다.

내 양들은 내 음성을 들으며 나는 그들을 알고 그들은 나를 따르느니라.
요 10:27

목자장 되신 예수님께서 우리를 양에 비유하여 하신 말씀입니다. 이처럼 거듭나서 하나님의 생명과 본성을 받은 우리는 이제 그분의 음성을 듣고 따를 수 있게 되었습니다. 그러므로 각자의 경험과 상관없이 "나는 예수님의 양이므로, 그분의 음성을 들을 수 있습니다."라고 고백하고 생각을 바꾸기 시작하십시오. 이것이 새로운 피조물로서 취해야 할 온전한 접근입니다. 성령 인도를 받으려고 애쓰는 것이 아니라 성령 인도를 받을 수 있음을 믿고 인식하는 것입니다.

무릇 하나님의 영으로 인도함을 받는 이들은 곧 하나님의 아들들이니라. 롬 8:14

위 구절에서 '하나님의 아들'이라는 단어에 해당되는 헬라어 원어는 '휘오스huios'로서 이는 '하나님의 성숙한 아들(들)'을 일컫습니다. 물론 갓 거듭난 성도들도 성령의 음성을 듣고 인도를 받을 수 있습니다. 그러나 그들이 받는 인도는 낮은 차원에 머무를 수밖에 없을 것입니다. 성장하고 성숙한다는 것은 단순히 나이를 먹고 몸이 자라는 것이 아니라 '능력의 증가'를 의미합니다. 한 살 때 하지 못하던 일을 다섯 살이 되면 할 수 있게 되고, 또한 열 살 때 하지 못하던 일을 스무 살이 되면 할 수 있게 됩니다. 이처럼 우리가 하나님의 성숙한 자녀로 자라날수록 생각이 말씀에 일치하고 능력이 증가하게 되므로 보다 세밀하고 높은 차원으로 성령 인도를 받게 되는 것은 당연한 일입니다.

이런 면에서 예수님의 삶은 성령 인도를 가장 완벽히 따르는 삶의 모델입니다. 그분께서 하신 모든 말과 행동은 아버지로부터 말미암지 않은 것이 없었으며, 그분께서 사시는 매일의 삶은 하나님의 뜻의 완전한 표현이었습니다. 우리는 모든 그리스도인은 성령 인도를 받을 수 있다는 진리를 따라, 예수 그리스도처럼 말씀과 완전히 하나 되어 언제 어떤 상황에서나 하나님의 온전한 뜻을 나타내는 자로 성장해가야 합니다.

□ **우리는 중요한 일부터 사소한 일까지 모든 일에 성령의 인도를 받을 수 있습니다**

앞서 이야기했듯이, 성령님께서는 우리가 맡기는 만큼 인도하실 수 있습니다. 즉 인생의 아주 중대한 결정만이 아니라 사소하고 일상적인 일에서도 성령님께 여쭈어본다면 인도를 받을 수 있다는 것입니다. 주님께서는 우리 인생의 중대사뿐만 아니라 우리가 관심을 가지고 알고자 하는 것이라면 무슨 일에서든지 우리를 돕기 원하십니다.

보혜사 곧 아버지께서 내 이름으로 보내실 성령 그가 너희에게
모든 것을 가르치고 내가 너희에게 말한 모든 것을 생각나게 하리라
요 14:26, 개역개정

예수님께서 십자가로 가시기 전에 제자들에게 하신 말씀입니다. 예수님께서는 그들을 떠나시지만 대신 보혜사 성령님께서 오실 것인데, 그분이 성도들에게 모든 것을 가르치시고 때에 따라 필요한 말씀을 떠올려 주실 것이라고 이야기하십니다. 성령님께서는 언제 어디서나 우리를 돕기 위해 우리 안에 와 계십니다. 꼭 사역이나 말씀 같이 소위 '영적인' 주제에서만, 또는 진로나 결혼 같이 크고 중요하다고 여겨지는 일에만 말씀하시는 것이 아니라 삶의 어떤 분야나 주제이든지 경중과 상관없이 항상 우리에게 말씀하고자 하십니다. 그리고 사실 이처럼 모든 일에 성령님께 내어놓고 그분과 교통하며 성령 인도의 통로를 발달시켜 온 사람이라야, 정말 실수해서는 안 될 크고 중요한 일에서도 혼동되지 않고 쉽게 인도를 받으며 성령님께 반응할 수 있습니다. 그러므로 당장 일상의 영역에서 성령님과 교제하며 그분의 조언을 구하는 연습을 해보시기를 권면합니다.

□ 내 생각이나 계획보다 그분의 생각이나 계획이 훨씬 더 위대함을 믿어야 합니다

이 부분을 인정하지 않는다면 성령 인도를 받을 수 없습니다. 인간관계에서도 내가 가장 잘 안다고 주장하는 사람에게는 어떠한 조언도

해줄 수 없듯이, 성령 인도도 마찬가지입니다. 성령님께서 말씀하셔도 결국 우리가 그것을 받아들이고 움직여야 하는 것인데, 나의 생각과 계획을 꼭 붙잡고 놓지 않는다면 하나님께서도 일하실 수 있는 틈이 없습니다.

스스로 지혜롭게 여기지 말지어다 여호와를 경외하며 악을 떠날지어다

잠 3:7, 개역개정

스스로 지혜롭게 여긴다면 결국 자신의 생각의 한계 안에서 움직일 수밖에 없습니다. 물론 우리는 하나님의 본성과 생명을 가지고 거듭났으므로 그분의 온전한 뜻과 계획을 알고 따를 수 있는 능력이 있습니다. 그러나 동시에 그 본성이 혼과 몸을 온전히 통치하도록 성장하는 과정에 있음을 알아야 합니다.

하나님은 어떤 경우에서도 선하시며 우리를 가장 좋은 길로 인도하십니다. 이를 신뢰하고 성령께서 주시는 말씀의 권위를 인정해야 하며, 만약 여전히 하나님께 내어드리는 일이 잘 되지 않는다면, 막연히 "인도받게 해주세요. 제 생각을 내려놓게 해주세요."라고 구하는 것이 아니라 "주님, 모든 일에 대해 저의 생각이나 계획보다 제 안에 계신 성령님의 생각과 계획이 훨씬 더 위대합니다. 제게는 주님의 말씀을 알아듣고 순종할 능력이 있습니다."라고 고백하십시오. 하나님의 말씀을 반복해서 고백할 때 우리의 영이 힘을 얻고 혼이 교육되어 마침내 그 말씀이 나를 통하여 역사하게 될 것입니다.

☐ 성령 인도는 내 안에 있는 성령님으로부터 옵니다

이에 대해서 구약과 신약의 그림은 확연히 다릅니다. 구약 성경에 나타난 성령 인도의 방법들을 신약에 속한 우리 자신에게 적용함으로써 성령 인도에 혼동을 겪는 경우가 많습니다. 그러나 이 부분에 대해 정확한 이해를 가져야 합니다. 구약 성도들과 우리는 본성 자체가 다릅니다. 죄인의 본성을 가진 그들은 성령님께서 안에 거하실 수도 없었고, 내적 증거로 성령의 음성을 분별하고 따를 능력도 없었습니다. 따라서 하나님께서는 외부로부터 눈에 보이는 직접적이고 강권적인 방식으로 그분의 뜻을 나타내시고 역사하실 수밖에 없었습니다. 그러나 이제 새 언약에 속한 우리는 하나님의 생명을 가졌으며, 내주하시는 성령님을 모시고 있습니다. 따라서 우리는 밖으로부터 오는 표적이나 현상을 따르는 것이 아니라 철저히 안으로부터 오는 인도와 해석에 우선순위를 두고 따라야 합니다.

제비 뽑는 것은 구약식의 방법입니다. 구약 성경에서는 제비를 뽑는 장면이 자주 나오고, 제비는 사람이 뽑지만 결정은 하나님께서 하신다는 구절도 있습니다(잠 16:33). 그러나 신약에서는 사도행전 1장에서 맛디아를 새로운 제자로 세울 때 외에는 제비를 뽑아서 하나님의 뜻을 인도받는 장면이 더 이상 나오지 않으며, 이조차도 사도행전 2장에서 성령님께서 오시기 전의 일입니다.

이제 성령을 받은 우리는 더 이상 제비를 뽑아서 인도를 받을 필요가 없습니다. 여전히 말씀 카드를 무작위로 뽑는다거나, 성경을 아무 곳이나 펼쳐서 그날 하나님께서 주시는 말씀을 받는 경우가 있습니다. 물론 하나님의 은혜로 말미암아 각자의 계시 수준에서 그러한 방법을 통해서 일하시는 경우가 없지는 않지만, 그것이 지금의 성도들을 위한 최고의 방법은 아닙니다. 안으로부터 오는 음성을 따르는 것이 가장 안전하고 실패하지 않는 길입니다.

기드온의 양털로 인도받는 것은 구약식의 방법입니다. 사사기 6장에 나오는 "기드온의 양털" 사건 또한 여전히 많은 그리스도인들이 성령 인도의 모델로 삼는 예입니다. 기드온이 양털이 젖거나 마르면 하나님의 뜻인 줄 알겠다고 한 것처럼, 외부적인 상황이나 환경을 가지고 "이러이러하면 하나님의 뜻인 것으로 알겠습니다."라고 인도를 구하는 것입니다. 이는 흔히 초신자 때 많이 하는 기도이기도 한데, 실제로 우리가 영적으로 너무 어릴 때에는 하나님께서 그렇게 응답해 주실 수도 있습니다. 그러나 이는 결코 지속적으로 역사하는 온전한 인도 방법이 아닙니다.

바깥의 상황에 대해서는 얼마든지 사탄이 역사할 수 있습니다. 하물며 하나님의 뜻을 따라 제대로 인도받아 가는 길에도 방해가 생기는데, 단순히 나타나는 현상을 보고 '아무 일이 없으니까 하나님의 뜻'이라거나, '상황이 이렇게 되었으니 하나님의 뜻이 아니다' 라는 식으로 가늠하는 것은 굉장히 위험한 일입니다.

또한 예언을 받은 경우라도 무조건 예언을 따라 행해서는 안 되며, 반드시 내 안에 있는 영의 음성에 귀를 기울여 분별해야만 합니다. 구약시대의 예언과 신약시대의 예언은 본질적으로 다릅니다. 구약시대의 예언이란 선지자 직분을 받은 사람에게만 예언의 기름부음이 임하여 하나님의 뜻을 강권적으로 대언하는 것이었습니다. 물론 지금도 교회와 시대를 향한 선지자적인 예언이 있지만, 차이는 이제 우리에게 성령님이 와 계시다는 것입니다. 그러므로 이제는 어떤 종류의 예언이라도 말씀과 성령에 비추어 분별할 수 있는 능력이 우리 모두에게 있으며, 특히 개인의 삶에 대한 예언은 반드시 그러한 과정을 거쳐야 합니다. 누군가 나의 앞날에 대한 예언을 해주었다면, 아무리 성령의 감동을 따라 해준 말이라 해도 무조건 받아들일 것이 아니라 반드시 분별해야 합니다. 예언을 하는 사람도 본인의 영적 상태나 변화되지 않은 생각 등으로 말미암아 하나님께서 주시는 말씀을 왜곡되게 이해하여 전달하는 일이 충분히 가능합니다.

 그 예언을 들을 때 우리 안의 거듭난 영과 성령께서 동의하시는지 점검하고, 그렇지 않다면 크게 염두에 두지 않는 것이 좋습니다. 또한 내가 평소 생각하고 품고 있던 문제가 아니라 전혀 새로운 주제와 방향을 제시하는 예언이라면 당장 삶에 적용하기보다는 우선 참고만 하는 것이 현명합니다.

 우리를 향한 성령의 인도는 바깥이 아니라 안으로부터 오는 것입니다. 즉 우리 안에 계신 성령님으로 말미암아 우리 영을 통해 인도를 받는 것입니다. 그러므로 외부적인 상황이나 징조, 또는 다른 사람의 말을 무조건 따라서 결정해서는 절대로 안 됩니다. 물론 그 모든 것들이 고려할만한 참고 사항이자 성령 인도를 받기 위한 계기는 될 수는 있겠으나, 최종 결정은 안으로부터 오는 성령의 확증과 영적 확신을 통해 이루어져야 합니다.

☐ 하나님의 신호를 보고 내가 결정하는 것입니다

성령의 인도를 따라 행한다는 것은 막연히 하나님께서 정하신 대로 상황이 이루어지기를 기다리는 것이 아닙니다. 하나님께서 주신 신호를 보고, '아 이것이 하나님의 인도구나' 라고 내가 붙잡고 실행하는 것입니다. 아무리 하나님의 완벽한 인도가 있었더라도, 내가 그것을 듣고 분별하여 결단하고 적용하는 과정이 없다면, 현실의 영역에서는 아무런 일도 일어나지 않을 것입니다.

그들이 프루기아와 갈라디아 지역을 통과하였을 때 성령께서 아시아에서 말씀 전하는 것을 금하셨으며 무시아에 이르러 비두니아로 가려고 하였으나 성령께서 허락하지 아니하시므로 무시아를 지나서 트로아로 내려왔더라. 그 밤에 바울에게 환상이 나타났는데 어떤 마케도니아 사람이 서서 그에게 간청하여 말하기를 "마케도니아로 건너와서 우리를 도와 달라."고 하니라. 그가 그 환상을 본 뒤에 우리는 즉시 마케도니아로 떠나려고 하였으니, 이는 주께서 그들에게 복음을 전하게 하시고자 우리를 부르셨다고 확신하였음이니라. 행 16:6-10

사도 바울이 아시아 쪽으로 마음을 정하고 전도여행을 가려고 했는데 계속해서 길이 막혔습니다. 그래서 어디로 가야할지 인도를 받던 중에 마게도냐 사람이 이쪽으로 와서 우리를 도와달라고 하는 환상을 보게 되었습니다. 그러자 바울이 하나님의 인도임을 인정하고 마게도냐로 가기 위해 힘썼다고 했습니다.

이처럼 중요한 것은 환상을 보았다는 사실 자체가 아니라 그것을 어떻게 해석하고 어떻게 실행하는가 하는 것입니다. 하나님께서 주신 신호를 영을 따라 제대로 해석하고 결정하는 과정이 있어야 하며, 신호 자체가 어떤 일을 하는 것은 아닙니다. 하나님의 인도는 분명했지만 그것을 잘못 해석한다거나, 또는 제대로 해석하고도 행동하지 않고 그저 가만히 그 일이 이루어지기를 기다리고만 있다면 하나님의 인도는 실재가 될 수 없습니다. 사도 바울이 환상을 본 후 '하나님께서 마게도냐로 가라고 하시는구나' 라고 결정하고 그곳으로 가기 위해 힘썼던 것처럼, 성령의 인도는 하나님의 신호를 받은 후 우리가 무언가를 결정하고 행동을 취할 때 실재가 되는 것입니다.

□ **결정한 후에는 믿음으로 나아가야 합니다**

성령 인도를 받고 나아간다고 해서 모든 일이 형통하게만 풀리는 것은 아닙니다. 그럼에도 불구하고 영적인 방해가 있을 수도 있고, 때로는 필요한 훈련이 있을 수도 있습니다. 우리가 어떤 일을 만나기 전에 미리 말씀으로 생각과 행동이 다 교정되었다면 좋았겠지만, 때로는 실제적인 부딪힘이나 도전적인 상황을 만나고서야 비로소 자신이 가진 견고한 진에 직면하고 그것을 다루게 되는 경우도 있습니다. 그러나 이것은 불필요한 고난이 아닙니다. 하나님의 인도 가운데 온전히 나아가기 위해 통과해야 할 과정입니다. 따라서 하나님께서는 우리가 한계처럼 보이는 상황 앞에서 '난 이 정도의 사람이구나. 하나님의 길로 갈 수 없구나.' 라고 주저앉는 것이 아니라 그 문제를 돌파하고 믿음의 여정을 지속하기를 기대하십니다. 강한 도전이 왔다면, 더 강한 믿음으로 돌파하는 것이 바로 우리의 방향입니다.

따라서 성령 인도를 받고 믿음으로 결정했다면, 그 다음에는 믿음으로 나아가야 합니다. 조금 가다가 어려움이 있다고 해서 '인도를 잘못 받았나?'라며 이내 포기한다면, 도전을 이기는 능력이 조금도 훈련될 수 없습니다. 물론 영적으로 다시 점검해볼 수는 있지만, 그것이 눈앞의 도전으로 인한 두려움이나 염려에서 비롯된 것이라면 정확한 인도를 받기는 어려울 것입니다. 영으로부터 확신을 얻고 믿음으로 붙잡은 일이라면, 무슨 일이 있어도 지속하십시오. 우리의 믿음의 여정은 어떤 환경에 의해서도 결코 중단될 수 없으며, 도전은 우리를 더욱 강하게 하는 발판일 뿐입니다.

▢ 내용과 시기와 방법 모두 온전한 인도를 받아야 합니다

모든 사람은 지금 내가 가지고 있는 문제가 빨리 해결되고 빨리 결과가 나타나기를 바랍니다. 그래서 성령 인도를 받을 때도 무언가 들은 것 같으면 즉시 저질러 버리는 경우가 있습니다. 그러나 내용이나 방향뿐만 아니라 그를 위한 시기와 구체적인 방법 모두 성령님의 인도를 받아야 합니다. 그렇게 차근차근 단계마다 인도를 받지 않고, 당장 자기 식대로 앞서가기 시작하면 오히려 일을 그르칠 수 있습니다.

이에 대해 재미있는 예화가 있습니다. 주님 앞에 헌신한 어떤 사람이 기도를 하고 있었습니다. 그런데 "차이나china"라는 글자가 떠올랐습니다. 그래서 그는 "하나님께서 나를 중국china으로 부르셨다!"라고 생각하고, 당장 짐을 싸서 떠났습니다. 그러나 사역은 완전히 실패하고 겨우 몸만 거두어 다시 고향으로 돌아오게 되었습니다. 그는 하나님 앞에 다시 기도했습니다. "하나님, 하나님께서 가라고 하셔서 중국에 갔는데 어떻게 이럴 수가 있습니까?" 그러자 성령께서 말씀하셨습니다. "나는 널 중국으로 부른 적이 없다." 그는 깜짝 놀랐습니다. "분명히 차이나china라고 말씀하셨잖아요!" 성령께서 대답하셨습니다. "나는 그저 결혼기념일 선물로 네 아내에게 도자기china 그릇 세트를 사주라고 한 거야."

이해를 돕기 위해 만든 예화이지만 시사하는 바가 있습니다. 성령 인도를 받고 아무 일도 하지 않는 것도 문제지만, 너무 급하게 가는 것도 문제입니다. 성령께서 주시는 감동이나 말들이 온전히 해석되지 않을 때는, 영 가운데 명확해질 때까지 좀 더 기다리고 그분의 음성에 귀를 기울여야 합니다. 앞서가시는 주님을 한 발짝 뒤에서 따르는 모습과 같이, 주님께서 움직이실 때 나도 움직이고 그분께서 서실 때 나도 서겠다는 태도를 가질 때 온전한 인도를 받을 수 있습니다.

☐ **끝까지 주의하며 따르십시오**

성령께서 어떤 방향으로 인도하셨다고 해서 그곳이 종착역인 것은 아닙니다. 그 방향을 거쳐 다른 쪽으로 돌아갈 수도 있습니다. 그러므로 지금의 방향을 보고 마지막에 기대되는 모습을 성급하게 결론짓고 믿어버리면, 중간에 다른 방향으로 인도하시는 음성을 잘 들을 수 없을 뿐더러, 오히려 '하나님이 왜 이랬다 저랬다 하시지?' 라며 그분의 성품을 의심하는 상황마저 생길 수 있습니다. 그러므로 차근차근 한 단계씩 신실하게 주의하며 성령님과 동행해 나가는 태도를 가져야 합니다.

이상의 아홉 가지 내용을 인식하고 성령 인도를 받기 위한 바탕을 다지십시오. 단순히 "성령 인도 받게 해 주세요."라고 기도하기보다는, 위 내용을 숙지하고 지속적으로 고백하며 관련된 말씀으로 견고히 선다면 성령 인도에 대한 확신을 얻고 그분의 음성을 잘 따를 수 있는 심령으로 기경될 것입니다.

성령 인도의 방법

성령께서 우리를 인도하시는 다양한 방법과 통로가 있습니다.

□ 말씀

내가 주의 거룩한 전을 향하여 경배하고 주의 자애하심과 주의 진리를 인하여 주의 이름을 찬양하리니, 이는 주께서 주의 말씀을 주의 모든 이름 위에 크게 하셨음이니이다. 시 138:2

기록된 말씀과 강단 메시지는 우리가 성령 인도를 받는 데 있어 가장 우선으로 삼아야 할 통로입니다. 말씀은 그리스도인의 삶에 기본이 되는 지침입니다. 성경 말씀에 이미 명시된 바를 두고 또 기도하거나 따로 인도받을 필요는 없습니다. 하나님께서는 그분의 말씀을 따라 움직이시는 분이시며 말씀이 곧 그분의 본성이자 뜻이므로 기록된 말씀에 대치되는 성령 인도란 있을 수 없습니다. 다만 성경에 구체적으로 기록되지 않은 개인적이고 구체적인 일들에 대해서는 성령의 인도를 구해야 하지만, 이 또한 말씀의 방향과 다르게 이루어지는 경우는 없습니다. 따라서 기록된 말씀을 따르는 것은 성령 인도를 잘 받기 위한 가장 중요한 바탕이 됩니다. 기록된 말씀도 행하지 않는 사람이 성령의 음성을 잘 알아듣고 그대로 순종하리라고 기대할 수 없습니다. 모든 일에 항상 말씀을 존중하고 심령을 다하여 말씀의 방향을 따라 살아가는 것은, 승리하고 열매 맺는 그리스도인의 삶을 이루는 기본이자 핵심입니다.

강단 메시지도 중요합니다. 강단 메시지는 해당 지역 교회에 속한 특정 성도를 위해 담임 목사를 통해 매주 주시는 메시지로서, 성령님께서는 이를 통하여 우리에게 계속해서 말씀하십니다. 한 예로, 예전에 저희 교회에서는 주일 1부 예배를 드리는 시간에, 〈믿음의 반석〉 교육과정이 동시에 진행되었습니다. 강의 내용은 이미 정해져 있고 기본적인 가르침은 동일하지만, 당시의 영적 흐름이나 계시에 따라 강조되거나 좀 더 자세히 나누게 되는 내용이 있었습니다. 그런데 제가 강의를 마치고 2부 예배에 참석하여 설교를 들으면 저희 담임 목사님께서 제가 강조했던 부분과 동일한 말씀을 나누시는 경우가 많았습니다. 사실 저는 목사님께서 어떤 주일 메시지를 준비하시는지 전혀 모르는데, 예배가 끝나면 성도님들이 제가 목사님과 미리 메시지를 맞추는지 물어보실 정도였습니다. 그런 메시지가 바로 성령님께서 해당 시기에 우리 교회를 위해 주시는 말씀입니다. 영적인 흐름을 아는 성도들은 그런 메시지를 절대 놓치지 않습니다.

또한 때로는 설교의 주된 주제는 아니지만 지나가시듯 하시는 이야기나 성경 구절이 내가 마음에 품고 있는 문제의 해답이 될 때도 있습니다. 그러므로 우리는 예배에 올 때 항상 기대하는 심령으로 와야 합니다. 단순히 지식을 기대하는 것이 아니라 영이신 하나님의 영적인 말씀을 받으러 오는 것이므로 머리와 심령을 모두 활짝 열고 준비해야 합니다.

간혹 '심령을 연다' 는 말이 감이 잘 오지 않는다는 분들이 계십니다. 예를 들어 극장에 영화를 보러 가는 장면을 떠올려 보십시오. 기다렸던 영화가 드디어 개봉하여 어떤 장면이 펼쳐질지 기대감으로 가득 차서 극장에 들어가는 순간, 그것이 바로 심령을 활짝 연 상태라고 할 수 있습니다. 모든 예배에서 그런 마음으로 성령님께서 목사님을 통해 주시는 메시지를 기대한다면, 그 기대는 반드시 만족될 것입니다. 성도 각자가 가진 문제나 상황은 다를지라도, 한 번의 예배를 통해 각자 필요한 응답을 놀랍도록 정확하게 받을 수가 있습니다. 이처럼 전체적인 기름부음 가운데 공적인 메시지를 통하여 하나님께서 주시는 말씀을 알아듣는 귀를 가져야 합니다. 이는 성령 인도를 받기 위해 굉장히 중요한 요소입니다. 많은 그리스도인들이 여전히 혼자 기도하면서 개인적인 음성이나 환상을 받기만을 바라고, 성경 말씀과 예배를 소홀히 하는 경우가 있습니다. 그러나 이것은 너무나 비효율적인 접근입니다. 기록된 말씀과 강단 메시지는 우리의 심령 바탕을 마련하기 위해 가장 기본적이고 중요한 방향을 제시해줄 뿐 아니라 성령 인도를 위한 최우선적인 통로가 됩니다.

□ 영적 직감

영적 직감은 어떤 일에 대한 우리 영의 반응, 다시 말해 신호등의 빨간불 또는 파란불이 켜지듯이 영에 느껴지는 간단한 신호를 말합니다. 이것은 머리로 상황을 따져보아서 내리는 혼적인 결론이나 육신적인 '감' 같은 것이 아니라 구체적인 이유는 모르더라도 심령으로부터 확신되어지는 것입니다.

이 직감은 "예" 또는 "아니오" 두 가지로 구별됩니다. 이 두 가지 감각을 정확하게 발전시키면 아무리 복잡한 일이라도 차근차근 가지를 치면서 인도받아갈 수가 있습니다. 예를 들어 직장을 옮기는 문제라고 하면, 우선 현재 직장을 떠나는 것에 대해서 맞는지 아닌지를 인도받습니다. 그래서 있으라는 신호를 받으면 머물면 되고, 떠나라는 신호가 있다면 다음 단계의 질문으로 넘어가서 그때가 지금인지 아닌지, 또한 옮길 곳은 A회사인지 아닌지, 아니면 B회사인지 아닌지, 하나하나 인도받으면 되는 것입니다. 이처럼 '맞는지 아닌지'의 감각 하나를 가지고도 아무리 복잡해 보이는 문제도 충분히 해결할 수가 있습니다.

둘 중 긍정의 신호는 "영이 기뻐하는 상태" 또는 영이 편안한 상태입니다.

내 영이 하나님 내 구주 안에서 기뻐하였도다. 눅 1:47

　마리아가 예수님을 잉태한 후 엘리사벳을 만나서 한 말입니다. 결혼도 하지 않은 처녀가 아이를 가졌다는 것은 특히나 당대의 환경에 비추어 볼 때 너무나 두렵고 떨리는 일이었을 것입니다. 그러나 상황과 상관없이 마리아의 영은 주의 말씀을 들었을 때 기쁨으로 뛰었습니다. 우리도 평소에 하나님의 좋은 말씀, 진리의 말씀을 들으면 영이 힘을 얻고 기쁨으로 반응하는 경험을 하곤 합니다. 영적 직감에서 긍정의 신호도 이와 같습니다. 눈에 보이는 상황과 상관없이, 어떤 일에 대해서 생각할 때 심령이 평안하고, 무언가 힘이 실리고, 나아가 기쁨마저 느껴지는 것, 그것이 바로 긍정의 신호입니다.
　반대로 부정의 신호는 상황은 아무런 문제가 없어 보이는데도 무언가 불편하고 꺼림칙한 느낌을 영으로 갖게 됩니다. 즉 "영이 편안하지 못한 상태"인 것입니다. 이를 두고 케네스 E. 해긴 목사님께서는 "양말을 신고 샤워하는 느낌"이라고 표현하기도 하셨습니다. 다시 말해 그 불편함이 꼭 강렬하거나 고통스러운 정도가 아니라 영 가운데 무언가 어색하고 어울리지 않는 느낌, 석연치 않은 느낌이 느껴질 때 그것을 부정의 신호로 해석할 수 있습니다.

　내가 내 형제 디도를 만나지 못하므로 내 영이 평안하지 못하여 그들과 작별하고 거기서 마케도니아로 갔노라. 고후 2:13

저도 누군가를 만나서 멘토링을 하는 중에 특별히 상대가 교정해야 할 부분을 말해주어야 할 때 이러한 감각을 활용합니다. 칭찬이야 언제 하더라도 상관이 없지만, 고칠 점을 말할 때는 다릅니다. 사실 대부분의 경우 본인의 약점을 알면서도 고치지 못하는 것인데, 당사자의 심령이 준비되지 않은 상태에서 말해버리면 오히려 부담과 스트레스만 줄뿐 바라는 효과를 얻지 못하게 됩니다. 그래서 저는 '저분에게 이런 말을 해주면 좋겠다'라는 생각이 들더라도 바로 말하는 것이 아니라 우선 그 생각을 가지고 있으면서 성령님께 확인합니다. '지금인가요?' 하고 영을 느껴보고, 뭔가 개운치 않은 느낌이 들면 지금이 아닌 것을 알고 다시 넣어둡니다. 그러다 '지금이다'라는 영적 확신이 올 때 말하면, 성령께서 정확하게 역사하심으로써 상대가 저의 말을 심령으로 받고 짧은 시간 내에 교정되는 것을 보게 됩니다.

> 여러 날이 지났고 금식하는 절기가 이미 지났으므로 항해하기가 위태로워진지라 바울이 그 사람들에게 권고하여 말하기를 "여러분, 내가 보니 perceive 이번 항해에 화물과 배뿐만 아니라 우리 생명에도 상당한 손실과 피해가 있으리라."고 하나 행 27:9-10

위 구절에서 사도 바울은 항해에 있을 위험을 영적 직감으로 인도받습니다. 위의 "내가 보니"라는 구절을 영어 성경에서는 "I perceive" 즉 감지하고 느끼고 알아차린다는 의미로 표현합니다. 즉 항해를 앞두고 사도 바울의 영에 이번 항해에 대한 부정적인 직감이 있었던 것입니다.

그러나 백부장이 선주와 선장의 말을 듣고 항해를 강행함으로써 사고가 일어난 것을 성경의 다음 장면에서 확인할 수 있습니다. 이처럼 사도 바울은 항상 성령님과 교통하며 특히 영적 직감을 발전시킴으로써, 따로 기도하거나 묻지 않더라도 모든 상황에서 자연스럽게 성령의 세밀한 인도를 받았음을 알 수 있습니다.

영적 직감은 개인적으로 성령 인도를 받는 데 있어 가장 발전시켜야 할 부분입니다. 갓 거듭난 그리스도인도 얼마든지 활용할 수 있으며, 이 감각을 발달시키면 언제 어디서나 본인이 원할 때마다 가장 빠르고 정확하게 성령의 인도를 받을 수 있게 됩니다.

저의 경우에는 처음에 성령 인도에 대해서 자세하게 배울 기회가 없는 상태에서, 본래 이성적인 성향이 강하다 보니 영적 직감을 신뢰하지 못하고 직접 보고 듣는 환상 쪽으로 발달하게 되었습니다. 그러나 후에 이것이 얼마나 비효율적이고 불완전한 접근인지를 깨닫게 되었습니다. 환상은 언제 어디서나 보는 것이 아니라 집중해서 기도할 때 주로 보이게 되고, 이 또한 제가 원할 때 언제나 보는 것이 아니라 전적으로 하나님께서 주셔야 볼 수 있는 것입니다. 게다가 더 중요한 것은 환상을 보았다고 끝이 아니라 그것을 어떻게 해석하고 적용할 것인가의 과정이 남아있는데, 결국 그것은 영적 직감을 통해 분별되는 것입니다. 그러나 처음부터 영적 직감을 우선적으로 활용한다면 매 순간 하루에도 수많은 일들을 인도받고 즉시 결정할 수 있습니다.

◻ 영의 소리

영적 직감이 마치 신호등이 켜지고 꺼지듯이 단순히 맞는지 아닌지를 구별하는 감각이라면, 영의 소리Inner voice는 좀 더 세부적이고 구체적입니다. 영 가운데 어떤 단어나 문장, 말, 성경 구절 등이 떠오르는 것은 모두 영의 소리에 해당됩니다. 간단한 예로, 기도하는 중에 "힘을 내라. 내가 너와 함께한다.", "영광", "내게 능력 주시는 자 안에서 모든 것을 할 수 있느니라"(빌 4:13) 등과 같이 문장이나 단어로 떠오르는 것들입니다. 이 또한 성령께서 우리에게 말씀하시는 굉장히 일상적인 방법입니다.

◻ 성령의 소리

사실 성령의 소리는 영의 소리와 거의 같습니다. 그러나 차이는 이러합니다. 처음 성령 인도의 개념 부분에서, 우리가 받는 성령 인도란 사실상 '거듭난 우리의 영을 통한 인도'로서 우리 각자의 영적 수준에 따라 다른 인도를 받을 수밖에 없음을 나누었습니다. 이러한 맥락에서 영의 소리란, 정확히 말하면 '나의 영을 통한 성령의 소리' 입니다. 즉 나의 영적 상태에 따라 내가 듣고 반응하기에 합당한 수준으로 주어지는 것입니다.

그러나 때로 성령께서 강권적으로 개입하셔서 듣는 이의 영적 수준과 상관없이, 성령의 방향에 대해서 계시하시는 경우가 있습니다. 이는 영의 소리에 비해 좀 더 권위 있고 분명하게 주어지며, 그 내용은 주로 사역적인 부분에 대한 것입니다.

그들이 주를 섬기며 금식하고 있을 때 성령께서 말씀하시기를 "내가 불러 시키는 일을 위하여 바나바와 사울을 내게 따로 구별해 놓으라." 하시니라. 그러므로 그들이 금식하고 기도한 후에 그들에게 안수하여 떠나 보내니라. 행 13:2-3

복음이 전파되는 사역을 위해 바나바와 사울을 따로 세우도록 성령께서 말씀하시는 장면입니다.

그때 성령께서 빌립에게 말씀하시기를 "가까이 가서 이 마차에 함께 타라."하시더라. 행 8:29

성령께서 빌립에게 말씀하셔서 에디오피아 내시에게 복음을 전하는 사역으로 인도하신 것을 볼 수 있습니다.

□ 환상

환상Vision은 영적 메시지를 담은 그림이나 장면을 보는 것입니다. 환상은 무엇보다도 바르게 해석하는 것이 가장 중요하며, 특별히 그것을 보았을 때의 영적 느낌이 매우 중요합니다. 세상에서는 문화에 따라 꿈에서 어떤 동물을 보면 길몽이라든지, 반대로 어떤 장면은 나쁜 징조라든지 하는 나름의 법칙이 있지만, 이는 영적인 것과는 아무 상관이 없습니다. 좋지 않은 장면이라도 느낌이 좋을 수가 있고, 반대로 좋은 장면이라도 느낌이 안 좋을 수 있습니다. 어떤 경우든지 정확한 해석은 오직 성령 인도를 통해서만 받을 수 있는 것입니다. 따라서 환상은 보는 것으로 끝나는 것이 아니라 반드시 그에 대한 정확한 해석과 영적 확증의 과정을 거쳐야 합니다.

환상에는 크게 세 가지가 종류가 있습니다. 먼저 영적환상은 의식이 깨어있는 상태에서 영적인 세계를 잠시 들여다본 것입니다. 기도하는 중에 얼핏 어떤 그림이나 장면이 떠오르는 것이 여기에 해당되며, 그 그림은 선명하지 않은 편입니다. 그래서 대부분은 그것이 영적 환상인지 모르고 지나가는 경우도 많습니다.

트랜스Trance는 좀 더 강력합니다. 이는 영적 세계를 슬쩍 들여다보는 수준을 넘어, 영적 세계로 잠시 들어가 어떤 분명한 그림을 보게 되는 것입니다. 그래서 보는 동안에는 잠시 의식이 없어져서, 마치 깜빡 졸거나 잠이 들어 꿈을 꾼 것처럼 느껴집니다. 흔히 교회 안에서 '입신'이라고 표현하는 것도 트랜스에 해당됩니다.

> 그 다음 날 그들이 계속 길을 가다가 그 성읍에 가까이 왔을 때, 베드로가 제 육시 경에 기도하려고 지붕 위로 올라갔는데 몹시 시장하여 먹고자 하더니 집 사람들이 음식을 준비하는 동안 그가 무아지경에 **빠져** 하늘이 열리고, 큰 보자기 같은 그릇이 네 귀가 끈으로 묶여져 땅 위에 내려오는 것을 보니 행 10:9-11

베드로가 기도하다가 '황홀한 중에' 하늘에서 보자기에 부정한 음식들이 내려오는 것을 보는 장면입니다. 이것이 바로 트랜스의 대표적인 예이며, 이 환상을 통해 베드로는 이방인에게 복음을 전하기 원하는 하나님의 뜻을 알게 됩니다.

마지막으로 열린환상은 가장 강력합니다. 이는 눈을 뜬 상태에서, 즉 감각이 온전한 가운데 성령님의 강권적 개입으로 보는 환상입니다.

> 그러나 그는 성령으로 충만하여 하늘을 주시하더니, 하나님의 영광과 예수께서 하나님의 오른편에 서신 것을 보고 말하기를 "보라, 하늘들이 열리고 인자가 하나님 오른편에 서신 것을 보노라." 하니 행 7:55-56

스데반이 돌에 맞아 순교하면서 예수님을 보았던 것이 열린환상이라 할 수 있습니다. 예를 들어, 혼자 기도하는데 예수님께서 직접 눈앞에 나타나셔서 말씀을 전해주시고 가셨다거나 하는 간증도 열린환상으로 분류할 수 있습니다.

☐ 예언

예언이란 넓게 보아 성령의 감동으로 말미암아 선포되는 모든 말이라 할 수 있습니다.

> 그들 가운데서 아가보라고 하는 한 사람이 일어나서 성령으로 알리기를, 온 세상에 큰 흉년이 있을 것이라 하더니 클라우디오 카이사 때에 그렇게 되니라. 그 때에 제자들은 각자 능력에 따라 유대에 사는 형제

들에게 구호금을 보내기로 결정하고 이를 실행하여 그들이 모은 것을 바나바와 사울의 손을 통해 장로들에게 보내더라. 행 11:28-30

아가보라는 선지자가 성령으로 말미암아 앞으로 있을 흉년에 대해 예언하는 장면입니다. 이처럼 선지자 직분으로 부름 받은 사람이 당대와 교회의 앞날에 대해 말하는 것은 물론, "너희는 다 모든 사람으로 배우게 하고 모든 사람으로 권면을 받게 하기 위하여 하나씩 하나씩 예언할 수 있느니라"(고전 14:31)라는 말씀처럼 거듭난 그리스도인이 성령의 감동을 따라 서로 세우고 권면하는 말도 예언에 속합니다.

그러나 앞에서도 언급했듯이, 예언은 반드시 분별되어야 합니다. 각자의 인생과 부르심과 관련된 중요한 문제들을 단순히 다른 사람이 말해준 예언에 기대어 결정한다면 너무나 위험한 일입니다. 이제는 우리 각 사람에게 성령께서 내주하심을 기억하십시오. 예를 들어 내가 이미 심령 가운데 방향을 알고 있고 인도를 받았는데, 아직 믿음이 세워지지 않고 좀 더 확신이 필요했던 상황에서 동일한 내용의 예언을 받았다면 취하면 되겠습니다. 그러나 한 번도 생각해보지 않은 일에 대해서 갑자기 예언이 주어졌다면, 무조건 받아들일 일이 아닙니다. 먼저 그 말을 한 사람이 누구인지가 중요하겠고, 영적으로 믿을만한 분의 말씀이라 할지라도 영에 특별한 감동이 없는 상태에서 당장 적용하기보다는, 우선 참고하고 마음에 저장해놓고 있으면, 언젠가 그 예언의 때가 되었을 때 성령께서 떠올려주시고 우리 영에 신호를 주실 것입니다.

◻ 영적인 꿈

영적인 꿈은 앞서 나눈 "환상"과 비슷한 부분이 많습니다. 그래서 영적인 꿈을 '밤에 자면서 보는 환상'이라고 하여 "나이트 비전Night Vision"이라고 표현하기도 합니다. 그래서 영적인 꿈도 해석이 매우 중요합니다.

모든 사람은 매일 잠을 잡니다. 따라서 성숙한 그리스도인에게 영적인 꿈은 하나님께서 매일 말씀하시기에 매우 좋은 통로입니다. 그러나 아직 생각이 새로워지지 않은 어린 성도들에게는 크게 신뢰할 만한 통로가 아닙니다. 그래서 거듭난 지 얼마 되지 않은 성도들이 환상을 사모하며 본인이 꾼 꿈에 과도하게 의미부여를 하는 경우가 있는데, 이런 경우에는 먼저 말씀으로 생각을 새롭게 하는 일에 힘쓰고, 또한 영적 직감이나 영의 소리를 더 계발할 수 있도록 적절한 도움이 필요하겠습니다.

그리스도인은 누구나 이처럼 다양한 통로를 통하여 성령의 인도를 받을 수 있습니다. 그러나 이 모든 것을 활용함에 있어 가장 중요한 핵심은 항상 영의 확인을 거치는 것입니다.

성령 인도를 방해하는 요소들

성령 인도는 말 그대로 하나님의 영의 역사로 말미암는 것입니다. 따라서 하나님의 성품과 그분의 말씀의 원리에 어긋나는 요소들을 가지고 있다면, 성령 인도는 당연히 방해를 받을 수밖에 없습니다.

> 그러므로 내가 너희에게 말하노니, 너희가 기도할 때에 바라는 것들은 무엇이나 받은 것으로 믿으라. 그리하면 너희 것이 되리라. 너희가 서서 기도할 때에 만일 어떤 사람과 적대 관계에 있다면 그를 용서하라. 그러면 하늘에 계신 너희 아버지께서도 너희 죄들을 용서하시리라.
> 막 11:24-25

위의 구절에서 주님은 기도 방법에 대해 말씀하시면서, 이어서 기도응답을 온전히 받기 위한 원리를 말씀하십니다. 다른 사람과 해결되지 않은 마음이 있다면 해결하고 용서하라는 것입니다. 이는 성령 인도에도 동일하게 적용됩니다. 용서하지 않고 원한을 품는 것은 하나님의 성품과 반대되므로, 그런 심령으로는 하나님의 음성을 제대로 듣고 따를 수 없습니다.

> 끝으로 너희는 모두 한 생각을 품고 서로 동정하고 형제로서 사랑하며, 인정을 베풀고 예의를 지키며 악을 악으로 또는 욕을 욕으로 갚지 말고 도리어 복을 빌라. 이를 위하여 너희가 부르심을 받은 것을 아노니 이는 너희로 복을 상속받도록 하려 함이니라. 벧전 3:8-9

서로 사랑과 긍휼로 기능하며 악에 오히려 선으로 반응할 때, 선을 행함으로 악을 이기고 승리의 자리, 축복의 자리로 가는 것이 그리스도인의 삶입니다. 반대로 사랑하지 않는 심령은 성령의 성품과 정확히 대치되므로 하나님의 뜻을 알 수도 행할 수도 없을 것입니다.

또한 회개하지 않은 죄로부터 오는 정죄감은 우리로 하여금 하나님 앞에 담대히 나아가지 못하게 하여 성령 인도를 받기 어렵게 만듭니다. 그러므로 우리는 의인의 본성을 따라 지속적으로 성장하여 실제적으로 죄를 이기고 다스리는 삶을 살뿐만 아니라 혹여나 실수를 저질렀더라도 즉시 하나님 앞에 자백하고 해결하여, 어떤 경우에도 정죄감이나 죄의식이 우리 심령을 물들이도록 허용해서는 안 됩니다.

하나님의 성품에 대한 무지도 성령 인도를 방해합니다. 예를 들어, 자녀가 부모님과 원만한 관계를 가지고 어떤 분들인지를 잘 이해하고 있으면, 일일이 물어보거나 확인하지 않아도 부모님의 뜻을 알고 잘 따라갈 수가 있습니다. 이처럼 하나님의 성품을 잘 알면 성령 인도 받는 일이 쉬울텐데, 반대로 하나님이 어떤 분이신지 잘 모르면 그분의 뜻과 방향을 가늠할 수 없으므로 성령 인도 자체를 너무나 막연하고 어렵게 느낄 뿐 아니라 혹여나 내가 원하지 않는 쪽으로 인도하시면 어쩌나하는 두려움으로 인해 성령님께 잘 내어드리지 못하게 됩니다.

마지막으로 고정관념도 성령 인도의 방해 요소입니다. 변화되지 않은 생각을 붙들고 본인만의 그림, 방식, 방향을 고수하고 있다면 당연히 성령의 음성을 잘 들을 수 없습니다.

주의할 점

마지막으로 성령 인도를 받는 데 있어 기억하고 주의할 점들입니다.

☐ 기한을 임의로 정하지 말라

성령 인도 받는 것을 효과적으로 훈련하기 위해서, 어느 정도는 기한을 정하고 기도하는 것도 필요합니다. 막연하게 문제를 질질 끌면서 시간을 흘려보내기보다는, 언제까지 결론을 내겠다고 작정하고 해당 기간 동안 심령을 집중하여 영적 모드를 유지하는 것이 성령의 음성을 듣는 데 보다 효과적이기 때문입니다.

그러나 해당 기간이 지났지만 정확한 신호가 없을 때, 급한 일이 아닌데 무리하게 결정을 내릴 필요는 없습니다. 하루 이틀이나 사흘 정도 더 기도해볼 수 있는 것입니다. 그리고 내가 기한을 정해놓고 '하나님, 이때까지는 꼭 해주셔야 됩니다.' 라고 통보하는 듯한 태도는 교정되어야 합니다. 우리는 인도를 받는 위치이지, 주님께 언제까지 일을 하시라고 명령하는 위치에 있는 것이 아닙니다. 믿음으로 기한을 정하여 집중하는 것은 좋은 훈련이지만, 동시에 내가 정한 기한에 구애되어서도 안 되겠습니다. 특히 내 마음대로 일정을 다 세워놓고 하나님께 그때까지 맞춰서 응답해달라는 식으로 접근해서는 곤란합니다. 그런 사람은 결국 본인의 조급함으로 인해 결국 본인 뜻에 따라 잘못된 인도를 받기가 쉽습니다.

□ 특별한 방법으로 역사하기를 기도하지 말라

성도 분들을 보면 이미 성령께서 여러 번 말씀하셨음에도 불구하고, 그것을 받아들이지 않고 본인이 정한 방법으로만 말씀해 주시기를 기다리는 경우가 있는 것을 종종 봅니다. "하나님, 꼭 환상으로 보여주세요. 보여주시면 응답인 줄 믿겠습니다." 너무나 어리석은 접근입니다.

하나님께서는 우리에게 주신 여러 통로를 통해 풍성하게 교제하기 원하시고, 우리가 다양하게 훈련되기를 원하십니다. 그런데 본인이 선호하는 특정 방법만 고수하며 다른 통로로 오는 음성은 다 무시한다면, 하나님과 너무도 비효율적이고 제한적인 교통을 하게 될 것입니다.

□ 중요한 일일수록 충분히 여유를 가지고 확실한 응답을 받을 때까지 기다리라

중요한 일일수록 하나님께서도 분명하게 말씀하십니다. 따라서 중요한 일이라면 성급하게 결론을 내리지 말고, 확실한 응답을 받을 때까지 여유를 가지고 기다려야 합니다.

하나님이 주신 모든 기업은 우리가 믿음으로 누릴 수 있으며, 그 믿음은 작은 것에서 시작하여 점점 크게 자라 후에는 더욱 풍성히 누리게 됩니다. 성령께서 우리 각자에게 내주하시는 이유는 우리를 고아와 같이 버려두지 아니하고 인도하시기 위해서입니다. 성령으로 인도함을 받는 것은 하나님의 자녀인 우리에게 주어진 특권입니다. 우리 모두는 성령의 인도를 받을 수 있습니다.

그러나 온전한 성령 인도를 받는 일은 어느 날 갑자기 이루어지지 않습니다. 피아니스트가 너무나 아름답고 탁월하게 연주하는 것을 보면서 '아, 나도 저렇게 피아노를 쳐보고 싶다!'라고 소망할 수 있지만, 오늘 당장 도레미부터 배우고 쳐보지 않으면 그런 날은 영영 오지 않습니다. 매일의 삶에서 작은 것부터 시작하십시오. 실수를 두려워하지 말고, 실수해도 되는 일부터 연습해 보십시오. 생각지 않게 들어온 물건이 있다면 '이게 필요한 사람이 누가 있을까?' 하고 성령의 음성에 귀를 기울여 보십시오. 헌금을 드릴 때에도 계산해서 금액을 정하기보다는 '주님, 이 일에 얼마를 심으면 좋을까요?'라고 한번 여쭤 보십시오. 그렇게 작은 것, 주는 것부터 인도받기 시작하여 점차 훈련되고 확장되면, 인생의 아주 사소한 일부터 중대한 문제까지 인도받는 풍성한 하나님의 인도로 형통하는 그리스도인의 삶을 누리게 될 것입니다.

주님과 친밀히 교제하십시오. 당신이 중요한 결정을 주님께 꼭 의논하고 결정한다면 그분도 당신에게 말하지 않고는 중요한 일을 행하지 않으실 것입니다. 이것이 주님과 교통하는 사람의 특권입니다. 주님과 점점 더 온전하게 교통하게 될 때, 우리는 우리 앞에 일어나는 모든 일에 대해 하나님의 인도를 받고 그분의 세밀한 음성을 들을 수 있습니다. 오늘부터 성령 인도 받는 것에 전념하고 훈련하기로 결단하여, 하나님께서 주신 풍성한 삶, 승리하는 삶으로 나아가는 위대한 첫 걸음을 떼시기를 축복합니다.

제 6 과

기본교리에 대한 정확한 이해 (I)

모든 성경은 하나님의 감동으로 된 것으로
교훈과 책망과 바르게 함과 의로 교육하기에 유익하니
(딤후 3:16)

Everything in the Scriptures is God's Word
All of it is useful for teaching and helping people
and for correcting them and showing them how to live.

이제 거듭난 우리 그리스도인은 하나님의 말씀과 성령님의 도우심 안에서 모든 일에 승리하고 기도응답을 받으며 성령님의 인도를 따라 풍성한 삶을 누려야 합니다. 그리고 이러한 삶을 누리며 끝까지 승리하기 위해서 알아야 할 기본 교리가 있습니다.

사실 그리스도인으로서 신앙생활을 하다 보면 자연스럽게 여러 가지 교리를 접하게 됩니다. 그러나 때로는 이러한 교리들이 성경 말씀에 근거를 둔 것이 아니라 기존의 계시와 전통에 의해 다소 잘못 정의되는 경우가 있습니다. 이미 잘 아는 내용들인 듯해도, 그 지식들이 진리 위에 올바로 세워져 있지 않다면 제 능력을 발휘할 수 없을 뿐 아니라 오히려 승리하는 신앙생활을 하는 데 장애물로 작용할 수도 있습니다. 그래서 이번 과와 다음 과, 두 과에 걸쳐 그리스도인으로서 알아야 할 기본교리 10가지를 나눌 때, 새로운 지식은 받아들이고 기존의 지식은 재정비하여 그리스도 안에서 말씀의 바탕을 든든히 세우고, 삶 가운데 지식이 능력으로 나타나는 기회가 되기를 바랍니다.

하나님의 주권과 우리의 위치

하나님께서는 우주 만물의 주이시며 최고의 권세를 가지신 분이십니다. 그러나 이 부분에서 큰 오해가 있어왔습니다. 이 땅에서 일어나는 일은 무엇이든지 다 하나님의 섭리이며, 또한 우리가 움직이지 않더라도 하나님께서 알아서 다 하신다고 믿는 것입니다. 그러나 이는 사탄이 오랜 세월 동안 그리스도인의 손발을 묶는 데 사용한 거짓말이요 미혹이었습니다.

우리는 하나님의 주권에 대해 알 뿐 아니라 나아가 하나님께 권세를 위임받아 이 땅을 대신 다스리도록 부름 받은 우리의 위치를 정확하게 이해해야 합니다.

☐ 하나님은 모든 우주 만물의 주이십니다

이에 다윗이 온 회중 앞에서 주를 찬양하고 말하기를 "우리의 아버지 이스라엘의 주 하나님이여, 주는 영원 무궁토록 찬양을 받으소서. 오 주여, 위대하심과 권세와 영광과 승리와 위엄이 주의 것이니이다. 이는 하늘과 땅에 있는 모든 것이 주의 것이며, 오 주여, 왕국이 주의 것이며, 주는 만유 위의 머리로서 높임을 받으심이니이다. 부와 존귀가 다 주께로부터 나오고, 주께서는 모든 것을 치리하시며, 권세와 능력이 주의 손에 있고, 모든 것을 위대하게 만들고, 힘을 주시는 것이 주의 손에 있나이다." 대상 29:10-12

위 구절은 다윗이 성전을 건축하기 위해 모든 준비를 해놓고 하나님 앞에 드린 기도입니다. 하나님께서 가지신 주권과 능력에 대해 실제적으로 열거하며 찬양하고 있습니다. 하나님은 의심할 바 없이 우주 만물을 창조하신 분이시며 그 모든 것을 다스릴 권세를 가진 분이십니다. 이는 그리스도인이라면 누구나 인정하고 믿는 바입니다.

▫ **하나님께서는 성도들이 모이는 교회를 통하여 이 세상을 다스리십니다**

그런데 왜 이 땅에는 하나님의 성품에 반대되는 사건과 상황들이 일어나는 것일까요? 일부 지역에서는 죄 없는 어린이들이 먹을 것이 없어 죽어가기도 하고, 각종 자연 재해가 갑작스런 사건 사고로 인해 수많은 사람들이 목숨을 잃기도 합니다. 이 모든 것이 하나님의 뜻이며 섭리일까요?

물론 하나님께서는 우주 만물에 대한 주권을 가지신 주이십니다. 그러나 이 땅에 대해서는 성도들이 모이는 교회에 그 주권을 위임하셨고, 따라서 현재 그분께서 이 세상을 다스리시는 방식은 그리스도인을 통해서라는 사실을 분명히 알아야 합니다.

우선, 태초에 하나님께서 이 세상을 창조하시고 처음 인간을 만드셨을 때의 장면을 봅시다.

하나님께서 그들에게 복을 주시고, 하나님께서 그들에게 말씀하시기를 "다산하고 번성하며 땅을 다시 채우고 그것을 정복하라. 그리고 바다의 고기와, 공중의 새와, 땅 위에서 움직이는 모든 생물을 다스리라." 하시니라. 창 1:28

하나님께서는 이 세상을 만드시고 나서, 이 땅을 정복하고 다스리고 통치할 권세를 아담에게 넘겨주셨습니다. 즉 아담이 이 세상의 왕이자 이 세상의 신a god(시 82:6)이 된 것입니다. 그런데 잘 알다시피 창세기 3장에서 아담이 사탄에게 속아 그를 따름으로 말미암아 그 권세는 마귀에게 넘겨지게 되었습니다.

> 그러자 마귀가 주를 높은 산으로 데리고 가서 잠깐 동안에 세상의 모든 나라들을 보여 주더라. 그리고 마귀가 주께 말하기를 "내가 이 모든 권세와 그것들의 영광을 너에게 주리라. 그것이 나에게 넘겨졌으므로 내가 원하는 자에게 줄 수 있느니라." 눅 4:5-6

마귀가 광야에서 금식 중이신 예수님 앞에 나타나 그분을 시험하는 장면입니다. 그는 이 세상의 모든 권세와 영광을 보여주며 "그것이 나에게 넘겨졌으므로" 자신이 원하는 자에게 줄 수 있다고 말합니다. 이는 거짓말이나 허세가 아니었습니다. 아담의 타락으로 인해 이 땅에 대한 권세가 마귀에게 이양되었고, 그 이후로 마귀가 이 세상의 임금이자 이 세상의 신이 되었습니다. 그래서 마귀는 예수님께 십자가의 길로 가지 않고 지금 나에게 절하면 이 모든 것을 다 주겠다고 유혹했고, 실제로 마귀는 이 땅에 대한 권세를 가지고 있었기에 이 제안은 참으로 유혹이라 할 만한 것이었습니다. 물론 예수님께서는 그 유혹에 넘어가지 않으시고 말씀으로 거절하셨습니다.

그 후에 예수께서 그들에게 오셔서 일러 말씀하시기를 "하늘과 땅에 있는 모든 권세를 나에게 주셨도다." "그러므로 너희는 가서 모든 민족들을 가르치고, 아버지와 아들과 성령의 이름으로 침례를 주며 내가 너희에게 명령한 모든 것을 가르쳐 지키게 하라. 보라, 내가 세상 끝까지 너희와 항상 함께 있으리라."고 하시더라. 마 28:18-20

위 구절은 이후 부활하신 예수님께서 선포하신 말씀입니다. "하늘과 땅에 있는 모든 권세를 나에게 주셨도다" 예수께서는 십자가에 달리시고 죽으시고 부활하심으로써 이 땅에 오신 목적과 사명을 완성하셨으며, 지옥과 사망의 열쇠를 빼앗아 마귀를 무장해제 시키시고 완전한 승리를 이루셨습니다. 즉 마귀에게 빼앗겼던 권세가 예수 그리스도께 회복된 것입니다.

이러한 예수님의 사역으로 말미암아 그분을 주로 영접하고 거듭나서 그리스도 안으로 들어온 사람은 누구나 영적으로 그리스도와 함께 하늘에 앉았으며(엡 2:6), 그리스도와 함께 한 공동 상속자가 되었습니다(롬 8:17). 즉 예수께서 회복하신 그 권세가 곧 우리의 권세가 된 것입니다. 이제 교회와 성도들은 이 땅에서 예수님을 대신하는 자이자 하나님 나라에서 파송된 대행자로서, 예수 이름의 권세를 사용하여 말씀과 성령의 역사를 통해서 세상을 다스리도록 세워졌습니다.

이제 세상에서 일어나는 모든 일에 대한 책임은 하나님께 있지 않습니다. 그분께서는 우리 그리스도인과 교회를 통해서만 이 땅에서 일하실 수 있습니다. 이제 이 땅에서 말씀을 따라 상황을 바꾸고 환경을 창조할 권세는 우리에게 넘겨졌습니다. 하나님께서 모든 것을 다 알아서 해주시는 것이 아니라 우리가 하나님의 자녀로서 위임받은 권세를 인식하고 사용할 때 비로소 이 땅 가운데 하나님의 뜻이 나타날 수 있습니다. 그러므로 그리스도인은 하나님의 주권과 우리의 위치를 정확히 이해하고, 이 땅에서 하나님의 대리자로서 온전히 기능함으로써 자신이 속한 이 땅의 세계에 하늘나라를 당겨오는 삶을 살아야 합니다.

하나님은 지금도 살아서 역사하십니다. 그러나 그분은 이 땅의 자연적인 세계에 접촉하는 통로로서 우리를 필요로 하십니다. 구약시대에 하나님께서는 선지자들을 통하여 제한적으로 말씀하셨습니다. 그러나 마침내 예수께서 오시자 그분을 통하여 하고 싶은 모든 말씀을 하시고, 하고 싶은 모든 일들을 하셨습니다. 예수께서는 십자가에서 죽으시고 합법적으로 값을 치르신 후 부활하셔서 첫 열매가 되셨고, 그를 믿는 우리 모두는 거듭나서 그리스도의 몸 안으로 들어왔습니다. 따라서 이제는 우리가 예수께서 이 땅에서 하시던 일을 하는 대사이자 대행자가 되었습니다. 하나님께서는 우리를 통해 이 땅에서 그분의 일을 하시게 되었습니다. 예수님께서 사셨던 삶이 우리를 통해 연장되고 있는 것입니다(사 53:10).

이처럼 하나님께서는 우주 만물의 주권자이시지만, 그분께서 주권을 행사하시는 데에도 정확한 원리와 법칙이 있습니다. 처음 이 세상을 만드셨을 때 하나님께서는 아담에게 이 땅에 대한 대리통치권을 주시며, 아담을 통해 이 땅을 다스리기로 정하셨습니다. 그러나 아담은 하나님께 불순종하기를 선택함으로써 그 권세를 마귀에게 넘겨주었습니다. 그리고 마침내 예수님께서 권세를 다시 회복하셨으며, 우리는 그분과 공동상속자이자 한 몸으로서 함께 다스리는 자리에 앉게 되었습니다. 그러므로 이제는 우리를 통하여 하나님의 통치가 이루어지는 것입니다.

그동안 우리는 구약의 패러다임을 따라 능력 없는 신앙생활을 해왔습니다. 구약 성도들은 근본적으로 죄인으로서 마이너스적인 삶을 살 수밖에 없었습니다. 열심히 율법을 지킴으로써 하나님께 의롭게 보이려고 애쓰면서, 문제가 생길 때마다 하나님께 필요를 구하고 해결해 주시기를 바랐습니다. 그러나 신약에 속한 우리의 삶은 본질적으로 바뀌었습니다. 우리는 의의 본성을 따라 온전히 행하며 이 땅에서 각자의 영역을 왕처럼 다스릴 수 있습니다. 모든 것이 완벽하게 마련되었습니다. 그럼에도 불구하고 여전히 구약의 패러다임 안에서 부족하고 실패하는 것을 계속 의식하며 하나님께 구하기만 한다면 예수님께서 우리에게 가져오신 영생, 즉 하나님과 같은 종류의 조에zoe 생명을 누릴 수 없습니다. 그러므로 우리는 새로운 피조물의 계시 안에서 자신을 새롭게 발견하고 이전의 습관이나 인식을 말씀으로 변화시켜 사상화해야 합니다.

성경 시대에 예수님께서 오셔서 "나는 하나님의 아들이다"라고 말씀하시자 당대의 바리새인들은 펄쩍 뛰었습니다. 죄인인 인간이 어찌 하나님을 아버지라고 부를 수 있는지 신성모독이라고 여긴 것입니다. 그러나 예수님께서는 참으로 하나님의 아들이셨습니다. 그리고 우리도 그분을 통해 하나님의 자녀로 거듭났습니다. 하나님의 생명을 가지고 이 땅을 다스릴 수 있게 된 것입니다. 우리는 항상 이 사실을 인식하고, 영적인 영역에서 이미 우리에게 주어진 것들이 자연적인 삶 가운데 실재가 되어 나타나게 해야 합니다. 이제는 바로 우리가, 하나님을 대신하여 3차원의 자연적인 영역에서 기능합니다. 이는 이 땅에 육체를 입고 살아 있는 동안에만 주어진 특권입니다. 예수님께서 이 땅에 계실 때는 그분께서 그런 역할을 감당하셨습니다. 그러나 이제 하나님께서는 우리를 통하여 하나님의 나라를 이 땅에 가져오십니다.

복음서를 보면 예수님께서 하나님의 나라_{하나님의 왕국; the kingdom of heaven, the kingdom of God}에 대해서 비유로 말씀하시는 장면이 많이 나옵니다. 이는 단순히 위치적으로 하늘에 있는 곳, 또는 우리가 죽어서 올라가는 하늘나라를 말하는 것이 아닙니다. 하나님의 나라란 하나님의 통치가 임하는 모든 영역을 뜻하는 것으로서, 예수님께서 오심으로써 이 땅에 가지고 오신 그 나라입니다. 즉 이 땅에 하나님의 나라는 이미 시작된 것입니다. 우리가 이 땅에서 하나님의 뜻을 나타내고 그분의 뜻이 이루어지도록 기능하면 그곳에 바로 하나님의 나라가 임하고 확장됩니다.

그러나 그동안 우리는 하나님의 주권과 우리의 위치를 잘못 이해함으로써 마치 아무 권세와 능력이 없는 자처럼 살아왔습니다. 그리고 우리가 마땅히 행사해야 할 권세를 행사하지 못함으로써 그동안 하나님께서는 우리를 통해 굉장히 제한적으로 나타나실 수밖에 없었습니다.

이것이 사탄의 전략 중의 하나입니다. 우리로 하여금 주어진 권세와 위치에 대해 무지하게 함으로써 이 땅에서 하나님의 영광을 나타내는 통로로 기능하지 못하게 한 것입니다. 이에 따라 성도들은 막연히 내세지향적인 신앙을 가지게 되었습니다. 이 땅에서 힘들고 어렵게 살더라고 천국 소망을 바라보며 인내하는 것입니다. 그러나 분명히 알아야 할 것은, 우리가 현재 사는 삶과 내세의 삶의 원리가 크게 다르지 않다는 것입니다. 우리가 알든 모르든, 예수 믿고 거듭난 순간 우리의 영생은 이미 시작되었고, 그 생명은 처음부터 하나님 나라의 원리를 따라 작동합니다. 정확히 말해, 우리에게 '죽는다' 라는 표현은 어울리지 않습니다. 이 땅에서 영생을 가지고 육체를 입고 살아가다가 때가 되면 그저 육체만 벗어나서 영과 혼이 하늘나라로 가는 것입니다. 실상 우리에게는 현세나 내세나 완전히 분리되고 분절된 다른 차원이 아니라 연속되는 세계입니다. 그러므로 우리는 이 땅에 있는 동안 하나님 나라의 원리를 따라 권세를 사용하며 매일매일 성장해야 합니다. 그렇게 할 때 하나님의 나라 안에서 영향력이 증가하고 점점 더 높임을 받게 될 것입니다.

아무리 나이가 많더라도 결코 '이제 하늘나라 갈 준비나 하면서 이 땅에서의 삶을 잘 마무리해야겠다.' 라고 생각해서는 안 됩니다. 하나님 나라에서의 삶은 이미 시작되었습니다. 따라서 하나님 앞에 가는 그날까지 권세를 증가시켜야 하며, 그것이 내세에서 우리가 누릴 권세를 결정합니다. 이 땅에서 영적으로 다스리는 것을 훈련받고 증거한 만큼 내세에서 권세가 주어지는 것입니다. 따라서 이 땅에서 고생하며 힘들게 살아도 천국에만 가면 좋은 것이 보장되어 있을 것이라는 생각은 틀린 생각입니다. 물론 천국은 좋은 곳이고 더 이상 슬픔이나 고통은 없을 것이지만, 이 땅에서 주변 상황에 지배를 당하며 약하게 살았는데 하늘에서 갑자기 큰 자가 될 수는 없습니다.

지금까지의 낮은 계시로 말미암아 그리스도인의 삶이 연약하고 소극적이었다면, 이제는 완전히 바뀌어야 합니다. 하나님께서는 당신을 다스리는 왕으로 만드셨습니다. 하나님께서 뜻하시고 이미 우리를 옮겨주신 위치를 정확히 인식하고 그 자리에 굳게 서서, 마땅히 발휘해야 할 능력과 권세를 따라 매일매일 증가하고 성장하는 삶, 매일 영향력이 늘어나고 통치가 확장되는 삶, 매일 누림이 커지는 삶을 살아가시기를 바랍니다.

예수 그리스도

그리스도교의 기본 교리로 가장 먼저 하나님에 대해 다루었고, 다음으로 예수님에 대해 살펴보겠습니다.

☐ 하나님께서 이 세상을 다스리시는 수단

하나님께서는 (예수) 그리스도 안에서, (예수) 그리스도를 통하여 이 세상을 다스리십니다. 우리의 구원도 예수 그리스도를 통해 이루어졌고, 이제 우리의 기도도 예수 이름으로, 즉 예수 이름 안에서in the name of Jesus 이루어집니다. "예수 이름 안에서" 기도한다는 것은 하나님께 우리의 기도를 받아들여지게 하려고 단순히 예수 이름을 빌려서 마지막에 포장하는 그런 것이 아닙니다. 우리가 예수 그리스도 안에서 공동 상속자의 위치, 즉 하나님 앞에서 예수님께서 기도하시는 것과 동일한 권세와 위치에서 기도한다는 의미입니다.

"그리스도 안에서"와 "그리스도를 통하여" 이루어지는 일들에 유념하여 다음의 에베소서 구절을 읽어 보시기 바랍니다.

하나님의 뜻에 따라 예수 그리스도의 사도가 된 바울은 에베소에 있는 성도들과 그리스도 예수 안에 있는 신실한 자들에게 쓰노니 하나님 우리 아버지와 주 예수 그리스도로부터 은혜와 평강이 너희에게 있을지어다. 그리스도 안에서 천상에 있는 모든 영적인 복으로 우리에게 복 주시는, 우리 주 예수 그리스도의 하나님 아버지는 복되시도다. 하나님께서 세상의 기초를 놓으시기 이전에 우리로 사랑 안에서 그분 앞에 거룩하고 흠 없게 하시려고 그리스도 안에서 우리를 택하시어 하나님의 기쁘신 뜻에 따라 예수 그리스도를 통하여 우리를 자신의 자녀로 입양할 것을 미리 정하셨으니 이는 하나님께서 그 사랑하시는 이 안에서 우리를 받아들이시어 그 은혜의 영광을 찬양케 하려 하심이니라. 그 사랑하시는 이 안에서 우리는 그의 은혜의 풍성함을 따라 그의 피를 통하여 구속 즉 죄들의 용서함을 받았느니라. 그 은혜의 풍성함으로 인하여 그는 모든 지혜와 총명을 우리에게 넘치게 하시어 그의 기쁘심을 따라 자기 안에서 계획하신 바 그의 뜻의 신비를 우리에게 알게 하셨으니 이는 때가 찬 경륜 안에서 하늘에 있는 것들이나 땅에 있는 것들이나 자신 안에 있는 것들까지도, 만물을 그리스도 안에서 하나로 함께 모으려는 것이니라. 모든 것을 그 자신이 의도한 대로 행하시는 이의 목적을 따라 우리가 예정되어 그분 안에서 유업을 받았으니 이는 먼저 그리스도를 믿었던 우리로 그의 영광의 찬양이 되게 하려 하심이니라. 그분 안에서 너희도 진리의 말씀, 곧 너희 구원의 복음을 듣고 그분 안에서 또한 믿었으니 너희는 약속의 성령으로 인침을 받은 것이니라. 이는 값 주고 사신 그 소유를 구속하기까지 우리의 유업의 보증이 되사 그의 영광을 찬양하게 하려 하심이니라. 엡 1:1-14

□ 역사의 주인공

예수 그리스도는 또한 역사의 주인공이십니다. 잘 아시다시피 세상에서도 예수 그리스도의 탄생을 기점으로 기원전과 기원후를 나눕니다. 기원전을 뜻하는 BC는 영어로 'Before Christ'의 약어로서 말 그대로 "예수님께서 오시기 전"이라는 뜻이며, 기원후를 뜻하는 AD는 라틴어 'Anno Domini'의 약어로서 이는 "주님의 해the year of the Lord"라는 뜻입니다. 즉 그리스도인이든 비그리스도인이든 지구상의 모든 사람들은 연도를 매길 때 "예수님께서 이 땅에 오신 지 몇 년"이라고 세고 있는 것입니다.

태초에 말씀이 계셨고, 그 말씀이 하나님과 함께 계셨으니, 그 말씀은 하나님이셨느니라. 그 말씀이 태초에 하나님과 함께 계셨느니라. 만물은 그에 의하여 지은 바 되었으며, 이미 지음받은 것 가운데 그가 없이 지어진 것은 아무것도 없더라. 요 1:1-3

예수님은 우주 만물을 만드신 분으로서 세상은 그분으로 말미암아 시작되었습니다. 사람들이 인정하든 하지 않든 인류의 역사는 그분을 중심으로 돌아가고 있습니다. 성경은 언젠가 반드시 올 지구의 종말 또한 그리스도의 재림의 때에 임하게 될 것이라고 말씀합니다.

이 왕국 복음이 모든 민족에게 증거되기 위하여 온 세상에 전파되리니, 그런 후에야 끝이 오리라 마 24:14

아직 이 세상이 존재하는 이유는 모든 민족에게 예수 그리스도의 복음이 전파되어야 한다는 목적 때문입니다. 그리스도인은 이와 같이 그리스도 중심의 역사관을 분명히 가지고 그 안에서 세상을 바라보고 또한 자신의 존재 이유와 사명을 발견하는 지혜를 가져야 하겠습니다.

□ 그리스도에 대한 바른 개념

말씀이자 하나님이신 분께서 이 땅에 육신을 입고 오셔서 "예수"라는 이름을 받으셨습니다. 사실 "예수"라는 이름은 당시에나 지금에도 수많은 사람들에게 흔하게 붙여진 이름입니다. 그러나 "예수 그리스도"는 유일하십니다. "그리스도"라는 말에 어떤 의미가 있기에 이러한 유일성과 특수성을 부여하는 것일까요? 앞서 2과에서 다루었듯이, "그리스도"라는 말은 헬라어로 '기름부음 받은 자 anointed one'라는 뜻으로서, '메시아'라는 히브리어와 동의어입니다.

이처럼 성령의 기름부음은 예수님을 예수님 되게 한 중요한 요소입니다. 예수님도 처음부터 그리스도로서 기능하셨던 것은 아니었습니다. 이 땅에 오셔서 30년 동안 사시다가, 침례 요한에게 침례를 받으시고 성령 충만을 받으심으로써 비로소 기름부음 받은 자가 되셨습니다. 그리고 이후 3년 동안 예수 그리스도로서 사역하신 후 십자가에서 죽으시고 부활하심으로써 우리 새로운 피조물들이 일어날 길을 여셨습니다.

이제 우리는 예수님을 영접하는 순간 새로운 피조물로 거듭나서 성령으로 말미암아 기름부음을 받아 그리스도인이 됩니다. 예수께서 이 땅에서 한 인간으로서 사시다가 성령의 기름부음을 받고 예수 그리스도가 되신 것처럼, 우리도 이 땅에서 죄인으로 살았었지만, 예수를 믿고 성령을 받고 난 후에는 그리스도인이 되는 것입니다.

따라서 우리는 "그리스도"라는 말에 대해서 다시 정의해야 합니다. 다시 말하지만 "그리스도"의 사전적 정의는 "기름부음 받은 자"라는 뜻인데, 기름부음이란 성령으로부터 오는 것입니다. 예수님께서 계실 당시에는 그분이 바로 그리스도이셨습니다. 그러나 이제는 우리도 성령 충만을 받았고, 예수께서 머리가 되신 몸에 속한 지체가 되었습니다.

> 이는 우리가 그의 몸과 그의 살과 그의 뼈의 지체임이라. 엡 5:30

따라서 이제는 기름부음 받으신 예수님과 그분의 교회인 우리 모두를 포함하여 "그리스도"라고 일컫는 것입니다. 따라서 성경에서 "예수 그리스도"라고 할 때는 정확히 예수님 그분을 말하는 것이지만, "그리스도"라고 할 때는 문맥에 따라 예수님 개인을 일컫는 것인지 아니면 몸 된 교회에 속한 우리 모두를 포함하여 말하고 있는지를 분별해야 합니다.

> 그러므로 전체 세대는 아브라함에서 다윗까지 십사 대요, 다윗으로부터 바빌론으로 잡혀간 때까지 십사 대요, 바빌론으로 잡혀간 때부터 그리스도까지 십사 대라 마 1:17

실제로 위 구절에서 마태가 열거한 족보의 세대 수를 세어보면, 바빌론 이후에 그리스도까지는 열네 대가 아니라 열세 대입니다. 즉 '그리스도'라는 말 안에는 예수 그리스도와 함께 그분으로 말미암은 새로운 피조물, 즉 그분의 교회까지 두 세대가 들어 있는 것입니다.

우리는 예수님과 하나입니다. 그분께서 받으신 기름부음과 우리가 받은 기름부음이 다르지 않습니다. 거듭난 순간 그리스도 안으로 침례를 받아 그리스도의 몸의 일부가 되었으며, 또한 예수님께 임하셨던 것과 동일한 성령이 우리에게 오셨습니다. 모든 것이 우리 안에 있습니다. 다만 그것을 나타내는 것은 우리의 몫입니다.

성령님의 역사

성령님의 존재와 그분의 역사는 그리스도인이라면 반드시 알아야 할 교리입니다. 하나님과 예수님께서는 이제 하늘에 계시지만, 성령님은 우리 안에 실제적으로 함께 하시며 우리를 인도하고 계십니다.

□ 성령님의 사역

내가 아버지께 기도하겠고, 그분께서 또 다른 보혜사를 너희에게 주시리니 그가 너희와 함께 영원히 거하시리라 요 14:16, 개역개정

위 구절에서 "또 다른 보혜사"라고 할 때 '또 다른'이라는 단어의 헬라어 원어는 본질적으로 완전히 같지만, 구별된 다른 존재를 말합니다. 즉 예수님은 이제 하늘로 가시지만 그분과 동일한 영이신 성령께서 오셔서 이제는 우리 각 사람과 영원히 함께 하실 것을 말씀하신 것입니다. 영어 확대번역 성경은 위 구절을 다음과 같이 번역함으로써 성령님의 다양한 역할에 대해 알려줍니다.

내가 아버지께 기도하겠고, 그분께서 너희에게 또 다른 위로자(상담자, 돕는 자, 중보자, 변호자, 힘 주시는 자, 비상시 대기자)를 주시리니, 그분께서는 영원히 너희와 함께 남아계실 것이다.

And I will ask the Father, and He will give you another Comforter (Counselor, Helper, Intercessor, Advocate, Strengthener, and Standby), that He may remain with you forever.

이처럼 성령께서는 "내가 너희를 고아와 같이 버려두지 아니하고 너희에게로 오리라"라는 예수님의 약속을 따라 우리에게 오셔서 많은 일을 하십니다. 그분께서는 우리를 위로하시고, 우리에게 조언과 상담을 주시며, 또한 도와주십니다. 우리가 기도할 바를 알지 못할 때에는 말할 수 없는 탄식으로 중보하시며(롬 8:26), 또한 변호자가 필요할 때 우리를 변호해 주시고, 연약할 때 힘을 주시며, 언제나 우리를 돕기 위해 준비하고 대기하고 계신 분이십니다.

이사야서 11장에서는 여호와의 영, 즉 성령님의 7가지 나타남을 언급합니다.

주의 영이 그의 위에 머물리니 지혜와 명철의 영이요, 계획과 능력의 영이며, 지식과 주를 두려워하는 영이라.
[KJV] And the spirit of the LORD shall rest upon him, the spirit of wisdom and understanding, the spirit of counsel and might, the spirit of knowledge and of the fear of the LORD; 사 11:2

성령님은 한 분이시지만, 그분께서 표현되고 나타나시는 모습은 다양합니다. 가장 먼저 "주의 영the spirit of the lord"은 '다스림의 영'이라고도 하며 어떤 상황 가운데 주권적으로 나타나셔서 주관하시는 상태를 말합니다. 또한 "지혜의 영the spirit of wisdom", "총명(명철, 이해)의 영the spirit of understanding", "모략(상담, 조언)의 영the spirit of counsel", "능력의 영the spirit of might", "지식의 영the spirit of knowledge", "주를 경외하는 영the spirit of the fear of the LORD"으로서 나타나십니다. 이러한 성령의 사역과 나타나심을 이해한다면 삶에서 보다 실제적으로 성령님과 동행하며 그분의 동역자로 기능할 수 있을 것입니다.

□ 성령님의 기름부으심

그 곳 사람들이 예수이신 줄을 알고 그 근방에 두루 통지하여 모든 병든 자를 예수께 데리고 와서 다만 예수의 옷자락에라도 손을 대게 하시기를 간구하니 손을 대는 자는 다 나음을 얻으니라 마 14:35-36

예수님 안에는 특별한 능력이 흐르고 있었고, 갈망을 가지고 그분을 만진 사람들에게는 그 능력의 효력이 나타났습니다. 그 능력은 바로 성령의 기름부음anointing입니다. 이처럼 성령님께서는 지금 우리 안에도 계시며, 기름부음을 통하여 역사하십니다.

성령의 기름부음이란, 성령의 임재와 능력의 나타남입니다. 성령님은 어디에나 계시지만, 그 임재의 영향력이 어디에서나 나타나지는 않습니다. 이처럼 하나님의 임재가 능력으로 나타나는 것, 즉 성령님의 활동을 "기름부음"이라 표현할 수 있습니다.

이러한 기름부음은 사람마다 다릅니다. 거듭난 그리스도인은 모두 성령님을 모시고 있지만, 그분이 한 그리스도인을 통하여 나타나는 정도는 모두 다르며, 우리의 생각이 말씀으로 새로워지고 영이 활성화될수록 기름부음은 점점 증가하게 됩니다.

기름부음에는 두 가지 종류가 있습니다. 첫째는 안으로부터의 기름부음 from the Spirit within 입니다. 우리 안에 계신 성령께서는 우리로 하여금 성숙한 그리스도인이 되어서 승리하는 삶을 살 수 있도록 우리를 성장시키시고 모든 과정을 인도하십니다. 그래서 영적으로 성장하고 계시 지식이 증가할수록 우리 안의 성령님이 더 많이 나타나고 기름부음이 증가합니다. 즉 말씀 안에서 우리가 어떤 존재이며 무엇을 가지고 무엇을 할 수 있는지를 더 많이 발견하고 인식할수록, 우리 안으로부터 나타나는 기름부음도 점점 더 증가하는 것입니다.

성장이란 곧 능력의 증가입니다. 그 능력이 곧 기름부음입니다. 다시 말해 영적으로 성장할수록 안으로부터 꺼내 쓸 수 있는 기름부음의 양이 증가하고, 이 기름부음으로 말미암아 우리는 더 많은 사람들에게 영향을 미치고 그들을 변화시키며 상황을 바꾸고 다스리는 삶을 살아갈 수가 있습니다. 이처럼 우리가 영적으로 성숙하고 영향력 있는 사람이 되면 더 이상 환경은 우리에게 문제가 되지 않습니다. 우리가 바로 승리와 성공을 지니고 다니는 존재가 되기 때문입니다. 우리 안의 기름부음은 언제든지 우리가 필요할 때마다 꺼내 쓸 수 있는 강력한 무기입니다. 안으로부터의 기름부음을 증가시키고 또한 밖으로 나타내는 방법을 알게 된다면, 우리는 언제 어디서나 결코 실패할 수 없는 존재로 세워질 것입니다.

둘째는 밖으로부터의 기름부음from the Spirit upon입니다. 이는 안으로부터의 기름부음과는 달리, 원할 때마다 쓸 수 있는 것이 아니라 특별한 시점에 분명한 목적을 가지고 주어집니다. 만약 어떤 신자가 질병에 걸렸는데 아직 영적으로 어리고 연약하여 내 안으로부터 믿음을 발휘하거나 기름부음을 꺼내 쓰기 어렵다 해도, 더 강한 기름부음을 가진 사람이 안수하거나, 예배 가운데 임한 기름부음으로 말미암아 치유를 경험할 수가 있습니다. 이처럼 밖으로부터 오는 기름부음은 영적으로 우리의 한계를 벗어나 삶을 승리하게 하는 하나님의 능력의 선물입니다.

그러나 이런 종류의 기름부음은 지속되지 않습니다. 결국 각자 유지할 수 있는 기름부음의 용량이 다르기 때문입니다. 다시 말해, 밖으로부터 부어진 기름부음을 통해 특별한 역사를 경험할 수는 있지만, 자신의 용량에 넘치는 기름부음을 계속 보유하고 있을 수는 없습니다. 결국 우리의 믿음생활 전체를 볼 때, 밖으로부터 오는 기름부음이 영적 성장을 대신할 수는 없습니다. 이것이 유명한 집회와 사역자를 찾아다니며 열심히 기도를 받는 분들이 기대만큼의 열매를 맺지 못하는 이유입니다.

기름부음의 용량은 말씀에 대한 계시가 올 때 확장됩니다. 따라서 평소 말씀을 읽고 고백하며 영을 강화함으로써 안으로부터 나오는 기름부음의 그릇을 넓히는 것이 지속적인 능력 가운데 기능하기 위한 더 확실한 접근입니다.

셀이나 예배 등으로 함께 모일 때 임하는 집단적인 기름부음은 밖으로부터 오는 기름부음의 대표적인 예입니다. "두세 사람이 내 이름으로 모인 곳에는 나도 그들 중에 있느니라"(마 18:20) 사실 성령님은 항상 우리와 함께 계신데 이런 약속을 주신 것에는 다른 의미가 있습니다. 즉 성령님의 일반적인 임재를 넘어선 성령님의 나타나심을 말씀하신 것입니다. 반복해서 말하지만 성령께서 우리 안에 들어오셔서 항상 함께 계시는 것과, 나타나시는 것 사이에는 차이가 있습니다. 우리 예수 믿는 사람에게는 모두 성령님이 내주해 계심에도 불구하고, 이런 약속을 주신 것은 공동체에 역사하시는 하나님의 임재에 대한 약속이셨습니다. "형제가 연합하여 동거함이 어찌 그리 선하고 아름다운고"(시 133:1) 그리스도인들이 함께 모일 때 특별한 기름부음이 있으며, 이로 인해 평소 해결하지 못한 문제나 질병에 대해 해결을 받기도 하고, 새로운 계시를 얻기도 하며, 세상을 향해 나아갈 영적인 새 힘을 공급받게 됩니다. 셀 모임이나 예배에 참석할 때 이러한 기름부음을 기대하십시오. 그 기대하고 갈망하는 심령이 반드시 성령의 역사를 끌어당기게 될 것입니다.

밖으로부터 오는 기름부음의 또 한 가지 종류는 사역적인 기름부음입니다. 교회에서 부서 사역자나 셀 리더 등의 직분으로 임명하며 안수를 하게 되는데, 그럴 때 사역적인 기름부음이 임하여 임명 받은 직분을 잘 감당할 수 있게 합니다. 예를 들어 교회에서 선교사를 세워

안수하고 파송하면, 그는 자신의 능력과 힘으로만 일하는 것이 아니라 교회로부터 흘러가는 기름부음을 통해 본인의 능력 이상으로 사역할 수 있게 되는 것입니다.

사역적인 기름부음은 하나님께 부름을 받은 사람에게만 임하는 것입니다. 그렇다면 하나님께서 나를 부르신 것을 어떻게 알 수 있을까요? 개인적으로 하나님으로부터 특별한 음성이나 신호를 받을 수도 있겠습니다만, 가장 안전하고도 정확한 기준은 바로 교회 안에서 세워지는 것입니다. 구약 성경에서 여호수아 엘리사가 세워진 것도 하나님께서 직접 지명하신 것이 아니라 당시로서는 교회와 같은 역할을 했던 믿음의 공동체 안에서 앞서 그 사역에 대한 기름부음을 받았던 모세와 엘리야를 통해 세워진 것이었습니다. 하나님께서 만드신 강력한 조직이자 그리스도의 몸인 교회에서 한 사람을 세우면, 그 자체가 하나님께서 부르신 것입니다. 교회에서 셀 리더를 세우고 기도할 때, 그에게는 셀 리더로서 모든 것을 수행할 수 있는 능력이 주어집니다. 그러므로 교회 안에서 세워진 모든 직분도 크든 작든 자신의 능력이나 힘으로 하는 것이 아니라 직분으로 말미암은 기름부음을 인식하며 활용할 때 훨씬 효과적으로 사역할 수 있습니다.

이처럼 성령의 기름부음은 안으로부터 나오는 기름부음과 밖으로부터 오는 기름부음으로 크게 나눌 수 있습니다. 안으로부터 나오는 기름부음은 영적 성장과 함께 점점 더 증가하며, 이러한 증가를 반드시 지향하고 사모해야 합니다. 그러나 우리가 성장하는 과정 중에 아직은 제한된 부분에 대해서는 하나님께서 밖으로부터 오는 기름부음을 약속해 주셨습니다. 하나님께서는 우리가 안팎으로 오는 기름부음을 통하여, 각자의 수준과 상황에 따라 여러 방법으로 성령의 일하심을 경험하고 세워지기를 바라십니다.

기름부음은 어떨 때 활성화될까요? 먼저, 안으로부터 나오는 기름부음은 하나님의 말씀을 믿고 고백할 때 계시가 일어나면서 증가합니다. 그래서 말씀 고백과 방언기도가 중요한 것입니다. 이를 통해 우리 안에 계신 성령님을 활성화하여 기름부음을 풀어놓고 증가시킬 수 있습니다.

밖으로부터 오는 기름부음은, 받는 사람이 기름부음을 이해하고 실제로 그것을 받아들이는 믿음을 가지고 있을 때 역사합니다. 밖으로부터 오는 기름부음은 받는 사람의 믿음만큼 역사합니다. 아무리 강한 기름부음이 임하더라도, 기름부음에 대해 아는 바가 없고 심지어 믿지 않는다면, 마치 전기가 흐르더라도 부도체는 통과하지 못하듯이, 그에게는 기름부음이 효과를 내지 못합니다. 그러므로 우리가 기름부음에 대해 이해하고 셀이든 예배든 함께 모일 때마다, 임하는 기름부음을 기대하고 나아갈 때 비로소 기름부음을 실제적으로 체험하고 그 유익을 누릴 수 있게 됩니다.

안수를 할 때에도 물론 안수하는 사람이 본인 안의 기름부음을 충분히 풀어놓고 이것이 상대에게 역사할 것을 믿고 기도해야 하지만, 마찬가지로 받는 사람 역할도 중요합니다. 주는 사람이 기름부음을 풀어놓았더라도 받는 사람이 그것을 받아들이지 못한다면 기름부음이 제 역할을 하지 못합니다. 그래서 종종 안수 기도를 하기 전에, 기도 받을 사람에게 미리 금식하라고 요구하는 경우가 있습니다. 주는 쪽만큼이나 받는 쪽의 역할이 중요하기 때문입니다.

똑같은 예배를 드리더라도 예배에 하나님의 기름부음이 있고 지금 내 삶에 대한 모든 해답이 있다고 믿는 사람은 그 기름부음이 나타나 그 혜택을 입게 될 것입니다. 반대로 습관적으로 그저 또 한 번의 예배를 드리기 위해 예배당에 오는 사람은 큰 변화 없이 돌아갈 것입니다. 목사님은 하나님께서 이 교회를 위해 보내고 기름 부으신 분이며, 목사님의 강단 메시지를 통해 하나님께서 성도들에게 필요한 계시를 주신다는 것을 믿고 기대하지 않는다면, 그런 분에게 주일 예배란 종교 행사이자 그저 좋은 말씀을 듣는 시간 정도에 불과합니다. 그러나 교회에 흐르는 기름부음을 알고 예배를 갈망하고 사모하는 사람에게는 평범한 떡 다섯 덩이와 물고기 두 마리가 수만 명을 먹이는 기적의 씨앗이 되었듯이, 평범한 예배 안에서도 삶을 뒤집는 말씀과 성령의 역사를 무한히 경험할 수 있습니다.

성경의 권위

모든 성경은 하나님의 감동으로 된 것으로 교훈과 책망과 바르게 함과 의로 교육하기에 유익하니 이는 하나님의 사람으로 온전하게 하며 모든 선한 일을 행할 능력을 갖추게 하려 함이라 딤후 3:16-17

우리는 모든 성경이 하나님께서 주신 감동과 영감을 따라 기록된 것을 믿습니다. 성경은 구약 39권, 신약 27권으로 총 66권으로 구성되었으며, 수천 년에 걸쳐 다양한 저자가 기록한 각 권들을 엮은 책입니다. 그럼에도 불구하고 성령의 감동과 계획을 따라 기록되었기 때문에, 전체가 정확하게 한 방향으로 흘러가고 있습니다.

또한 성경은 우리 새로운 피조물이 이 땅에서 다스리고 승리하는 삶을 살아가는 데 필요한 모든 것을 담고 있습니다. 다시 말해 예수 믿고 거듭난 자로서 알아야 할 모든 것이 성경에 담겨 있다는 것입니다. 거듭날 때 우리에게 완벽한 생명이 주어졌지만, 최고 용량을 발휘하여 그 생명을 충만히 누리기 위해서는 성장하고 성숙해져야 합니다. 이러한 면에서 성경 말씀은 하나님의 사람을 교훈과 책망과 바르게 함과 의로 훈련하고, 온전하고 성숙하게 세워서, 그로 하여금 선한 일을 할 능력을 철저하게 구비시키는 능력을 가지고 있습니다.

> 내가 주의 성전을 향하여 예배하며 주의 인자하심과 성실하심으로 말미암아 주의 이름에 감사하오리니 이는 주께서 주의 말씀을 주의 모든 이름보다 높게 하셨음이라 시 138:2

구약 성경을 보면 당시의 성도들이 여호와 하나님을 여러 모습으로 경험하는 것을 볼 수 있습니다. 아브라함은 아들 이삭을 바치려다 대신 제물이 될 숫양을 예비하신 것을 보고 '여호와 이레' 즉 예비하시는 하나님을 만났고, 누군가는 치유하시는 하나님인 '여호와 라파'를 만나기도 했습니다. 그러나 주의 말씀은 이렇게 개별적으로 경험한 주의 이름을 다 포괄할 뿐 아니라 그 모든 이름보다 더 높습니다.

□ 성경은 성령의 감동으로 기록되고 묶여졌다

우리는 성경이 다양한 시대와 배경에서 기록되었을 때 모두 성령의 감동으로 기록된 것과 66권 전체가 묶일 때 또한 성령님의 강권적인 역사가 있었음을 믿습니다. 또한 오늘날에도 우리가 성경을 읽을 때 동일한 성령님께서 각 사람에게 역사하시고 감동하심으로 말미암아, 때를 따라 가장 필요한 메시지를 계시하심을 믿습니다.

내가 이 두루마리의 예언의 말씀을 듣는 모든 사람에게 증언하노니 만일 누구든지 이것들 외에 더하면 하나님이 이 두루마리에 기록된 재앙들을 그에게 더하실 것이요 만일 누구든지 이 두루마리의 예언의 말씀에서 제하여 버리면 하나님이 이 두루마리에 기록된 생명나무와 및 거룩한 성에 참여함을 제하여 버리시리라 계 22:18-19

위 구절은 사도 요한이 요한계시록 말미에 요한계시록이라는 책을 마무리하면서 기록한 말입니다. 그러나 성경이 묶이는 과정에서 요한계시록에 가장 마지막에 들어가게 되면서, 이는 성경 전체에 대한 맺음말이 되었습니다. 비록 사도 요한은 요한계시록이 완성된 성경의 마지막 권이 될 것을 모르고 적었지만, 또한 사도 바울은 성경의 일부가 될 것을 모르고 신약의 수많은 서신서들을 적었지만, 우리는 이 모든 성경이 기록되고 묶이는 과정에 성령의 역사가 있었음을 알고 믿습니다.

실제로 성경의 원본은 오랜 시간 전수되는 과정에서 많은 제본들이 있었습니다. 당시에는 인쇄술이 없었으므로, 지금 우리가 읽는 성경은 그 긴 세월 사이에 사람들이 손으로 옮긴 사본 중에서도 정경으로 채택된 사본만을 모아 이루어진 것입니다. 이에 대해 사람이 옮기는 과정에서 누락되는 단어나 구절이 있을 수 있지 않을까, 수많은 사본 중에서 정경이 제대로 골라졌나, 심지어 정경보다 더 일찍 기록된 사본이나 원본이 나중에 발견되는 경우에는 그것이 더 신뢰할 만한 것이 아닌가 하는 의문을 가질 수도 있습니다. 그러나 이 모든 것들에 대해서는 우리가 걱정하거나 의심할 필요가 없습니다. 성경은 비단 기록될 때뿐만이 아니라 선별되고 묶이는 모든 과정에 성령께서 개입하시고 역사하심으로써 완성된 책이기 때문입니다.

□ **말씀은 영원한 진리이다**

오직 주의 말씀은 세세토록 있도다 하였으니 너희에게 전한 복음이 곧 이 말씀이니라 벧전 1:25

말씀은 세세토록 영원히 지속되는 진리입니다. 그런데 신약시대에 속한 우리는 성경에 나와 있는 말씀을 구별해서 볼 필요가 있습니다. 물론 넓은 범위에서 말씀이란, 성경에 기록된 모든 말씀을 가리킵니다.

그러나 좁은 범위의 말씀이란, 우리 시대의 말씀을 가리킵니다. 즉 지금 새로운 언약에 속한 새로운 피조물에 대한 메시지가 곧 우리에게 주신 말씀이라는 것입니다. 구약 성경도 하나님의 말씀인 것은 분명하지만, 그것은 당대의 거듭나지 못하고 계시가 가려져 있던 성도들에게 하신 말씀입니다. 그들에게 주어졌던 율법은 엄밀히 말해 지금 우리에게 참고사항은 되지만, 직접적으로 똑같이 적용되는 것은 아닙니다. 그러므로 우리가 우선시해야 할 말씀은 신약 성경에 나타난 새로운 피조물의 계시이며, 구약의 말씀을 볼 때에도 철저히 새로운 피조물의 관점에서 해석하고 받아들여야 합니다.

이러한 맥락에서, 말씀이란 "사람, 장소, 사물에 관하여 그리스도 예수 안에 있는 하나님의 계획, 목적, 뜻, 예비하심과 일치하는 메시지, 선포, 지시, 예언 등"이라고 정의할 수도 있습니다. 성경에 기록된 것들 중에서도, 위의 기준에 부합하는 말씀이야말로 지금 이 시대에 우리에게 주어진 메시지라고 볼 수 있습니다. 따라서 지금 우리에게 중요한 것은 예수 그리스도께서 십자가 죽음과 부활로 말미암아 이루신 속량과 그로 인해 우리에게 이루어진 구원과 새 생명에 대한 말씀입니다.

예를 들어, 한 가정 안에서도 엄마는 첫째, 둘째, 셋째에게 각기 다른 지시를 합니다. 모두 한 어머니가 하는 것이지만, 자녀의 연령과 수준에 따라 내용이 조금씩 달라지는 것입니다. 이런 상황에서 각 자녀에게 중요한 것은 바로 어머니께서 '나에게' 주신 말씀입니다. 그것을 제대로 이해하고 순종하는 것이 최우선이며, 다른 형제에게 주어진 지시가 어머니의 일반적인 의중을 이해하는 데 도움은 될 수 있지만, 그것을 나에게 주어진 지시보다 우선으로 삼고 따른다면 너무나 비효과적인 접근이 될 것입니다. 내가 가장 우선에 두고 가장 중요하게 여겨야 할 것은 바로 지금 나에게 주신 말씀인 것입니다.

그러므로 성경 말씀을 볼 때 시대를 구별하여 이해해야 합니다. 이 점을 간과하고 신약과 구약을 구별하지 못하면, 우리에게 맞지 않는 구약의 율법을 붙잡게 되고, 이로 인해 하나님께서 예수 그리스도를 통하여 우리를 위해 이루신 일들을 소용없게 만들어 버릴 수도 있습니다. 구약의 십계명이나 선지자를 통한 말씀들은 죄의 본성을 가진 사람들에게 주신 말씀이었습니다. 그러나 이제 하나님의 생명과 의의 본성을 가지고 살아가는 우리에게는 다른 차원의 말씀이 주어졌습니다. "그리스도 안에서 거듭난 나는 누구이며, 무엇을 가지고 있고, 무엇을 할 수 있는가"에 대한 말씀이야말로 하나님께서 이 시대에 우리에게 주시는 가장 핵심적인 메시지입니다.

☐ 말씀은 곧 하나님이다

태초에 말씀이 계시니라 이 말씀이 하나님과 함께 계셨으니 이 말씀은 곧 하나님이시니라 요 1:1

말씀은 곧 하나님이십니다. 따라서 진정으로 하나님을 경외하는 자는 당연히 말씀을 중요하게 여기고 순종합니다. 성령의 음성을 갈망하면서도 성경 말씀에 이미 나와 있는 지시들은 무시한다면, 이는 결코 하나님을 따르는 자의 태도라고 볼 수 없습니다. "나의 계명을 지키는 자라야 나를 사랑하는 자니 나를 사랑하는 자는 내 아버지께 사랑을 받을 것이요 나도 그를 사랑하여 그에게 나를 나타내리라" (요 14:21)

주의 말씀은 내 발에 등이요 내 길에 빛이니이다 시 119:105

성경에는 우리의 삶에 필요한 모든 말씀이 있습니다. 그리하여 매일의 걸음마다 우리를 밝게 비추어 하나님의 최고의 뜻을 따라 가도록 인도합니다.

말씀은 언제나 한 가지 방향을 이야기합니다. 어떤 상황에서도 말씀의 기본 원리는 절대 변하지 않습니다. 그러나 사람들은 원리를 이해하려 하기 보다는, 바로 가져다 쓸 수 있는 방법을 원합니다. 그러한 시각으로 말씀을 보다 보니, 하나님께서 이런 때는 이렇게 하라고 하시고 저런 때는 저렇게 말씀하시며 이랬다저랬다 하시는 것처럼 느끼기도 합니다. 그러나 하나님의 말씀에는 모든 상황의 바탕에 흐르는 하나의 방향이 있습니다.

서신서에서 여자들에게 말을 조심하라고 할 때, 이는 단지 도덕적인 규율을 제시하는 것이 아닙니다. 불필요한 말을 통해 사탄이 역사할 틈을 내어주기 때문에 삼가라고 권면하는 것입니다. 우리는 하나님의 말씀이 우리의 유익을 위해 주어진 것과, 우리에게 그분의 나라의 원리를 제시하고 있음을 믿고, 또한 그대로 행할 때 어떤 상황에서든지 그대로 역사하는 것을 믿습니다. "누구든지 네 오른편 뺨을 치거든 왼편도 돌려 대며 또 너를 고발하여 속옷을 가지고자 하는 자에게 겉옷까지도 가지게 하며"(마 5:39-40)라는 말씀 앞에서 '무조건 손해를 봐야 한다'라는 방법만 취하는 것이 아니라 악을 선으로 대응하여 삶을 다스리는 기본 원리와 태도를 파악하고 그대로 행하는 것입니다.

이처럼 성경의 모든 말씀에 흐르는 방향은 한 가지입니다. 우리는 무조건 말씀을 신뢰하고 그 빛을 따라 가기만 하면 됩니다. 하나님의 말씀의 원리 안으로 들어가기만 하면 하나님께서 약속하신 결과는 반드시 나오게 되어 있습니다. 하나님은 곧 말씀이시므로, 이처럼 말씀에 순복하는 태도를 가지는 것은 곧 하나님을 존중하는 것이요, 우리 자신을 승리하는 자로 세우는 길입니다.

□ 성경의 점진적 계시

성경의 계시는 점진적으로 밝은 빛으로 나아가고 있습니다. 물론 모든 성경은 하나님의 감동으로 기록되었지만, 동시에 저자의 지식과 계시의 한계 안에서 기록되었습니다. 따라서 구약 성경을 보면 치유나 사탄 등에 대해서 계시가 굉장히 희미한 것을 보게 됩니다. 그들은 죄의 본성을 가진 자들이었기에, 사탄의 속박으로부터 빠져나올 실제적인 방법이 없었습니다. 다만 하나님께서 주신 율법으로 행동을 제어하면서, 그 수준에서 보장된 하나님의 약속의 보호를 받으며 사는 것이 최선이었습니다. 그러므로 하나님께서는 그들에게 마귀의 존재에 대해서 알려주실 수가 없었습니다. 그 존재를 알고 나서 대적하고 이길 능력이 있다면 모르지만, 그렇지 않은 상태에서는 오히려 두려움을 일으키는 불필요한 지식이기 때문입니다. 그들에게는 다만 하나님의 법을 지키면 하나님의 보호를 받는다는 사실만 인식하는 것이 더 유익했습니다. 심지어 선지자들도 사탄에 대한 계시가 명확하지 않았기에, 모든 일을 '하나님께서 하신 것' 이라고 이야기하는 대목을 자주 볼 수 있습니다. 상당 부분 본인들이 하나님의 말씀에서 떠남으로써 사탄에게 발판을 내어준 것인데, 이해할 수 없는 재앙을 만나면 무조건 하나님께서 진노하셔서 직접 그들을 치셨다고 이해했던 것입니다.

그러다 예수님께서 이 땅에 오셨을 때 귀신이 나타나고 도망가는 모습을 보고 사람들은 놀랄 수밖에 없었습니다. 과거에는 사탄의 존재가 그렇게 직접적으로 드러나는 사건이 없었기 때문입니다. 예수께서 오신 이후에야 비로소 귀신의 존재가 계시되기 시작했고 복음서로부터 사탄의 존재와 귀신의 역사에 대해 보다 정확하게 기술된 것을 볼 수 있습니다.

구약 사건들은 신약에 오실 예수님과 새로 일어날 그의 교회에 대한 그림자와 모형입니다. 따라서 말씀을 공부할 때 구약으로 먼저 들어가는 것은, 더 밝은 빛이 나타났는데 굳이 희미한 빛 가운데로 들어가는 것과 같습니다. 위조지폐를 잘 가리기 위해서는 무엇보다 진짜 지폐에 대해서만 정확히 알면 됩니다. 마찬가지입니다. 하나님의 가장 완벽한 표현이자 형상이신 예수 그리스도께서 우리에게 계시된 이상, 굳이 구약의 메시지에 머물 필요가 없습니다. 예를 들어 치유에 대한 하나님의 뜻을 알고 싶다면, 예수님께서 이 땅에서 오셔서 하신 치유 사역을 보면 가장 정확합니다. 그분께서는 치유 받으려고 왔던 사람을 그냥 돌려보내시거나, "네가 가진 병은 하나님께서 주신 것이다."라고 말씀하신 적이 한 번도 없었습니다. 모든 사람과 모든 질병을 치유하시는 것이 바로 예수님을 통해 나타난 하나님의 뜻입니다. 그런데 굳이 구약으로 가서 하나님께서 병을 주신 것처럼 보이는 예들을 찾으며 치유에 대한 하나님의 뜻을 의심할 필요가 없는 것입니다.

이처럼 우리는 더 밝고 정확한 빛인 신약을 통해 구약을 이해해야 합니다. 같은 주제에 대해서도 성경 안에는 여러 수준의 진리가 공존합니다. 하나님께서 주시는 계시의 수준이 구약에서 신약으로 넘어가면서 점차적으로 발전하고 있기 때문입니다. 따라서 우리의 최우선적인 기준은 신약의 말씀입니다. 새로운 피조물의 진리가 가장 큰 진리이고, 하나님께서 예수 그리스도 안에서 이루신 완벽한 사역을 나타내는 계시입니다. 우리는 이처럼 성경 안에서 계시가 점진적으로 드러나는 과정을 이해하고 모든 것을 가장 밝은 진리의 빛으로 비추어 보고 이해해야 합니다.

사탄의 존재

사탄은 실재하는 존재이며, 무장해제 된 이 세상 임금입니다. 성경은 사탄의 존재에 대해서 이야기하며, 그리스도인들도 이에 대해 알고는 있지만, 막상 실제 삶에서는 사탄의 실재를 잘 이해하지 못하는 모습을 봅니다. 그래서 살면서 발생하는 예기치 않은 사고나 부정적인 사건들을 무작정 하나님의 뜻으로 오해하며 하나님과의 관계에 문제가 생기는 경우가 많습니다.

그리스도인들이 분명히 알아야 할 것은 하나님께서 실재하시는 것과 마찬가지로, 사탄도 분명히 실재한다는 사실입니다. 이 땅 위에 살아가는 동안에는 하나님과 나와의 관계만 있는 것이 아니라 그 사이에 사탄이라는 변수도 존재합니다. 이것을 모르면, 나름대로 열심히 살았는데 뜻하지 않은 고난을 만날 때 본인은 잘못한 것이 없다고 여기므로, 자연스럽게 하나님을 탓하게 될 것입니다. 그래서 지금도 교회에서 전심전력으로 봉사하고 수고하던 그리스도인들이 어려움을 만나면 하나님의 선하심을 의심하고, 나아가 '하나님이 정말 계신가? 그렇다면 어떻게 이런 일이 일어날 수 있지?' 라며 실족하는 일이 발생하는 것입니다.

다시 말하지만, 사탄은 실재합니다. 그는 믿지 않는 자들에게는 세상의 신으로서 군림하면서, 악한 일을 일으키는 존재입니다. 그러나 사실 사탄은 무장해제 되었습니다. 예수께서 사망과 음부의 열쇠를 빼앗아 완전한 승리 가운데 부활하심으로써, 사탄의 모든 권세를 완전히 무너뜨리셨습니다. 그 결과 예수께서 하늘과 땅의 권세를 모두 회복하셨고, 또한 그 권세를 그리스도인인 우리에게 넘겨주셨습니다. 따라서 사탄이 실재하는 것은 사실이지만, 사탄은 더 이상 우리가 두려워할 존재가 아니라 대적하고 다스려야 할 존재입니다.

□ 사탄의 근원

네가 옛적에 하나님의 동산 에덴에 있어서 각종 보석 곧 홍보석과 황보석과 금강석과 황옥과 홍마노와 창옥과 청보석과 남보석과 홍옥과 황금으로 단장하였음이여 네가 지음을 받던 날에 너를 위하여 소고와 비파가 준비되었도다 너는 기름 부음을 받고 지키는 그룹임이여 내가 너를 세우매 네가 하나님의 성산에 있어서 불타는 돌들 사이에 왕래하였도다 네가 지음을 받던 날로부터 네 모든 길에 완전하더니 마침내 네게서 불의가 드러났도다 네 무역이 많으므로 네 가운데에 강포가 가득하여 네가 범죄하였도다 너 지키는 그룹아 그러므로 내가 너를 더럽게 여겨 하나님의 산에서 쫓아냈고 불타는 돌들 사이에서 멸하였도다 네가 아름다우므로 마음이 교만하였으며 네가 영화로우므로 네 지혜를 더럽혔음이여 내가 너를 땅에 던져 왕들 앞에 두어 그들의 구경거리가 되게 하였도다 네가 죄악이 많고 무역이 불의하므로 네 모든 성소를 더럽혔음이여 내가 네 가운데에서 불을 내어 너를 사르게 하고 너를 보고 있는 모든 자 앞에서 너를 땅 위에 재가 되게 하였도다 만민 중에 너를 아는 자가 너로 말미암아 다 놀랄 것임이여 네가 공포의 대상이 되고 네가 영원히 다시 있지 못하리로다 하셨다 하라 겔 28:13-19

위 구절에서 보듯이 사탄의 근원은 타락한 천사입니다. 천사는 하나님의 일을 섬기는 존재들인데, 그 중에서 루시엘이 스스로 높아지고 찬양받고자 하는 마음을 가짐으로써 하나님께 반역을 하게 되고, 자신에게 속했던 모든 천사들과 함께 타락하여 이 땅으로 떨어지고 말았습니다. 하나님은 아가페 사랑이시므로, 그분이 창조하신 모든 피조물에게 자유의지를 주십니다. 인간에게도 그러하셨듯이 천사들도 마찬가지였으며, 루시엘은 그러한 자유의지를 가지고 잘못된 선택을 하고 말았습니다.

이처럼 타락한 루시엘이 루시퍼가 되었고, 그와 그의 수하에 있는 조직들이 바로 이 땅에서 역사하는 사탄의 조직이 되었습니다. 이들은 타락하여 쫓겨났으나 천사로서의 기능은 남아있으므로 천사가 할 수 있는 일이라면 이들도 똑같이 흉내 낼 수 있습니다. 즉 사탄도 영적 존재로서 초자연적인 일들을 얼마든지 나타낼 수 있다는 것입니다. 이런 이유로 실제로 이단이나 거짓 선지자들에게서도 초자연적인 역사가 일어나는 것이 가능합니다. 그러므로 단순히 현상만을 가지고 하나님이 아니시면 이런 일을 하실 수 없다고 단정해서는 안 됩니다.

> 도둑이 오는 것은 도둑질하고 죽이고 멸망시키려는 것뿐이요 내가 온 것은 양으로 생명을 얻게 하고 더 풍성히 얻게 하려는 것이라 요 10:10

눈에 보이는 현상은 비슷해 보일지라도, 마귀는 본질이 다릅니다. 그들은 하나님을 대적하는 자들이고 어둠의 영이므로, 그들이 역사하는 곳에는 결과적으로 항상 어둠이 뒤따릅니다. 치유를 주는 것 같지만 결국 마귀에게 더 사로잡히게 하고, 부요를 주는 것 같지만 결국 돈의 노예가 되어 불행하게 합니다. 이처럼 모든 인간에게 고통을 주고, 빼앗고, 죽이고, 멸망시키는 것이 그들의 목적입니다.

▫ 예수님의 승리와 사탄의 패망

그러나 예수께서 완벽한 승리를 이루심으로써, 사탄은 패망했습니다. 누가복음 4장에서는 사탄이 이 세상의 모든 권세를 주겠다며 예수님을 시험하지만, 예수님께서는 말씀으로 대적하시고 나아가, 복음을 전하시고 귀신을 쫓고 병든 자를 고치시며 하나님의 뜻을 온전히 행하시는 장면을 볼 수 있습니다.

> 이것을 너희에게 이르는 것은 너희로 내 안에서 평안을 누리게 하려 함이라 세상에서는 너희가 환난을 당하나 담대하라 내가 세상을 이기었노라 요 16:33

예수님은 세상에 대한 모든 권세를 회복하시고, 세상의 왕인 사탄의 머리를 밟고 승리의 자리에 서셨습니다.

> 그러므로 이르기를 그가 위로 올라가실 때에 사로잡혔던 자들을 사로잡으시고 사람들에게 선물을 주셨다 하였도다 엡 4:8

이는 예수께서 승천하실 때에 대한 이야기입니다. 구약의 성도들은 하나님을 바라보고 믿음으로 죽었지만, 아직 죄 문제는 해결되지 않았기 때문에 당시에는 천국에 갈 수 없었습니다. 그래서 예수께서 오시기 전까지만, 이들은 지옥에서 아브라함의 품에 따로 보호되어 있었습니다. 즉 오실 메시아를 바라보고 죽었기에 죄인으로서 지옥에 잠시 갔지만 아직 구원의 여지가 있었던 것입니다. 그런데 예수께서 지옥으로 가셔서 합법적으로 승리하시고 부활하심으로 말미암아, 사로잡혔던 자들을 다 데리고 하늘로 올라가셨습니다. 즉 예수께서 사로잡은 자였던 사탄의 권세를 폐하시고 완전한 승리를 이루신 것입니다.

> 곧 살아 있는 자라 내가 전에 죽었었노라 볼지어다 이제 세세토록 살아 있어 사망과 음부의 열쇠를 가졌노니 계 1:18

마귀가 가지고 있던 죽음과 지옥의 열쇠를 이제는 예수님께서 빼앗아 취하셨습니다. 그리고 예수께서는 그 열쇠를 이제 우리에게 넘겨주셨습니다.

□ **우리의 승리**

거듭나서 그리스도 예수 안으로 침례 된 순간, 우리는 그리스도와 함께 하늘에 앉아 공동 상속자로서 권세를 같이 누리게 되었습니다.

그가 우리를 흑암의 권세에서 건져내사 그의 사랑의 아들의 나라로 옮기셨으니 골 1:13

흑암의 권세 아래서 사탄에게 종 노릇 하던 우리가 이제는 하나님의 사랑의 아들의 나라로 옮겨져, 완전히 다른 차원의 법인 생명의 성령의 법을 따라 기능하게 되었습니다.

자녀들아 너희는 하나님께 속하였고 또 그들을 이기었나니 이는 너희 안에 계신 이가 세상에 있는 자보다 크심이라 요일 4:4

어린 자녀일지라도 하나님의 자녀라면 이미 그분께 속하였고 세상을 이겼습니다. 우리 안에 계신 성령님께서 세상에 있는 마귀보다 크시기 때문입니다. 우리는 이 땅에서 승리할 수밖에 없습니다. 예수님께서 이기신 승리가 우리의 승리이며, 직접 싸우지 않았더라도 예수님의 승리를 내 것으로 삼아 그 결과를 누리며 통치할 수 있습니다. 그래서 우리는 정복자보다 나은 자입니다. 예수님의 권세가 나의 권세가 되었고, 말씀과 성령의 역사로 사탄의 모든 궤계를 물리치는 능력의 자리에 우리는 지금 앉아 있습니다.

□ **사탄의 무기**

사탄은 무장해제 되었지만, 그래도 여전히 거듭나지 않은 세상 사람들에게는 왕으로 군림하여 그들을 조종하고 있습니다. 또한 그리스도인에 대해서도 우리가 틈을 내어준다면 역사할 수 있는 무기를 가지고 있는데, 그것은 바로 거짓말과 유혹과 분리입니다.

거짓말은 진리가 아닌 것을 제시함으로써 우리가 잘못된 선택을 하고 잘못된 삶을 살게 합니다. 우리로 하여금 진리에 어둡게 하여, 그리스도 예수 안에서 이미 주어진 권세를 놓치게 하고, 또한 사탄의 권세가 큰 것처럼 행세하며 우리를 속박하는 것입니다.

> 너희는 너희 아비 마귀에게서 났으니 너희 아비의 욕심대로 너희도 행하고자 하느니라 그는 처음부터 살인한 자요 진리가 그 속에 없으므로 진리에 서지 못하고 거짓을 말할 때마다 제 것으로 말하나니 이는 그가 거짓말쟁이요 거짓의 아비가 되었음이라 요 8:44

사탄의 본질은 거짓입니다. 따라서 속이는 것이 그의 주특기이고 가장 큰 무기입니다. 속임수로 인해 우리가 마땅히 누려야 할 자리를 빼앗기지 않기 위해서는 하나님의 말씀을 정확히 알아야 합니다. 거짓에 대항하는 최적의 무기는 바로 진리이기 때문입니다.

유혹은 우리로 하여금 말씀에 어긋나는 것을 따르게 하고 죄를 짓게 함으로써, 정죄감을 주고 하나님과 멀어지게 합니다.

분리 또한 사탄의 주된 수법입니다. 관계를 멀어지게 하고 교회 안에서 분파를 나누는 모든 일들이 마귀의 일입니다. 특별히 성도들이 어려움을 당할 때 오히려 교회에 나오지 않고 멀어지는 경우가 있습니다. 그러나 사자가 먹잇감을 잡을 때 무리에서 분리된 한 마리를 노리듯이, 사탄도 연약한 성도가 교회에서 떨어져 나와 방황할 때를 노려 공격함으로써 실족하게 만듭니다. 따라서 그럴 때일수록 창피함이나 원망과 같은 부정적인 감정을 내려놓고 더욱 모이기를 힘쓰고 교회의 기름부음에 연결되어야 합니다.

마찬가지로 계속해서 한 교회에 정착하지 않고 떠돌거나, 이곳저곳에 발을 담그고 독자적으로 신앙 생활하는 성도들은 뿌리가 얕은 식물과 같아서 제대로 성장하기가 어렵습니다. 하나님께서는 교회 공동체를 통해 성도의 성장을 위한 계시와 기름부음을 흘려보내심을 이해하며, 교회로부터 분리되는 선택은 특별히 신중하게 다루어야 합니다.

◻ **우리는 사탄의 속임수에 대적하고, 진리이신 하나님의 말씀을 선언함으로써 원수를 이깁니다**

예수님께서 우리를 위해 완벽한 승리를 이루심으로써 사탄은 이미 패배한 적이 되었고, 그의 무기와 전략은 모두 노출되었습니다. 그러므로 사탄은 결코 우리가 두려워할 대상이 아니라 우리가 적극적으로 맞서고 쫓아야 할 대상입니다. 그러나 이 사실을 모르고 사탄에게 틈을 내어주거나 소극적으로 반응한다면, 그리스도인이라 할지라도 사탄에 의해 피해자가 될 수 있습니다. 예수께서는 친히 회복하신 하늘과 땅의 모든 권세를 그리스도인에게 위임하셨고, 이제 그 권세를 행사하고 집행할 책임은 우리에게 있습니다.

> 근신하라 깨어라 너희 대적 마귀가 우는 사자 같이 두루 다니며 삼킬 자를 찾나니 너희는 믿음을 굳건하게 하여 그를 대적하라 이는 세상에 있는 너희 형제들도 동일한 고난을 당하는 줄을 앎이라 벧전 5:8-9

우리의 대적 마귀는 사자처럼 으르렁거리며 삼킬 자를 찾아다니고 있습니다. 그러나 사실상 마귀는 이빨 빠진 사자와 같이 아무런 힘도 없으면서, 마치 능력이 있는 것처럼 허탄하게 으르렁거리며 위협하고 있을 뿐입니다. 하지만 믿음이 없고 말씀이 없는 자는 그 위협에 속아 두려워 떨며 스스로 승리를 내려놓게 하는 것이 사탄이 원하는 바입니다. 그러므로 우리는 믿음 안에 굳게 서서 마귀를 적극적으로 대적해야 합니다. 하나님께서는 "나에게 쫓아달라고 기도하면, 내가 쫓아주리라"라고 하지 않으셨습니다. 우리에게 "네가 네 믿음을 발휘해서 그를 대적해라"라고 말씀하셨습니다. 이것이 우리가 해야 할 역할입니다.

> 그런즉 너희는 하나님께 복종할지어다 마귀를 대적하라 그리하면 너희를 피하리라 약 4:7

동일하게 "너희는 마귀를 대적하라"라고 말씀합니다. 우리가 대적하면 마귀는 줄행랑을 칠 수밖에 없습니다. 그것이 우리에게 주어진 권세입니다. 사실 마귀도 사실상 이것을 잘 알기에 우리가 깨닫지 못하도록 끊임없이 진리를 가리고 혼동시키고 속이려고 하지만, 우리가 말씀 위에 굳게 서서 권세를 행사하기만 하면 마귀는 벌벌 떨며 피할 수밖에 없습니다.

마귀를 대적하는 방법은 간단합니다. 잘못된 생각이 들어올 때 거절하고, 그에 대한 말씀을 선포하는 것입니다. 에베소서 6장에서 '전신 갑주'에 대한 말씀을 보면 "성령의 검 곧 하나님의 말씀"만이 유일하게 공격 무기임을 볼 수 있습니다. 진리와 의와 복음과 구원의 바탕 위에서 믿음을 가지면 사탄이 주는 공격과 부정적인 생각이나 감정 앞에서 버틸 수는 있지만, 결정적으로 사탄을 물리치고 쫓아낼 수 있는 무기는 바로 우리가 입으로 선포하는 "하나님의 말씀"입니다. 따라서 공격이 올 때 그저 사라지기를 기다리거나 하나님께 없애 달라고 기도할 것이 아니라 그리스도 안에서 내가 누구인지를 인식하고 담대하게 말씀을 주장해야 합니다. 그것이 하나님께서 우리에게 지시하신 최선의 대응책입니다.

이상 그리스도인이 알아야 할 기본 교리 5가지를 나누었습니다. 우리는 이 세상 우주 만물을 다스리시는 하나님의 주권과, 예수 그리스도의 속량하심과, 지금도 살아서 순간순간 역사하시는 성령님을 믿으며, 또한 성경이 변하지 않는 진리인 것과, 사탄의 실재와 한계를 알고 믿습니다.

말씀을 온유한 심령으로 기쁘게 받아들이면, 그 말씀이 우리도 모르는 사이에 영에 자리를 잡고 삶에서 지혜로 나타나게 됩니다. 마치 밥을 먹으면 어떻게 소화되고 흡수되는지는 모르지만, 그것이 영양분으로 변하여 우리 몸에 힘을 주고 몸을 자라게 하듯이, 하나님의 말씀도 우리의 심령에 잘 넣어주기만 하면, 우리도 모르는 사이에 영에 힘을 주고 영을 강건하게 세웁니다. 어떤 어려운 상황이라도 속사람이 거인처럼 일어나기만 하면, 우리는 승리할 수밖에 없습니다. 그러므로 평소에 강한 영을 만드는 일을 지상과제로 삼고, 이를 위해 믿음의 기초를 든든히 하는 일에 힘써야 하겠습니다.

제 7 과

기본교리에 대한 정확한 이해 (II)

하늘과 땅의 모든 권세를 내게 주셨으니
그러므로 너희는 가서 모든 민족을 제자로 삼아
아버지와 아들과 성령의 이름으로 세례를 베풀고
(마 28:18-19)

Jesus came to them and said:
I have been given all authority in heaven and on earth!
Go to the people of all nations and make them my disciples.
Baptize them
in the name of the Father, the Son, and the Holy Spirit,

거듭난 그리스도인이 하나님의 말씀과 성령의 도우심 안에서, 영생을 인식하며, 모든 일에 승리하고, 기도응답을 받으며, 성령님의 인도를 따라 풍성한 삶을 누리기 위해 잘 알아야 할 기본 교리들이 있습니다. 지난 과에서는 하나님, 예수님, 성령님, 말씀, 사탄에 대한 기본 교리를 나누었고, 이번 과에서는 이어서 다섯 가지 교리를 추가로 살펴보겠습니다.

우리 몸은 하나님의 성전이다

'성전'이라고 하면 여전히 가장 먼저 교회 건물, 예배당을 떠올리는 경우가 많습니다. 그러나 신약시대로 넘어오면서 말씀은 우리가 바로 성전이라고 알려줍니다.

너희가 하나님의 성전인 것과 하나님의 영께서 너희 안에 거하시는 것을 알지 못하느냐? 고전 3:16

위 구절에서 '너희'란 집단적인 교회 전체를 의미하기도 하고, 또한 개인적인 우리 각 사람을 의미하기도 합니다. 즉 믿는 자 한 사람

한 사람이 온전한 성전이며, 이들이 모여 이루는 교회 또한 하나님의 성전이 되는 것입니다. 이 내용을 좀 더 살펴보겠습니다.

□ 성전 : 하나님의 임재(기름부음)가 거하는 곳

'성전'의 성경적 의미는 하나님의 영이 거하는 곳, 더 정확히 말해 하나님의 임재가 나타나는 곳을 뜻합니다. 하나님께서는 어디에나 무소부재하시지만, 특별히 그분의 나타남이 있는 곳을 성전이라 일컫습니다.

실제로 구약시대에는 하나님께서 지시하신 대로 정확하게 천막을 짓자 그곳에 하나님의 임재가 나타나서 '성막'이 되었습니다. 또한 후에 하나님께서 지시하신 정확한 양식대로 건물을 짓자 그곳에 하나님의 임재가 나타나서 '성전'이 된 것을 볼 수 있습니다.

그러나 그곳을 거룩하게 구별시킨 것은, 본질적으로 건축 과정의 수고나 건물의 양식이 아니라 하나님의 임재였습니다. 아무리 아름답게 건물을 지었더라도 그곳에 하나님의 임재가 없다면, 그곳은 성전이라 불릴 수 없습니다. 반대로 어느 곳이라도 하나님의 나타남이 있다면 그곳은 거룩하게 구별됩니다. 구약 성경에도 그러한 예를 볼 수 있습니다. 광야에서 양을 치며 은둔하던 모세에게 하나님께서 나타나시면서 순간 그곳이 '거룩한 땅'이 되었다고 말씀하셨고, 또한 모세가 시내산에서 하나님께 율법을 받을 때에도 마찬가지로 하나님의 임재로 말미암아 그곳이 거룩하게 되어 나머지 모든 백성은 물론 동물도 가까이 오지 못하게 했던 장면을 볼 수 있습니다.

그러나 구약의 성도들은 아직 내주하시는 성령님을 모실 수 없었습니다. 그들이 가진 죄인의 본성으로 인해 성령께서 그 안에 함께 하실 수 없었기 때문입니다. 그래서 당시 성령께서는 성전이라는 구별된 공간에 계실 수밖에 없었습니다. 성전은 성소와 지성소로 나뉘어져 있습니다. 이중에서, 성소the holy place에는 제사장들이 매일 들어가서 그곳에 있는 제사 도구들을 관리할 수 있었습니다. 반면 지성소the holy of holies, the most holy는 일 년에 한 번, 대제사장이 이스라엘 백성의 죄를 사하기 위해 들어가는 곳이었습니다. 그곳은 말 그대로 가장 거룩한 곳으로서, 실제로 하나님의 임재가 거하는 곳이었습니다. 당시 죄 문제를 해결 받지 못한 백성 중 아무나 그곳에 들어가면 즉시 죽었습니다. 하나님께서 죽이시는 것이 아니라 그 임재의 지극한 거룩함을 죄가 견디지 못하는 것입니다. 그래서 오직 대제사장만이 1년에 한 번, 그것도 자신을 위한 속죄제를 드리고 자신의 죄를 사한 후에야 들어갈 수 있었습니다. 그럼에도 불구하고 혹시 대제사장이 그곳에서 죽게 되면 아무도 들어가서 데리고 나올 수가 없기에, 만약의 경우를 대비하여 시신을 당길 수 있는 끈을 허리에 매고 들어가는 장면을 성경에서 볼 수 있습니다. 그만큼 하나님의 임재가 거하는 지성소는 아무나 접근할 수 없는, 거룩하게 구별된 곳이었습니다.

그런데 예수님께서 십자가에서 자신의 피로 우리를 위한 영원한 속죄를 이루시고 숨을 거두신 순간, 성소와 지성소를 가르던 휘장이 위로부터 아래로 쫙 찢어졌습니다. 그 휘장은 일반 천이 아닌 해달의 가죽으로 된 것이었습니다. 그런 강력한 가죽이 단번에, 그것도 위로부터 아래로 찢어졌다고 성경은 말씀합니다. 예수님의 죽음으로 말미암아 하나님의 임재가 휘장을 찢고 지성소 밖으로 나와 우리 가운데로 오신 것입니다. 이제 예수님을 받아들이고 거듭난 모든 사람은 순간적으로 죄 문제가 해결되고 본성이 교체됨으로 말미암아, 그 안에 성령님을 모시며 그분의 임재를 지니고 다니는 존재가 되었습니다. 다시 말해, 그 자신이 살아있는 성전이 된 것입니다. 이처럼 지성소는 특정 장소에 제한적으로 존재하는 것이 아니라 모든 성도들과 그들의 모임인 교회 안으로 들어오게 되었습니다.

이는 우리의 행위나 기질과는 상관이 없습니다. 평범한 공간이 하나님의 임재로 말미암아 거룩해지는 것과 같이, 우리 안에 성령님이 거하심으로써 우리는 거룩한 사람들, 즉 성도聖徒로서 구별되었고 성전이 되었습니다.

따라서 이제 더 이상 특정한 건물을 두고 성전이라 말하지 않습니다. 물론 예배당은 성도들이 함께 모여 예배를 드리는 곳으로서 하나님의 임재가 나타나는 대표적인 공간이지만, 꼭 예배당에 와야만 그분의 임재를 체험하고 하나님을 만날 수 있는 것이 아닙니다. 믿는 자들의 모임이나, 아니면 심지어 혼자 있을 때에도 성령을 인식하고 그분의 임재를 풀어낸다면 그곳이 바로 성전으로서 기능하게 되는 것입니다. 그러므로 이제 신약의 성도들에게 "성전 건축"이란, 예배당 건물을 짓는 것일 수도 있겠지만, 믿지 않는 사람을 전도하여 그들로 하여금 성령을 받게 하며 하나님의 왕국을 확장하는 것이 바로 신약적인 진정한 성전 건축이라 할 수 있습니다.

□ 교회 : 그리스도의 몸

교회 또한 마찬가지입니다. '교회간다', '교회다닌다' 라는 표현에서 보듯이, 교회도 예배당 건물과 동의어로 생각하기 쉽습니다. 그러나 교회는 그리스도의 몸입니다. 이는 단순히 내가 속한 지역교회만을 일컫는 것이 아니라 전 세계의 모든 교회들이 연결되어 그리스도의 한 몸을 이루고 있습니다. 그리고 성경은 교회가 하나님께서 운행하시는 단체이며, 세상 어떤 집단보다도 강력한 능력과 권세를 받은 조직이라고 말씀합니다.

또 만물을 그의 발 아래 두시고 그를 만물 위에 머리가 되게 하셔서 교회에게 주셨느니라. 교회는 그의 몸이니 만물 안에 모든 것들을 채우시는 분의 충만이니라. 엡 1:22-23

교회는 예수님의 몸이며, 예수께서 그 몸의 머리이십니다. 그리고 만물을 그 몸의 발 아래에 두셨다고 말씀합니다. 이렇듯 교회는 만물 위에서 그들을 다스리는 위치에 있습니다. 또한 말씀은 교회를 두고, 만물 안에서 모든 것을 채우시는 분의 충만이라고 말씀합니다. 이것이 바로 교회의 비밀입니다.

교회는 우리 한 사람 한 사람이 모여서 이루어지는 것입니다. 그래서 성경은 교회를 두고 인체에 비유하기도 하고, 또한 집에 비유하기도 합니다. 이 두 가지의 공통적인 특징은 좌우상하로 연결되어 있는 것입니다. 가까이에 있는 지체 또는 부속과 연결되지 않으면 나의 존재도 불완전해지고 전체를 이루지 못하는 것입니다. 예를 들어 건물을 지을 때에도, 하나의 벽돌이 상하좌우의 다른 벽돌과 연결되어 서로 힘을 지지해야만 든든하고 온전한 건물이 세워집니다. 인체는 더욱 그러합니다. 손이 아무리 많은 일을 한다고 해도, 손목과 팔에 연결되지 않고 떨어져 나가 버리면, 아무 능력도 없는 흉물에 지나지 않을 것입니다. 결국 전체 안에서 나의 역할과 위치를 정확히 알고, 나에게 연결된 지체들과 상합하여 기능할 때, 그것이 전체를 온전히 세우는 일이자, 동시에 나 자신에게도 가장 이로운 일입니다. 우리는 결코 혼자 존재할 수 없습니다. 그리스도의 몸 안에서 한 지체로서 서로의 연결고리 안에서 존재하고 성장하는 것이 우리를 향해 정하신 하나님의 원리입니다.

> 보라, 형제들이 하나되어 함께 거하는 것이 얼마나 좋고 얼마나 기쁜가! 그것은 마치 머리 위의 값진 향유가 수염, 곧 아론의 수염으로 흘러서 그의 옷깃까지 내려가는 것과 같고 헤르몬의 이슬이 시온의 산들 위에 내림 같도다. 거기에서 주께서 복을 명하셨으니, 곧 영생이로다. 시 133

형제들이 하나 되어 함께 거하는 것은 그 자체로 교회의 모습입니다. 그것이 마치 제사장 아론의 머리에 기름을 부을 때 그 기름이 머리에서부터 수염을 타고 흘러 에봇을 따라 흘러내리는 모습과 같다고 말씀합니다. 우리가 모일 때 위로부터 흘러오는 기름부음에 대한 아름다운 그림입니다. 이것이 너무나 아름다워 그들이 사모하는 헤르몬의 이슬이 온 땅에 촉촉히 내려온 모습과 같다고 합니다. 이처럼 하나님께서는 우리의 연합을 통해 위로부터 기름부음을 흘려보내시고 우리에게 복을 주시며, 영생 즉 영원히 다스리는 하나님과 같은 생명을 교회 전체에 부어주기로 정하셨습니다.

물론, 앞서 배웠듯이 우리 각자는 계시지식의 증가에 따라 안에 있는 기름부음을 증가시킬 수 있습니다. 그러나 함께 모일 때, 본래 나의 분량을 초월하여 위로부터 부어지는 기름부음이 있습니다. 이 또한 하나님께서 약속하신 선물입니다. 따라서 우리가 그리스도의 교회에 속한 지체로서의 위치를 인식하고 이러한 단체적인 기름부음을 기대하고 활용한다면, 스스로 해결하거나 넘어설 수 없던 일에 대해 초자연적인 계시와 도약을 경험하게 될 것입니다.

우리는 거듭난 순간 교회라는 가족의 한 일원으로 탄생합니다. 인정하든 인정하지 않든 우리는 그리스도의 몸의 일부입니다. 가족이 없는 사람은 없듯이, 영적 가족이 없는 그리스도인도 있을 수 없습니다. 우리는 그동안 혼자 힘으로 노력하고 애쓰면서 결과를 얻어야 하는 개인주의적인 구조와 문화에 익숙해왔고, 따라서 신앙생활도 나 혼자 열심히 말씀 찾아 듣고 기도하면 발전할 것이라고 생각하곤 했습니다. 그러나 영적인 원리는 그렇지 않습니다.

자녀가 좋은 가정의 방패 안에서 균형 있게 성장해 가듯이, 그리스도인도 하나님께서 예비하신 축복의 통로인 교회에 잘 정착하여 성장할 때, 비로소 새로운 피조물로서 장성하여 환경을 다스리며 승리하는 삶을 살게 됩니다. 가정에서 부모님과 언니, 오빠, 동생들과의 온전한 관계 안에서 자녀가 바르게 자라가듯이, 영적 생활에서도 좋은 교회 안에서 영적 부모와 영적 형제들과의 연결 가운데 이루어지는 것입니다.

제가 30년 가까이 목회를 하면서 경험한 바도 그러합니다. 어떤 성도는 혼자 밤새도록 기도하고 인도받으면서 신앙생활을 잘 하는 것 같아 보이지만, 공동체 안에서의 연결성이 약한 경우 결국 시간이 지난 후에는 삶에서 실제적인 열매가 적은 것을 발견하게 됩니다. 반대로 신앙생활을 그다지 뜨겁게 하는 것 같지는 않은데, 스스로를 교회 안에서 지체로 인식하고 특별히 사역자를 영적 부모로 인정하고 존경하며 꾸준히 뿌리내리고 계신 분들은, 세월이 지난 후에 가정과 직장을 비롯한 모든 영역에서 두루두루 하나님의 축복을 누리며 사시는 것을 봅니다. 이처럼 공동체 안에서 기름부음이 흘러오는 통로에 온전히 접붙여져 있기만 하면, 특별히 노력하거나 애쓰지 않아도 생명과 축복이 공급되고 열매가 나타나는 것은 지극히 자연스러운 일입니다.

사역자들도 마찬가지입니다. 특히 단독 목회를 하시는 목사님들께서는 무조건 여기저기 좋은 것들을 찾아다니며 열심히 배워서 목회하면 된다는 생각을 갖고 계시는 경우가 많습니다. 그런 경우일지라도 전체적인 그림에서 볼 때는 모든 교회가 하나님의 몸으로 연결되어 있으며, 하나님의 시각에서는 누구든지 반드시 은혜를 공급받는 곳이 있고, 또한 흘려보내는 곳이 있습니다. 우리는 절대 혼자서 따로 떨어져 나와 움직이는 것이 아니라 그리스도의 몸의 일부로서 존재합니다. 그러므로 우리는 항상 하나님의 눈으로 지금 내가 누구로부터 연결되고 계시를 받고 있는지, 그리고 받은 공급을 누구에게 흘려보내야 할지를 인식해야 합니다. 나의 공급점을 인식하며, 앞선 영적 선배들의 길을 사모하고 취할 때, 내 수준에서는 도달할 수 없던 계시에 빠르게 도달할 수 있게 됩니다.

성장의 본질은, 단순히 몸이 크거나 지식이 늘어나는 것이 아니라 능력이 증가하는 것입니다. 그러나 이러한 능력의 증가는, 혼자 있을 때 나타나는 것이 아니라 구체적인 관계와 사건 가운데 증거 되고 적용됩니다. 그 능력이라는 것은, 과거에 용서하지 못했던 사람을 용서하고, 잘 맞지 않던 사람을 포용하고 화합을 이루며, 삶을 다스리고 문제를 넘어서는 그런 실제적인 능력이기 때문입니다. 철이 철을 날카롭게 하듯이, 우리는 삶과 사역의 현장에서 일상을 맞닥뜨리며 능력의 증가를 경험합니다.

교회 안에서 그리스도의 몸의 지체로서 우리 몸은 하나님의 성전인 것과, 또한 우리 자신이 교회라는 그리스도의 몸에 연결된 지체임을 인식하는 것은 우리가 실제적으로 성장하여 다스리는 삶을 사는 데 중요한 일입니다.

거듭난 나는 영이고 혼을 가지고 있으며 몸 안에 살고 있다

평강의 하나님이 친히 너희로 온전히 거룩하게 하시고 또 너희 온 영과 혼과 몸이 우리 주 예수 그리스도 강림하실 때에 흠 없게 보전되기를 원하노라 살전 5:23

이처럼 성경에서는 인간이라는 존재가 영과 혼과 몸으로 이루어져 있다고 말씀합니다. 또한 사도 바울은 속사람과 겉사람이라고 표현하는데(고후 4:16), 이때 속사람은 영과 혼을, 겉사람은 몸을 의미합니다. 즉 영과 혼이 결합하여 몸 안에 들어가 살고 있는 것이 바로 이 땅에서의 인간이라는 존재에 대한 정확한 설명입니다. 이러한 계시는 구약에는 희미했던 개념입니다. 그러나 신약 성경으로 넘어오면 곳곳에 직접적으로 언급되는 것을 볼 수 있습니다.

이 중 인간의 본질은 "영"입니다. 영은 영원한 존재이자 인간의 중심부로서, 우리가 예수 이름을 믿고 고백할 때, 하나님의 생명으로 거듭나는 바로 그 부분입니다.

"혼"은 정신적인 영역입니다. 지성, 생각, 감정, 의지 등이 여기에 속합니다. 실제로 영과 혼은 명확하게 가르기 어려울 정도로 굉장히 밀접하게 결합되어 있습니다. 그럼에도 불구하고 우리의 본질은 영으로서, 혼은 '가지고 있는' 것입니다. 어떤 옷이 마음에 들어서 사서 가졌다가, 닳거나 유행이 지나면 버리고 또 새로운 것을 사서 가지는 것처럼, 우리는 혼의 영역에 속한 생각과 감정과 의지들을 취하거나, 버리거나, 바꿀 수 있는 능력을 가지고 있습니다. 사실 혼에는 스스로 무언가를 만들어 낼 수 있는 창조력이 없습니다. 다만 지금까지 외부로부터 접하고 축적한 정보와 체계를 따라 반응하는 것뿐입니다. 이러한 면에서 혼은 본래는 고유의 색깔이 없습니다. 즉 영적인 말씀을 많이 접하고 먹였다면 혼도 영적인 색을 낼 것이고, 반대로 세상의 감각 지식과 정보만 가득 넣었다면 혼도 육신적인 색을 낼 것입니다.

이러한 혼의 색깔을 판별하는 기준은 말씀뿐입니다. 앞서 언급했듯이 우리의 영과 혼은 분리할 수 없이 너무나 가까이 밀착되어 있어서, 지금 떠오른 생각이 영에서 온 것인지, 아니면 그저 내 생각일 뿐인지 혼자서 구분하기는 어렵습니다. 이처럼 기준이 명확하지 않은 상태에서, 아직 옛 본성에 속한 기존의 사고방식과 육신적인 요구를 따라 움직이게 되면, 엄연히 영적 존재임에도 불구하고 영이 아니라 육신을 따라 사는 사람이 되고 맙니다. 다시 말해 하나님의 생명으로 거듭난 우리의 영은 아무런 문제가 없지만, 우리가 지속적으로 영보다는 혼과 육에 더 힘을 실어주게 되면 영이 제대로 힘을 발휘하지 못하여 영의 열매보다는 육신의 열매를 더 많이 맺게 될 것입니다. 그러므로 우리는 항상 말씀을 공부하고 영을 활성화시킴으로써 혼이 바른 지향성을 가지고 우리의 본질인 영을 따라 기능할 수 있도록 끊임없이 교육하고 영향을 미쳐야 합니다. 그렇게 우리의 혼이 새로운 피조물의 사고방식으로 완전히 새로워지면, 변화된 혼이 영과 강력한 연합을 이루어 몸도 지배하게 됩니다.

"몸"은 영혼이 이 땅에서 거하는 집이자, 우리를 3차원적인 세상과 연결해주는 통로입니다. 그래서 세상에서 '죽었다'고 말하는 현상은 사실 우리의 존재가 정말 끝난 것이 아니라 마치 장갑을 끼고 있다가 벗은 것처럼, 영혼이 몸을 벗고 이 땅을 떠나는 일에 불과합니다. "만일 땅에 있는 우리의 장막 집이 무너지면 하나님께서 지으신 집 곧 손으로 지은 것이 아니요 하늘에 있는 영원한 집이 우리에게 있는 줄 아느니라"(고후 5:1) 인간은 영적 존재이며, 영은 혼을 가진 채로 영원히 죽지 않습니다. 그리고 이 땅에서 거듭난 순간, 하나님과 같은 종류의 생명을 가지고 사는 삶은 이미 시작되었습니다. 따라서 그리스도인에게 죽음이란 결코 두려운 일이 아닙니다. "나(예수)는 부활이요 생명이니 나를 믿는 자는 죽어도 살겠고 무릇 살아서 나를 믿는 자는 영원히 죽지 아니하리니"(요 11:25-26)

그러나 몸을 떠나면 이 땅에서 감각하고 기능하는 통로가 사라집니다. 나는 여전히 존재하지만, 더 이상 이 땅에 있는 사람들과 대화하거나 그들을 만질 수는 없습니다. 지금 몸 안에 사는 동안에만 사랑하는 사람을 쓰다듬고 안아줄 수 있고, 소중한 지체에게 사랑과 격려의 말을 해줄 수 있습니다. 그리고 무엇보다 몸 안에 있는 동안에만, 하나님을 대신하여 사람들을 만나고 복음을 전함으로써 영혼을 구원할 수가 있고, 영적으로 성장하여 영원한 삶의 질을 결정할 기회를 가집니다. 그래서 우리가 몸을 입고 이 땅에 사는 제한된 시간이 얼마나 귀한 기회인지 모릅니다.

> 살리는 것은 영이니, 육은 전혀 무익하니라. 내가 너희에게 한 말들은 영이요, 생명이라. 요 6:63

우리는 두 가지 영역에서 동시에 기능하고 있습니다. 바로 영적인 영역과 자연적인 영역입니다. 음식을 먹으면 몸에 힘이 나고 또한 몸이 자라나듯이, 우리 영을 강건하게 하고 자라게 하는 양식은 하나님의 말씀입니다. "사람이 떡으로만 살 것이 아니요 하나님의 입으로부터 나오는 모든 말씀으로 살 것이라"(마 4:4) 우리는 입으로 먹은 음식이 어떻게 소화가 되고 성분이 변하는지 정확히 이해할 수는 없지만, 어쨌거나 음식을 먹으면 에너지로 변하여 우리 몸을 세워주고 자라게 하는 것을 잘 알고 있습니다. 하나님의 말씀도 마찬가지입니다. 우리가 말씀을 듣고 공부할 때, 그 말씀이 어떤 작용을 통하여 우리의 일부가 되는지는 알 수 없지만, 그로 인해 우리의 영은 강해지고 삶 가운데 영적인 지혜가 나타나게 됩니다.

그러므로 우리는 항상 자신에 차 있어 우리가 몸에 있는 집에 거할 때 주로부터 멀리 떨어져 있다는 것을 아나니 (이는 우리가 믿음으로 행하고 보는 것으로 하지 아니함이라.) 고후 5:6-7

'우리가 몸에 있는 집에 거할 때 주로부터 멀리 떨어져 있다' 라고 표현합니다. 즉 사도 바울은 이 땅에서 인간의 영혼이 몸 안에 들어가 살고 있는 상태를 정확하게 이해했던 것입니다. 이처럼 우리가 영적 존재로서 잠시 몸을 입고 지상에 살아가지만, 또한 그 시간이 얼마나 소중한지 모릅니다.

우리는 지금 이 땅의 영역에 태어나 살아가는 이유를 분명히 인식해야 합니다. 금생에서는 천국 소망을 바라보며 고생을 감수하다가 내세에서 비로소 복을 받는 그런 삶이 아닙니다. 우리의 영생은 이미 시작되었고, 하나님께서 주신 모든 능력과 권세와 복을 가지고 이 땅에서부터 영적으로 승리하며 다스리는 삶을 훈련하는 것입니다.

그리고 그것이 하늘에서 우리의 위치를 결정할 것입니다. "귀인이 왕위를 받아가지고 돌아와서 은화를 준 종들이 각각 어떻게 장사하였는지를 알고자 하여 그들을 부르니 그 첫째가 나아와 이르되 주인이여 당신의 한 므나로 열 므나를 남겼나이다 주인이 이르되 잘하였다 착한 종이여 네가 지극히 작은 것에 충성하였으니 열 고을 권세를 차지하라 하고"(눅 19:15-17) 하나님 나라의 원리에 대한 정확한 그림입니다. 우리가 이 땅에서 하나님에 대해 잘 알고 내게 주신 조에 생명을 따라 부르심을 완수하며 '장사를 잘 하면', 하늘에서 주님을 대면할 때 '잘 하였다 착한 종아' 라는 칭찬을 받고 더 큰 영광의 자리에 앉게 될 것입니다. 이 땅에서의 삶은 이처럼 우리의 영원한 위치를 결정할 단 한번뿐인 소중한 기회입니다.

우리는 영이며, 우리의 혼을 하나님의 말씀으로 새롭게 하여 육을 지배할 때, 우리는 하나님께서 예수 그리스도 안에서 예비한 새 피조물에게 주신 모든 잠재력을 개발하여 승리하는 그리스도인으로 살아가게 됩니다.

우리의 영은 거듭날 때 하나님의 생명으로 완전히 새로워졌지만, 혼과 몸은 아직 변화되지 않은 옛 습성을 가지고 있습니다. 따라서 막 거듭난 그리스도인은 변화된 본성에도 불구하고, 아직 새로워지지 않은 혼과 몸을 따라 자연적이고 육신적인 영역의 정보들에 영향을 받아 살아가기 쉽습니다. 그러나 우리는 영적 존재로서 혼을 변화시키고 다스릴 수 있는 능력을 가지고 있습니다. 우리의 혼은 그 안에 무엇을 넣느냐에 따라 얼마든지 달라질 수 있습니다. 어떻게든 하나님의 말씀이 있는 곳에 가기로 결단하고, 혼이 영을 따라 기능하며 육체를 다스릴 때, 우리는 하나님의 자녀로서 강력하게 살아갈 수 있게 됩니다.

우리 안에는 이미 하나님의 자녀로서 살 수 있는 모든 잠재력과 본성과 능력이 주어져 있습니다. 그러나 그것이 실재가 되는 일은 우리의 혼이 얼마나 정확한 복음의 말씀으로 정비되어서, 거듭난 영과 하나가 되어 육체를 지배하고 살아가느냐에 달려 있습니다. 하나님의 말씀을 지속적으로 고백하고 묵상함으로써 우리 혼의 잘못된 정보들을 진리의 말씀이라는 올바른 정보로 계속 교체한다면, 우리는 육체까지도 완전히 지배하며 점점 더 강력한 능력을 발휘하는 그리스도인으로 살아가게 될 것입니다.

그리스도인에게 우연은 없습니다

세상 사람들은 많은 일을 '어쩌다 그렇게 된' 우연이라고 여기며 살아갑니다. 어쩌다가 이 나라에, 어쩌다 이 집에 태어나서, 하루하루 살다가, 우연히 누군가를 만나서 결혼하고 지금 이렇게 살고 있다고 생각하는 것입니다. 그러나 성경은 그리스도인에게 우연은 없다고 말씀합니다.

물론 우리가 겪는 모든 사건이 하나님의 완전한 뜻 가운데 있는 것은 아닙니다. 과거의 잘못된 선택의 결과일 수도 있고, 또 어떤 분야에서는 아직 하나님의 온전한 뜻이 이루어지지 않고 있을 수도 있지만, 그럼에도 불구하고 그 가운데 우리를 향한 하나님의 선한 계획이 분명히 있습니다.

> 이런 일이 있은 후에 바울은 아테네를 떠나 고린도로 와서 폰토 태생 아굴라라고 하는 유대인과 그의 부인 프리스킬라를 알게 되어 그들에게 찾아갔으니, (이들은 클라우디오가 모든 유대인은 로마를 떠나라고 명령했기 때문에) 최근에 이탈리아에서 온 사람들이라. 그가 동일한 업종에 종사하였기 때문에 그들과 함께 머물면서 일하였으니 이는 그들이 생업으로 천막을 만드는 사람들임이더라. 그가 안식일마다 회당에서 변론하며 유대인들과 헬라인들을 설득시키니라. 행 18:1-4

사도 바울이 아테네를 떠나서 고린도로 이사를 왔습니다. 그곳에서 그는 이탈리아에서 온 아굴라와 브리스길라 부부를 만났습니다. 사실 그들은 원해서 고린도로 온 것이 아니라 로마 황제가 모든 유대인은 로마를 떠나라는 칙령을 내려 사실상 추방당해 온 것이었습니다.

잘 아시다시피 이들은 후에 고린도 교회에서 너무나 중요한 역할을 감당했던 핵심 성도였습니다. 그들은 바울과 같은 직업을 가진 것 때문에 일터에서 만나게 되었습니다. 마치 어쩌다 고린도라는 도시로 와서, 같은 일하는 사람끼리 우연히 만나게 되었다는 특별할 것 없는 이야기처럼 보이지만, 그렇지 않았습니다. 이는 하나님의 계획안에서 이루어진 만남이었고, 이 만남을 시작으로 아굴라와 브리스길라는 바울을 통해 말씀을 배우고 훈련을 받아 교회를 든든히 세우는 뛰어난 일꾼으로 성장했습니다. 일반적인 눈에는 그저 우연히 일어난 일상적이고 평범한 사건처럼 보이지만, 그 안에는 한 사람이 부르심을 발견하고 교회가 확장되는 하나님의 놀라운 계획들이 숨어 있었습니다.

당신이 누군가를 만나서 복음을 듣고 거듭난 것, 지금 살고 있는 동네로 이사 와서 가까운 곳에 있는 지금의 교회를 만난 것, 또는 옆집의 이웃을 만난 것, 모두 결코 우연이 아닙니다. 그리스도인에게 우연은 없습니다. 이 점을 인식하고 매일의 만남과 사건 가운데에서 하나님의 일하심을 발견할 수 있다면, 우리는 매일 더 많은 간증과 은혜와 감사를 누리는 풍성한 삶을 살게 될 것입니다.

> 참새 두 마리가 한 앗사리온에 팔리지 아니하느냐? 그러나 너희 아버지 없이는 그 중 한 마리도 땅에 떨어지지 아니하리라. 그러나 너희의 머리털까지도 다 세어 두셨나니 are all numbered 그러므로 두려워하지 말라. 너희는 많은 참새보다 더 귀하니라. 마 10:29-31

하나님께서 예수님을 통해서 우리에게 주시는 말씀입니다. 공중의 참새가 잡혀서 땅에 떨어지는 일에도 하나님께서 관여하시는데, 하물며 우리에게는 어떠하시겠냐고 반문합니다.

위 구절에서 우리의 머리카락까지 다 세고 계신다는 부분을 영어 성경으로 보면, 'count'가 아니라 'number'라는 동사로 표현합니다. 즉 단순히 머리카락의 총 개수를 세어 놓은 정도가 아니라 각 머리카락에 번호가 매겨져 있다는 뜻입니다. 예를 들어 오늘 10개의 머리카락이 빠졌다면, "원래 몇 개였는데 오늘 10개가 빠져서 총 몇 개"라는 정도가 아니라 어디에 있는 몇 번 머리카락이 빠졌는지까지 정확하게 다 아시는 것입니다. 이렇게 세밀하고 정확한 하나님의 보호와 계획 가운데 있으므로 우리는 어떤 상황에서도 결코 두려워하지 않습니다.

저의 삶을 돌아보아도, 우연처럼 보이는 일들 가운데 얼마나 많은 중요한 사건들이 있었는지 모릅니다. 스물한 살 때 우연히 어떤 남자를 만났습니다. 그런데 그분이 나의 남편이 되고, 내가 낳은 아이의 아버지가 되었고, 결정적으로 나를 그리스도께로 인도해 주었습니다. 이처럼 매일매일 우연처럼 일어나는 사건 가운데 하나님의 일하심이 있습니다. 아무렇지 않은 일상 가운데 중요한 한 사람을 만나기도 하고, 인생을 바꾸는 책이나 사건을 만날 수도 있습니다. 그러나 그런 기회를 만나고도 깨닫지 못하고 놓쳐 버릴 수도 있습니다.

저도 과거 불신자 시절에는 막연히 미래를 기대하는 삶을 살았습니다. 월요일이면 딱히 특별한 계획도 없으면서 빨리 주말이 오기만을 기다리고, 어릴 때는 장성한 언니들을 보면서 나도 빨리 커서 저렇게 사복입고 직장에 다니기를 바랐습니다. 이처럼 현재의 삶에는 집중하지 않으면서 막연히 미래에는 뭔가 좋은 것이 있지 않을까 바라는 것은 너무나 큰 착각이자 낭비입니다. 이는 엄밀히 말해, '그저 시간이 빨리 가서 세상을 떠났으면 좋겠다' 라고 생각하는 것과 같습니다. 우리의 인생을 허비하게 하는 얼마나 큰 속임수인지 모릅니다.

예를 들어 부모로서, 자녀가 자라면서 각 시기에 누릴 수 있는 기쁨이 있고 내가 줄 수 있는 축복이 있습니다. 그런데 그런 것을 누리지 못한 채, 누워있을 때는 '걸었으면 좋겠다', 울기만 할 때는 '얼른 말을 했으면 좋겠다', 그렇게 다 키워 놓으면 '어서 짝 만나 시집갔으면 좋겠다'라면서 미래만 바라보고 근심하는 것은 너무나 어리석은 접근입니다. 예배 시간도 마찬가지입니다. '이따 끝나자마자 얼른 나가서 집에 가야지.', '찬양 빨리 끝났으면 좋겠다.' 이처럼 몸은 예배드리러 나와 있으면서 집중하지 못하고 다른 생각에 빼앗긴다면 인생에 주어진 소중한 시간을 허비하는 것입니다.

중요한 것은 우리에게 주어진 바로 오늘, 지금이라는 시간입니다. 우리가 이 땅에서 몸 안에 기능할 수 있는 날은 제한되어 있습니다. 그리고 우리가 이 몸 안에 있을 동안에만 할 수 있는 일들이 있습니다. 우리는 매 순간, 어떤 사건에서라도 그분의 선하신 뜻을 발견하는 눈을 가져야 합니다. 모든 만남과 사건 속에 하나님의 간섭하심이 있음을 알고, 매 순간 최선을 다해 살아가야 합니다. 그러한 태도가 우리의 삶을 얼마나 풍성하게 만들어 주는지 모릅니다.

이 비밀을 발견하고 난 후 저는 태도를 바꾸었습니다. 마치 오늘 이 예배가 내 인생의 전부인 것처럼 최선을 다해 드리고, 찬양을 할 때도 이 찬양을 하다 죽을 사람처럼 뜨겁게 찬양하고, 말씀을 들을 때는 하나님께서 직접 주시는 유일한 말씀인 것처럼 심령으로 듣고 반응합니다. '오늘 그냥 목사님께서 저 말씀이 하고 싶으셨나보다.'가 아니라 '오늘 하나님께서 목사님을 통해서 나에게 어떤 말씀을 주실까?'라는 것이 우리의 접근이자 기대가 되어야 합니다. 그럴 때 모든 설교 시간, 예배 시간 시간마다 은혜를 받고, 하나님의 음성과 지시를 들을 수 있습니다. 하나님께서는 언제나 모든 기회를 통해 역사하시기 때문입니다.

불신자를 만날 때는 그것이 곧 복음을 전할 기회가 될 수 있고, 아니면 그리스도인으로서 좋은 인상을 남김으로써 그가 구원받는 일에 기여하는 기회가 될 수 있습니다. 또한 나보다 영적으로 성숙한 그리스도인을 만난다면 그것은 내가 배울 기회이고, 반대로 나보다 연약한 지체를 만난다면 내가 그를 세워줄 기회입니다. 누군가를 상담할 기회가 있다면, 그 시간만큼은 상대가 내 인생의 전부인 것처럼 최선을 다하고 모든 것을 전해주고자 하는 섬김의 심령으로 임해야 합니다. 그럴 때 그 만남이 누군가의 인생을 바꾸는 시간이 될 수 있습니다.

자녀와의 시간에도 같은 태도를 가지십시오. 요즘은 아이들이 어른보다 더 바빠서, 같이 앉아 밥 먹을 시간도 없고 부모 자식 간의 멘토링이 어렵다는 말씀들을 합니다. 그러나 꼭 시간의 양이 중요한 것은 아닙니다. 물론 오랜 시간을 함께할 수 있다면 좋겠지만, 그렇게 하지 못하더라도 주어진 시간에 최대한 집중하고 최선을 다하여 양질의 시간을 보낸다면, 얼마든지 자녀에게 큰 영향력을 미칠 수 있습니다. 매일 몇 시간을 같이 있지만, 항상 TV를 보거나 각자 핸드폰을 보고 있다면 가치 있는 시간을 나누었다고 할 수 없습니다. 반면 짧은 시간이라도 아이의 수준에서 함께 대화하며 생각을 나누었다면, 그 시간은 무엇과도 비할 수 없는 소중한 시간이 될 것입니다. 예를 들어서 저는 오늘 딸아이의 옷을 함께 사러 가기로 했다면, 그날은 제 옷을 사지 않습니다. 그날은 온전히 딸을 섬기는 날이라고 생각하기 때문입니다.

그래서 오직 아이의 관심에 초점을 맞추고, 아이가 만족하는 옷을 사는 일에만 집중합니다.

이런 태도로 사는 사람과 그렇지 않은 사람의 삶에는, 당장에는 드러나지 않는 것 같지만 결국 많은 차이가 있습니다. 그리스도인에게는 삶의 모든 순간이 그냥 주어진 것이 아니라 그 가운데 언제나 하나님의 일하심과 뜻이 있습니다. 그 시간들을 누리고 최고로 만드는 일은 우리에게 달려 있습니다. 말씀을 들을 때나 찬양을 할 때, 자녀나 배우자와 시간을 보낼 때, 친구나 이웃이나 불신자를 만날 때, 또한 매일 출근하여 업무를 수행할 때, 언제 어디서나 이 사실을 인식한다면, 늘 기대와 기쁨이 풍성하고 마지막까지 후회가 없는 삶을 살게 될 것입니다.

주님은 나의 모든 것을 아십니다

주님께서는 나의 모든 것을 아십니다. 따라서 우리의 마음에 품은 동기와, 우리의 능력, 그리고 한계까지도 너무 잘 아시고 항상 우리를 격려하며 사랑해 주십니다. 이 또한 우리의 신앙생활에서 굉장히 중요한 개념입니다. 많은 사람들이 무언가를 열심히 하다가도, 사람들이 자신의 열심을 인정해주지 않는다고 느끼는 순간 넘어지곤 합니다. 이는 비단 세상 사람들뿐만 아니라 교회 안에서 성도와 사역자들에게서도 발견되는 모습입니다. 이는 바로 주님께서 나의 모든 것을 아신다는 사실에 대해 결론을 내리지 못했기 때문입니다.

주께서는 나를 살펴보셨으며 또 나를 아셨나이다. 주께서는 나의 앉고 서는 것을 아시며, 나의 생각을 멀리서도 아시나이다. 주께서는 나의 길과 나의 눕는 것을 샅샅이 아시며, 나의 모든 길들을 익히 아시나이다. 보소서, 오 주여, 주께서 알지 못하시는 내 입의 말은 한 마디도 없나이다. 주께서는 나를 앞뒤에서 감싸셨고 내게 안수하셨나이다. 그와 같은 지식이 내게 너무 경이롭고 높아서 내가 이를 수 없나이다. 시 139:1-6

주님은 우리의 모든 것을 아십니다. 어떤 사람은 행동은 미숙하지만 그 동기는 순수한 경우가 있습니다. 반대로 어떤 사람은 행동은 문제가 없는 듯 보이지만 동기가 나쁜 경우가 있습니다. 사람들은 밖으로 나타나는 행동과 눈에 보이는 결과를 가지고 칭찬하거나 비난하지만, 하나님은 보이지 않는 바탕을 모두 아시고 우리 심령의 중심을 보시는 분이십니다.

이에 대한 계시가 온전히 일어나기 위해서 우리가 먼저 결단해야 할 두 가지가 있습니다.

□ 하나님께 인정받기로 작정하십시오

우리가 추구할 것은 사람의 인정이 아니라 하나님의 인정입니다. 하나님께 인정을 받으면 사람의 인정은 결국 따라오는 것입니다. 이는 구약과 신약을 막론하고 하나님께서 크게 쓰신 사람들에게서 공통적으로 발견되는 특징입니다. 그들은 모두 하나님을 최우선에 두고 오직 그분의 인정을 받기를 갈망했습니다.

> 이는 스스로 칭찬하는 사람이 인정을 받는 것이 아니요, 주께서 칭찬
> 하는 사람이 인정을 받기 때문이라. 고후 10:18

대표적인 인물로 구약의 다윗과 신약의 바울을 들 수 있습니다.

먼저 다윗은 하나님께서 "내 마음에 합한 자"라고 표현하실 정도로 하나님께 인정을 받았던 사람입니다. 도덕적인 관점에서 볼 때 여러 잘못을 저질렀음에도 하나님의 눈에는 다윗이 그런 인물로 평가되었습니다. 한 예로 그는 부하인 우리아를 죽이고 그의 아내 밧세바와 간음하여 아들을 낳게 되었습니다. 이에 나단 선지자가 아이가 죽게 될 것이라고 예언하였고, 실제로 아이가 병약한 상태로 태어났습니다. 그래서 다윗은 아이를 살리기 위해 하나님 앞에 금식하며 기도했지만, 결국 아이는 죽고 말았습니다. 신하들은 다윗에게 이 사실을 어떻게 알려야 할지 걱정했습니다. 아이가 살았을 때에도 식음을 전폐하고 기도했는데, 아이가 죽었다고 하면 얼마나 상심하고 괴로워할지 우려한 것입니다. 그러나 정작 아이가 죽었다는 소식을 접한 다윗의 반응은 담담했습니다. 즉시 일어나 몸을 씻고 단장하고 성전에 들어가 주님을 경배하고는, 아무렇지 않게 음식을 먹었습니다. 이에 신하들이 의아하여 다윗에게 물으니, 그의 대답은 이러했습니다.

> 그가 말하기를 "아이가 살아 있을 때 금식하고 운 것은 내가 말하기를
> '혹시 하나님께서 내게 은혜를 베푸사 아이를 살려 주실지 누가 말할
> 수 있으리요?' 함이었노라. 그러나 이제 그 아이가 죽었는데 어찌하여

내가 금식하겠느냐? 내가 그를 다시 데려 올 수 있느냐? 내가 그에게로 갈 수는 있어도 그는 내게로 돌아오지 못하리라." 하더라. 삼하 12:22-23

이처럼 다윗은 모든 상황을 하나님의 관점으로 바라보려 하였고, 또한 자신이 하나님의 눈에 어떻게 보이는지를 가장 중요하게 여겼습니다. 따라서 아이가 살았을 때는 하나님께 간구하여 어떻게든 살리려 했지만, 아이가 죽고 난 후에는 그 상황에 대한 하나님의 뜻을 이해하고 받아들인 후, 사람들의 시선과 상관없이 즉시 태도를 바꾸어 하나님께 나아가 그분을 경배했습니다.

또한 다윗이 아들 압살롬의 반란으로 인해 보좌에서 쫓겨나 도망을 가고 있을 때였습니다. 시므이라는 절름발이가 다윗에게 나와서 그를 저주했습니다. 그 자리에 있던 다윗의 참모들은 당시의 통념상 천하디 천한 불구자가 왕을 저주하는 것을 보고 어이가 없어 "이 죽은 개가 어찌 내 주 왕을 저주하리이까 청하건대 내가 건너가서 그의 머리를 베게 하소서"라고 말했습니다. 그러자 다윗이 말합니다.

왕이 말하기를 "너희 스루야의 아들들아, 내가 너희와 무슨 상관이 있느냐? 그로 저주하게 하라. 주께서 그에게 '다윗을 저주하라.' 하셨기 때문이니, 누가 '어찌하여 네가 그리하였느냐?' 라고 말하겠느냐?" 하고 다윗이 아비새와 그의 모든 신하들에게 말하기를 "보라, 내 몸에서 나온 자식도 나의 생명을 노리고 있는데, 하물며 이 베냐민인이야 얼마나 더하겠느냐? 그를 내버려 두고 그로 저주하게 하라. 이는 주께서 그에게 명하셨음이니라. 주께서 혹시 나의 고난을 살펴보시고, 오늘의 그의 저주 때문에 주께서 선으로 내게 갚아 주실까 하노라." 하더라.

삼하 16:10-12

이처럼 다윗은 세상 사람들이 자신을 어떻게 대하든지 개의치 않고 그런 일에 감정을 소비하지 않았습니다. 그는 오직 하나님께서 자신을 어떻게 보시느냐에만 관심이 있었습니다. 따라서 왕으로서 천한 자에게 모욕을 당할 때에도, 그것을 통해 하나님께서 나에게 좋게 갚아주신다면 오히려 좋은 일이라고 말할 수 있었습니다. 얼마나 하나님께 인정받기로 작정한 사람이었는지요!

또한 사도 바울도 같은 심령을 가진 사람이었습니다.

그러나 너희에게서나 인간의 판단에 의해서 판단받는 것이 나에게는 아주 하찮은 일이라. 실로 나도 나 자신을 판단하지 아니하노라. 내가 자책할 것을 아무것도 알지 못하나 이것으로 내가 의롭게 되는 것은 아니니라. 그러나 나를 판단하시는 분은 주시니라. 고전 4:3-4

바울은 예수님 이후 최고의 계시를 받은 사도였습니다. 그럼에도 불구하고 당대에 그를 향한 비난과 비판이 있었습니다. 그런 것에 대해 그의 반응은 정확했습니다. 그는 사람에게 받는 판단을 아주 사소한 것으로 여기며, 스스로도 판단하지 않는다고 말합니다. 그것들은 모두 그리스도로 말미암아 이루어진 의 앞에서 아무 의미가 없기 때문입니다. 그는 다만 하나님의 심판, 그분의 판단만을 신뢰하고 중요시했습니다. 아무리 누가 나를 비난하더라도 하나님께서 잘못이 없다고 하시면 그러한 것이요, 또한 스스로 아무리 당당하다 주장하더라도 하나님께서 잘못이 있다고 하시면 잘못이 있는 것입니다.

우리가 사람들에게 비난이나 정죄를 당하는 일이 생긴다면, 먼저 하나님 앞에 겸손히 서서 스스로의 동기를 점검해 보십시오. 비록 능력의 부족함은 있었을지라도, 내가 하나님 앞에서 순수한 심령으로 최선을 다해 한 일에 대해 사람들이 인정해주지 않고 심지어 좋지 않게 이야기한다면, 걱정하지 마십시오. 슬퍼하거나 낙심하지도 마십시오. 말씀과 성령에 비추어 나의 중심에 문제가 없다면, 그에 대한 보상은 반드시 하나님께서 하실 것이며, 때가 되면 하나님께서 나를 높이시는 날이 반드시 올 것입니다. 그러나 물론 나의 중심에 바르지 않은 부분이 있었다면 즉시 교정하고 마음을 새롭게 해야 할 것입니다.

주님은 나의 모든 것을 아십니다. 나의 동기도 아시고, 능력도 아시며, 또 한계나 수준이 어느 정도인지도 아십니다. 그러므로 어떤 상황에서라도 먼저 하나님을 신뢰하고, 다른 누구도 아닌 하나님께 인정받기로 결단하십시오. 진정한 높임과 보상은 오직 하나님으로부터만 오는 것입니다. 이러한 결단을 통해서만 우리는 성숙할 수 있습니다.

□ **모든 사람에게 인정받기를 빨리 포기하십시오**

같은 맥락에서, 우리는 모든 사람에게 인정받기를 빨리 포기해야 합니다. 보통 사람들은 지극히 자기중심적인 사고를 하기에, 스스로 세운 의에 의한 자존감을 무엇보다 소중히 여기고 모두가 나의 뜻에 동의하고 지지해 주기를 기대합니다.

그래서 어떤 사람들은 자신의 결백을 항변하기 위해 스스로 목숨을 끊는 극단적인 선택을 하기도 합니다. 그만큼 사람들은 타인으로부터 오는 인정이나, 명예, 명성을 중요시 여기며, 이는 그들의 자의식에서 굉장히 큰 부분을 차지하고 있습니다.

그러나 언제나 모든 상황에서 모두에게 인정을 받기란 근본적으로 불가능합니다. 잘 아시다시피, 우리는 모두 다른 기질과 성향을 가지고 있고, 같은 상황에 대해서도 해석이 다르고 반응이 다릅니다. 어떤 사람은 내성적인 반면, 누군가는 외향적이고, 또 어떤 사람은 관계 중심적인 반면, 누군가는 일 중심적입니다. 나는 좋은 의도로 친근감을 표하기 위해 한 말과 행동이 상대에 따라서는 무례하고 경우 없게 해석되기도 하고, 또한 공정성을 유지하기 위해 한 처사를 누군가는 매정하고 거만하다고 느끼기도 합니다.

그런데도 내가 항상 모든 사람에게 인정받기를 원한다면 그 소망은 결코 이루어질 수 없습니다. 그리고 잘못된 소망을 포기하지 못하는 한, 인생에서 좌절과 낙담은 필연적으로 따라올 수밖에 없습니다. 하나님의 말씀을 통해 우리 자신을 비추어보고 그분께서 보시기에 문제가 없다면, 다른 사람으로부터 오해를 받더라도 그것은 중요하지 않습니다.

그렇다고 하나님만 바라본다면서 주변 사람들을 전적으로 무시하고 본인의 길만 추구하라는 뜻은 아닙니다. 하나님의 본성을 따르는 성숙한 사람이라면 마땅히 사랑과 존중의 태도로 다른 영혼들을 대할 것입니다. 그럼에도 불구하고 사람들은 결코 당신이 원하는 반응만을 보이지 않을 것입니다. 예수 믿기 전에 나만을 위해 나의 세상 안에서만 살아갈 때는 그런 부딪힘이 적었을지 모르겠습니다. 그러나 거듭난 후 하나님의 나라를 위하여 영혼을 섬기고 얻어오는 삶을 살기로 결단한 순간부터, 당신은 더 많은 사람들과 관계를 맺으며 이전에는 겪지 못했던 수많은 상황과 사건을 만나게 될 것입니다.

이러한 그리스도인의 삶을 성공적으로 누리기 위해서는 반드시 이 부분에서 결단과 계시가 일어나야 합니다. 주님은 나의 모든 것을 아시고, 그분이 바로 나를 인정하고 세우시는 분이십니다. 그분께서 나를 인정하시면 사람들의 인정은 따라오는 것입니다. 그러므로 우리는 하나님 앞에서는 철저하게 인정받는 자가 되기로 작정하는 동시에, 사람들에게는 인정받기를 과감하게 포기하고 그들에 대해서는 오직 사랑만 하고 섬기기만 하기로 선택해야 합니다. 이처럼 옛 자아를 내려놓고 넘어서는 일은 우리의 신앙생활에서 반드시 다루고 넘어가야 할 부분입니다. 그리고 이 일에 성공할 때 더 큰 자유가 우리를 기다리고 있을 것입니다.

그리스도인의 삶의 방향은 복음전파입니다

우리는 이 땅에 복음을 전하고 영혼을 구원하도록 왕 같은 제사장으로 보냄 받았습니다. 새로운 피조물은 탁월한 생명으로 기능할 수 있도록 모든 것을 부여받은 자들입니다. 우리는 마치 왕이 최고의 권세로 자기에게 주어진 영역을 다스리듯이, 자신의 삶을 모두 다스리면서 어떤 환경이라도 이기고 제압하며 통치하는 삶을 살도록 되어 있습니다. 이것이 인간을 향한 하나님의 본래 계획입니다. 그런데 그러한 하나님의 창조에는 목적이 있었습니다. 우리가 그러한 권세를 가지고 해야 할 일이 있다는 것입니다. 우리를 왕 같은 제사장으로 삼으셔서, 잃어버린 영혼들을 구원하고 이 땅에 그분의 나라를 확장하는 일에 탁월한 동역자가 되게 하시는 것이 우리를 향한 하나님의 위대한 뜻입니다.

> 그러나 너희는 선택받은 세대요 왕같은 제사장이며, 거룩한 민족이요, 독특한 백성이니, 이는 너희를 어두움에서 불러내어 그의 놀라운 빛으로 들어가게 하신 분의 덕을 너희로 선포하게 하려는 것이니라. 벧전 2:9

우리는 많은 세대 중에서도 특별히 선택받은 세대입니다. 또한 왕처럼 살면서 제사장 역할을 담당하는 사람들입니다. 하나님께서 우리를 거룩하게 구별하심으로써 우리는 거룩한 민족이 되었습니다. 그리고 우리는 독특한 백성a peculiar people, 즉 보통 사람이 아닌 새로운 피조물이라는 완전히 새로운 종류의 종족이 되었습니다. 우리를 이렇게 대단한 존재로 만드셨는데, 그 이유는 우리를 어둠에서 불러내어 그분의 놀라운 빛으로 들어가게 하신 분의 덕을 선포하게 하기 위함이라고 말씀합니다. 즉 우리가 탁월하게 만들어지고 우리에게 능력의 성령님이 와 계신 이유는 결국 이처럼 특별하고 독특한 우리 존재의 실재를 나타냄으로써, 세상의 다른 사람들에게 그분의 덕과 능력과 은혜를 선포하기 위함인 것입니다.

사실 거듭난 그리스도인은 지금 당장 죽어도 이미 하늘나라를 보장받은 사람들입니다. 그럼에도 불구하고 우리가 여전히 이 땅에 남아서 살아가는 데에는 분명한 목적과 방향성이 있습니다. 그것은 바로 복음전파입니다.

> 그가 모든 사람을 위하여 죽으신 것은 산 자들이 이제부터는 더이상 자신들을 위하여 살지 않고 자기들을 위하여 죽었다가 다시 살아나신 그분을 위하여 살게 하려는 것이라. 고후 5:15

예수 그리스도께서 우리를 대신하여 죽으셨다가 다시 살아나셨습니다. 그래서 우리는 더 이상 우리 자신을 위하여 살지 않고, 우리를 위하여 죽었다가 살아나신 그분, 예수 그리스도를 위하여, 그리고 그분의 나라와 의를 위해 살아가는 것입니다.

이런 말씀을 접할 때 많은 그리스도인들이, 하나님을 위해 헌신하면 헌신할수록 무언가를 빼앗길 것 같은 막연한 두려움을 가집니다. 그러나 진리가 우리를 자유롭게 한다는 말씀처럼, 진리를 따라 사는 삶은 결코 힘들거나 어려운 것이 아니라 가장 보람되고 가장 행복하고 가장 자유로운 길입니다.

그것이 우리를 향한 하나님의 뜻이며 깊은 갈망입니다. 그분께서는 태초에 세상을 만드실 때, 온 세상을 완벽하게 지으시고 마지막으로 사람을 지으신 후, 그 다음 날인 일곱째 날에 안식하셨습니다. 즉 인간은 자신을 위해 마련된 완벽한 세상 가운데 창조된 후, 가장 처음 맞이한 것이 바로 하나님과 함께 하는 안식의 날이었던 것입니다. 이처럼 인간을 향한 하나님의 뜻은 안식입니다. 우리가 그분 안에서 그분과 방향을 함께 하며 살아가는 삶은, 무언가 빼앗기거나 이용당하는 것이 아니라 진정한 안식 가운데 들어가는 삶입니다. 시온에서 우리가 다스리고 다루어야 할 것들이 많지만, 그 가운데에는 기쁨과 안식이 있습니다. 그것이 참된 그리스도인의 삶입니다.

그 후에 예수께서 그들에게 오셔서 일러 말씀하시기를 "하늘과 땅에 있는 모든 권세를 나에게 주셨도다." "그러므로 너희는 가서 모든 민족들을 가르치고, 아버지와 아들과 성령의 이름으로 침례를 주며 내가 너희에게 명령한 모든 것을 가르쳐 지키게 하라. 보라, 내가 세상 끝까지 너희와 항상 함께 있으리라."고 하시더라. 마 28:18-20

예수님께서는 십자가에서 죽으시고 부활하신 후, 40일 동안 지상에서 부활하신 몸으로 제자들과 지내시다가 하늘로 올라가셨습니다. 그때 승천하시기 전에 제자들을 모아놓고 하신 마지막 말씀이 바로 대사명이라 하는 복음전파에 대한 명령입니다. 모든 복음서의 마지막은 바로 이 말씀이 장식하고 있습니다.

"하늘과 땅의 모든 권세를 내게 주셨으니" 승리자의 선언입니다.

죽음과 지옥을 이기고 예수께 하늘과 땅의 모든 권세가 주어졌으며, 우리는 공동상속자로서 그 권세를 함께 누리게 되었습니다. "그러므로 너희는 가라" 따라서 이제 우리는 우리의 세상으로 나가서 영혼을 구원하고 침례를 주고 제자 삼아야 합니다.

이것이 우리에게 주시는 예수님의 명령입니다. 그리고 예수님께서는 "볼지어다 내가 세상 끝날까지 너희와 항상 함께 있으리라"라고 하시면서 우리가 그 명령을 수행하는 동안 친히 우리와 함께 하시면서 우리를 뒷받침하실 것을 약속하셨습니다.

> 또 주께서 그들에게 말씀하시기를 "너희는 온 세상에 가서 모든 피조물에게 복음을 전파하라. 믿고 침례를 받는 자는 구원을 받을 것이나 믿지 않는 자들은 정죄함을 받으리라. 믿는 자들에게는 이러한 표적들이 따르리니, 즉 내 이름으로 그들이 마귀들을 쫓아내고 또 새 방언들로 말하리라. 그들은 뱀들을 집을 것이요, 어떤 독을 마실지라도 결코 해를 입지 않을 것이며, 병자에게 안수하면 그들이 회복되리라."고 하시더라. 막 16:15-18

위의 마태복음 구절이 영혼을 구원하여 제자 삼는 일련의 과정을 이야기한다면, 이 마가복음 구절은 두루 다니며 복음을 전파하는 모습에 대해서 이야기합니다. 온 세상을 다니며 만민 즉 모든 피조물 every creature에게 때를 얻든지 못 얻든지 복음을 전파하고 표적을 나타내는 것에 대해서 말씀하십니다.

기본 교리에 대한 정확한 이해 (II)

> 그러나 성령께서 너희에게 임하시면 너희가 능력을 받으리니 그러면 예루살렘과 온 유대와 사마리아와 땅 끝까지 이르러 내게 증인이 되리라고 하시니라 행 1:8

사도행전은 누가복음에 이어서 누가가 기록하였습니다. 그러므로 위의 사도행전 1:8 말씀이 실질적으로 누가복음의 대사명이라 볼 수 있습니다.

성령께서 우리에게 오신 목적도 결국은 복음전파입니다. 우리는 누구나 능력 있는 삶을 살기 원하지만, 이는 단순히 기도를 많이 하고 말씀을 많이 공부하는 것만으로 이루어지는 것이 아닙니다. 그러한 삶을 살기 위해서는 성령님의 실재적인 나타남이 있어야 하고, 이는 그분께서 우리 안에 오신 목적을 따라 기능할 때 더욱 효과적으로 일어납니다.

우리는 성령과 동행하며 그분의 능력을 나타냄으로 말미암아 다른 사람에게 증인이 되는 삶을 살도록 부름 받았습니다. 능력이나 표적으로 나타낼 수도 있고, 또한 아브라함의 축복을 따라 누구라도 하나님께서 나와 함께 하심을 인정할 수밖에 없는 상태로 증거가 될 수도 있습니다. "예루살렘과 온 유대와 사마리아와 땅 끝까지" 먼저 내가 있는 지역으로부터 시작하여 그 너머로 확장하면서 세상 끝까지 복음의 증인이 되는 것입니다. 이 일을 위해 성령께서 우리에게 임하셨습니다.

그리하여 그들이 식사하는 동안 예수께서 시몬 베드로에게 말씀하시기를 "요나의 아들 시몬아, 네가 이 사람들보다 나를 더 사랑하느냐?"고 하시니, 그가 주께 말씀드리기를 "주여, 그러하옵니다. 주께서는 내가 주를 사랑하는 줄 아시나이다."라고 하니, 예수께서 말씀하시기를 "내 어린 양들을 먹이라."고 하시니라. 요 21:15

요한복음의 말씀입니다. 예수님께서 시몬 베드로에게 "요한의 아들 시몬아 네가 나를 사랑하느냐?"라고 연달아 세 번 물어보시면서 반복하신 말씀입니다. 복음을 전한 제자들을 양육하고 먹이는 것에 대해 강조하신 것입니다.

이는 제가 목회 초기에 하나님께 받은 말씀이기도 합니다. 당시 저는 예수님을 믿은 지 2년밖에 되지 않은 상태에서 전도사 사모가 되었습니다. 많지 않은 성도였지만, 전에 교회를 제대로 다녀본 적도 없고, 사모님께서 하시는 일들을 본 적도 없는 상태에서, 사모는 무조건 기도해야 한다는 말에 무작정 교회에 와서 기도를 많이 했습니다. 아무도 없는 텅 빈 예배당에 혼자 나와 십자가를 바라보면서 "주님 사랑합니다. 주님 사랑합니다."라고 고백하는데, 어느 날 이 말씀이 저에게 레마Rhema로 계시되었습니다. "네가 나를 사랑하느냐? 그러면 내 어린 양을 먹이라." 이처럼 우리가 주님을 사랑한다고 그분 앞에 고백할 때, 그분의 대답은 단 하나입니다. "나도 너를 사랑한다. 내 양을 부탁한다."

형태는 조금씩 다르더라도, 각 복음서의 마지막에는 공통적으로 복음 전파의 사명을 주신 것을 볼 수 있습니다. 이것이 예수께서 우리에게 주신 대사명이고, 그리스도인이 살아야 할 정확한 방향성입니다.

모든 것을 그 자신이 의도한 대로 행하시는 이의 목적을 따라 우리가 예정되어 그분 안에서 유업을 받았으니 이는 먼저 그리스도를 믿었던 우리로 그의 영광의 찬양이 되게 하려 하심이니라. 그분 안에서 너희도 진리의 말씀, 곧 너희 구원의 복음을 듣고 그분 안에서 또한 믿었으니 너희는 약속의 성령으로 인침을 받은 것이니라. 이는 값 주고 사신 그 소유를 구속하기까지 우리의 유업의 보증이 되사 그의 영광을 찬양하게 하려 하심이니라. 엡 1:11-14

하나님의 기쁘신 뜻에 따라 예수 그리스도를 통하여 우리를 자신의 자녀로 입양할 것을 미리 정하셨으니 이는 하나님께서 그 사랑하시는 이 안에서 우리를 받아들이시어 그 은혜의 영광을 찬양케 하려 하심이니라. 그 사랑하시는 이 안에서 우리는 그의 은혜의 풍성함을 따라 그의 피를 통하여 구속 즉 죄들의 용서함을 받았느니라. 엡 1:5-7

우리가 그리스도 안에서 얻게 된 기업과 은혜는 모두 우리로 하여금 그분의 영광을 찬양하게 하려는 것입니다. 예수께서 우리에게 행하신 일들의 실재를 나타내며, 이를 통해 그분의 영광을 나타내고 영혼들을 이겨오는 것이 우리 삶의 방향인 것입니다. 이것은 부담이나 율법이 아니라 우리의 거듭난 생명에 내재된 당연한 능력이자 우리가 존재하는 이유입니다. 영적으로 성숙하여 헌신된 사람이나, 갓 영접하고 거듭난 사람이나 마찬가지입니다. 이러한 사명에 초점을 맞출 때 우리의 신앙생활은 더욱더 힘 있게 되고, 말씀의 실재가 더 충만하고 효과적으로 나타나게 됩니다.

크리스천Christian이라는 말은 예수 그리스도와 같은 삶을 사는 사람들, 즉 새로운 피조물이 되어 영생하는 삶을 가지고 성령의 기름부음 가운데 살아가는 무리를 일컫는 말입니다. 우리는 하나님의 영광을 위해, 남의 유익을 구하며 그리스도를 본받는 삶을 사는 자들입니다.

> 그러므로 너희가 먹든지 마시든지 무엇을 하든지 다 하나님의 영광을 위하여 하라. 고전 10:31

> 모든 것이 내게 합법적이라고 해서 모든 것이 유익한 것이 아니요, 모든 것이 내게 합법적이라고 해서 다 덕을 세워 주는 것이 아니니라. 누구나 자기 자신의 유익을 구하지 말고 각자 다른 사람의 유익을 구하라. 고전 10:23-24

세상 사람들은 오직 자기 자신에게만 초점을 두고, 자신만을 위한 삶을 살아갑니다. 그러나 우리는 그러한 개인주의적이고 이기적인 삶을 살 수 없습니다. 그것은 그리스도인의 삶과는 전혀 거리가 먼 이야기입니다. 우리는 무엇을 하든지 하나님의 영광을 위하여 하며, 하나님의 영광을 위한다는 것은 곧 영혼을 얻는 일임을 알기에, 따라서 하나님

나라의 영광을 위해 남의 유익을 구하며 그리스도를 본받는 삶을 살아갑니다. 주는 태도, 사랑의 태도, 복음 전파의 태도가 그리스도인의 기본입니다. 이것이 되면, 다른 분야는 자동적으로 될 수밖에 없습니다. 뿌리로부터 흘러오는 공급을 온전히 통과시킬 수 있는 바탕이 잘 되어 있다면, 그 가지는 당연히 풍성한 열매를 맺을 수밖에 없습니다.

그래서 사도 바울도 말하기를, 나는 모든 것에 자유가 있지만 그것이 어린 성도들을 넘어지게 한다면 나의 자유를 누리지 않겠다고 선언합니다. 그것이 그리스도인이 가져야 할 마땅한 태도입니다. '내 것 가지고 내가 하는데 누가 뭐라고 해?' 이런 것은 그리스도인에게 합당한 태도가 아닙니다. 이기심은 하나님의 능력의 흐름을 막아버립니다. 그것은 하나님의 방향과는 반대의 길을 향하기 때문입니다. 단순히 나 자신만을 위해서가 아니라 주변에 있는 사람들을 고려하고 섬기며 그들의 유익을 위해 살아가는 것이 하나님의 자녀로서 올바른 태도입니다. 따라서 합법적으로 인정되는 당연한 권리일지라도 누군가에게 걸림이 된다면 삼가고 포기할 수도 있어야 합니다. 그것이 진정 아름다운 그리스도인의 모습이며, 이러한 희생과 섬김의 목적은 단 하나, 영혼을 얻기 위함입니다.

> 유대인에게나 이방인에게나 하나님의 교회에게나 아무도 거치는 자가 되지 말라. 나도 모든 일에 있어서 모든 사람을 기쁘게 한 것같이 나 자신의 유익을 구하지 아니하고 많은 사람의 유익을 구하노니 이는 그들로 구원을 받게 하려는 것이라. 고전 10:32-33

사도 바울이 같은 말씀을 반복합니다. 진리에 어긋나는 것이 아니라면, 나의 색깔이나 고유함을 내세우지 않고 상대에 따라 유연하게 반응하여 상대의 유익을 만족시키는 것은, 그들로 하여금 구원을 받게 하기 위해서라고 말합니다. 이처럼 복음을 위해서라면 얼마든지 자신을 내려놓고 양보할 수 있는 태도가 바로 그리스도인이 마땅히 가져야 할 태도입니다. 우리에게는 한 사람이라도 더 나를 통해 복음을 받아들이고 구원받아 하나님 안에서 온전하고 풍성한 삶을 살게 하려는 뚜렷한 목표가 있기 때문입니다.

언젠가부터 "웰빙well-being"이라는 표현을 많이 듣게 되는데, 이것이 사실 인간을 향한 하나님의 뜻입니다. 단순히 지옥에 가지 않고 건짐 받은 수준이나 마음이 편한 상태를 넘어, 모든 것이 제 자리를 찾아 부족함 없이 형통하게 운행되는 상태, 그것이 바로 모든 영혼을 향한 하나님의 뜻입니다. 불신자는 결코 이런 상태를 누릴 수 없습니다. 세상의 원리는 결코 우리에게 이런 완벽한 평강Shalom을 줄 수 없습니다. 이것은 오직 거듭난 사람만이 누릴 수 있는 복입니다.

우리가 복음을 전하는 삶을 사는 근본적인 이유도, 이러한 하나님의 마음이 우리 안에 부어졌기 때문입니다. 하나님께 인정받고 그분의 나라에서 승진하려는 목적으로 복음을 전하는 것이 아닙니다. 영혼들을 바라볼 때, 그들이 예수를 믿지 않고는 평안한 삶을 살 수 없기 때문에 구원받게 하는 것이고, 구원받은 사람이 성령을 받지 않고서는 능력 있는 삶을 살 수 없기 때문에 성령 충만을 받게 하는 것이며, 또한 영적으로 성장하지 않고는 그리스도 안의 유업을 최고로 누리는 삶을 살 수 없기 때문에 성장을 돕는 것입니다. 우리 안에 있는 하나님의 영혼들을 위한 사랑이 우리로 하여금 그렇게 하지 않고는 견딜 수 없게 만드는 것입니다.

다시 말하지만, 우리 삶의 목적은 복음 전파입니다. 이 땅에서 그 일은 우리의 손과 발과 입을 통해 이루어집니다. 지금껏 왜 우리 그리스도인들이 세상에서 제대로 능력을 발휘하지 못하고, 복음의 영향력을 충분히 나타내지 못한 채 살아왔던 것일까요? 우리가 복음의 통로라는 계시가 명확하지 않았기 때문입니다.

우리를 통해 그분의 능력을 나타내기 위해서는 능력이 역사하는 원리를 알고 그 안에서 기능해야 합니다. 단순히 방법과 행위만 흉내 내서는 안 되는 일입니다. 흔히 영혼구원을 위한 기도를 많이 합니다. 물론 기도는 중요하고 꼭 필요합니다. 그러나 그에 대한 접근을 점검할 필요가 있습니다. 우리가 기도하는 목적은 기도로 하나님을 움직이려는 것이 아니라 내가 움직이기 위한 것입니다. 하나님의 뜻은 이미 정해졌습니다. 그분께서는 이미 모든 영혼이 구원받을 길을 여셨습니다. 따라서 우리는 기도를 통해 능력과 지시와 전략을 받고 직접 영혼들에게 나아가 말씀을 전하기 위해 기도하는 것입니다. 수도자처럼 모여 앉아 기도만 한다고 해서 일이 일어나는 것이 아닙니다. 물론 중보기도자로 특별한 부르심을 받은 분도 계실 수 있습니다. 그러나 대부분의 성도들은 패러다임을 새롭게 할 필요가 있습니다.

복음전파와 영혼구원의 중요성은 저에게도 하나님께서 개인적으로 주셨던 메시지입니다. 사실 사역을 하면서 초신자들에게는 전도에 대해서 강조하기가 조심스러웠던 때가 있었습니다. 그러나 진리는 한 살 아기에게도 진리이고, 백 살 노인에게도 진리입니다. 우리의 부르심에 대한 이 진리는 영적 연령과 상관없이 모든 그리스도인에게 해당되는 것입니다.

성령님께서 저에게 하셨던 말씀입니다. "복음전파는 그리스도인에게 척추와 같다" 미국식 표현에서 가장 중요한 핵심이나 뼈대를 이야기할 때 척추backbone와 같다는 표현을 많이 씁니다. 아시다시피 척추는 우리 몸의 중심입니다. 척추가 제대로 서지 않으면 우리의 몸은 결코 온전히 움직일 수가 없습니다. 그처럼 우리가 복음 전파에 방향을 맞추고 살아갈 때 비로소 모든 것이 제자리를 잡고 온전히 기능하게 된다는 것입니다.

해적선에 타고 있으면 무슨 일을 하더라도 해적질을 돕는 것이고, 반대로 구명선에 타고 있으면 무슨 일을 하더라도 사람을 살리는 일에 참여하는 것입니다. 마찬가지로 기본 방향을 제대로 설정한다면, 다시 말해 삶의 이유와 목적을 영혼구원에 제대로 닻을 걸고 있으면, 집에서 살림을 하고 아이를 키우든, 교회에서 직접 사역을 하든, 아니면 세상에서 일을 하든지 간에 모든 것이 영혼구원과 연결되고, 실제로 내가 속한 현장에서 그러한 기회를 발견하여 열매를 맺게 될 것입니다. 뿐만 아니라 그 외 삶의 모든 요소들이 있어야 할 자리에서 온전히 돌아가는 것을 발견하게 될 것입니다.

이로써 그리스도인으로서 알아야 할 기본 교리 열 가지를 다 나누었습니다. 이것들이 우리의 심령 안에 잘 뿌리내려 언제든지 꺼내 쓸 수 있는 상태가 되면, 사탄이 어떠한 속임수나 잘못된 생각으로 공격할지라도 즉시 방어하고 물리칠 수 있습니다.

　우리 신앙의 기본교리를 확실하게 이해할 때 우리는 우리에게 허락된 인생의 순간순간을 알차고 보람되게 살 수 있으며, 현세뿐 아니라 내세까지도 지혜롭게 대처하며 살아가게 됩니다. 또한 하나님께서 우리에게 주신 복음전파에 방향을 맞추고 사는 사람은 가장 지혜롭고 행복한 성도입니다.

제 8 과

하나님의 성품

도둑이 오는 것은 도둑질하고 죽이고 멸망시키려는 것 뿐이요
내가 온 것은 양으로
생명을 얻게 하고 더 풍성히 얻게 하려는 것이라
(요 10:10)

A thief comes only to rob, kill, and destroy.
I came so that everyone would have life,
and have it in its fullest.

하나님께는 고유의 성품이 있습니다. 그 성품은 이전이나 지금이나 앞으로도 영원히 변함이 없으십니다. 그리스도인이자 하나님의 자녀로서, 하나님의 성품Divine Character을 알고 그분이 어떤 분인지 깊이 이해하는 일은 매우 중요합니다. 신학에서도 하나님의 성품 9가지에 대해 그분의 전지하심, 전능하심, 무소부재하심, 의, 사랑, 영원하심, 불변하심, 공의로우심, 주권자이신 하나님에 대해 가르치지만 우리는 학문적이기보다 실생활에 적용하기 위해 다소 중복됨이 있을지라도 하나님의 8가지 성품에 대해 나누겠습니다.

하나님의 성품을 바로 이해할 때 우리는 하나님과 우리 사이를 이간하려는 사단의 거짓말에 속지 않고 끝까지 하나님을 신뢰하며 그분으로부터 끝없는 공급을 받을 수 있으며 또 우리 아버지 되신 그분의 성품을 따라 우리도 이 땅에서 그분과 같은 성품을 나타내는 삶을 살게 될 것입니다.

많은 지식을 가지고 있다 하더라도 그것들이 서로 연결되어 있지 않으면 힘을 발휘하지 못합니다. 하나님의 성품에 대한 이해는 말씀에 대한 여러 지식을 연결하는 고리와 같습니다. 연결고리가 약하면 전체가 힘을 받지 못하듯이, 하나님의 성품에 대해 오해를 가지고 있으면 전체적인 믿음의 원리가 원활하게 돌아가지 않습니다. 반대로 하나님의 성품을 정확히 알면 우리의 신앙생활은 다른 차원으로 변하게 됩니다.

삶의 현장에서 믿음의 싸움을 하다 보면, 물론 전쟁의 최종적인 결과는 승리로 정해져 있지만, 각각의 전투에서는 바로 승리하지 못하는 때도 있습니다. 근본적으로 우리는 말씀으로부터 거듭나서 말씀으로 살아가는 존재입니다. 말씀은 생명이므로 우리가 온전히 붙잡고만 있으면 반드시 그 좋은 생명에 따른 결과를 내게 되어 있습니다. 사탄도 이점을 너무나 잘 알기에 일차적으로 우리가 가진 말씀을 공격하며, 특별히 우리가 말씀에서 결실을 거두기 전에 씨앗 상태일 때 미리 빼앗으려고 합니다. 그래서 나름대로 말씀을 적용했지만, 아직 하나님의 원리에 대한 이해가 부족하여 원하는 결과를 얻지 못하는 경우도 있을 수 있습니다. 그런 상황이 벌어질 때, 사탄이 반드시 가지고 오는 두 번째 무기는 바로 하나님의 성품을 의심하게 하는 것입니다.

창세기에서도 그러한 장면을 볼 수 있습니다. 하나님께서 아담과 하와를 보호하기 위해, 동산 중앙에 있는 나무의 열매는 먹지 말아야 하고 먹으면 반드시 죽으리라는 명확한 지시를 주셨는데, 사탄은 그 부분에 대해서 하와를 공격합니다. 사탄이 하와를 시험하기 위해 "하나님께서 동산의 모든 나무의 열매를 먹지 말라고 하셨냐?"라고 묻자, 하와는 "다 먹을 수 있지만, 중앙에 있는 선악을 알게 하는 나무의 열매는 먹지도 만지지도 말라고, 그러면 죽을 수도 있다고 하셨어."라고 대답합니다. 하와가 하나님의 지시, 즉 그분의 말씀에 대해 불명확하다는 것을 파악한 사탄은, 이제 하와로 하여금 말씀을 호도할 뿐 아니라 하나님의 성품을 의심하게 합니다. "네가 그 열매를 먹으면 하나님처럼 지혜로워질까 먹지 말라고 한 거야." 그러자 하와는 사탄에게 완전히 미혹되어 인류 전체를 저주의 길로 이끄는 범죄를 저지르게 되었습니다. 이처럼 태초부터 지금까지 믿는 자로 하여금 하나님의 말씀과 성품을 오해하게 하여 분리시키는 것이 사탄의 주된 전략입니다.

예전에 한 사모님께서 제게 상담을 요청하신 적이 있습니다. 어릴 때부터 평생 예수를 믿으며 헌신하셨고, 학창 시절에도 친구들과 여행 한번 가지 않을 정도로 주님의 일만 하며 살아왔는데, 남편 목사님과 자녀를 통해 큰 어려움을 겪게 되었습니다. 그러자 가장 먼저 온 것이 하나님에 대한 원망과 의심이었습니다. '내가 지금까지 이렇게 주님만 바라보며 살아왔는데, 결국 하나님께서 나에게 주시는 것은 이런 것인가?' 이런 생각은 우리로 하여금 하나님에 대한 신뢰를 잃게 하고, 결국 우리의 근원이신 그분으로부터 단절시켜, 믿음과 소망을 빼앗고 신앙생활의 근간을 흔들어 놓습니다. 따라서 우리는 하나님의 성품에 관해 믿음의 방패를 견고히 하여, 어떠한 상황에서도 우리를 하나님으로부터 분리시키려는 사탄의 전략을 다룰 수 있어야 하겠습니다.

하나님도 그분 고유의 성품을 가지고 계십니다. 그 성품은 불변하며, 하나님께서 하시는 모든 일은 언제라도 그 성품에서 벗어나지 않습니다. 그러나 여전히 많은 사람들이 하나님의 성품을 오해함으로 말미암아, 사탄의 올무에 걸려 하나님을 원망하며 그분으로부터 멀어집니다. 따라서 우리는 말씀을 통해 하나님의 성품을 정확히 알고, 그러한 지식을 과거에 축적한 어떠한 경험이나 이론보다도 우위에 두어야 합니다. 앞서 1과에서 우리는 하나님의 말씀 앞에 율법적인 생각, 도덕적인 생각, 과학적인 사고, 개인적인 경험을 처리하고 말씀 중심으로 사고를 개편하기로 결단했습니다. 하나님의 성품에 대해서도 마찬가지입니다. 기존의 경험과 고정관념을 넘어, 언제나 하나님의 말씀이 말하는 바를 정확히 알고 그것을 선택해야 합니다.

하나님은 선하시다

하나님은 선하신 분입니다. "하나님은 선하시고, 마귀는 악하다. God is good, Devil is bad." 단순하지만 매우 정확한 문장입니다. 하나님은 항상 선하시고 좋으신 분이십니다. 그러나 마귀는 항상 악합니다. 따라서 선한 하나님은 나쁜 일을 하실 수 없고, 악한 마귀는 좋은 일을 할 수 없습니다. 영의 색깔이고 본질이기 때문입니다. 하나님은 선하고 의로운 분이시므로, 그분께서 하시는 일은 항상 옳습니다. 우리가 당장은 이해할 수 없을지라도 최소한 그분께서 하신 일이 옳다는 사실에 대해서는 결코 의심의 여지가 있을 수 없습니다. 그러나 마귀가 하는 일은 어떻게 포장하더라도 악한 결과를 가져옵니다. 그에게서는 결코 좋은 것이 나올 수 없습니다. 이방 종교나 무속 신앙에서도 병이 낫거나 기적을 경험하는 일들이 있지만, 궁극적으로 마귀가 우리에게 원하는 것은 자유가 아니라 속박이며, 그러한 미끼를 가지고 영혼을 사로잡아 자신의 올무아래 묶어두려는 것이 그의 의도입니다. 따라서 우리는 하나님과 마귀의 본성에 대해 단순하지만 정확한 개념을 가져야 하며, 이를 바탕으로 하나님께서 하시는 일과 마귀가 하는 일을 구별할 수 있어야 합니다.

> 모든 좋은 선물과 모든 온전한 선물이 위로부터, 곧 빛들의 아버지께로부터 내려오나니, 그분께는 변화도 없고 회전하는 그림자도 없느니라.
> 약 1:17

하나님께서는 모든 좋은 은사와 온전한 선물을 주시는 분입니다. 또한 그분은 변함이 없으시고, 그림자도 없으신, 즉 어둠이 조금도 없으신 분이십니다.

> 이는 주께서는 선하시고 그의 자비는 영원하며 그의 진리가 모든 세대에 이어지기 때문이라. 시 100:5

> 진실로 선하심과 자비하심이 내 생애의 모든 날 동안 나를 따르리니, 내가 주의 전에 영원히 거하리로다. 시 23:6

> 오, 주께 감사하라. 그는 선하시며 그의 자비는 영원히 지속됨이라…
> 시 136:1

시편에도 주님의 선하심을 찬양하는 구절이 곳곳에 있습니다. 그분의 자비와 인자와 성실은 영원토록 변함없이 지속됩니다.

특히 시편 136편은 매절마다 후렴구처럼 "(주께) 감사하라 그 인자하심이 영원함이로다"라는 구절이 반복되어, 언제라도 우리가 고백하여 그분의 선하심을 노래하기 좋은 시입니다. 이처럼 하나님의 선하심과 선한 일들을 고백하고 찬양하는 것은 우리의 영을 굉장히 강건하게 세워줍니다.

> 도둑이 오는 것은 도둑질하고 살인하며 멸망시키려고 오지만, 내가 온 것은 양들로 생명을 얻고 더 풍성히 얻게 하려 함이라. 요 10:10

예수께서 하신 말씀입니다. 위 구절에서 '도둑'이란 문맥상은 거짓선지자를 가리키는 것이지만, 결국 본질적으로 마귀가 하는 일로 바꾸어 이해해도 문제가 없겠습니다. 마귀가 하는 일은 오직 훔치고, 죽이고, 멸망시키는 것뿐입니다. 그것이 마귀의 본성이고 특징입니다. 마귀는 결코 선한 일을 행할 수 없고, 선한 일을 생각해낼 수조차 없습니다. 그러나 예수께서는 우리가 하나님과 같은 종류의 생명을 얻되, 풍성히, 최대치로 살 수 있도록 영생을 가지고 오셨습니다. 영생을 가지고 최대 용량을 살아내는 삶. 바로 예수님께서 모델로 보여주셨던 그런 삶입니다. '하나님은 선하시고, 마귀는 악하다.' 이 단순한 진리를 분명하게 인지하고 믿는 것은 우리의 신앙생활에서 굉장히 중요합니다. 그리고 이러한 바탕에서 하나님께서 하시는 일과 마귀가 하는 일을 구분할 수 있어야 합니다.

　예상치 않은 사고나 불행이 생길 때, 여전히 많은 그리스도인들이 '하나님께서 치셨다'는 구약식의 표현을 사용하며 실제로 그렇게 해석합니다. 예를 들어서 예수 믿은 지 얼마 되지 않은 사람이 주일에 교회에 가지 않고 친구들과 놀러가다가 교통사고를 당했습니다. 사고를 통해 그 사람은 '주일에는 다른 곳에 가지 말고 꼭 예배를 드려야겠다.'라는 결론을 내리게 되었습니다. 그런 상황을 두고 흔히 이런 간증을 많이 합니다. "제가 초신자로서 유혹에 빠져 예배를 지키지 않고 놀러가는 길에 하나님께서 치셔서 교통사고를 주시고 저를 깨닫게 하셨습니다. 그래서 오늘 이렇게 교회에 오게 되었습니다. 하나님께 영광 돌립니다!" 물론 하나님께서는 어떤 악한 상황을 통해서라도 선을 이루실 수 있는 분이시며, 사건을 통한 깨달음 자체도 좋은 내용이지만, 그렇다고 해서 하나님께서 사고를 일으키시는 분은 아닙니다. 그분에게서는 악한 것이 나올 수 없습니다. 우리를 향한 하나님의 뜻은 오직 영생을 얻되 풍성히 얻는 것뿐입니다. 그러나 마귀는 어떻게든 훔치고 죽이고 멸망시키려고 틈을 노립니다. 우리가 온전한 믿음의 길 가운데 있지 못할 때, 틈을 노려서 우리의 물질을, 시간을, 건강을, 나아가 생명을 빼앗는 것이 마귀의 일입니다. 우리는 삶에서 이러한 일을 정확히 구분해야 합니다. 결과적으로 하나님께 돌아오게 되었다고 해서, 그러한 악한 일의 근원 자체가 하나님께 있는 것은 아닙니다. 그분에게서는 악한 것이 나올 수 없습니다. 악한 일을 일으키는 것은 마귀의 고유 영역이고, 다만 그런 일을 가지고도 우리에게 디딤돌이자 승리의 기회가 되도록 바꾸어주시는 것이 바로 성령의 역사이자 하나님의 능력입니다.

다시 한 번 말합니다. 하나님은 선하시고, 마귀는 악합니다. 모든 선한 것은 하나님으로부터 나며, 모든 악한 것은 마귀로부터 납니다. 이 단순한 진리를 알고 새로운 피조물의 관점에서 상황을 해석할 때, 우리는 믿음에 흔들리지 않고 말씀에서 제시하는 온전한 방향과 접근을 취함으로써 매 순간 승리하는 삶을 누릴 수 있게 됩니다.

하나님은 전능하시다

하나님은 전능하신 분 The Almighty입니다. 성경에서 전능하신 하나님이라는 단어는 히브리 원어로 엘 샤다이 El Shaddai입니다. 이는 사실 단순히 '전능하시다', 즉 모든 것이 가능하시다는 말로만 표현하기에는 부족함이 있습니다. 더 정확한 의미는 우리가 원하는 것은 무엇이든지 주실 수 있고 그것이 설령 세상에 존재하지 않는 것이라면 만들어서라도 주실 수 있는, 그러한 능력의 하나님을 일컫는 말입니다.

> 아브람이 구십구 세였을 때 주께서 아브람에게 나타나셔서 그에게 말씀하시기를 "나는 전능한 하나님이라. 내 앞에서 행하라. 그리고 너는 완전하라. 창 17:1

아이를 낳을 수 없는 상태의 아브람과 사라에게 오셔서 아들을 낳으리라 말씀하시면서, '나는 능치 못함이 없는 하나님이라' 라고 믿음을 세워주십니다.

"또 나는 너희에게 아버지가 되고 너희는 내 아들들과 딸들이 되리라. 전능하신 주가 말하노라."고 하셨느니라. 고후 6:18

위와 같이 같은 말씀이 신약 성경에서도 계속해서 인용됩니다.

나는 알파와 오메가요, 시작과 끝이라. 주, 곧 지금도 계시고 전에도 계셨고 앞으로 오실 전능하신 분이 말하노라. 계 1:8

하나님께서 나는 알파와 오메가, 즉 시작과 끝이며, 이전이나 앞으로도 있을 영원한 자이며, 전능한 자라고 말씀하십니다.

사실 전능하신 하나님에 대해서는 이미 대부분의 그리스도인들이 인정하고 믿음을 가지고 있을 것입니다. 다만 하나님께서 말씀하시는 전능하심의 개념에 대해 더 정확한 그림을 그리고, 또한 새로운 피조물의 계시 가운데 그분의 전능하심이 삶에서 어떻게 실제적으로 나타나고 역사하는지에 대한 원리를 안다면, 우리는 전능하신 하나님과 함께 더 많은 간증을 경험하게 될 것입니다.

하나님은 공의로우시다

하나님은 공의로우신 분God of Justice이십니다. 이는 하나님의 의로우신 성품의 일부라고도 할 수 있습니다. 하나님께서는 공의로우시므로 약속하신 것은 반드시 지키시며 또한 본인이 세우신 원칙을 깨뜨리지 않으십니다.

예를 들어, 아담과 하와가 선악과를 먹음으로써 이 땅에 대한 권세를 사탄에게 넘겨주고 저주가 임하였을 때, 하나님께서 그냥 한번 눈 감고 용서해주시면 되는 것이 아닌지 생각할 수도 있습니다. 그러나 하나님께서는 세우신 원칙을 지키시는 분입니다. 대표적으로 신명기 28장에서 보듯이 하나님께서 사람들에게 율법을 주시고 이것을 지키면 이런 복을 받을 것이고, 반대로 지키지 않으면 이런 저주를 받을 것이라고 정하셨습니다. 물론 그분의 뜻은 사람들을 축복하시는 것이고, 불순종한 자들일지라도 벌을 받는 것은 그분께서 원하시는 바가 아니지만, 율법을 따른 자들에 대한 축복을 약속대로 행하실 뿐 아니라 따르지 않은 자들에 대한 저주도 약속대로 허락하실 수밖에 없는 것, 그것이 바로 하나님의 공의입니다. 이는 주로 구약 성경에 부각된 하나님의 성품입니다.

> 그러나 주께서는 우리에게 미친 모든 일에 공의로우시니, 이는 주께서는 옳게 행하셨으나 우리는 악하게 행하였으며 느 9:33

정녕, 진실로 하나님께서는 악을 행치 아니하시며 전능하신 분은 심판을 왜곡하지 아니하시리라. 욥 34:12

킹제임스 성경은 "전능하신 분은 심판을 왜곡하지 아니하시리라"라고 표현합니다. 이는 법을 사람이나 상황에 따라 다르게 바꾸어 적용하지 않으신다는 것입니다.

그러므로 주께서 기다리시나니 이는 그가 너희에게 은혜로우심이요, 그러므로 그가 높임을 받으시리니 이는 그가 너희에게 자비를 베푸시려 함이라. 주는 공의의 하나님이시니 그를 기다리는 자들은 모두가 복이 있도다. 사 30:18

구약 성경에는 하나님의 여러 성품 중에서도 공의로우심이 많이 나타나 있습니다. 하나님께서 세우신 복과 저주의 법칙이 있는데, 이스라엘 백성이 하나님의 말씀을 거역하고 저주의 법칙 가운데로 들어갈 때에는 그 선택에 따른 결과가 자동적으로 나타났던 것을 볼 수 있습니다. 그래서 구약의 하나님을 보면 '잘못하면 벌주시는' 두렵고 무서운 심판자로 인식하게 됩니다.

그러나 신약으로 오면서 상황은 완전히 달라졌습니다. 예수님께서 오셔서 하나님의 공의를 완전히 만족시키셨기 때문입니다. 우리가 받아야 할 모든 저주를 그분께서 대신하심으로써 우리를 향한 하나님의 공의가 완전히 만족되었기 때문에 하나님께서는 더 이상 우리를 공의로 판단하실 필요가 없이 마음껏 은혜와 용서와 축복을 베푸실 수 있게 되었습니다.

이것이 구약과 신약의 큰 차이입니다. 하나님과의 관계가 완전히 변화된 것입니다. 구약 백성들에게는 공의의 하나님이 주로 계시되었다면, 이제 우리에게는 사랑의 하나님이 계시됩니다. 하나님께서 변하신 것은 아닙니다. 그분은 이전이나 지금이나 앞으로도 영원히 동일하시고 변함이 없으신 분이십니다. 다만 우리의 변화로 인해 그분과 우리 사이의 관계가 변화되고, 그에 따라 우리에게 나타내실 수 있는 그분의 성품적 특징이 확장된 것입니다.

어떤 부대의 장군이 있습니다. 그가 부대에서 병사들에게 상관으로서 나타내는 모습이 있습니다. 그러나 그가 퇴근 후에 가정에서 자녀들에게 아버지로서 나타내는 모습은 또 다를 것입니다. 같은 사람이지만, 상대와의 관계에 따라서 그가 나타낼 수 있는 모습은 다를 수밖에 없습니다. 마찬가지입니다. 구약 성도들은 하나님 앞에 자녀 된 관계를 맺을 수 없었고, 여전히 죄의 본성의 영향 아래 있었으므로, 율법이라는 강제적 수단을 통해 본성을 제어해야 했습니다. 그러나 이제 우리는 예수 그리스도로 말미암아 하나님을 아버지로서 관계하게 되었고, 그분의 끝없는 사랑과 은혜를 누리게 되었습니다.

새 언약에 속한 우리는 이러한 변화된 관계를 이해하고 하나님의 공의를 바라보아야 합니다. 구약의 틀로 다시 들어가서 하나님을 심판자로 대하고, 우리 삶에 일어나는 모든 부정적인 일들에 하나님의 공의를 적용해서는 곤란합니다. 예수 그리스도를 통하여 거듭난 우리는 하나님의 심판으로부터 자유로워졌습니다. 예수께서 모든 죄와 저주의 값을 치르셨기 때문입니다. 이제 우리는 다만 그 속량의 은혜에 감사하며 하나님의 생명을 가진 자답게 이 땅에서 영적으로 성장하면서 의의 열매를 맺고 살아가면 됩니다.

그러나 아직 거듭나지 않은 죄인들에게는 여전히 하나님의 공의에 따른 심판이 있을 수밖에 없습니다. 그러므로 우리는 예수 그리스도께서 모든 죄와 저주의 값을 이미 해결하셨다는 기쁜 소식을 전하여, 그들로 하여금 영생을 취하고 하나님의 은혜 안으로 들어올 수 있도록 인도해야 하겠습니다.

하나님은 신실하시다

하나님은 신실하신faithful 분입니다. 즉 하신 말씀과 약속을 반드시 지키시는 분이라는 뜻입니다. 그분의 신실하심을 알 때 우리는 기도 응답을 확신할 수 있고, 또한 그분의 말씀이 반드시 이루어질 것에 대해 믿음을 발휘할 수 있습니다.

> 그러므로 주 너의 하나님을 알라. 그분은 하나님이시니, 그를 사랑하고 그의 계명들을 지키는 자들에게 언약과 자비를 일천 대까지 지키시는 신실하신 하나님이시며 신 7:9

예를 들어 어떤 사람이 새벽 기도를 하기로 하고 매일 아침 늦지 않고 정확한 시간에 나와 기도를 한다면, 그를 두고 신실하다고 표현할 수 있을 것입니다. 마찬가지로 우리 하나님도 그분을 사랑하고 계명을 지키는 자에 대하여 천대까지 약속을 지키시고 한결같이 사랑을 베풀어 주시는 분이십니다.

주의 모든 계명들은 신실하나이다. 그들이 부당하게 나를 박해하오니, 나를 도우소서. 시 119:86

주님의 모든 계명들은 신실하고 진실하며 반드시 이행됩니다.

어떤 자들이 믿지 아니하였다면 어찌하겠느냐? 그들의 믿지 아니함이 하나님의 신실하심을 무효화시키겠느냐? 롬 3:3

사람들이 믿든지 믿지 않든지 그분의 신실하심은 변하지 않는 진리입니다. 성경에서는 이러한 신실하심에 대해 여러 면에서 이야기하는 것을 볼 수 있습니다.

그분 안에 있는 하나님의 모든 약속은 "예"가 되기에 우리는 그분 안에서 "아멘"하고 하나님께 영광을 돌리노라. 고후 1:20

하나님께서는 약속에 대하여 신실하십니다. 무엇이든 그분께서 하신 약속은 그리스도 안에서 우리가 아멘으로 붙들기만 하면 "예"가 됩니다. 이번에는 안 된다거나, 누구는 안 된다거나 하는 경우가 없습니다. 그분의 약속은 언제나 '되는' 것이며 이러한 신실하심으로 인해 우리는 주님을 찬양하고 그분께 영광을 돌립니다.

너희를 부르시는 이는 미쁘시니 그가 또한 이루시리라 살전 5:24

또한 하나님께서는 부르심을 이루심에 대하여 신실하십니다. 부르심으로 우리를 이끄신 그분께서는 신실하시기에, 부르신 그 일을 이룰 수 있도록 마지막까지 우리를 인도하시고 능력을 주십니다.

그러나 주께서는 신실하시어 너희를 굳게 하시고, 악으로부터 지키시리라. 살후 3:3

위와 같이 하나님께서는 보호하심에 대하여도 신실하십니다.

우리가 우리 죄들을 자백하면 그는 신실하시고 의로우셔서 우리 죄들을 용서하시며, 모든 불의에서 우리를 깨끗하게 하시느니라. 요일 1:9

마지막으로 하나님께서는 사죄의 기도에 대하여도 신실하십니다. 우리가 주님 앞에 죄를 짓고 자백하는 기도를 하면, 같은 죄로 반복해서 사죄를 하더라도 언제나 처음처럼 끊임없이 용서해 주십니다.

하나님께서는 "내가 너무 용서를 해줬더니 네가 늘 똑같은 죄를 짓는구나. 오늘은 용서를 못 해준다. 고난을 좀 받고 와라."라고 하지 않으십니다. 백 번이고 천 번이고 우리가 심령을 돌이켜 그분 앞에 나아가기면 하면, 신실하시고 의로우신 그분께서 언제나 우리를 용서하시고 그 죄로부터 자유롭게 해주신다고 말씀하십니다.

이러한 하나님의 신실하심에 대해 잘 알고 있으면, 하나님께서 주시는 큰 약속을 주실 때에도 믿음을 발휘하여 흔들리지 않게 됩니다.

> 사라 자신도 수태할 나이가 지났지만 믿음으로 씨를 잉태하는 힘을 받아 아이를 출산하였으니, 이는 약속하신 분이 신실하신 줄로 여김이라. 히 11:11

하나님께서 처음 아들을 낳으리라고 하셨을 때 사라는 믿지 못했습니다. 자신은 물론이고 남편 아브라함의 몸도 생리적으로 전혀 아이를 낳을 수 없는 상태임을 알았기 때문입니다. 그런데 위의 구절을 통해 사라가 믿음을 갖게 되었음을 알 수 있는데, 그 열쇠는 바로 사라가 약속하신 하나님이 신실하심을 알았기 때문이라고 말씀합니다.

하나님께서는 아브라함에게 고향을 떠나라 하시면서 이렇게 약속하셨습니다. "내가 너로 큰 민족을 이루고 네게 복을 주어 네 이름을 창대하게 하리니 너는 복이 될지라 너를 축복하는 자에게는 내가 복을 내리고 너를 저주하는 자에게는 내가 저주하리니 땅의 모든 족속이 너로 말미암아 복을 얻을 것이라"(창 12:2-3) 이 말씀대로 아브라함은 물질적인 축복이 넘치게 되고, 주변 민족에 소문이 날만큼 영향력과 명성이 높아졌습니다. 이런 모든 약속이 이루어졌고, 이제 단 하나 "큰 민족을 이루겠다"라는 약속만이 남았습니다. 사라도 처음 아들에 대한 이야기를 들었을 때는 본인과 남편의 자연적인 상태를 너무나 잘 알기에 받아들이기 어려웠습니다. 그러나 평생 아브라함과 함께 하면서 경험한 하나님의 신실하심을 기억하였을 때, 비로소 마지막 약속에 대해서도 믿음을 발휘하게 되었고, 마침내 결과를 얻게 되었습니다. 이처럼 하나님의 신실하심을 알 때, 기도응답에 대한 확신이 생기게 됩니다. 다시 말해 하나님의 신실하심을 이해할 때, 믿음을 쉽게 발휘할 수 있게 되는 것입니다.

어떤 문제 앞에서 믿음이 잘 생기지 않을 때, 눈을 돌려 지금껏 내 삶에 있었던 하나님의 역사의 흔적들을 되돌아보면, 우리는 그분의 신실하심을 다시 깨닫고 감사하게 되며, 눈앞의 문제에 대해서도 다시금 도전할 힘을 얻게 됩니다. 신실하신 하나님께서 지금의 문제에 대해서도 동일하게 일하시고 인도하실 것을 알기 때문입니다. 성경 곳곳에 그분의 신실하심에 대한 고백이 넘치는 것은, 그만큼 우리의 신앙생활에서 중요한 부분이기 때문입니다. 신실하심은 변하지 않는 하나님의 성품 중의 하나이며, 우리는 신실하신 하나님을 믿습니다.

하나님은 사랑이시다

하나님은 사랑이십니다. 즉 우리를 사랑하시는 분일 뿐 아니라 그분의 본질 자체가 사랑이십니다.

하나님께서 우리를 향해 가지신 그 사랑을 우리가 알고 또 믿었으니, 하나님은 사랑이시라. 사랑 안에 거하는 사람은 하나님 안에 거하고 하나님께서도 그 사람 안에 거하시느니라. 요일 4:16

로마서 5:5에서 하나님의 사랑이 우리 마음에 부은 바 되었다고 말씀합니다. 하나님께서 곧 사랑이시므로, 성령 하나님께서 우리 안에 들어오실 때 우리는 그분의 완벽한 사랑을 받게 된 것입니다.

보라, 아버지께서 어떠한 사랑을 우리에게 주셔서 우리로 하나님의 아들들이라 불리게 하셨는가. 그러므로 세상이 우리를 알지 못하나니 이는 세상이 그분을 알지 못했기 때문이라. 요일 3:1

사도 요한은 오랜 세월 이 땅에 살면서 점점 더 알아갈수록 더 크게 발견되는 그분의 사랑에 감탄하며 위와 같은 고백을 남겼습니다. 정말이지 새로운 피조물의 계시가 커지면 커질수록, 하나님께서 우리를 위해 이루신 일이 얼마나 대단하고 어마어마한지 감사와 찬양을 하지 않을 수 없습니다. 처음 영접할 때는 제대로 모르고 믿었지만, 알면 알수록 우리에게 주신 이 생명이 얼마나 놀라운지요. 이 땅에서 거듭난 순간부터 하늘로 갈 때까지, 우리에게 모든 좋은 것을 아낌없이 주신 그분의 사랑에 탄복하게 됩니다.

하나님의 사랑은 아가페 사랑입니다. 이것은 하나님만이 가지고 계신 사랑으로서, 인간으로서는 도저히 할 수 없는 그런 종류의 사랑입니다. 흔히 '사랑 장'이라고 하는 고린도전서 13장은 아가페 사랑에 대해 너무나 자세하고 정확하게 설명합니다. 자기의 유익을 구하지 않고, 모든 것을 견디고, 상대의 최고를 바라며, 참고 기다려 주는 사랑. 이것이 하나님의 사랑의 특징입니다.

인간의 사랑에도 남녀 간의 사랑, 형제애, 모성애 등 여러 종류가 있습니다. 그러나 모두 한계가 있습니다. 인간의 사랑은 근본이 이기적입니다. 사람이 사람을 사랑하며 많은 것을 주고 희생하지만, 그 사랑에 대한 반응이 따라오지 않으면 결국 실망하게 되고, 급기야 사랑하던 사람이 원수처럼 변하기도 합니다. 부모의 사랑, 어머니의 사랑이 인간의 사랑 중에 가장 고귀하고 위대하다지만, 이 또한 거듭나지 않은 본성 안에서 나타날 때는 한계가 있는 것을 보게 됩니다.

그러나 하나님의 아가페 사랑은 끝없이 주고도 대가를 바라지 않습니다. 자기의 유익이 아니라 상대의 유익을 위해 모든 것을 참고 끝까지 기대합니다. 하나님께서 우리에게 주신 모든 율법과 약속과 지침과 훈계는 아가페 사랑에 근거합니다. 때로는 우리가 이해할 수 없는 방식으로 표현된다고 해도, 하나님께서 주신 것은 모두 그 자신이 아닌 우리를 위해 주어진 것임을 이해해야 합니다. 하나님의 사랑의 성품을 안다면 우리는 이것을 믿을 수 있습니다.

　말씀을 따라 하나님 앞에 헌신하거나 자신을 내려놓는 것도 결국 우리 자신을 위한 것입니다. 예를 들어 우리가 십일조를 드리는 근본적인 이유는 하나님께서 돈이 필요하시거나, 또는 교회 운영이나 하나님의 사역에 필요한 재정을 지원하기 위한 것이 아닙니다. 십일조를 통하여 우리는 마치 마음의 할례를 하듯, 대부분의 세상 사람들이 묶여있는 물질이라는 우상을 다루고 하나님 앞에 더 정결한 심령으로 스스로 구비하게 됩니다. 그것이 하나님께서 우리에게 십일조를 요구하시는 이유입니다. 이처럼 우리가 그분의 말씀을 따라 방향을 정하고 행할 때, 우리에게는 더 큰 자유와 성장이 따라옵니다. 세상에서는 돈이 많으면 행복하다고 하여 되도록 많은 돈을 움켜쥐려고 하지만, 그것이 오히려 무거운 짐이 될 수 있습니다. 그러나 하나님께 온전한 십일조를 드리는 사람은 나의 모든 공급의 근원이 하나님이심을 심령으로부터 인정한 사람이므로, 나의 소유에 대한 주권과 보호를 모두 하나님께 의탁함으로써 물질로부터의 자유를 누릴 것입니다.

　구약시대에 하나님께서 나 외에 다른 신을 섬기지 말라는 지시를 주시면서, "나는 질투하는 하나님"이라고 말씀하셨습니다. 이로 인해, 우상 숭배는 하나님께서 그냥 싫어하시는 일이라고 단순히 생각할 수 있습니다. 그러나 우상을 섬기면 그 악영향은 우리에게 오는 것입니다. 앞에서 다룬 바와 같이 마귀는 악한 영이고 하나님보다 앞서 높임

받기를 좋아합니다. 따라서 하나님이 아닌 다른 것을 섬기는 모든 자리에는 마귀가 역사합니다. 전통적인 제사 의식도 조상님께 상을 차려드리는 것이라고 하지만, 그 자리에는 조상님이 아닌 귀신들이 역사합니다. 이처럼 진리가 아닌 모든 다른 믿음에는 악한 영의 역사가 있고, 그러한 어둠의 역사는 우리로 하여금 하나님께서 주신 최고의 삶을 살지 못하도록 틈을 만듭니다. 따라서 다른 신과 다른 신앙을 거절하고 하나님과 그분의 말씀에만 집중하는 것은 결국 우리 자신을 보호하는 길입니다.

우리 삶의 목적을 하나님 나라의 확장과 영혼구원에 두어야 한다는 것도 마찬가지입니다. 이는 물론 하나님을 기쁘시게 하고 그분의 나라를 위한 일이지만, 궁극적으로 우리 각 사람이 한번뿐인 인생을 후회 없이 가장 아름답게 살아갈 수 있는 비결입니다.

이처럼 성경의 모든 강령은 하나라도 하나님 자신만의 유익을 위한 것이 없습니다. 궁극적으로 모두 우리를 보호하고 우리로 하여금 가장 좋은 삶을 살게 하려고 주신 사랑의 율례들입니다. 그분의 본성은 사랑이시고, 그 아가페 사랑은 자기의 유익을 구하지 않는 그런 사랑이기 때문입니다. 이것을 안다면 말씀을 보거나 성령의 인도를 받을 때, 보다 정확하게 그분의 뜻을 이해하고 기쁨으로 따를 수 있으며, 당연히 말씀에서 약속한 좋은 열매들을 삶에서 풍성하게 맺게 될 것입니다.

하나님은 언제나 동일하시다

하나님은 과거나 현재나 미래가 동일하십니다. 즉 영원불변하시고 언제나 변함이 없으시다는 뜻입니다.

모든 좋은 선물과 모든 온전한 선물이 위로부터, 곧 빛들의 아버지께로부터 내려오나니, 그분께는 변화도 없고 회전하는 그림자도 없느니라.
약 1:17

"주께서 그것들을 옷처럼 말아 버리시리니, 그리하면 그것들은 바뀌질 것이나 주는 동일하시며, 주의 연대는 끝이 없으리이다." 하셨도다.
히 1:12

어떤 옷이 아무리 좋아도 그 옷을 영원히 입을 수는 없습니다. 갈아입을 수밖에 없고 그 또한 언젠가는 모양이 변하고 낡아서 더 이상 입을 수 없게 됩니다. 다른 모든 것들은 이와 같이 변할 수밖에 없지만, 하나님은 언제나 여전하시고 동일하시며 그분의 날은 끝없이 지속됩니다.

그러므로 믿음으로 난 사람들은 믿음이 있는 아브라함과 더불어 복을 받느니라… 너희가 그리스도의 것이면 너희는 아브라함의 씨이며 약속에 따른 상속자들이니라. 갈 3:9, 29

성경 안에서 아브라함, 야곱, 요셉, 다윗 등 위대한 믿음의 조상들이 관계하던 하나님이 바로 지금 내가 만나는 하나님이시고, 또한 내가 만나는 하나님이 곧 언젠가 다음 세대들이 만나게 될 하나님이십니다. 하나님께서 아브라함에게 그렇게 큰 복을 주셨다면, 지금 우리에게도 마땅히 그 이상의 복을 주실 것입니다. 우리는 아브라함의 영적 후손으로서 그의 모든 기업에 대한 상속자가 되었습니다. 시간이 많이 흘렀다고 해서 그 기업이 취소되거나 변하는 것이 아닙니다. 구약성경에 기록된 야곱의 사건, 요셉의 사건을 읽으면서 우리는 동일한 역사를 기대할 수 있습니다. 나아가 예수님의 사역을 보면서 같은 일이 우리 삶 가운데 일어날 것을 기대할 수 있습니다. 하나님은 변함이 없으신 분이기 때문입니다.

하나님은 우리에게 자유를 주신다

하나님은 우리에게 자유를 주십니다. 이는 하나님의 아가페 사랑에서 비롯된 성품입니다. 그 사랑은 본인의 유익을 구하지 않기에, 상대의 의지를 존중하고 항상 자유를 줍니다.

앞서 배웠듯이 사탄의 기원은 타락한 천사입니다. 애초에 천사란 하나님께서 그분을 섬기도록 만드신 영인데, 그들에게도 자유의지를 주셔서 하나님을 섬길 수도 있고 섬기지 않을 수도 있는 선택의 능력을 주셨습니다. 그래서 그들 중 일부가 타락함으로 말미암아 이 땅으로 떨어지게 되었고, 그들이 사탄의 무리가 되고 말았습니다.

인간에게도 마찬가지입니다. 아담과 하와를 만드셨을 때 그들이 이 땅을 다스리며 아름답게 살아갈 수 있도록 모든 권세를 주시고, 더불어 하나님의 말씀을 선택할 수 있는 자유의지를 주셨습니다. 그리고 아담과 하와가 선악을 알게 하는 나무의 열매를 먹지 말라는 하나님의 말씀을 어기고 잘못된 선택을 함으로써, 인류에게 죄가 들어오는 장면을 우리가 너무나 잘 알고 있습니다.

이러한 인류의 죄 문제를 해결하기 위해 하나님께서는 아들 예수를 내어주시는 어마어마한 값을 치르셨습니다. 이제 모든 인류의 문제를 해결할 수 있는 완벽한 구원의 길이 열렸고, 하나님께서는 그분의 사람들을 통해 끊임없이 이 기쁜 소식을 전파함으로써 모두가 복음의 혜택을 누리기를 갈망하십니다. 그러나 그럼에도 불구하고 선택은 각 사람의 몫으로 남아 있습니다. 하나님께서는 강제적으로 모든 사람을 구원의 길로 끌고 오지 않으시고, 선택의 자유를 주셨습니다. 하나님께서는 그렇게 큰 자유를 우리에게 주시는 분이십니다.

우리 안에 계신 성령님의 성품도 같습니다. 그분은 늘 우리에게 자유를 주시는 분이십니다. 흔히 성령님의 역사를 체험하고 나서 그분께서 '강권적으로' 하셨다는 표현을 하는데, 사실 이는 하나님의 성품에 대한 오해에서 비롯된 언어입니다. 물론 우리가 무지로 인해 잘못된 결정을 하고 가는데, 그 앞에 어려움이 있는 것을 아시고 하나님의 보호하시는 손이 강권적으로 역사하시는 것은 가능합니다. 그러나 우리가 잘못된 길로 간다고 해서, 하나님께서 '강권적으로' 사고를 일으켜 우리를 치시고 돌이키게 하신다는 것은 있을 수 없는 일입니다. 부정적인 사고는 내가 하나님의 뜻에서 벗어나 있음으로 말미암아 벌어진 틈을 통해 사탄이 일으킨 역사인 것이고, 그러한 사건으로 고통 중에 있을 때 성령께서는 우리 안에서 위로하시고 하나님의 은혜를 깨닫게 하심으로써, 우리로 하여금 다시 하나님께 나아오는 선택을 할 수 있도록 도우시는 분입니다. 하나님은 어떤 악한 상황도 선으로 돌리실 수 있는 분이시지만, 악을 만들어내는 분은 아닙니다. 또한 우리가 옳은 선택을 할 수 있도록 끊임없이 말씀하시고 비추어 주시지만, 결국 최종 선택은 우리에게 달려 있습니다. 하나님께서 강권적으로 우리의 결정을 돌이키실 수 있다면, 가장 먼저 아담이 선악과를 먹는 발걸음을 막으셨을 것입니다.

따라서 하나님의 생명을 가지고 성령 충만한 그리스도인이라면 다른 사람에게 강요하거나 그들을 주관하려 하는 것이 아니라 상대의 의지를 존중하고 말씀 안에서 자유를 주며 섬기는 태도를 유지해야 합니다.

진리를 알게 되리니 그 진리가 너희를 자유롭게 하리라. 요 8:32

하나님의 말씀은 우리를 자유롭게 합니다. 자유롭게 한다는 것은 일차적으로 어떤 억압이나 속박으로부터 해방되고 풀려나는 것을 의미합니다. 말씀이 우리에게 올 때 우리를 괴롭히던 문제나, 질병, 두려움 등으로부터 우리는 완전히 해방됩니다. 더 나아가 자유란 나의 한계를 벗어나는 것을 뜻합니다. 큰 문제없이 지금처럼 사는 것이 전부인 줄 알았는데, 말씀을 통해 우리는 더 높은 수준의 삶, 더 높은 부르심이 있음을 발견하게 됩니다. 진리의 말씀은 우리의 안에서부터 그러한 삶을 살아낼 수 있는 능력을 공급하고 변화를 일으킴으로써, 우리를 한계나 제한이 없는 다른 차원으로 상승시켜줍니다. 그런 의미에서 말씀은 우리가 진리를 알면 자유롭게 된다고 이야기하는 것입니다.

이제 그 영은 주시니 주의 영이 계신 곳에는 자유가 있느니라. 고후 3:17

주의 영은 성령님이시고 그분은 하나님의 성품을 가지고 계십니다. 따라서 주의 영이 계신 곳에는 항상 자유가 있습니다.

때로는 하나님의 임재가 충만한 가운데 그분의 강력한 역사를 체험할 때가 있습니다. 내면의 상처가 위로받고 몸의 치유 등이 나타나면서, 이전에 없었던 강력한 나타남이 일어나는 것입니다. 그럴 때 특이한 신체적 증상이나 행동이 나타나기도 하는데, 문제는 기도나 예배 때마다 그런 것들을 반복하면서 "성령께서 하시는 것이라 제어할 수가 없어요."라고 말씀하시는 경우입니다. 그러나 사실 그렇지 않습니다. 성령께서 하시는 일은 우리가 절제할 수 없는 것이 없습니다. 오히려 그런 반복적인 특이한 행동들이 주변 사람으로 하여금 임재 안으로 들어가는 데 방해를 주거나, 심지어 '성령 충만 받으면 저렇게 되는 거야?' 라고 하여 성령에 대해 부정적인 인식을 주는 일도 있습니다. 이는 결코 성령의 일이라고 할 수 없습니다.

저희 성경 학교에 오신 한 목사님께서도 기도할 때마다 동작이나 소리가 유난히 과하신 분이 계셨습니다. 예전에 특별한 은혜를 받을 때 그런 행동이 나타났는데, 그 이후로 그렇게 해야만 성령의 기름부음이 일어난다는 믿음을 가지게 되어 기도할 때마다 그렇게 하시는 것입니다. 그렇게 기도하지 않으면 성령이 역사하지 않은 것 같고 제대로 은혜 받지 않은 것처럼 느끼셨습니다. 그래서 그 부분을 코칭해 드리자, 그저 당연히 성령께서 하시는 것이고 본인은 절제할 수 없다고 믿었는데, 밑바탕에 잘못된 고정관념이 있음을 발견하시게 되었습니다. 더불어 성령의 성품에 대해서 이해하자, 그러한 행동을 곧 교정하셨고, 이후로는 꼭 특이한 행동을 하지 않아도 기름부음 넘치는 기도를 얼마든지 잘 하실 수 있게 되었습니다.

> 그러므로 그리스도께서 우리를 자유케 하셨으니 자유 안에 굳게 서서 다시는 종의 멍에를 메지 말라. 갈 5:1

하나님은 참으로 우리에게 자유를 주기 원하십니다. 그러므로 우리는 이 자유 안에 굳게 서서 다시는 종의 멍에를 메어서는 안 됩니다.

어둠이나 질병이나 가난이나 부정적인 감정이나 환경이나 그 무엇도 우리를 옭아매도록 허용해서는 안 됩니다. 우리는 하나님의 선하심과 사랑과 자유를 알고, 말씀 안에서 그것들을 누림으로써 가장 아름다운 삶을 만들어가야 하겠습니다.

하나님은 차별이 없으시다

하나님께서는 외모로 사람을 취하지 않으십니다. 이를 영어 NIV 성경에서는 "그분께는 편애가 없으시다.there is no favoritism with him." 라고 표현합니다. 즉 하나님께는 차별이 없으시다는 뜻입니다. 그분께는 한 사람을 다른 사람보다 더 사랑하시는 일이 있을 수 없습니다. 세상에서는 보이는 것이나 육신적인 기준을 따라 상대를 다르게 대하는 경우가 많지만, 하나님은 그러실 수 없습니다. 다만 그분께서는 우리 한 사람 한 사람을 모두 특별하게 사랑하십니다.

> 여호와께서 사무엘에게 이르시되 그의 용모와 키를 보지 말라 내가 이미 그를 버렸노라 내가 보는 것은 사람과 같지 아니하니 사람은 외모를 보거니와 나 여호와는 중심을 보느니라 하시더라 삼상 16:7, 개역개정

하나님께서는 용모와 신장에 관계없이 차별하지 않으십니다. 선지자 사무엘이 하나님의 음성을 듣고 이새의 아들 중 한 명을 왕으로

세우기 위해 찾아 갔습니다. 사무엘이 그 중에서 가장 키도 크고 잘생긴 엘리압에게 기름을 부으려고 하자, 하나님께서는 나는 외모가 아닌 중심을 본다고 말씀하십니다.

중심이란 심령, 곧 영을 말합니다. 하나님께서는 철저히 우리의 중심에 반응하십니다. 하나님께서 모든 사람을 똑같이 사랑하신다고 하는데, 실제로 우리의 삶을 보면 어떤 사람에게는 하나님이 더 많이 나타나시고 어떤 사람에게는 덜 나타나시는 것처럼 보입니다. 그 차이는 바로 심령에서 비롯됩니다. 그의 중심이 하나님을 향하여 더 간절한 사람은 그분의 역사를 더 많이 끌어당기고 더 많은 혜택을 누리게 됩니다. 우리의 타고난 능력이나 재능은 정도가 다를 수 있습니다. 그러나 각자의 중심은 누구나 스스로 다를 수 있으며, 궁극적으로는 이것이 우리 인생의 성공의 열쇠입니다. 그래서 하나님은 너무나 공평하신 분이십니다. 우리를 능력이 아니라 중심에 따라 대하시기 때문입니다.

> 또 주인들아, 너희도 그들에게 동일하게 행하고 위협을 그치라. 이는 너희의 주인도 하늘에 계시며 그분은 사람을 외모로 판단하지 않으심을 너희가 알기 때문이라. 엡 6:9

하나님께서는 상전이나 종에 관계없이 차별하지 않으십니다. 지금으로 보면, 고용주가 고용인을 대할 때 하나님을 인식해야 한다고 말씀합니다. 그들도 하나님 앞에서는 모두 동일하게 귀한 존재이기 때문입니다. 하나님께서는 신분의 고하에 따라 사람을 다르게 대하지 않으십니다.

> 유명하게 보인다는 그 사람들 가운데 (그들이 전에 어떤 사람이었든지 내게는 아무 상관도 없고 하나님께서는 사람을 외모로 받아들이지 아니하시며) 그 유명하다는 사람들은 나에게 아무것도 더해 준 것이 없느니라. 갈 2:6

하나님께서는 유명한 이나 무명한 이나 관계없이 차별하지 않으십니다. 우리조차도 사회적으로 더 유명한 사람이 하나님께 더 중요한 사람인 것처럼 인식할 때가 있습니다. 그러나 성경은 그런 것은 상관이 없다고 분명하게 말씀하십니다.

> 유대인과 헬라인 사이에 차별이 없으니 이는 만민에게 동일한 주께서 그를 부르는 모든 사람에게 부요하심이라. 롬 10:12

하나님께서는 유대인이나 헬라인이나 이방인이나 관계없이 차별하지 않으십니다. 유대인은 지금도 그렇듯이 하나님으로부터 선택받은 민족이라는 우월 의식을 가지고 있었습니다. 그러나 성경은 유대인이 특별히 사랑받는 민족인 것이 아니라 어떤 민족이나 혈통이든지 차별이 없으며, 그를 부르는 모든 사람에게 주님이 되셔서 풍성한 은혜를 주신다고 말씀합니다.

그때 베드로가 입을 열어 말하기를 "참으로 내가 깨달은 것은 하나님께서는 사람을 외모로 취하지 않으시고 어느 민족에서나 자기를 두려워하고 의를 행하는 사람을 받아 주신다는 것이라." 행 10:34-35

또한 하나님께서는 유대인이나 이방인이나 관계없이 차별하지 않으십니다. 민족과 관계없이 하나님을 향해 바른 심령을 가지고 의를 행하는 사람은 하나님께서 모두 받아주신다고 말씀합니다.

그러나 악을 행하는 자는 자기가 행한 악에 대하여 받으리니, 거기에는 사람을 외모로 취하심이 없느니라. 골 3:25

불의에 있어서도 하나님은 차별 없이 대하십니다. 누군가를 더 사랑하신다고 하여 양해해 주시는 그런 일은 있을 수 없습니다.

유대인이나 헬라인도 없고, 종이나 자유인도 없으며, 남자와 여자도 없으니, 이는 너희 모두가 그리스도 예수 안에서 하나이기 때문이라. 갈 3:28

하나님께서는 남자나 여자나 관계없이 차별하지 않으십니다. 하나님의 창조의 질서에 따르면 가정에서 여자의 머리는 남자입니다. "각 남자의 머리는 그리스도요 여자의 머리는 남자요 그리스도의 머리는 하나님이시라"(고전 11:3) 그러나 그렇다고 해서 하나님께서 여자보다 남자를 더 중요하게 여기시는 것은 아닙니다. 이는 영적 질서인 것이고, 각 자리에 있는 한 사람 한 사람을 하나님께서는 귀하게 여기십니다. 예를 들어 교회 안에서 목사님께서 중요한 역할을 하고 계시지만, 그렇다고 해서 새 신자보다 목사님이 하나님께 더 중요하다거나, 사역자가 하나님으로부터 더 특별한 사랑과 관심을 받는 것은 아닙니다. 다만 그의 헌신된 삶의 태도나 심령이 하나님의 역사를 더 끌어당길 수는 있겠습니다. 하나님께서는 우리 모두가 그리스도 예수 안에서 하나라고 말씀하십니다.

지금까지 살펴본 바와 같이, 하나님은 선하시고, 신실하시며, 변함이 없으시고, 차별이 없으십니다. 하나님의 성품은 언제, 어디서나, 동일하십니다. 그러므로 우리는 언제 어디서나 그분의 말씀을 믿고 따를 수 있습니다. 우리가 하나님께 직접적으로 약속을 받지 않더라도, 성경에서 하신 약속에 대해 '아멘' 하고 믿음으로 붙잡고 취하면 그것이 곧 하나님께서 나에게 하신 약속이 됩니다. 하나님의 불변하심과 외모로 사람을 취하지 아니하심 때문에 야곱에게 하신 약속, 아브라함에게 하신 약속과 말씀도 나의 것으로 받아 누릴 수 있습니다.

저도 초신자 시절에 하나님의 성품을 잘 몰랐을 때에는 이런 부분에서 사탄의 공격이 있었습니다. 예를 들어서 구약 성경에서 "하나님께서 너를 떠나지도 버리지도 아니하시리라"라는 말씀을 고백하려고 하면 '그건 너한테 직접 하신 약속이 아니라 여호수아에게 하신 거잖아.' 라는 생각이 드는 것입니다. 그리고 보면 그 생각이 설득력 있게 여겨져서, 믿음을 발휘하지 못하고 입을 닫고 말았던 기억이 있습니다. 그러나 그럴 필요가 없습니다. 하나님의 성품, 즉 그분의 신실하심과 변함없으심과 차별 없는 사랑을 알면, 누구에게 하신 약속이든 간에 영으로 반응하여 취할 수 있고, 그렇게 할 때 동일한 역사가 나에게도 일어나게 되어 있습니다. 하나님의 성품을 이해한다면, 구약이나 신약을 막론하고 모든 약속을 자신 있게 붙잡을 수 있고, 붙잡은 것마다 받게 될 것입니다.

하나님의 성품은 불변하십니다. 선하신 하나님께서는 나에게 원망 받을 만한 어떠한 일도 하시지 않습니다. 내가 문제 가운데 있을 때, 하나님 편에는 문제가 없음을 알고 나를 점검하고 고쳐야 합니다.

하나님은 절대 불의한 일을 하실 수 없고, 원망 받을 만한 어떠한 일도 하실 수 없습니다. 만약 좋지 않은 결과가 나왔다 하더라도, 그것은 하나님 편이 아니라 내 편에 문제가 있었던 것입니다. 따라서 내가 하나님의 말씀의 원리 가운데 올바른 심령으로 기능했는지 점검하고 교정하는 것이 합당한 접근입니다. 그러나 우리의 혼에 남아 있는 아직 변화되지 않은 잘못된 태도로 인해, 우리는 스스로의 문제를 인정하고 싶어 하지 않는 성향이 있습니다. 그러나 하나님께는 문제가 없다는 전제를 분명히 하고 스스로를 말씀으로 교정하여 다시 바르게 접근한다면, 과거의 실패도 얼마든지 승리로 바꾸어 영광을 누리는 삶을 살 수 있습니다.

하나님의 성품은 변할 수 없습니다. 그래서 우리는 언제나 그분을 신뢰할 수 있습니다. 우리가 예수 안에 있다는 것은, 주님의 손에 우리의 삶이 맡겨졌다는 것은, 우리가 가장 안전한 곳에 거하고 있다는 뜻입니다. 아무것도 염려할 필요가 없습니다. 날이 갈수록 우리는 삶에서 그분을 더 신뢰하고, 더 알아가며, 더 체험하게 됩니다. 그리하여 어떠한 환경에서도 확신과 신뢰 가운데 평강을 잃지 않고 주님과 동행하는 삶을 살게 됩니다. 이처럼 하나님의 선하신 성품을 알면 알수록 우리의 신앙생활은 든든한 반석 위에 세운 집처럼 흔들림 없이 안정적으로 지어지게 될 것입니다.

제 9 과

성령의 9가지 은사

너희는 더욱 큰 은사를 사모하라
내가 또한 제일 좋은 길을 너희에게 보이리라
(고전 12:31)

I want you to desire the best gifts
So I will show you a much better way.

성령의 아홉 가지 은사는 하나님께서 성도의 유익을 위하여 성령으로 말미암아 주시는 선물입니다. 성경에서는 특별히 고린도 교회에 많은 은사가 나타났던 것을 볼 수 있습니다. 그런데 사도 바울은 고린도 교회 성도들이 아직 영적으로 어린 아이 수준이라고 말합니다. 즉 성령의 은사는 영적 수준과 상관없이 말 그대로 성도를 위한 "선물gift"로 주어지는 것으로서, 성도를 돕고자 하시는 하나님의 자비와 은혜의 증거라고 할 수 있습니다.

기본적으로 우리는 하나님의 말씀을 믿음으로 취하기만 한다면, 무엇이든 할 수 있습니다. 예를 들어 예수께서 채찍에 맞으므로 내가 나음을 입었다는 사실을 믿는다면, 그 진리가 우리를 온전케 하여 우리는 질병으로부터 걸어 나올 수 있습니다. 그러나 모든 사람이 그렇게 믿음을 발휘할 수 있는 수준에 이른 것은 아닙니다. 각자 성장하는 과정에 있기에, 특별히 갓 거듭나서 믿음의 감각이 아직 익숙하지 않은 사람들은 온전히 자신의 믿음만으로 질병에서 벗어나 치유를 받기가 쉽지 않습니다. 그런 사람들을 위해서 하나님께서는 교회를 통하여 병 고침의 은사를 주셨습니다. 은사적인 사역으로 말미암아 본인의 믿음을 뛰어넘는 치유의 역사를 누릴 수 있는 길을 주신 것입니다. 이처럼 은사는 효과적인 섬김과 사역을 위하여 교회와 성도에게 주시는 하나님의 선물입니다.

'성령의 열매'와 '성령의 은사'의 차이

"성령의 아홉 가지 은사"(고전 12장)는 "성령의 아홉 가지 열매"(갈 5장)의 차이점에 대해서 먼저 짚고 넘어가야 할 것 같습니다. 두 가지는 내용도 다르지만 특성도 다릅니다.

성령의 은사는 앞서 언급했듯이, 하나님께서 사역적인 필요에 따라 은혜로 주시는 것으로서 그것을 사용하는 사람의 영적 성숙도와는 직접적인 연관이 없습니다. 반면 성령의 열매는 잘 아시다시피 사랑, 기쁨, 오래 참음, 자비, 양선, 온유, 절제 등 인격적인 요소들입니다. 다시 말해 거듭난 후에 성령과 말씀을 통하여 영적으로 성숙해질 때 우리의 영이 맺게 되는 열매들로서, 이것이야말로 한 사람의 영적 성장을 가늠하는 척도가 될 수 있습니다. 그래서 사실 그리스도인으로서 살아가는 데 더 중요하고 더 사모하며 나타내야 할 것은 성령의 은사보다는 성령의 열매입니다.

그럼에도 불구하고 〈믿음의 반석〉 교육과정에서 한 과를 할애하여 성령의 은사에 대해서 나누는 이유가 있습니다. 성령의 열매는 굳이 강조하거나 애쓰지 않아도 거듭난 그리스도인의 본성을 따라 성령 및 말씀과 교제하며 온전히 살아가기만 한다면, 나무가 잎을 내고 열매를 맺는 것이 당연한 일이듯이 우리의 영 가운데 자연스럽게 열매를 맺게 됩니다. 그러나 성령의 은사는 우리 안으로부터 나는 것이 아니라 하나님께서 주시는 선물입니다. 따라서 그것을 알고 사모하는 사람에게 더 많이 주어집니다. "내 백성이 지식이 없어 망한다"는 호세아서 말씀처럼, 하나님께서는 우리를 위해 좋은 것을 많이 예비해 주셨지만 그것이 실재가 되어 나타나는 데에는 그에 대한 "인식"이 커다란 영향을 미칩니다. 마치 거듭난 우리 모두는 완벽한 의를 가지고 있지만 그것을 얼마나 의식하느냐에 따라 나타남이 달라지듯이, 성령의 은사도 마찬가지입니다. 성령의 은사가 있다는 것을 알고 그것을 기대하는 사람에게 성령께서는 역사하시기가 더 쉬우실 것입니다. 그래서 이러한 도움을 받는 사람은 그렇지 않은 사람보다 훨씬 강하고 능력 있게 살아갈 수 있습니다. 실제로 제가 이전에 개인 양육을 했을 때에도, 이 내용을 배우고 나서 실제로 은사의 나타남을 경험하시는 경우가 많았습니다. 여러분도 심령의 기대감을 가지고 본 과의 내용을 배운다면 동일한 경험을 하시게 되실 줄로 믿습니다.

하나님의 말씀으로 무장하고 살아가는 그리스도인에게 하나님께서는 성령의 은사를 나누어 주셔서 개인의 삶에서 승리할 뿐만 아니라 다른 은사로 서로 섬기기를 원하십니다. 성령의 은사는 개인과 교회를 더 강건하게 하며 세부적으로 인도받을 수 있도록 하나님께서 성령의 뜻대로 나누어 주시는 하나님의 선물입니다.

은사는 우리로 하여금 섬김과 사역을 위해 능력으로 입혀지도록 하나님께서 우리에게 주시는 연장입니다. 몸이 아픈 사람을 보고 긍휼함이 차 올라서 돕고 싶은데 나의 믿음으로는 한계가 느껴질 때, 그럴 때 하나님께서는 병 고침의 은사를 주셔서 손을 얹고 기도할 때 치유가 일어나게 하실 수 있습니다. 마치 밭에서 아무런 도구도 없이 열심히 김을 매고 있는 종을 보고, 그가 보다 효과적으로 일할 수 있도록 주인이 호미를 주는 것과 같습니다.

이 선물은 교회 안에서 그 은사를 가장 필요로 하는 위치에 있는 사람에게 주어집니다. 즉 영적으로 준비되어서라기보다는 필요에 따라 주어지는 것입니다. 따라서 영적으로 아직 성숙하지 못했더라도, 그가 가진 섬김에 대한 뜨거운 열정으로 말미암아 은사가 주어지는 경우가 많습니다. 섬김의 필요가 있는 사람이 은사를 사모하고 갈망할 때 성령께서 나누어 주시는 것입니다. 그러므로 하나님께서 나에게 은사를 주시더라도, 그 목적은 나 자신을 위해서가 아니라 나를 통해 다른 사람을 섬기기 위한 것입니다.

그래서 은사에 대한 개념을 새롭게 할 필요가 있습니다. 지금까지 우리는 '영적이다' 라는 기준을 기도를 많이 한다든지 은사를 받았다든지 그런 것들을 영적 성숙의 척도로 삼았습니다. 그러나 실제로 영적이라는 것은 하나님의 말씀에 일치하여 생각하고 말하고 행동하는 것입니다. 물론 기도를 많이 하는 것이 영적인 사람으로 성장하는 통로가 되어줄 수는 있지만, 그 자체로 영적인 사람이라 말할 수는 없습니다. 다시 말해 성령의 열매는 영적 성장의 지표가 될 수 있지만, 성령의 은사는 그 자체로 영적 성장의 기준은 될 수 없습니다. 오히려 은사는 아직 말씀을 믿음으로 취하기 어려운 미성숙한 사람을 돕기 위해 필요를 느끼고 갈망하는 사람에게 나타나는 경우가 많습니다.

형제들아, 이제 나는 너희가 영적인 은사들에 관해 무지하기를 원치 아니하노라. 너희도 알거니와 너희가 이방인이었을 때는 말 못하는 우상들에게 이끌림을 받는 대로 끌려갔느니라. 그러므로 내가 너희에게 알게 하노니, 하나님의 영으로 말하는 사람은 누구라도 예수는 저주 받았다고 말하지 아니하며, 또 성령에 의하지 아니하고는 누구라도 예수를 주라고 말할 수 없느니라. 다양한 은사들이 있으나 성령은 동일하며 다양한 봉사들이 있으나 주는 동일하며 다양한 역사들이 있으나 모든 것 안에서 모든 것을 역사하시는 하나님은 동일하니라. 그러나 각 사람에게 성령의 나타나심을 주신 것은 유익을 위함이라. 어떤 사람에게는 성령을 통하여 지혜의 말씀을 주시고 또 어떤 사람에게는 같은 성령을 따라 지식의 말씀을 또 어떤 사람에게는 같은 성령으로 믿음을, 어떤 사람에게는 같은 성령으로 병 고치는 은사들을 또 어떤 사람에게는 능력 행함을, 어떤 사람에게는 예언함을, 어떤 사람에게는 영들을 분별함을, 또 어떤 사람에게는 여러 가지 방언들을 말함을, 어떤 사람에게는 방언들을 통역함을 주시느니라. 그러나 이 모든 일은 한 분이신 같은 성령께서 역사하시어 그분께서 원하시는 대로 각 사람에게 나누어 주시느니라. 고전 12:1-11

성령께서 우리의 유익을 위하여 그분의 뜻대로 각 사람에게 은사를 나누어 주신다고 말씀합니다. 즉 성령께서는 우리가 이러한 은사들을 받고 사용하기를 원하시는 것입니다. 따라서 성령의 은사에 대해 미리 성경적인 개념을 정립하고 있다면, 후에 그러한 나타남이 있을 때 정확히 방향을 잡고 올바른 방향으로 활용할 수 있을 것입니다.

위에 사도 바울이 열거한 아홉 가지 은사들은 크게 세 가지로 나뉩니다. 가장 먼저 지식의 말씀, 지혜의 말씀, 영 분별은 계시 은사, 다음으로 병 고침, 믿음, 능력기적 행함은 능력 은사, 마지막으로 예언과 방언과 방언 통역은 발언 은사라고 분류할 수 있습니다.

다시 말하지만 이러한 은사들은 개인에게도 물론 유익하지만, 더 큰 목적은 교회를 위한 것입니다. 따라서 교회를 위해서 쓰임 받기 원하는 자에게 은사가 많이 나타나게 되어 있습니다. 이 중에서도 특별히 제가 강조하고 싶은 은사는 지혜의 말씀과 지식의 말씀입니다. 이는 누구에게나 필요한 것이며, 셀과 교회 안에서 지체들을 섬기는 데 있어 매우 실제적이면서도 덕스럽게 사용할 수 있는 은사이기 때문입니다.

지식의 말씀

지식의 말씀The Word of Knowledge은 하나님의 마음에 있는 어떠한 사실에 대해서, 성령으로 말미암아 우리에게 알려 주시는 초자연적인 계시로서, 특별히 현재나 과거 사실에 대한 것입니다.

이번 과에서 다루는 성령의 아홉 가지 은사는 모두 초자연적인 영역의 일입니다. 그런데 특히 '지식의 은사'와 '지혜의 은사'의 경우에는 지금까지 자연적인 영역의 특징을 설명하는 말로 잘못 사용된 경우가 많았습니다. 예를 들어 교회 안에서 명석하거나 공부를 잘하는 사람을 두고 '지식의 은사가 있다' 라고들 표현합니다. 그러나 지식의 말씀은 초자연적으로 오는 것으로서, 여기에서 말하는 지식이란 초자연적인 지식을 말합니다. 따라서 세상적인 지식이 많아서 박식한 것과는 전혀 상관이 없습니다.

이는 사건 전체를 다 알고 꿰뚫어보는 것은 아니고, 마치 문을 잠깐 열고 살짝 들여다보는 것처럼 영적인 세계의 것들을 조금 알게 되는 것입니다. 어떤 단어가 떠오를 수도 있고, 느낌일수도 있습니다. 아니면 한 장면을 볼 수도 있습니다. 이처럼 지식의 말씀을 받는 통로는 성령 인도와 비슷합니다. 그런데 내용상, 자연적인 영역에서는 내가 전혀 모르고 알 수도 없는 일인데, 영적인 영역에서 하나님께서 어떤 지식을 하나 전달해 주심으로써 초자연적으로 알게 되는 것입니다.

그 내용의 시제는 과거나 현재입니다. 이미 있었던 일이나 현재 상태에 대한 정보로서, 그렇기 때문에 지식의 말씀은 제대로 받았다면 틀릴 수가 없습니다. 때로 제가 기도를 하다 보면 어떤 성도가 떠오르면서 그의 상태에 대해서 영적으로 알게 되는 경우가 있는데, 이것이 바로 지식의 말씀의 한 형태입니다.

성경에서도 지식의 말씀이 나타난 장면이 많습니다. 먼저 환상으로 오는 지식의 말씀의 예입니다.

> 다마스커스에 아나니아라고 하는 한 제자가 있었는데, 주께서 그 사람에게 환상 가운데 말씀하시기를 "아나니아야" 하시니, 그가 말하기를

"주여, 보소서. 내가 여기 있나이다." 하니 그때 주께서 그에게 말씀하시기를 "일어나 곧은 길이라고 하는 거리로 가서 유다의 집에서 타소 사람인 사울을 찾으라. 보라, 그가 기도하고 있느니라 행 9:10-11

열심으로 그리스도인을 핍박하던 사울이라는 청년이 극적으로 주님을 만나 회심하고 잠시 눈이 멀게 되었습니다. 그래서 다마스커스에 가서 유다라는 사람의 집에 머물게 되었는데, 같은 시각 주님께서는 아나니아라는 성도에게 환상으로 나타나셔서 유다의 집을 알려주시며 그곳에 머물며 기도하고 있는 사울을 만나라고 말씀하십니다. 즉 가야 할 곳의 위치와 만나야 할 사람의 이름과 그의 상황에 대해 환상을 통하여 구체적으로 알려주신 것입니다. 이는 아나니아가 자연적인 영역에서는 결코 알 수 없는 것들이었습니다. 그러나 초자연적인 성령의 역사로 말미암아 하나님께서 아나니아에게 이 모든 지식을 주신 것을 볼 수 있습니다.

내적 계시로 오는 예도 있습니다. 예수님께서 우물 가에서 사마리아 여인을 만나 대화를 나누시는 장면입니다.

그 여인이 대답하여 말하기를 "나에게는 남편이 없나이다."라고 하니 예수께서 그녀에게 말씀하시기를 " '나에게는 남편이 없나이다.' 라고 한 네 말이 옳도다. 너에게는 다섯 명의 남편이 있었으며, 또 지금 있는 자도 네 남편이 아니므로 네가 이 점에 관하여 참말을 하였도다." 라고 하시니 요 4:17-18

사마리아 여인 안에 있는 영적 갈망을 아신 예수님께서 여인에게 말을 붙이셨습니다. 그리고 영원히 마르지 않는 생수에 대해서 처음 소개하신 후, 위 구절에서 보는 바와 같이 여자의 과거와 현재 상황을 정확히 이야기하십니다. 예수님께서 내적 직감으로 그냥 아신 것입니다. 이를 통해 여인은 예수님을 선지자로 인정하게 되고, 자신의 영적인 의문을 풀어냄으로써 참된 구원의 자리로 들어오게 되었습니다.

위에서 살펴본 신약의 예와 마찬가지로 구약에서도 동일한 성령의 은사를 발견할 수 있습니다. 당시에는 성령께서 임하시기 전이므로 방언과 방언 통역의 은사는 없었지만, 나머지 일곱 가지 은사는 하나님의 사람들 가운데 나타나고 있었습니다. 엘리사의 예를 보겠습니다.

> 그러나 그가 들어가서 그의 주인 앞에 서자, 엘리사가 그에게 말하기를 "게하시야, 네가 어디서 오느냐?" 하는지라, 그가 말하기를 "당신의 종이 아무 데도 가지 아니하였나이다." 하자 엘리사가 그에게 말하기를 "그 사람이 너를 맞이하려고 그의 병거에서 돌이켰을 때 내 마음이 너와 함께 가지 아니하였더냐? 지금이 돈을 받고, 옷을 받고, 올리브 밭과, 포도원과, 양들과, 소들과, 남종들과, 여종들을 받을 때이더냐?"
> 왕하 5:25-26

이방족속인 나아만 장군이 엘리사로 인해 나병이 치유되자 감사의 표시를 하기 원했습니다. 그러나 엘리사는 받지 않고 돌려보냈습니다.

그런데 엘리사의 시종인 게하시는 엘리사의 뜻을 거스르고 나아만 장군을 쫓아가서 거짓말을 해서 선물을 받아냅니다. 그러고 나서 물건을 숨기고 아무 일이 없었던 듯이 엘리사 앞에 갔는데, 그때 엘리사가 게하시에게 말하는 장면이 위의 구절입니다.

"한 사람이 수레에서 내려 너를 맞이할 때에 내 마음이 함께 가지 아니하였느냐"라는 엘리사의 말을 통해, 그가 환상을 통해 게하시의 모습을 보았다고 추측할 수 있습니다. 즉 직접 게하시를 따라 간 것은 아니지만, 초자연적인 계시로 인해 그 상황을 알게 되었고, 이를 두고 엘리사는 "나의 심령heart" 즉 나의 영이 너와 함께 갔다고 표현한 것입니다.

이러한 지식의 말씀을 통해, 우리는 용기를 잃었을 때 힘을 얻기도 하고, 잃어버렸던 물건을 찾기도 하며, 또한 주님께서 영광을 받으시게 됩니다.

예전에 교회에서 중요한 서류가 분실된 적이 있습니다. 어떤 선교사님께서 미국의 성령 훈련소에 입학하시는 데 필요하여 부탁받았던 추천서 양식이었습니다. 다시 작성해서 처리하기에는 시간이 촉박하여 반드시 그 서류를 찾아야 했습니다. 제가 잃어버린 것은 아니었지만, 찾아야 된다는 마음을 품고 기도하는데 순간 그 서류가 어떤 책상 서랍 안에 있는 것이 사진처럼 보였습니다. 책상에도 여러 종류와 모양이 있는데, 구체적으로 특정 모양의 책상 서랍이 보이는 것이었습니다. 우선 교회 안에서 그런 모양의 책상 서랍 속을 찾아보았는데 없었습니다. 그래서 이상하게 여겼는데, 나중에 알고 보니 그 서류가 은행에서 발견되었습니다. 은행 업무를 보러 갔다가 그 서류를 두고 왔고, 그래서 은행 직원이 서류를 자기 서랍에 보관해 두었던 것입니다. 그 책상이 바로 제가 기도 중에 보았던 모양과 같았습니다. 이처럼 자연적으로는 전혀 알 수 없는 잃어버린 물건의 행방의 경우도, 성령께서 지식의 말씀을 통해 알려 주시기도 합니다.

또한 저는 아침 시간에 기도할 때 때로는 하나님께서 어떤 성도의 이름을 떠올려 주시거나 그 사람이 나오는 환상을 보여주심으로써 그를 위해 기도하게 하시는 것을 종종 경험합니다. 그 이유에 대해서도 전혀 모를 때도 있고, 어떤 때는 환상 등을 통해서 정확하게 어떤 문제인지 알게 되는 경우도 있습니다. 이것 또한 자연적으로는 제가 들은 바도 없고 알 수도 없는 내용이지만, 성령께서 초자연적으로 계시를 주심으로 말미암아 성도들을 위해 꼭 필요한 중보를 할 수 있게 됩니다.

사실 우리는 이런 은사를 삶에서 일상적으로 경험할 수 있습니다. 예수님을 믿고 성령님과 동행하는 사람들이라면, 충분히 매일 일어날 수 있는 일입니다. 성령께서 우리 안에 계시다면 그분의 기름부음이 우리 안에 함께 하고, 그 기름부음 안에 그분의 은사들이 다 나타날 수 있기에 사실상 위로부터 은사를 '받는다'는 개념이나 절차가 없이도 우리 삶에서 당연히 이러한 나타남들이 있을 수 있는 것입니다. 성령께서는 우리를 초자연적으로 도와서 우리로 하여금 월등히 탁월한 삶을 살게 하려고 오신 분이며, 이를 위해 가능한 모든 수단과 방법으로 역사하기 원하십니다. 다만 이러한 '은사'는 영적 직감처럼 우리가 원할 때마다 꺼내 쓸 수 있는 것이 아니라 성령께서 필요한 때에 우리에게 주시는 것이므로 우리는 다만 항상 그분께 주파수를 맞추고 그분께서 역사하실 수 있는 모든 채널을 열어 두는 것이 중요합니다. 그럴 때 나 자신은 물론, 내 곁에 있는 사람들이 나에게 오는 은사를 통하여 섬김을 받고 세워지는 일이 더 빈번하게 일어나게 될 것입니다.

지혜의 말씀

지혜의 말씀은 지식의 말씀과 거의 비슷합니다. 즉 말씀을 받는 방식은 같으며 다만 그 내용에 따라 구별되는데, 지식의 말씀이 과거나 현재에 대한 내용인 것과 달리, 지혜의 말씀은 미래에 대한 것입니다. 다시 말해, 지혜의 말씀은 하나님의 뜻과 마음 안에 있는 목적이나 계획, 또는 앞으로 일어날 일에 대하여 성령으로 말미암아 주시는 초자연적인 계시입니다.

> 그러나 주께서 그에게 말씀하시기를 "가라, 이는 그가 이방인들과 왕들과 또 이스라엘 자손들 앞에서 내 이름을 증거하기 위하여 내가 선택한 그릇이라. 행 9:15

앞서 보았던 바울의 회심 장면의 다른 부분입니다. 주님께서 아나니아에게 나타나서 유다의 집에 있는 사울을 만나라고 하시자, 아나니아는 바울에 대해 들었던 성도 핍박의 소문을 말씀드리며 반문했고,

그러자 주님께서 대답하십니다. "그는 이방인들과 왕들과 이스라엘 자손들에게 내 이름을 전하기 위하여 선택한 나의 그릇이다." 이처럼 아나니아는 하나님의 음성을 통하여 바울 개인의 사역과 또한 그를 통한 복음 전파 사역에 대한 하나님의 뜻을 알게 되었고, 그분의 뜻에 순종하게 되었습니다.

지혜의 말씀은 환상이나 영적인 꿈, 또는 실제적인 목소리를 통해 옵니다. 다시 말해 지식의 말씀과 마찬가지로 성령 인도의 모든 통로를 통하여 메시지가 올 수 있으며, 다만 그 내용에 따라 '지혜의 말씀'으로 구분되는 것입니다.

지혜의 말씀은 미래에 대한 내용이기 때문에 그 성취가 조건적으로 이루어질 수도 있습니다.

그 당시에 히스기야가 병들어 죽게 되니라. 아모스의 아들 선지자 이사야가 그에게 가서 말하기를 "주께서 이같이 말씀하시나이다. '네 집을 정리하라. 네가 죽을 것이요, 살지 못하리라.'" 하자 그가 그의 얼굴을 벽에 대고 주께 기도하여 말하기를 "오 주여, 내가 간구하오니, 내가 주 앞에서 진실과 온전한 마음으로 행하고 주의 목전에 선한 것을 행하였음을 이제 기억하소서." 하며, 히스기야가 심히 울더라 왕하 20:1-3

히스기야는 이사야 선지자를 통해서 곧 죽게 될 것이라는 말씀을 받았지만, 즉시 하나님 앞에 회개하고 기도함으로써 수명을 15년 연장 받는 것을 볼 수 있습니다.

요나서에도 비슷한 예가 있습니다.

> 요나가 그 성읍에 들어가 하룻길을 시작하고 그가 부르짖기를 "사십일이 지나면 니느웨가 무너지리라." 하였더라. 그리하여 니느웨 백성이 하나님을 믿고 금식을 선포하며 굵은 베옷을 입었으니, 가장 큰 자로부터 가장 작은 자에 이르기까지라… 하나님께서 그들의 행함을 보시니, 그들이 그들의 악한 길에서 돌이키는지라. 그러므로 하나님께서는 그들에게 내리시겠다고 말씀하셨던 그 재앙으로부터 돌이키시고 그 일을 행하지 않으셨더라. 욘 3:4-5, 10

하나님께서 요나 선지자를 니느웨 성에 보내어 그들에게 멸망을 선포하게 하셨습니다. 그런데 그 선포를 듣고 온 성읍 사람들이 하나님을 믿고 금식하며 회개하였고, 이로 인해 하나님께서 뜻을 돌이키셔서 니느웨 성이 보전되었습니다.

이처럼 지혜의 말씀은 결과가 바뀔 수도 있습니다. 특히 부정적인 내용일 경우 그렇습니다. 부정적인 내용은 하나님의 뜻이 아니라 사탄의 전략을 보여주시는 것입니다. 현재 상태로 계속 간다면 어떤 부분에 틈을 주고 어떤 결과를 얻게 될지 알려주셔서 우리가 돌이켜 기도하고 바르게 대처함으로써 변화를 일으키기 원하시는 것입니다. 따라서 부정적인 내용의 지혜의 말씀을 받았다면 두려워 떨면서 그 일이 일어나기만을 기다릴 것이 아니라 기도하고 말씀을 선포하며 상황을 바꾸어야 합니다.

중보 기도하는 사람이 다른 사람에 대한 메시지를 받았다면, 그것은 대부분 당사자에게 가서 말하라고 보여주시는 것이 아니라 기도하라고 보여주시는 것입니다. 하나님께서 주신 말씀이라고 무조건 다 가서 말한다면, 영적 수준에 따라 받아들이지 못하고 오히려 거부반응을 나타낼 수 있습니다. 저 같은 경우에도 저희 교회에서 영적 리더의 위치에 있기 때문에 사역자와 성도들에 대하여 많은 말씀을 받습니다. 그럴 때 성령의 감동이 있고 또한 상대가 받아들일만한 사람이면 함께 나누지만, 그렇지 않은 경우에는 조용히 중보만 합니다.

이에 대해 『성령의 삶 능력의 삶』믿음의말씀사,2004의 저자이신 데이브 로버슨 목사님께서 하셨던 말씀이 떠오릅니다. 그분께서는 누군가에 대해 하나님께 물어보면 하나님께서 항상 말씀하시는데, 그것은 하나님께서 '나를 믿을 수 있기 때문' 이라고 말씀합니다. 만약 성령의 음성을 가지고 스스로를 높이고자 하는 마음이나 상대를 조종하고자 하는 마음으로 잘못 사용한다면 하나님께서는 더 이상 그에게 메시지를 주실 수 없을 것입니다. 무엇을 맡기더라도 온전히 하나님의 나라를 위하여 중간 역할을 잘 해낼 사람으로 믿으시기에 언제라도 누구에 대해서라도 알려주실 수 있다는 것입니다.

이처럼 모든 은사는 영혼을 섬기고 그들이 하나님께서 계획하신 최고의 길로 나아가도록 돕기 위한 것입니다. 본인이 미처 깨닫지 못하는 문제가 있을 때 그것을 영적 리더나 중보자를 통해 지식의 말씀, 지혜의 말씀으로 알려주실 수 있습니다. 그것을 교정하면 더 높은 단계로 발전할 수 있는데 아직 혼자서는 그러한 부분에 깨달음을 얻기 어려울 때도 영적 리더를 통해 먼저 알려주심으로써 도움을 받을 수 있습니다.

지혜의 말씀은 우리의 미래에 대한 하나님의 계획과 목적을 보여주심으로써 우리로 하여금 지금 눈에 보이는 상황과 상관없이 소망과 확신을 가지고 나아갈 수 있게 합니다.

영분별의 은사

영분별의 은사는 어떤 사건이나 현상의 영적 배후 세력을 알게 하는 성령의 계시입니다. 마지막 때에는 성령의 역사가 더 강해지고, 초자연적인 기적들이 점점 더 많이 나타나게 될 것입니다. 그러나 우리는 그러한 일들의 현상만을 보고 따라가서는 안 됩니다. 앞서 배웠듯이, 사탄은 타락한 천사이기 때문에 천사가 할 수 있는 일이라면 그도 동일하게 나타낼 수 있습니다. 구약 성경에서도 모세가 바로 왕 앞에서 지팡이를 뱀으로 만들자, 이집트의 마술사들도 똑같이 지팡이를 뱀으로 바꾸었다고 기록합니다. 이처럼 똑같은 초자연적인 현상이라도 하나님으로부터 오는 것일 수도 있고, 마귀로부터 오는 것일 수도 있습니다. 따라서 기적과 이적은 무조건 하나님으로부터만 온다고 생각해서는 곤란합니다. 말세에 성령의 역사가 증가하면, 동시에 성령으로 위장한 악한 영의 역사도 증가하므로 영적 배후를 분별하는 일은 너무나 중요합니다.

그 후 우리가 기도하려고 나가서 점치는 영에 사로잡힌 어떤 소녀를 만났는데 그녀는 점을 쳐 줌으로써 자기 주인들에게 상당한 수익을 얻어 주더라. 그녀가 바울과 우리를 따라오면서 외쳐 말하기를 "이 분들은 지극히 높으신 하나님의 종들이라. 우리에게 구원의 길을 전하신다."라고 하더라. 그 소녀가 여러 날을 이렇게 하므로 바울이 마음이 아파서 그 영을 향하여 "내가 예수 그리스도의 이름으로 네게 명하노니 그녀에게서 나오라."고 말하니 그 즉시로 나오더라. 행 16:16-18

한 소녀가 점치는 귀신에 사로잡혔습니다. 그런데 사실 소녀가 했던 말 자체에는 문제가 없었습니다. "이들은 지극히 높은 하나님의 종으로서 구원의 길을 전하는 자다." 그러나 그 말은 점치는 영이라는 악한 영으로부터 나온 것이었습니다. 바울은 이를 알고, 소녀에게 역사하는 악한 영을 예수 그리스도의 이름으로 쫓아서 소녀를 해방시켰습니다.

이처럼 영분별의 은사는 사건이나 현상을 보고 그 배후의 조종하는 영이 어디에서 났는지 알게 합니다. 예를 들어 질병의 치유를 위해서 기도할 때, 대상자가 단순히 손을 얹고 기도하면 치유 받을 수 있는 상태인지, 아니면 악한 영이 역사하고 있어서 먼저 그 영을 쫓아내고 나서 치유해야 하는 상태인지를 영분별의 은사를 통해 알 수 있습니다. 이는 자연적인 영역의 이성적인 판단이나 추론에 의한 것이 아니라 초자연적인 성령의 계시로서, 환상이나 음성이나 내적 직감 등 성령 인도의 다양한 통로로 모두 올 수 있습니다.

믿음의 은사

앞으로 나눌 세 가지 은사는 능력 은사로 구분됩니다. 가장 먼저 믿음의 은사입니다. 사실 모든 그리스도인은 거듭날 때 일정 분량의 믿음을 받았습니다(롬 12:3). 구원을 주는 복음의 메시지를 받아들일 때 우리에게 믿음이 왔습니다. 그 믿음을 각자 훈련함으로써 확장하고 또한 강하게 하여서 삶에서 더 많은 실재를 누리는 것은 우리 각자의 몫입니다.

여기에서 믿음을 확장한다는 것은 분야를 넓혀간다는 뜻입니다. 믿음으로 구원을 받았지만, 거듭난 후에 치유에 대한 믿음을 발휘하는 것은 또 다른 문제입니다. 치유에 대한 말씀을 듣고 배움으로써 치유에 대한 믿음을 세워 치유를 경험하고, 또한 형통에 대한 말씀을 듣고 형통에 대한 믿음을 세워 형통을 경험하면서 분야를 확장해가는 것이 곧 믿음이 증가되는 과정입니다. 한편 믿음이 강해진다는 것은 한 분야 안에서 믿음의 수준이 올라가는 것입니다. 재정 분야 안에서 자신이 믿음으로 드리고 또 취할 수 있는 단위가 올라갈 수 있고, 또한 치유에서도 감기를 고치는 수준에서 큰 병도 다루는 수준으로 올라갈 수 있습니다.

이처럼 각자의 훈련 정도에 따라 믿음의 수준은 다릅니다. 믿음을 많이 활용한 사람은 다양한 분야에 넓게 증가되어 있고 또한 그 믿음이 강해서, 어떤 상황이 벌어지더라도 쉽게 믿음을 적용하고 그에 대한 결과를 보는 반면, 어떤 사람은 예수를 믿은 지 오래되었음에도 불구하고 믿음을 활용해보지 않아서, 작은 일도 제대로 다루지 못하는 제한된 상태에 놓여있기도 합니다. 그렇게 우리 각자는 모두 믿음이 진보하고 발전하는 다양한 과정 가운데 있습니다.

믿음의 은사란 그러한 각자의 믿음 수준을 넘어서 일시적으로 하나님으로부터 더 큰 믿음이 주어지는 것을 말합니다. 쉽게 설명하기 위해 숫자로 표현하면, 예를 들어 어떤 사람의 평소 믿음 수준이 5입니다. 즉 그 사람은 언제든지 5만큼의 믿음을 꺼내 쓸 수 있는 상태입니다. 그런데 순간적으로 어떤 일을 이루기 위한 목적으로 하나님의 초자연적인 능력에 의해 10의 믿음이 임할 때가 있습니다. 그것이 바로 믿음의 은사가 나타난 상태입니다. 흔히 평소에 믿음을 잘 발휘하는 사람을 보고 "저 사람은 믿음의 은사가 있어."라고 말하곤 하는데 그것과는 다릅니다. 그 경우는 기본적으로 그 사람이 도달한 믿음 수준이 다른 사람보다 높은 것입니다. 그러나 믿음의 은사는 각자의 수준에서, 보통의 경우라면 자신이 믿음을 발휘할 수 없던 일에 대해서 순간적으로 믿을 수 있게 되는 것을 말합니다.

예를 들어, 어떤 목사님께서 집회를 인도하십니다. 그런데 그분께서는 아직 눈 먼 자의 눈을 뜨게 하는 일은 한 번도 해보지 못했습니다. 그분 안에 아직 눈 먼 자의 눈을 뜨게 하는 믿음은 없었던 것입니다. 그런데 회중 가운데 눈에 문제가 있는 환자를 보면서 별안간 하나님의 계시를 통하여 '저 사람이 나을 것이다' 라는 믿음이 생깁니다. 그야말로 밑도 끝도 없이 믿음이 생기는 것입니다. 그때 은사의 나타남을 믿고 그대로 선포하면 환자는 치유될 것입니다. 이것이 바로 믿음의 은사입니다.

우리의 기도 생활 가운데서도 이런 일이 있습니다. 어떤 기도제목이 있는데 그에 대한 믿음이 세워지지 않았습니다. 이런 경우 보통은, 믿음은 들음에서 나므로 그 문제에 대한 하나님의 말씀을 찾고 계속 선포하면서 믿음을 증가시켜 기도하게 됩니다. 이것이 일반적인 기도의 과정입니다. 그런데 전혀 믿음이 없는 상태에서 기도를 시작했는데, 기도 중에 갑자기 이 일이 해결될 것이라고 믿어지기 시작하고 믿음이 가득 찰 때가 있습니다. 아무리 해도 안 될 일이라고 생각했는데 아무 이유 없이 갑자기 믿음이 생기고 확신이 생긴다면, 이것도 바로 믿음의 은사의 역사입니다.

> 베드로가 말하기를 "은과 금은 나에게 없으나 내가 가진 것을 네게 주노니 나사렛 예수 그리스도의 이름으로 일어나 걸으라." 하고 오른손으로 그를 잡아 일으키니 그가 즉시 발과 발목에 힘을 얻어서 뛰어 일어서서 걸으며 그들과 함께 성전으로 들어가 걷기도 하고, 뛰기도 하며, 하나님을 찬양하더라. 행 3:6-8

성전 미문 앞에 있던 이 앉은뱅이는 오래 전부터 항상 그 자리에 있던 사람입니다. 즉 사도들은 그 사람을 이날 처음 본 것이 아니었습니다. 성경학자들에 의하면 예수님께서도 성경에 기록된 것만 최소한 두 번 이상은 그곳을 지나셨다고 이야기합니다.

여느 날처럼 아무 것도 기대하지 않고 그저 구걸만 하고 있던 그를 보고, 그날 갑자기 베드로에게 믿음이 생겼습니다. 이 사람이 일어나서 걸을 수 있다는 믿음이 왔습니다. 믿음의 은사가 온 것입니다. "은과 금은 내게 없지만 내가 가진 것을 네게 주니 예수 그리스도의 이름으로 일어나 걸어라!" 이렇게 말하고 베드로는 앉은뱅이의 손을 잡아 일으켰습니다. 정작 앉은뱅이는 아직 아무런 변화도 없었고 일어날 생각도 없었지만 베드로는 분명한 믿음을 가지고 있었기 때문에 그런 담대한 행동을 한 것입니다. 그리고 그 결과 앉은뱅이의 발과 발목에 힘이 생겨 그는 일어나 걷고 뛰게 되었습니다. 믿음의 은사가 역사하는 장면입니다.

이러한 믿음의 은사는 목적을 가지고 위로부터 오는 것이기에 목적을 이루고 나면 없어집니다. 다시 말해 순간적으로 발휘된 높은 믿음이 계속 유지되는 것이 아니라 필요한 순간이 지나면 본래 자신의 믿음 수준으로 다시 돌아가는 것입니다. 따라서 다음에 같은 문제를 다시 만날 때 이전에는 믿음의 은사로 인해 경험했던 그런 믿음을 다시 발휘할 수 없을 수도 있습니다. 순전히 성령님의 의도에 따라 일시적으로 역사하는 선물입니다.

능력 행함

능력 행함이란 한마디로 기적을 행하는 것the working of miracles입니다. 성경을 보면 치유 이외에도 다양한 기적들을 볼 수 있습니다. 물을 가르거나, 해를 멈추게 하거나, 예수님께서 풍랑을 잠잠하게 하시거나, 오병이어로 수천 명을 먹이신 모든 일들이 다 능력 행함입니다.

엘리야에게서 떨어진 외투를 집어 물을 치며 말하기를 "엘리야의 주 하나님은 어디 계시나이까?" 하며 그 또한 물들을 치니 물들이 이리 저리 갈라진지라, 엘리사가 건넜더라. 왕하 2:14

그 여인이 가서 엘리야의 말대로 하니, 그 여인과 엘리야와 그녀의 집안이 여러 날을 먹었으나 엘리야를 통하여 하신 주의 말씀대로 가루 통도 고갈되지 아니하고 기름병도 비지 아니하였더라. 왕상 17:15-16

능력 행함은 단지 성경 시대에만 있던 과거의 역사가 아니라 지금도 여전히 유효하며 마지막 때가 될수록 오히려 더 활성화되어 나타나야 할 은사입니다.

사실 성령으로 행하는 자라면 이런 능력을 행하는 것은 당연한 일인데, 교회가 암흑기를 거치면서 점차 말씀과 성령의 능력을 잃어버리고, 구약 성경과 초대교회에 나타났던 능력들을 더 이상 경험할 수 없게 되었습니다. 이러한 환경에서 기적에 대한 믿음은 발휘하기 어렵게 되었고, 심지어 그러한 기적은 이제 다 끝났다는 잘못된 인식이 성도들을 지배하게 되었습니다.

그러나 이제 교회가 강한 능력으로 일어나 마지막 대추수를 예비하는 때가 되었고, 그리스도의 몸 된 교회 안에서 점차적으로 초자연적인 기적이 회복되는 것을 보고 있습니다. 10여 년 전만 해도 금이빨이 난다거나 하는 일을 이야기하면 그리스도인들 사이에서도 곱지 않은 눈길이 느껴졌는데, 이제는 분위기가 많이 달라졌습니다. 아프리카

빈민과 고아들을 대상으로 하는 하이디 베이커 목사님의 사역에서는 오병이어의 기적이 일상적으로 일어나는 것으로 유명합니다. 이처럼 우리는 교회 안에서 능력 행함에 대한 계시와 나타남이 회복되는 시대에 살고 있습니다.

그런데 왜 그런 기적들은 주로 제 3세계 지역이나 선교지에서 일어나고, 우리 주변에서는 자주 일어나지 않는 것일까요? 이유를 하나 꼽자면, 하나님께서는 단순히 능력을 과시하기 위한 목적으로 일하시는 분이 아닙니다. 예수님께서도 많은 기적을 행하셨지만, 동기는 항상 사랑이셨습니다. 아파하는 병자를 보시고 마음에 일어나는 긍휼함으로 인해 치유하셨고, 예수님을 따르다가 제대로 먹지 못한 무리를 보시고 기진할까 긍휼로 오병이어의 기적을 행하셨습니다. 그분께서는 한 번도 그러한 기적들을 통하여 '내가 하나님의 아들이다!' 라고 내세우신 적이 없었습니다. 따라서 상대적으로 자원과 물질이 부족한 곳에 이러한 기적들이 많이 일어나는 것은, 그곳에 초자연적인 역사에 대한 실제적인 필요가 있기 때문입니다. 아프리카 빈민가는 제한된 자원으로 인해 심지어 돈이 있더라도 빵을 구할 수 없는 경우도 있습니다. 이처럼 채워야 할 필요가 있고, 그곳에 믿음이 있는 사람이 있다면, 능력 행함의 은사는 나타나는 것이 당연합니다.

따라서 우리는, 말씀에서 말하는 초자연적인 능력 행함을 우리에게도 얼마든지 일어날 수 있는 일로 받아들이고 항상 기대함으로써, 삶 가운데 성령께서 역사하실 수 있는 통로를 열어두어야 하겠습니다.

병 고침

병 고침의 은사도 능력 은사 중 하나입니다.

하나님께서는 바울의 손을 통해 비상한 능력을 행하게 하셔서 심지어는 그의 몸에서 손수건이나 앞치마를 가져다 병자에게 대기만 해도 질병이 떠나고 또한 악령들도 그들에게서 나가더라. 행 19:11-12

사실 병 고치는 은사는 "믿는 자들에게는 이런 표적이 따르리니 … 병든 사람에게 손을 얹은즉 나으리라"(막 16:17-18)라는 말씀처럼, 모든 새로운 피조물에게 주어진 특권이자 능력입니다. 그런 면에서 여기에서 말하는 병 고침의 은사란, 성도로서 일반적으로 가진 것보다 치유에 대한 기름부음이 더 크게 나타나는 상태를 말합니다.

다시 말하지만, 은사는 영혼을 섬기기 위한 필요에 따라 성령께서 주시는 것입니다. 따라서 병 고치는 은사는 아픈 사람에 대한 긍휼함을 가지고 기도하며 손을 많이 얹는 사람에게 나타납니다.

1900년대 미국에서 가장 유명한 치유 부흥사였던 오랄 로버츠 목사님께서는, "나를 통해 수많은 치유 기적이 일어난 이유는 내가 누구보다 많은 사람에게 손을 얹었기 때문"이라고 말씀하셨습니다. 즉 사랑과 긍휼을 따라 병든 자에게 손을 얹고 치유를 위해 기도하는 일을 끊임없이 지속했기 때문에, 자연히 하나님께서 은사를 주셨고 많은 나타남이 있었다는 것입니다.

병 고침의 은사를 영어로는 "The gift of healings" 즉 "치유들의 은사"라고 표현합니다. 이처럼 병 고치는 은사를 받더라도 모든 병을 바로 다 고치게 되는 것은 아닙니다. 처음에는 주로 특정 부위나 질병으로부터 시작되는 경우가 많고, 받은 은사를 계속해서 활용하고 훈련하다 보면 점점 확장됩니다. 저희 교회에서도 초기에는 주로 허리와 코에 관련된 질병들이 많이 나왔다가 지금은 점차 범위가 확장되고 있는데, 앞으로는 암과 같은 불치병을 고치고 나아가 죽음 앞에 있는 사람도 살리는 기적이 일어날 것을 바라보고 기대합니다.

예언

마지막으로 살펴 볼 다음의 세 가지 은사는 모두 입으로 하는 발언 은사입니다. 먼저 예언이란 성령의 감동을 따라 알아들을 수 있는 언어로 선포하는 것입니다. 흔히 예언이라고 하면 미래에 대해 예측하는 선지자적 사역만을 생각하지만, 그러나 이것은 구약적인 개념이며, 신약으로 넘어오면 예언의 범위는 더 넓어집니다. 다시 말해, 거듭난 그리스도인이 성령의 감동을 따라 선포하는 말은 모두 예언입니다. 예를 들어 그리스도 안에서 내가 누구인지에 대해서 말씀을 따라 성령의 감동으로 선포했다면 그것도 예언이라 할 수 있습니다.

그러면 그냥 내가 평소에 하는 말과 무엇이 다르냐는 의문을 가질 수 있습니다. 예언의 필수 조건은 '성령의 감동'입니다. 성령의 감동이 없이 그냥 하는 말은 예언이 아닙니다. 예를 들어 셀에서 셀원의 문제를 두고 함께 기도를 했는데 심령에 어떤 말이 떠올랐습니다. 그래서 그것을 붙잡고 감동을 따라 기름부음이 있는 그 말을 선포할 때, 그것이 곧 당사자에게는 하나님께서 주시는 예언이 됩니다. 그저 혼적으로 또는 감정적으로 위로하거나 좋은 말을 해주는 것과는 차이가 있습니다.

장래 일을 말하는 예언fore-telling은 5중 사역 중에서 선지자 직분으로 부름 받은 사람만이 하는 것입니다. 그러나 다른 사람을 세우고 상황을 바꾸기 위한 예언대언:forth-telling은 성령의 감동에 따른 지식의 말씀이나 지혜의 말씀 등을 통하여 거듭난 그리스도인이라면 누구나 할 수 있습니다. 선지자적 예언도 물론 여전히 유효하지만 실제로 신약성경에서 언급되는 예언은 대부분 후자의 경우를 가리키며, 이 두 가지 종류를 모두 포함하여 예언 사역이라고 합니다.

> 그러나 예언을 하는 사람은 사람들에게 말하며 덕을 세워 주고 권면하고 위로하느니라. 고전 14:3

예언의 목적은 덕을 세우고 권면하고 위로하는 것입니다. 성령께서는 끌어내리고 정죄하고 비판하는 일은 절대 하지 않으십니다. 따라서 예언 가운데 그런 내용이 나왔다면 그것은 무언가 잘못된 것입니다. 성령의 감동을 따라 말하는 것이 예언인데, 그 내용은 성령님의 성품과 반대되는 것이라면 앞뒤가 맞지 않습니다. 실제로 우리에게 아직 미숙하고 약한 부분이 있다 하더라도 하나님께서는 그것에 대해서 책망하지 않으십니다. 성령과 교제하다 보면 내가 교정해야 할 부분을 자연스럽게 알게 되는 때가 있습니다. 그때도 성령께서는 "넌 이게 잘못됐어."라고 질책하시는 것이 아니라 "네가 이 부분이 다듬어진다면 이러이러하게 더 발전될 거야."라고 격려하시고 소망을 주십니다. 이것이 하나님의 성품입니다. 그러므로 성령의 감동을 따라 선포되는 예언이라면, 듣는 사람으로 하여금 힘을 주고, 긍정적인 방향을 제시해 주며, 세움을 주는 내용이어야 마땅합니다.

앞서 언급했듯이 신약 성경에 나오는 "예언"은 대부분 대언적인 예언forth-telling을 말합니다. 하지만 신약시대에도 여전히 교회를 세우기 위한 선지자적 예언 사역이 존재하며 그 예가 바로 사도행전에 등장하는 아가보 선지자입니다.

> 그들 가운데서 아가보라고 하는 한 사람이 일어나서 성령으로 알리기를, 온 세상에 큰 흉년이 있을 것이라 하더니 클라우디오 카이사 때에 그렇게 되니라. 행 11:28

흉년이 있을 것에 대해서 미리 예언을 했고 그 예언이 클라우디오 때에 이루어졌다고 말씀합니다.

그 다음날 바울과 일행인 우리는 출발하여 카이사랴에 와서 일곱 명 중 한 사람인 전도자 빌립의 집에 들어가 그와 함께 머물렀는데 이 사람에게는 딸 넷이 있으니 이들은 예언하는 처녀들이더라. 우리가 그 곳에서 여러 날을 체류하고 있을 때, 아가보라고 하는 한 예언자가 유대에서 내려왔는데 그가 우리에게 와서 바울의 허리띠를 가지고 자기의 손과 발을 묶어 놓고 말하기를 "성령께서 이렇게 말씀하시기를 '예루살렘에 있는 유대인들이 이 띠의 임자를 이같이 결박하여서 그를 이방인들의 손에 넘겨주리라.' 하시니라"고 하더라.
행 21:8-11

이처럼 선지자 직분으로서 하는 예언은 '지혜의 말씀'과는 다릅니다. 물론 둘 다 성령의 감동에 따른 것이므로 모두 예언에 속하지만, 종류가 다릅니다. 지혜의 말씀은 성령의 감동이나 느낌, 환상, 음성을 통해서 전체의 일부를 슬쩍 보게 되는 정도라면, 선지자 직분을 받은 자가 예언을 받을 때에는 보다 큰 그림을 보고 정확한 언어를 그대로 받아 말하게 됩니다.

성령을 소멸하지 말며 예언을 멸시하지 말고 범사에 헤아려 좋은 것을 취하고 살전 5:19-21

예언은 하나님께서 주시는 은사임이 분명하지만 사람을 통해서 전달되므로 그 과정에서 변수가 있을 수 있습니다. 수원지에서 깨끗한

물이 나왔더라도 오염된 수도관을 통과하면 변질될 수 있듯이, 은사를 받은 사람이라 할지라도 여전히 영적으로 성장하는 과정에 있으므로, 하나님께서 주신 메시지를 자신의 변화되지 않은 생각이나 감정이 묻은 상태로 불완전하게 전달할 수도 있는 것입니다. 따라서 예언 사역을 통해 어떤 메시지를 받았더라도 그것이 무조건 다 맞는 것은 아니며, 어떤 예언이든지 반드시 분별되어야 합니다.

그러나 하나님께서 우리의 유익을 위하여 교회에 주신 선물입니다. 남용이나 오용의 두려움 때문에 예언 자체를 금지하고 가로막기 보다는, 위의 성경 구절처럼 '멸시하지 말고' 말씀 안에서 정확한 방향을 잡고 활용한다면, 서로를 세우고 권면하고 위로하며 그리스도의 교회를 건강하게 지어가는 일에 매우 긍정적인 역할을 하게 될 것입니다.

방언 통역

방언 통역이란 방언의 뜻을 이해할 수 있게 되는 하나님의 초자연적인 역사를 말합니다. 이는 내가 방언할 때나 다른 사람의 방언을 들을 때 떠오르는 생각, 또는 '지금 이런 기도를 하고 있는 것 같다' 라는 추측과는 다릅니다. 또한 방언기도를 하다 보면 한국말로 기도하다가 방언으로 하다가 번갈아가면서 기도할 때가 있는데, 이것을 방언 통역이라고 생각해서도 곤란합니다. '통역' 이라는 말에서도 알 수 있듯이, 방언 통역의 은사가 임할 때는 방언을 들으면서 마치 모국어를 듣듯이 단어, 문장은 물론 어조까지 정확하게 대응하여 알아듣게 됩니다. 성경은 방언을 하는 자라면 이러한 통역의 은사도 사모하라고 말씀합니다.

> 그러므로 알지 못하는 방언으로 말하는 사람은 통역할 수 있도록 기도해야 하리라. 고전 14:13

고린도전서 12장에서 아홉 가지 은사를 나열하실 때 "여러 가지 방언diverse kinds of tongue"이라고 말씀하셨듯이, 방언에는 몇 가지 종류가 있습니다. 첫 번째는 모든 거듭난 그리스도인에게 기도의 언어로 주시는 방언으로서, 내 영이 성령의 말하게 하심을 따라 혼은 알지 못하는 언어로 기도하는 것입니다. 두 번째는 회중을 향해 선포되기 위한 방언입니다. 이것은 개인적인 기도의 언어가 아니라 공중을 세우기 위한 예언과 같은 것으로, 여기에는 반드시 통역이 따라와야 합니다. 세 번째는 표적으로서의 방언이 있습니다. 오순절에 처음 성령이 임했을 때 믿는 자들이 다 방언을 하기 시작했는데, 다양한 나라의 언어로 하나님의 큰일을 말했던 장면을 볼 수 있습니다(행 2). 이것이 바로 믿지 않는 자에게 증거가 되는 방언의 예입니다. 이처럼 방언에도 다른 종류가 있음을 알아야 관련된 성경 말씀을 정확히 이해할 수 있습니다.

> 누가 알지 못하는 방언으로 말하려면 두 사람이나 많아도 세 사람이 차례로 하고 한 사람은 통역하라. 그러나 만일 통역하는 자가 없거든 교회에서는 조용히 하고 자신과 하나님께만 말하라. 고전 14:27-28

위 구절은 방언의 세 가지 종류 중에서 두 번째 '회중을 향해 선포되는 방언'에 대해서 말씀합니다. 함께 모여 예배드리는 중에, 성령께서 회중에게 하고자 하시는 말씀이 있어 누군가를 통하여 방언으로 말씀하시는 경우가 있습니다. 그럴 때 예배인도자의 허락 하에 앞에 나와서 공개적으로 방언으로 선포할 수 있습니다. 그런 후에 통역하는 사람이 나와서 회중이 알아들을 수 있는 말로 통역해 준다면 그것이 곧 교회를 위한 예언이 됩니다. 그런데 방언을 통역하는 사람이 없다면, 아무리 성령의 감동에 따라 한 말일지라도 아무도 알아들을 수 없으므로 효력이 없을 것입니다. 위 구절은 정확히 이러한 예언적인 방언에 대해 말하는 것으로서, 위 구절을 가지고 "교회에서는 방언기도를 하지 말고, 집에서 혼자만 해야 한다."라는 교리를 만든다면 말씀을 잘못 이해한 것입니다.

방언 통역의 은사도 다른 은사와 마찬가지로 성령께서 필요에 따라 주시는 것입니다. 그러므로 방언 통역을 경험했다고 해서 항상 내가 원할 때마다 모든 방언을 다 알아듣는 것이 아닙니다. 저의 경우에는 어떤 성도를 중보하기 위해서 철야 기도를 하는 중에, 입으로는 방언을 계속하고 있는데 갑자기 제가 하는 기도가 한국어로 정확하게 제 혼에 들렸던 경험이 있습니다. 제가 하나님께 어떤 질문을 하면 하나님께서 그에 대해서 대답하시는 식으로 주고받는 대화가 이루어지고 있었습니다. 이것이 방언 통역에 대한 첫 번째 체험이었고, 그 이후로는 종종 사람들의 기도가 한 줄씩 정확하게 들리는 일도 있었습니다. 그러나 이것은 세움이 필요하거나 전달되어야 할 메시지가 있을 때 필요에 따라 성령께서 하신 것으로서, 제가 하고 싶다고 해서 항상 통역이 되지는 않습니다.

하지만 방언 통역의 은사가 많이 나타나면, 예언 및 지식의 말씀, 지혜의 말씀의 효과가 있으므로 교회 안에서 성령으로 말미암은 세움이 더 많이 일어날 수 있을 것입니다.

방언

우리가 지금 다루고 있는 은사들은 '성령의 은사'로서, 누구에게 언제 나타날지가 전적으로 성령님의 뜻에 달려 있습니다. 다시 말해 성령의 뜻에 따라, 성령께서 원하실 때만 사용할 수 있는 것입니다. 그러나 단 하나, 이번에 다룰 '방언의 은사'만은 예외입니다. 이것은 각자가 원할 때 언제든지 어디에서나 수시로 할 수 있습니다. 이는 다른 사람이 아닌 자신의 세움을 위해 주어진 은사이기 때문입니다. 방언은 우리의 영이 하나님과 비밀을 말하는 것으로서 우리의 기도를 돕는 기도의 은사입니다.

방언은 모든 믿는 자에게 주어진 선물입니다. 사도행전에서 성도들이 처음 방언을 말하는 장면에서 보듯이, 그 자리에 있던 모든 신자들이 모두 성령 충만을 받고 방언을 말했습니다. 방언은 예수 믿은 지 오래 되고 기도 많이 하시는 분들만 어쩌다 하게 되는 것이라든지, 심지어 이제 방언은 끝났다는 가르침도 있지만 이는 모두 성경에 일치하지 않는 교리입니다. 이것은 기도의 언어로서, 예수 믿고 성령을 받은 사람이라면 누구나 신앙생활의 연수와 상관없이 말할 수 있습니다.

> 알지 못하는 방언으로 말하는 사람은 사람에게 말하지 아니하고 하나님께 하므로 아무도 알아듣지 못하니, 이는 그가 영으로 신비들을 말함이니라. 고전 14:2

방언은 하나님과 비밀하고 신비한 일을 말하는 것입니다. 즉 나의 영이 혼을 통과하지 않고 단지 입을 벌려서 성령의 도우심을 따라 하나님과 직접 대화하는 것입니다. 그렇기 때문에 내가 생각해낼 수 없고 알 수도 없는 더 높은 차원의 기도, 시간과 공간을 초월한 영적인 기도를 할 수 있게 됩니다. 예를 들어 우리의 혼은 내일 나에게 무슨 일이 일어날지를 알 수 없지만, 방언으로 기도할 때 성령께서는 나의 영을 인도하셔서 다가올 일에 대해 미리 대비하는 기도를 시키실 수 있습니다. 이것이 방언의 굉장한 능력입니다.

방언은 모든 성도의 신앙생활에 가장 기본이 되는 요소이므로, 좀 더 자세하게 살펴보겠습니다.

☐ 방언은 성령 충만함을 받은 첫 번째 표적입니다

사도행전 곳곳에는 성령 충만을 받은 성도들이 즉시 방언을 말하는 장면이 나옵니다. 이처럼 성령 충만을 받은 모든 사람이 그 증거로 말할 수 있는 것이 방언입니다.

> 그들 모두가 성령으로 충만하여 성령께서 그들에게 발설하게 하신 대로 다른 언어들로 말하기 시작하더라. 행 2:4

성령이 우리에게 임하시면 권능, 즉 역동적인 변화를 일으키는 두나미스dunamis 능력이 임하게 됩니다(행 1:8). 하나님의 최고의 관심은 영혼이 구원받는 것이고, 구원받은 영혼에 대한 최고의 관심은 그가 성령을 받았는가 하는 것입니다. 성령을 받을 때 변화를 일으키는 능력을 받게 되고, 그것이 바로 그리스도인으로서 상황을 다스리고 통치하며 살아가는 비결이기 때문입니다. 사도행전 19:2을 보면 바울이 거듭난 제자들을 만나자 "너희가 믿을 때에 성령을 받았느냐?"라고 묻는 장면이 있습니다. 그만큼 거듭난 자라면 성령을 받는 것은 중요한 문제이고, 또한 오랜 신앙 경력이 있어야 하는 것이 아니라 '믿을 때' 바로 성령 충만 받고 방언을 말할 수 있다는 뜻입니다.

☐ 방언을 말하면 우리의 영이 세움을 받습니다

예언은 교회를 세우기 위한 것이라면, 방언은 그것을 말하는 개인을 세우기 위한 것입니다. 따라서 예언을 통해 교회와 성도가 세움을 입듯이, 우리는 매일 방언으로 기도함으로써 성령에 의해 직접 세움을 받습니다.

> 알지 못하는 방언을 말하는 사람은 자신의 덕을 세우나, 예언하는 사람은 교회의 덕을 세우느니라. 고전 14:4

방언을 말하는 자는 자기의 "덕을 세운다edify"고 말씀합니다. 마치 벽돌을 한 장 한 장 쌓아서 건물을 지어가듯이, 우리의 영을 든든하게 믿음 위에 건축해가는build up 것입니다. 다른 표현으로는 배터리를 충전하듯이charge 방언을 통해 우리 영의 능력을 새롭게 하고 능력으로 채운다고도 할 수 있습니다. 이처럼 성령을 통한 세움과 충전이 지속적으로 일어나는 사람은 영적으로 기능하기가 훨씬 쉬워지고, 충만한 계시 가운데 빠른 영적 성장을 맛볼 수 있습니다.

> 만일 내가 알지 못하는 방언으로 기도하면 내 영은 기도하는 것이지만, 나의 지각understanding은 열매를 맺지 못하리라. 고전 14:14

처음 방언을 할 때는 지금 무슨 말을 하고 있는 것인지 이해가 되지 않아서 답답하게 느껴지기도 합니다. 그러나 성경에서도 분명히 말씀하듯이, 방언으로 기도할 때 우리의 지성이나 이해는 열매를 맺지 못하지만, 우리의 영이 열매를 맺는 것입니다. 그러므로 우리가 영으로 신비를 말하며 놀라운 기도를 하고 있음을 믿고 방언으로 기도한다면 그 효과는 대단합니다.

그리고 사실 무엇을 기도하는지 모르는 것이 오히려 방언기도의 능력이기도 합니다. 성령께서 나의 혼을 초월하여 최고의 기도를 하고 계시는데, 내가 그 내용을 다 알게 되면 오히려 혼적인 의심이 들 수도 있습니다. '지금 왜 이런 기도를 하고 있지?', '정말 내가 그런 큰일을 한다고? 불가능해!' 그렇게 의심하는 생각과 말에 틈을 주게 되면, 그 기도는 효력을 낼 수 없을 것입니다. 내가 무엇을 기도하는지 알 수 없기에 의심할 수도 없고, 의심할 수 없기에 기도한 만큼 그대로 효과가 나타나는 것이 바로 방언기도의 매력입니다.

□ 방언을 할 때 성령님의 내주가 실감나게 됩니다

방언이란 내 안에 계신 성령께서 내 영을 인도하셔서 나의 입을 통하여 기도할 말을 주시는 것이므로, 방언으로 기도할 때 내 안에 살아계신 성령님의 존재를 실감하게 됩니다. 그래서 갓 거듭난 자로 하여금 방언을 할 수 있게 하면, 그의 영에 일어난 거듭남을 실제적으로 체험하고 확신할 증거를 주는 것입니다.

또 내가 아버지께 기도하겠고, 그분께서 다른 위로자를 너희에게 주시리니 그가 너희와 함께 영원히 거하시리라. 진리의 영인 그를 세상은 영접할 수 없으니 이는 세상이 그를 보지도 못하며 또한 알지 못하기 때문이라. 그러나 너희는 그를 아나니 이는 그가 너희와 함께 거하시며 또 너희 안에 계실 것임이라. 요 14:16-17

□ 방언기도는 하나님의 온전한 뜻을 따라 기도하는 것입니다

성숙한 그리스도인은 하나님의 온전한 뜻을 분별하고 그 뜻을 따라서 기도합니다. 그러나 아직 영적으로 어리고 성장하는 과정에 있는 그리스도인들은 막연히 자신이 원하는 바를 따라 육신적인 기도를 할 수도 있습니다. 이럴 때 방언기도는 우리로 하여금 하나님의 온전한 뜻을 따라 기도할 수 있게 하는 최고의 도구입니다. 방언기도는 우리의 거듭난 영이 성령을 따라 하는 기도이기 때문에 온전하지 않은 것을 구할 수가 없습니다.

이와 같이 성령께서도 우리의 연약함을 도우시나니, 이는 우리가 마땅히 기도해야 할 것을 알지 못하나 성령께서 친히 말할 수 없는 신음으로 우리를 위하여 중보하시기 때문이라. 마음을 살피시는 분이 성령의 생각이 무엇인지 아시나니, 이는 그분이 하나님의 뜻대로 성도들을 위하여 중보하시기 때문이라. 롬 8:26-27

우리가 연약하여 어떻게 기도해야 할지 모를 때, 방언으로 기도하면 성령께서 말할 수 없는 탄식으로 우리를 위하여 친히 간구해 주십니다. 그래서 어떤 사건에 대해 기도는 해야 하는데 어떻게 기도해야 할지 모를 때 성령에 의지하여 방언으로 기도하면 성령께서 최고의 기도를 해주실 뿐 아니라 우리에게도 계시를 통해 지혜를 주셔서 문제를 다루게 하십니다.

□ 방언기도는 우리의 믿음을 세웁니다

우리 각자는 자신의 믿음의 수준 위에 있습니다. 그래서 항상 모든 일에 현재 나의 최고의 믿음 수준에서 기능한다면 좋겠지만 그렇지 못할 때도 있습니다. 그런데 방언기도는 각자 가진 믿음 안에서 최고 수준으로 기능할 수 있도록 우리를 세워줍니다.

그러나 너희 사랑하는 자들아, 너희의 지극히 거룩한 믿음 위에 너희 자신을 세우고 성령 안에서 기도하며 유 1:20

위 구절의 좀 더 온전한 번역은 "성령으로 기도함으로써 너희의 지극히 거룩한 믿음 위에 자신을 세우라"입니다. 즉 우리 자신을 지극히 거룩한 믿음 위에 세워야, 다시 말해 각자의 믿음 수준 안에서 최고의 믿음을 발휘하게 해야 하는데, 그 방법이 바로 성령으로 기도하는 것 즉 방언기도라는 것입니다.

□ 방언을 할 때 세상의 오염으로부터 우리를 지킬 수 있습니다

세상의 감각으로 기능하는 사람들은, 오감으로 보고 듣고 만지는 것을 통해 정보를 얻고 생각을 형성하고 태도를 결정합니다. 그러나 그리스도 안에서 새로운 피조물이 된 우리는 하나님의 말씀을 통해 영으로부터 혼을 바꾸고, 육신의 감각도 지배하며 살아갑니다.

그런데 세상적인 오염이 강한 곳에 가게 되면 자신을 스스로 방어할 필요가 있습니다. 그럴 때 방언으로 기도하며 영을 흔들어 활성화시키면, 몸과 혼이 외부적인 요소의 영향을 받기 전에 먼저 안에서부터 일어나는 성령 충만함으로 무장될 수 있습니다.

예를 들어 머리를 하러 미용실에 가거나, 또는 집회에 참석 차 타지에 가서 숙박업소에 묵거나 할 때, 그런 장소들은 분위기가 영적이라기보다는 육적인 경우가 많습니다. 그럴 때 상황에 따라 크거나 작은 소리로 방언으로 기도하면 환경의 영향으로부터 자신을 보호할 뿐 아니라 나아가 우리 영으로부터 흘러나오는 능력과 기름부음이 그 장소를 압도하는 것을 경험할 수 있습니다.

□ **우리의 지식으로 알 수 없는 것을 기도할 수 있습니다**

만일 내가 알지 못하는 방언으로 기도하면 내 영은 기도하는 것이지만, 나의 지각은 열매를 맺지 못하리라. 고전 14:14

성령님은 시간과 공간을 초월한 모든 지식과 지혜를 가진 분이십니다. 그분께서 주시는 언어로 기도하는 것이 바로 방언기도입니다. 이처럼 우리의 혼은 알 수 없는 것을 기도할 수 있다는 것이 방언기도의 대단한 능력이며, 따라서 방언기도를 하는 사람과 하지 않는 사람의 삶에는 커다란 차이가 있을 수밖에 없습니다.

저도 예수 믿은 지 얼마 되지 않아 성령 충만함을 받고 방언을 말하기 시작했습니다. 그런데 주위에 신앙생활을 잘 하시고 좋은 열매를 맺고 계신 분들을 보니 공통적으로 방언기도를 많이 하신다는 것을 알게 되었습니다. 그래서 저도 초신자 때부터 시간을 정해 두고 지속적으로 방언기도를 습관화 해왔고, 그런 과정에서 그 누구보다 방언기도의 유익을 많이 누렸습니다.

한 예로, 언젠가 기도하는 중에 갑자기 심령에 불안한 마음이 들면서 제 딸아이를 위해 기도해야 한다는 감동이 있었습니다. 사실 그 며칠 사이에 영적인 꿈을 두 번 꾸었는데, 하나는 흑백화면의 주차장 풍경에서 유난히 빨간 차 한 대만 도드라져 보이는 장면이었고, 다음은 저희 딸이 빨간색 폴라티를 입고 있는 모습이었습니다. 두 꿈 사이에 공통점이 있다는 마음이 있었고, 그래서 그날 영적인 감동을 따라 딸을 위해 기도했습니다. 그렇게 기도하는 중에, 빨간색이 그리스도의 보혈을 뜻한다는 것을 알게 되었고, 딸에게 그리스도의 보혈로 인한 보호가 필요하다는 의미임을 깨닫게 되었습니다. 그것을 깨달은 순간 열정적으로 기도했습니다. 그렇게 10분 정도 기도하니 심령에 평안이 왔고, 감사로 마무리했습니다.

당시에 딸은 혼자 미국에서 대학을 다니고 있었습니다. 나중에 알고 보니, 학교에서 기숙사를 오가는 길에 철로가 있는데 거기에서 딸아이가 기차에 치일뻔한 사고가 있었고, 간발의 차이로 아무 다친 곳 없이 무사히 넘어갔다고 합니다. 그 이야기를 듣고 성령의 일하심에 대해 감사와 찬양을 드릴 수밖에 없었습니다.

이처럼 심령에 평소와 다른 부담이 들 때, 결코 가볍게 여기지 말고 반드시 기도해야 합니다. 눈에 보이는 상황은 너무 어려운데도 영이 편안하다면 괜찮습니다. 그러나 상황에는 아무런 문제가 없는 것 같은데 불현듯 내적으로 어떤 불편과 부담이 생긴다면 반드시 심령에 평안이 올 때까지 기도해야 합니다. 무슨 일인지는 전혀 모르더라도 우선 기도하는 것입니다. 하나님께서는 항상 우리를 완벽하게 보호하시고, 모든 것을 우리에게 알려주고자 하십니다. 그러나 우리가 기도함으로 통로를 내어드리지 않으면 이 땅의 문제에 개입하실 수 없기에 우리의 영을 자극하셔서 먼저 기도하게 하시는 것입니다. 이처럼 우리가 매 순간 성령의 감동에 민감하게 반응하여 그분의 지시를 따라 기도하고 행동한다면, 삶과 사역 가운데 수많은 불필요한 어려움과 고난을 예방하고, 항상 평안과 기쁨 가운데 최고의 길로만 나아갈 수 있게 됩니다.

□ **방언을 할 때 영적으로 상쾌해집니다**

방언은 우리의 영을 활성화시키는 최고의 방법입니다. 영이 활성화되면 우리 안에서부터 생수의 강물이 퍼 올려지고 신선한 기름부음이 흘러나와서, 영적으로 상쾌해질 뿐 아니라 혼과 몸의 스트레스와 피로까지도 해소할 수 있습니다.

방언을 처음 할 때는 영이 활성화된다는 것이 무엇인지 잘 느끼지 못할 수도 있습니다. 그러나 지속적으로 방언을 하다 보면 그러한 건조한 시기를 지나, 어느 순간부터 영이 휘저어지고 충만해지는 것을 느끼게 됩니다. 그렇게 방언의 유익을 스스로 체험하면 언제 어디서나 자연스럽게 방언을 할 수밖에 없게 됩니다.

몸이 피곤할 때, 그냥 잠자리에 들지 말고 꼭 잠깐이라도 방언을 하십시오. 저의 경우에는 몇 분만 방언을 하다 보면 몸까지도 방금 자고 일어난 것처럼 상쾌하고 개운하게 되는 것을 실제적으로 체험합니다. 제 안에 계신 성령으로 말미암아 영이 활동하기 시작하고, 제 안의 영생의 능력이 풀어놓아지기 때문입니다.

□ **방언기도는 온전한 감사기도입니다**

그렇지 않고 만일 네가 영으로 축복하면, 네가 말하는 것을 깨닫지 못한 채 자리에 앉아 있는 그 사람은 네가 무슨 말을 하는지 이해하지 못하는데 어떻게 너의 감사에 아멘할 수 있으리요? 너는 감사를 잘 했으나 다른 사람은 덕의 세움을 입지 못한 것이라. 고전 14:16-17

방언으로 기도할 때 '감사를 잘 하였다' 고 말씀합니다. 전심으로 주심을 찬양하고 온전한 감사를 드리고 싶은데 표현할 언어가 부족할 때 방언으로 기도하면 최고의 감사기도를 할 수 있습니다.

성령의 아홉 가지 은사는 하나님께서 우리를 유익하게 하기 위하여 주시는 선물이고 누구든지 사모하는 자에게 나타나게 됩니다. 이런 은사들이 교회나 셀에 나타나길 함께 기도하고 사모하며 기대할 때, 성령께서는 여러 모양으로 역사하십니다. 우리는 은사를 사모하여 하나님께서 우리에게 예비하신 모든 축복들을 찾아 누려 풍성한 삶으로 예수의 증인이 되어야 하겠습니다.

제 10 과

믿 음

그러므로 믿음은 들음에서 나며
들음은 그리스도의 말씀으로 말미암았느니라
(롬 10:17)

No one can have faith without hearing
the message about Christ.

그리스도인인 우리는 믿음으로 거듭났고, 믿음으로 살다가, 믿음으로 죽어야 마땅합니다. 그런데 거듭날 때는 믿음으로 거듭났지만, 이후에는 믿음과 전혀 상관없는 삶을 살면서 하나님께서 이 땅에서 누리도록 주신 유업을 전혀 맛보지 못한 채 하늘나라로 가는 안타까운 삶이 적지 않습니다.

하나님께서는 그리스도를 영접하고 하나님의 자녀가 된 우리에게 많은 유산과 약속을 주셨습니다. 그러나 하나님께서 주신 이 풍성한 유산을 누리고 축복을 받는 열쇠는 바로 믿음입니다. 믿음이 없이는 하나님을 기쁘시게 할 수 없고, 하나님께서 우리에게 주시기로 약속하신 것들을 받을 수도 없습니다. 따라서 신약 성도들에게 믿음은 너무나도 중요합니다. 믿음에 대해 잘 이해하고 믿음으로 제대로 기능할 때 우리는 비로소 성공적인 그리스도인의 삶을 살 수 있습니다.

믿음이란

이를 위해서는 먼저 믿음을 정확하게 정의하는 것이 중요합니다. 믿음이 무엇인지 모르면, 자기 자신이나 다른 사람이 지금 믿음이 있는 상태인지 아닌지 판단할 수조차 없기 때문입니다.

> …다만 하나님께서 각 사람에게 나누어 주신 믿음의 분량the measure
> of faith에 따라 건전하게 생각하라 롬 12:3

위 말씀에서 보듯이 거듭난 그리스도인은 모두 동일한 분량의 믿음을 받습니다. 시작점은 똑같습니다. 다시 말해 구원의 복음을 듣고 받아들일 때, 그 말씀 안에 있는 능력으로 말미암아 구원을 위한 믿음이 우리에게 오게 됩니다. 믿음이 없다면 거듭날 수 없었습니다. 복음의 메시지로 말미암은 믿음이 심령에 심겨짐으로 거듭남의 역사가 일어난 것입니다. 따라서 그리스도인인 우리는 모두 구원받기에 충분한 믿음을 가지고 있습니다.

그러나 구원받은 이후에 삶의 실제적인 분야들 가운데 구원을 완성해가기 위해서, 즉 치유를 누리고, 형통을 누리고, 평강을 누리며, 또 각 분야에서 깊이를 더해가기 위해서는 우리 각자가 믿음에 대해 배우고 훈련함으로써 받은 믿음을 확장하고 강하게 만드는 과정을 거쳐야 합니다. 그렇지 않으면 구원받은 믿음만을 가지고 이후의 삶에 대해서는 불신자들과 다를 바 없이 환경에 지배당하는 삶을 살 수밖에 없습니다.

"무릇 하나님께로부터 난 자마다 세상을 이기느니라 세상을 이기는 승리는 이것이니 우리의 믿음이니라"(요일 5:4) 하나님으로부터 난 그분의 자녀라면 누구나 세상을 이겨야 마땅합니다. 그리고 그 승리는 믿음을 통하여 오는 것입니다. 우리는 이미 믿음을 받았고, 또한 믿음으로 살아갈 수 있는 모든 능력과 생명을 받았으므로, 그것을 활용하기만 한다면 승리는 보장되어 있습니다.

믿음이란 하나님의 말씀을 듣고 그 말씀으로 인해 설득된 것입니다. 어떤 분야에 대한 하나님의 약속을 들을 때, 그 말씀에 설득되었다면 그 분야에 대한 믿음이 이미 우리 안에 있는 것입니다.

이제 믿음은 바라는 것들에 대한 실상이요 보이지 않는 것들에 대한 증거이니 히 11:1

성경에서는 믿음을 위와 같이 정의합니다. 즉 우리가 소망하고 바라는 것이 믿음을 통할 때 실재가 되고, 볼 수 없었던 것도 믿음을 통하면 확신과 증거를 갖게 된다는 것입니다. 이 구절을 영어 확대번역에서는 "믿음은 권리증서title deed"라고 말합니다. 부동산이 내 눈 앞에 보이지 않아도, 그에 대한 권리증서를 가졌다면 그것은 명백히 나의 소유입니다. 마찬가지로 자동차가 아직 공장에서 나오지 않았더라도, 그에 대한 권리증서를 가졌다면 나는 그 차를 가지게 될 것을 의심하거나 불안해하지 않습니다. 믿음이 바로 우리의 소망과 영적인 복에 대해 그런 역할을 한다는 것입니다.

또한 믿음을 하나님의 말씀에 대한 거듭난 인간의 영의 반응이라고 정의하기도 합니다. 하나님의 말씀을 들을 때 우리의 거듭난 영에서 나오는 자연스러운 반응이 바로 믿음이라는 것입니다.

하나님의 말씀을 듣고 설득된 상태란 무엇일까요? 예를 들어 예수께서 채찍에 맞으심으로 우리가 나음을 입었다는 말씀을 들을 때 그냥 듣고 흘려보내는 상태가 아니라 '예수님께서 죽으실 때 내 영혼의 구원이 이미 완성된 것을 지금 내가 받아들여서 내게 이루어진 것처럼, 예수께서 채찍에 맞으심으로 나의 치유는 이미 완성되었는데 내가 지금 그걸 받아들이면 나한테 이루어지는 것이구나! 그럼 내가 지금 치유의 말씀을 받아들이면 나는 이제 아플 필요가 없겠구나!' 라고 설득되고 깨달아진다면, 이것이 바로 치유에 대한 믿음이 온 상태라고 할 수 있습니다. 저도 거듭난 후에, 이전에 가지고 있던 여러 질병들로부터 해방되기까지, 첫 단계로 일어난 것이 바로 말씀에 설득된 일이었습니다. 처음에는 별 감흥 없이 듣던 치유의 말씀에 대해 계시가 열리고 설득된 순간, 저는 질병으로부터 걸어 나와 병 고침을 경험하게 되었습니다. 저는 지금도 그 순간을 잊을 수가 없습니다. 그것이 바로 믿음이 실재를 불러오는 과정이었습니다.

믿음은 어떻게 생기는가

믿음은 하나님의 말씀을 듣고, 그것을 사실로 받아들일 때 생깁니다. 어떤 사람이 교회에 와서 목사님의 좋은 설교 말씀을 듣고도 '저건 목사님이니까 하시는 말씀이지, 세상은 그렇지 않아' 라고 생각한다면, 그는 그 메시지를 거절한 것이고 그런 경우에는 믿음이 생길 수 없습니다.

우선은 하나님의 말씀을 들어야, 믿음이 생길 수 있습니다.

그러므로 믿음은 들음에서 나오며 들음은 하나님의 말씀에 의해서
니라. 롬 10:17

위 구절에서 정확히 말하듯이 믿음은 먼저 '들을 때' 생길 수 있으며, 그 중에서도 우리 영으로부터 나는 진짜 믿음은 아무 정보나 들어서가 아니라 '그리스도의 말씀'을 들을 때 생기는 것입니다.
그리고 들은 말씀을 '받아들여야' 믿음이 우리의 심령으로부터 생겨날 수 있습니다. 씨 뿌리는 자의 비유를 보겠습니다.

이제 그 비유는 이것이라. 씨는 하나님의 말씀이요 씨가 길가에 떨어졌다는 것은 그들이 들으나 마귀가 와서 그들의 마음에서 말씀을 빼앗아 가 버리므로 믿지도 구원받지도 못하는 자들이요 씨가 바위 위에 떨어졌다는 것은 말씀을 듣고 기쁨으로 받아들이지만 뿌리가 없으므로 잠시 믿다가 시험을 받을 때면 변절하는 자들이라. 씨가 가시떨기 사이에 떨어졌다는 것은 말씀을 듣기는 들어도 가서 이생의 염려와 부와 쾌락에 억눌려 온전함에 이르는 열매를 맺지 못하는 자들이요 씨가 좋은 땅에 떨어졌다는 것은 정직하고 선한 마음으로 말씀을 듣고 지켜서 인내로 열매를 맺는 자들이라. 눅 8:11-15

잘 아시다시피 이 비유에서 '씨'는 하나님의 말씀을 나타냅니다. 하나님의 말씀에는 생명이 있습니다. 따라서 자연의 여느 씨앗이 그렇듯이 잘 받아서 심고 유지하면 반드시 생명의 역사를 일으키게

되어 있습니다. 사과 씨를 잘 심고 관리하면 반드시 사과 열매를 맺고, 배 씨를 심고 키우면 반드시 배 열매를 맺게 되어 있습니다. 마찬가지로, 말씀도 잘 심고 기르면 반드시 그 말한 바대로, 종류대로 열매를 맺을 수밖에 없습니다. 그래서 말씀이 씨앗에 비유되는 것입니다.

이 원리를 너무나 잘 알기에, 원수 마귀도 말씀이 던져졌을 때 씨앗 때부터 빼앗기 위해서 애를 씁니다. 위 구절에 씨가 길가에 떨어졌다는 것은 말씀을 듣고도 마음을 합하지 않아 믿음이 생길 새도 없이 금방 놓쳐버리는 사람을 비유합니다. 돌 위에 떨어진 것은 들을 때는 기쁘게 받지만 뿌리가 없어 금세 믿음을 놓치고 마는 사람이며, 가시떨기에 떨어진 것은 말씀을 듣고 받아들이고 유지하여 뿌리도 내렸지만 결국 다른 유혹에 흔들려 결실하지 못하는 사람을 비유합니다.

그러나 좋은 땅에 심긴 씨는 다릅니다. 이런 사람은 들은 말씀을 정직하고 선한 심령으로 잘 받아들일 뿐 아니라 '인내로 지켜서' 열매를 맺습니다. 따라서 승리하는 삶을 살기 위해서는 항상 온전한 심령을 유지하며 말씀을 받고, 우리 안에 한번 받은 말씀은 어떻게든 지켜내야 합니다. 그렇게 말씀을 믿음과 결합하여 지키고 있으면 씨앗이 자라 잎이 나고 결실하듯이 눈에 보이는 결과가 반드시 나타날 것입니다.

성경 시대에도 예수님을 직접 만나 말씀을 들었어도 받아들이지 못하고 거절하여 믿음의 결실을 보지 못한 예들이 많습니다.

그러나 디두모라고 부르는 열둘 중에 하나인 도마는 예수께서 오셨을 때 그들과 함께 있지 아니하였더라. 그러므로 다른 제자들이 그에게 말하기를 "우리가 주를 보았다."고 하나 그가 그들에게 말하기를 "내가 주의 손에 있는 못자국을 보고, 또 내 손가락으로 그 못자국에 대어 보고, 나의 손으로 주의 옆구리에 넣어 보기 전에는 결코 믿지 않겠노라."고 하더라. 팔 일 후에 제자들이 다시 집안에 있었는데 도마도 그들과 함께 있더라. 문이 잠겼는데 예수께서 오셔서 한가운데 서서 말씀하시기를 "너희에게 평강이 있으라." 하시고 도마에게 말씀하시기를 "네 손가락을 이리 내밀어 나의 손을 보고 너의 손을 내밀어 내 옆구리에 넣어 보라. 그리하여 믿음 없는 자가 되지 말고 믿는 자가 되라."고 하시니 도마가 대답하여 주께 말씀드리기를 "나의 주, 나의 하나님이시여."라고 하니 예수께서 그에게 말씀하시기를 "도마야, 네가 나를 보았으므로 믿는구나. 보지 않고 믿은 자들은 복이 있도다."고 하시니라. 요 20:24-29

도마는 부활하신 예수님께서 나타나셨을 때에 그 자리에 없어서 현장을 목격하지 못했고, 그래서 예수님을 봤다는 제자들의 말을 믿을 수가 없었습니다. 그럼에도 불구하고 예수님께서는 "보지 못하고 믿는 자들은 복되도다"라고 말씀하셨습니다.

믿음에 대한 두 가지 접근 방식이 있습니다. 자연적인 접근과 영적인 접근입니다. 자연적인 영역에도 믿음이 있습니다. 그 믿음은 보고 믿는 믿음입니다. 현상이 눈앞에 증명되면 믿음을 가지고, 또한 어떤 사람이 그럴만한 행동을 하면 그것을 보고 신뢰합니다. 이것이 자연적인 믿음의 접근 방식입니다.

그러나 영적인 믿음은 믿음으로 말미암아 실재를 불러냅니다. 육신적인 감각으로는 감지되거나 경험되지 않더라도, 하나님의 말씀이 그러하다고 말씀하면 영으로 받고 사실로 믿는 것입니다. 이 두 가지 믿음을 두고 전자는 '도마의 믿음', 후자는 '아브라함과 같은 믿음'이라고 표현합니다.

위 구절에서 예수님의 부활 소식을 들은 도마의 반응을 보면, 그가 굉장히 실증주의적인 사람이었음을 알 수 있습니다. 그저 단순히 놀랍다거나 못 믿겠다는 반응이 아니라 "내가 그의 손의 못 자국을 보고 내 손가락을 그 못 자국에 넣으며, 내 손을 그 옆구리에 넣어 보지 않고는 믿지 않겠다!"라며 대단히 명확하게 자신의 입장과 논리를 표현하는 것을 볼 수 있습니다.

그러다 후에 예수님께서 다시 나타나셔서, 도마에게 딱 맞는 언어로 "네 손가락으로 내 손을 만져보고, 네 손을 내 옆구리에 넣어 보아라."라고 말씀하십니다. 경험을 해야만 믿을 수 있다는 도마의 수준으로 내려오셔서 직접 보여주시면서 도마도 "믿는 자"가 될 수 있게 하고자 하셨던 것입니다. 이처럼 어떻게든 믿지 않는 것보다는 믿는 것이 유익한 일입니다.

그러나 예수께서는 덧붙여 말씀하셨습니다. "보지 못하고 믿는 자는 복되도다"

성경에서 보지 않고 믿는 자의 대표는 바로 아브라함입니다. 그는 하나님을 아직 제대로 경험하지 못했을 때 고향과 가족을 떠나라는 말 한마디에 순종하여 짐을 쌌습니다. 또한 자신과 아내가 다 늙도록 자녀가 없던 중에 아들을 낳으리라는 하나님의 말씀을 믿고 이삭을 얻었으며, 후에는 그 아들을 바치라는 말씀에 대해 다시 살리실 것을 믿고 내어드리는 수준으로까지 믿음이 증가했습니다.

우리의 신앙이 어릴 때에는 믿음을 세우기 위해서 체험이 필요할 때가 있습니다. 예를 들어, 혹시나 했는데 말씀을 고백하며 기도했더니 정말 감기가 나은 것을 경험하고, 치유에 대한 믿음을 세우게 되기도 합니다. 그러나 우리가 성장하고 나아가야 할 바는 당연히 '아브라함의 믿음'입니다. 모든 말씀을 경험하고 눈으로 봐야만 믿을 수 있다면, 평생에 누릴 수 있는 믿음의 진보가 너무나 더디고 제한적일 수밖에 없습니다. 그러나 아브라함과 같은 심령으로, 처음 구원받을 때 믿음으로 받았듯이 다른 분야에서도 하나님을 믿고 또한 그분의 말씀을 받아들이는 태도를 가진다면, 모든 일에서 성령의 속도를 따라 성장하고 믿음의 결과를 풍성히 누리며 살아갈 수 있습니다.

마가복음 6장에도 자연적인 접근으로 믿음의 축복을 놓친 사람들의 이야기가 있습니다.

그 후 주께서 그 곳을 떠나 자기 고향으로 가시니 제자들이 그를 따라가더라. 안식일이 되자 회당에서 가르치시기 시작하시니 많은 사람이 듣고 놀라며 말하기를 "이 사람의 이런 것이 어디서 났는가? 그가 받은 지혜는 어떤 것이며, 그의 손으로 이루어 놓은 이 같은 권능의 역사들은 어떤 것이냐? 이 사람은 마리아의 아들이며, 야고보와 요세와 유다와 시몬의 형제인 목수가 아니냐? 또 그의 누이들이 여기 우리와 함께 있지 아니하느냐?" 하며 그들이 주를 배척하더라. 그러자 예수께서 그들에게 말씀하시기를 "선지자가 자기 고향과 친척과 자기 집을 제외하고는 존경을 받지 않는 곳이 없도다."고 하시니라. 그리하여 거기에서는 불과 몇 사람의 병자에게 안수하여 고쳐 주신 것 외에는 다른 권능을 행하실 수 없었더라. 주께서 그들이 믿지 않으므로 이상히 여기시고, 마을마다 다니시며 가르치시니라. 막 6:1-6

예수께서 곳곳에서 많은 기적을 일으키시고 말씀을 선포하셨지만, 고향 나사렛에서는 달랐습니다. 그곳 사람들은 예수를 하나님의 기름 부음 받은 자로 인정하지 않고, 다만 자신의 오랜 경험을 따라 '이웃 목수 요셉의 아들 예수'로만 바라보았습니다. 그러한 태도로 인해 축복의 통로가 막혀버렸고, 예수님마저도 '거기서는 아무 권능을 행하실 수 없어 다만 소수의 병자에게 안수하여 고치실' 수 있을 뿐이었습니다. 그리고 이들이 믿지 않는 것을 예수님조차 이상하게 여기셨다고 말씀합니다. 그리스도 안에서 우리의 믿음은 영적인 것이기에, 이처럼 자연적인 방식으로 접근하게 되면 믿음의 원리와 말씀의 능력이 역사할 수 없습니다.

말씀은 하나님의 말씀을 들을 때 옵니다. 그런데 어떤 사람은 한 마디만 들어도 쉽게 믿지만, 대부분의 경우에는 여러 각도에서 방어

하는 다양한 말씀을 근거로 설득될 때 믿음을 세우게 됩니다. 말씀의 지식이 쌓이고 축적될 때 비로소 믿음을 발휘할 수 있는 상태가 되는 것입니다.

예를 들어 "치유는 하나님의 뜻이다"라는 진리가 있습니다. 사람들은 자연적인 영역에서 너무 오랫동안 살아왔기 때문에 치유가 하나님의 뜻인지 아닌지조차 선명하지 않고, 또한 하나님의 뜻이라 해도 내 병은 과연 고쳐주실 것인지 등, 믿음을 발휘할 수 없도록 방해하는 여러 가지 생각들을 가지고 있습니다. 이처럼 똑같이 질병의 문제를 가지고 있더라도 각자 걸려 있는 부분은 다를 수 있습니다. 이를 위해 다음의 여러 가지 근거로 믿음을 세울 수 있습니다.

그림자 (구약 :구리뱀)	예수님의 행동	예수님의 말씀	구속의 성경구절

먼저 구약 성경에 나오는 예들을 통해 근거로 삼을 수 있습니다. 한 예로 하나님께 불평불만 하던 이스라엘 민족들이 광야에서 뱀에 물려 죽게 된 장면이 있습니다. 그 때에도 하나님께서는 그들을 고치기 원하셨습니다. 그래서 구리뱀을 만들어 장대에 매달아서 광야 한가운데 세우게 하셨고, 장막에서 나와서 그것을 쳐다본 사람은 모두 살았습니다. 오실 예수 그리스도를 믿고 받아들이기만 하면 구원받는 일의 모형이었던 것입니다.

또한 예수님의 행동과 말씀을 통하여 지금 이 시대에 우리를 향한 하나님의 뜻을 알고 치유의 근거로 삼을 수 있습니다. 그분은 하나님의 가장 정확한 표현이자 나타남이었기 때문입니다. 예수께서 이 땅에서 사역하시는 동안 가장 많이 하신 일이 바로 치유였고, 치유를 받기 위해 나온 사람에게 '너는 하나님께서 주신 병이라서 고칠 수 없다' 또는 '너는 아직 나을 때가 안 되었다' 라고 돌려보내신 적이 없었습니다. 뿐만 아니라 "내가 원하노니 깨끗함을 받으라" 등의 말씀을 통해 치유에 대한 본인의 뜻을 명확히 밝히셨습니다.

그 외에도 성경 곳곳에 있는 구속과 치유에 대한 말씀을 근거로 삼을 수 있습니다.

> 그러나 그는 우리의 허물로 인하여 상처를 입었고, 그는 우리의 죄악으로 인하여 상하였도다. 우리의 화평을 위한 징계가 그에게 내려졌고, 그가 맞은 채찍으로 우리가 치유되었도다. 사 53:5

> 그렇게 하심은 선지자 이사야를 통하여 말씀하신 것을 이루려 하심이니, 말씀하시기를 "그가 친히 우리의 연약함을 맡으시고 우리의 질병을 짊어지셨느니라."고 하셨더라. 마 8:17

> 그가 친히 나무에 달린 자신의 몸으로 우리의 죄들을 담당하셨으니, 이는 우리가 죄들에는 죽고 의에는 살게 하려 하심이니라. 그가 채찍에 맞음으로 너희가 낫게 되었느니라. 벧전 2:24

우리가 받은 구원의 꾸러미 안에는 치유도 이미 다 포함되어 있습니다. 이런 말씀을 계속해서 받아들이다 보면, 지식이 축적된 결과 종합적으로 "치유는 하나님의 뜻이다"라는 진리에 결론이 나고, 믿음이 생기게 됩니다.

이처럼 어떤 분야든지 믿음을 발휘하기 위해서는 딱 한 구절에만 위태롭게 매달릴 것이 아니라 보통 서너 구절은 취하는 것이 좋습니다. 각 분야별로 언제든지 꺼내 쓸 수 있게끔 완전히 암기하고 내 것으로 삼은 3~5개의 구절로 무장하고 있으면, 어떤 반대되는 상황 앞에서도 즉시 방어하고 처음부터 믿음을 지킬 수가 있습니다.

믿음을 가져야 하는 이유

우리가 믿음을 가져야 하는 이유는 무엇일까요? 믿음이 우리 안에서 구체적으로 어떤 일을 하게 될까요? 성경 말씀에 비추어 살펴보겠습니다.

☐ 하나님을 기쁘시게 하기 위해

믿음은 우리로 하여금 하나님께서 주신 유업을 누릴 수 있게 하는 열쇠이지만, 그보다 우선적으로 알아야 할 것은 믿음이 하나님을 기쁘시게 한다는 것입니다.

그러나 믿음이 없이는 하나님을 기쁘시게 할 수 없나니, 하나님께 나아가는 자는 그분이 존재하시는 것과 그분이 자기를 열심히 찾는 자들에게 보상하는 분이심을 마땅히 믿어야 하느니라. 히 11:6

이는 단순히 우리가 하나님을 믿으면 그 신뢰로 인해서 하나님께서 뿌듯해 하시고 좋아하신다는 의미가 아닙니다. 하나님께서 예수님을 통하여 우리를 위한 모든 것을 예비하셨지만 그것은 오직 믿음을 통해서만 우리에게 실재가 될 수 있습니다. 거듭난 이후로 우리는 이미 구원을 보장받았고 언제라도 이 땅을 떠나면 지금보다 훨씬 아름다운 하늘나라로 가도록 약속되어 있습니다. 그럼에도 불구하고 하나님께서는 특별한 목적이 있으셔서 이 땅의 불완전함을 너무나 잘 아시면서도, 우리를 바로 데려가지 않으시고 사명을 주시고 이 땅에 두셨습니다.

그래서 그분께서는 우리가 이곳에서 승리하며 살기를 너무나 바라고 원하십니다. 그리고 오직 믿음으로만 우리가 이 땅에서 승리하고 살아갈 수 있음을 아시기에, 하나님께서는 우리가 믿음을 가지고 믿음으로 사는 것을 그렇게 기뻐하시는 것입니다.

비로소 이 말씀에 대한 온전한 계시가 열렸을 때, 저는 정말이지 하나님의 그 크신 사랑에 압도되어 눈물을 흘리지 않을 수 없었습니다. '하나님께서 정말 이런 사랑으로 우리를 사랑하고 계시구나!' 부모로서 아무리 좋은 환경이라도 자녀를 혼자 두고 온다면 마음이 불편하고 무거운데, 하나님께서는 우리를 이 땅에 두시고, 물론 모든 능력과 생명과 권세를 다 주셨지만, 우리가 그것을 미처 모르고 믿음을 발휘하지 못한 채 상황에 지배당하며 살아가는 것을 보신다면 얼마나 마음이 아프고 애통하실까요! 반대로 우리가 믿음을 가지고 하나님께서 마련하신 복을 모두 누린다면, 그것이 얼마나 주님을 기쁘시게 할까요! 우리가 승리의 삶을 살아가는 것만큼 주님을 기쁘게 하는 것은 없습니다. 그래서 우리의 믿음이 그분을 기쁘게 하는 것입니다.

하나님께 나아가는 자는 그가 계신 것과 그분께서 자기를 열심히 찾는 자에게 상 주시는 이심을 믿어야 한다고 하셨습니다. '그가 계신 것'이라는 말은 사실 '그분이 어떤 분인지 that He is(KJV)'라고 해석하는 것이 더 적절합니다. 막연히 하나님이 계신 것을 인정하고 열심히 구하면 상 주신다는 의미보다는, 그분이 어떤 능력과 특성을 가진 분인지 정확히 알고 구할 때 그 부분에 대해 결과를 얻게 된다는 뜻입니다. 예를 들어, 하나님께서 치유하시는 분이심을 알고 찾으면 우리는 반드시 치유에 대한 보상을 얻게 될 것입니다. 형통도 마찬가지입니다. 형통하게 하시는 하나님을 알고 구하면, 하나님께서는 형통 분야에 대한 보상을 당연히 주실 것입니다. 이처럼 말씀을 통하여 그분이 어떤 분이신지 알고 그것을 찾으면 반드시 보상이 있으며, 하나님은 이러한 우리의 믿음의 활동을 너무나 기뻐하십니다. 이처럼 그분이 어떤 분인가와 그분이 얼마나 신실하신 분인가를 알고, 삶에서 하나님께서 예비하신 것을 믿음으로 취하는 삶을 살 때, 그것이 하나님을 기쁘시게 합니다.

이제 의인은 믿음으로 살리라. 그러나 누구라도 뒤로 물러나면 내 혼이 그를 기뻐하지 아니하리라. 히 10:38

거듭난 그리스도인은 오직 믿음으로 살아갑니다. 믿음의 삶은 말씀을 따라 영으로부터 항상 도전하여 전진하는 삶입니다. 이러한 삶을 멈추고 물러남이 있을 때 하나님께서 기뻐하지 않으신다고 말씀은 이야기합니다.

□ **믿음으로 살기 위해**

이는 우리가 믿음으로 행하고 보는 것으로 하지 아니함이라. 고후 5:7

우리는 육신적인 감각에 의해 사는 사람이 아니라 믿음에 의해 살아가는 사람입니다.

이제 의인은 믿음으로 살리라. 히 10:38

이것이 우리의 삶의 방식입니다. 그리스도인은 믿음으로 삽니다.

□ **하나님이 주신 것들을 얻기 위해서**

믿음은 우리로 하여금 하나님께서 주신 복을 실제적으로 얻고 누리게 해 줍니다. 히브리서 11장에서는 구약의 다양한 인물들이 어떻게 믿음으로 각자의 삶과 세계를 지어갔는지를 이야기합니다.

> 그들은 믿음을 통하여 왕국들을 정복하기도 하고 의를 이루기도 하며, 약속들을 받기도 하고 사자들의 입을 막기도 하며 히 11:33

그들은 믿음으로 왕국을 정복하기도 하고, 의를 이루기도 했으며, 하나님의 약속을 받기도 하고, 온갖 환란과 핍박 가운데 보호와 기적을 경험하며 "세상이 감당할 수 없는" 삶을 살았다고 이야기합니다. 이처럼 믿음은 우리로 하여금 이 땅의 삶에서 하나님께서 주신 것들을 모두 취하여 가장 아름답고 영광스러운 삶을 지어갈 수 있게 합니다.

□ 나를 방어하기 위해

믿음은 우리의 방패입니다. 에베소서 6장에는 전신갑주에 대해 나옵니다.

> 그러므로 너희는 하나님의 전신갑옷을 입으라 이는 너희가 악한 날에 저항할 수 있으며 또 모든 일을 다 이루기까지 서 있게 하기 위함이니라. 그러므로 서서 진리로 너희의 허리띠를 두르고 의의 흉배를 붙이고 화평의 복음을 준비한 것으로 너희 발에 신고 모든 것 위에 믿음의 방패를 가짐으로써 능히 너희가 악한 자의 모든 불붙은 화살을 끌 수 있을 것이라. 엡 6:13-16

갖가지 장비 위에 반드시 들어야 할 것이 바로 "믿음의 방패"로서, 이것이 우리를 겨냥한 사탄의 화살을 막아 준다고 말씀합니다. 즉 사탄이 잘못된 생각이나 감정, 증상 등으로 우리를 공격할 때, 믿음이 세워져 있으면 처음부터 막아내고 흔들림 없이 서 있을 수 있습니다.

믿음은 풀어 놓아 역사하게 해야 한다

말씀을 듣고 설득되어 심령 가운데 믿음이 생겼더라도, 그 믿음이 저절로 효력을 발휘하는 것은 아닙니다. 믿음은 풀어 놓을 때만 역사하게 됩니다.

나의 형제들아, 만일 누가 믿음을 가지고 있다 하면서 행함이 없다면 무슨 유익이 있겠느냐? 믿음이 그를 구원할 수 있겠느냐? 만일 형제나 자매가 헐벗고 그 날의 양식조차 없는데 너희 중에 누가 그들에게 말하기를 "평안히 가라. 몸을 따뜻하게 하고 배부르게 먹으라."고 하면서 그 몸에 필요한 것들을 주지 않는다면 무슨 유익이 있겠느냐? 그와 같이 행함이 없으면 믿음만으로는 죽은 것이라. 약 2:14-17

위의 야고보서 구절도 그리스도인들이 잘 알고 있지만 율법적으로 해석하기가 너무 쉬운 말씀입니다. 위 구절에서 야고보 사도가 말하고자 하는 것은 "믿음의 원리"입니다. 이어지는 예시도 그러한 맥락에서 제시됩니다.

즉 누군가 먹을 것도 입을 것도 없는 사람에게, 실제적으로 쓸 것을 아무것도 주지 않고 그저 말로만 '평안히 가서, 따뜻하게 하고 배부르십시오.'라고 한다면, 그 사람에게는 올 때나 갈 때나 아무 변화도 없고 소용도 없습니다. 이와 마찬가지로 믿음이 있다지만 그에 따른 행함과 나타남이 없다면, 그 믿음도 효과가 없다는 것입니다.

다시 말해 위 구절은 '가난한 자를 구제하지 않으면 믿음이 없는 것이다'라는 뜻이 아니라 믿음의 원리에 대해 비유로 설명하는 것입니다. 물론 구제는 중요한 일이지만, 위 구절에서 말하는 핵심이 그것은 아닙니다. 우리는 율법적인 관점에서 일차원적으로 말씀을 해석하는 습관에서 벗어나, 모든 성경 말씀을 복음의 관점에서 정확하게 해석하고 이해해야 합니다.

그래서 17절에서는 "행함이 없는 믿음은 죽은 믿음"이라고 말합니다. 즉 믿음 중에는 죽은 믿음도 있다는 것입니다. 어떤 사람이 '죽었다'는 것은 어떤 상태입니까? 활동성이 없고 아무런 영향력도 나타내지 못하는 상태입니다. 믿음도 마찬가지입니다. 우리 안에 믿음이 있더라도, 그것이 상황이나 환경에 대해 아무런 변화를 일으키지 못한다면 그것은 곧 죽은 믿음입니다.

> 믿음이 어떻게 그 행함과 더불어 작용하였으며, 믿음이 행함으로 온전케 되었음을 네가 보느냐? 약 2:22

이 말씀에서 정확히 표현하듯이, 믿음은 그의 행함 즉 나타남과 결합하여 효력을 나타내며, 그럴 때 비로소 온전해지고 완성됩니다. 심령에 있는 믿음이 행함을 통하여 자연적인 영역에 표현되고 실재를 불러올 때, 비로소 믿음으로서의 가치를 최대로 발휘하게 되는 것입니다.

> 또한 배들을 보라. 그렇게 크고, 거친 바람에 밀려 가도 지극히 작은 키로 키잡이가 원하는 곳 어디로도 돌려지느니라. 이와 같이 혀도 작은 지체지만 큰 일들을 자랑하느니라. 보라, 작은 불이 얼마나 큰 것을 태우는가! 약 3:4-5

믿음을 풀어놓아 역사하게 하는 데에는 여러 가지 방법이 있지만, 가장 기본은 '말하는 것' 입니다. 거대한 여객선도 선장이 움직이는 작은 키 하나로 움직이듯이, 또한 작은 불씨 하나가 온 산을 태울 수 있듯이, 혀도 신체 부위 중에 작은 것이지만 우리 존재 전체의 방향을 결정하고 상황을 얼마든지 변화시킬 수 있습니다.

레마성경훈련소에서 "믿음" 과목을 들을 때 강사 목사님께서 늘 하시던 말씀이 생각납니다. 하나님께서 우리에게 가장 강력한 무기를 주셨는데, 그것은 바로 우리의 코 밑에 있다는 것입니다. 말할 수 있는 입은 가장 강력한 무기입니다. 말씀을 듣고 설득되었다면, 우리의 심령 안에 믿음이 생깁니다. 그러나 그 믿음은 어떤 형태로든 풀어놓아져야 합니다. 그 중에서도 우리의 입은 믿음을 풀어내는 가장 간단하지만 강력한 통로로서, 말씀 고백과 선포를 통하여 믿음을 작동시켜 우리의 삶에 풍성한 실재를 가져올 수 있습니다.

이는 영접의 과정을 통해서도 알 수 있습니다. 우리의 구원은 마음으로 믿고, 그 믿는 바를 입으로 시인할 때 이루어집니다. 어떤 사람이 복음을 듣고 이해하고 동의했습니다. 즉 구원받을 수 있을 만한 수준으로 복음의 메시지를 받아들였습니다. 그런데 그 사람이 "제가 다 이해하고 동의하지만, 아직은 때가 아닌 것 같아서 영접 기도는 나중에 하겠습니다."라고 합니다. 분명히 말씀을 진리로 인정하고 받아들인 상태지만, 예수님을 주님으로 고백하고 모셔 들이는 과정을 미룬 것입니다. 그런데 그 사람이 다음 날 불의의 사고로 세상을 떠났다고 합시다. 그렇다면 그는 말씀을 듣고 믿었지만, 그 믿음을 풀어놓고 활성화시키지 않음으로 말미암아 결국 구원을 받지 못할 것입니다.

다소 극단적인 예일 수 있지만, 우리의 삶도 다르지 않습니다. 말씀을 듣고 '그래, 부요하신 예수께서 날 위해 가난하게 되셨어. 나는 부요할 수밖에 없어.' 라며 동의했더라도, 그것이 당신의 말과 행동으로 나타나지 않으면 그러한 말씀의 실재는 결코 나타나지 않습니다.

우리의 마음에 믿음이 있어도 입으로 같은 것을 고백하지 않으면 믿음은 역사할 수 없습니다. 마음으로 믿고 있는 것을 입으로 고백하고 믿음대로 행동할 때 그 믿음이 역사하도록 풀어 놓아지는 것입니다.

예를 들어 감기 증상이 왔을 때, 먼저 '예수께서 채찍에 맞으심으로 내가 나음을 입었다'는 말씀을 따라 감기 증상을 거절하고 감기가 발병될 것을 허락하지 않겠다고 결단하는 일은 우리의 심령에서 시작됩니다. 그러나 그러한 결단에 뒤따르는 고백과 행동이 있어야 합니다. 먼저 믿는 바를 선포해야 하겠고, 선포했다면 그런 사람처럼 행동해야 합니다. 말씀을 믿는다면서 '아파 죽겠다'라고 계속 앓는 소리를 하거나, 또는 '나는 감기를 이긴 자다!'라고 말하면서 증상이 없어질 때까지 침대 속에 누워만 있다면 믿음이 역사하는 상태는 아닙니다. 예수께서 채찍에 맞으심으로 내가 나음을 입었다는 것을 안다 하더라도 입으로 고백하고 그에 따라 행함으로써 믿음을 풀어놓는 작업을 해야지만 그 믿음의 결과를 얻는 것입니다. 우리 입의 가장 중요한 기능은 먹는 것이 아니라 말씀을 고백하고 선포함으로써 믿음을 풀어놓는 것입니다.

믿음은 지속적으로 먹여져야 한다

심령에 믿음이 왔고 그것을 선포했지만 즉시 나타나지 않는 경우도 있습니다. 그럴 때 우리는 말씀을 묵상함으로써 믿음을 지속적으로 먹여야 합니다.

잘 아시다시피 묵상hagah에는 세 가지 단계가 있습니다. 첫 번째는 의미를 생각하며 동의하는 단계입니다. 두 번째는 입으로 중얼

중얼 읊조리는 것입니다. 그리고 마지막 세 번째는 마치 사자가 으르렁거리며 포효하듯이, 모든 의심이나 생각이나 감정을 뛰어넘는 큰 소리로 선포하는 것입니다. 이러한 묵상의 목적은 말씀을 지속적으로 먹임으로써 믿음을 강화시키고, 우리 자신을 말씀과 일치시키기 위함입니다.

저는 요즘 이런 면을 많이 체험합니다. 예전에는 잘 몰랐는데 점점 영적으로 예민해지면서, 이제는 성경을 찾아 읽을 때마다 내 영에 힘이 나고 가슴이 뜨거워짐을 느낍니다. 제가 성경 학교에서 가르칠 때에도 이미 잘 알고 몇 번을 가르친 구절이지만 매번 찾아서 함께 읽는데, 그럴 때마다 그 말씀이 제 영에서 강하게 역사하는 것을 체험합니다.

이처럼 우리가 말씀을 계속 접하고 읽고 묵상함으로써 기대하는 바는, 우리의 영은 물론 혼과 몸을 포함한 모든 존재가 '말씀화化' 되는 것입니다. 단순히 한번 배워서 아는 것만으로는 힘이 약합니다. 많은 말씀을 들었고 안다고 하지만, 그것이 우리 삶에 실제적인 결과를 내지 않고 있다면 소용이 없습니다. 내 안에 들어온 말씀이 나와 하나가 되어 자연스럽게 말씀대로 기능하고 말하고 생각하고 움직여지는 상태가 되어야 합니다. '말씀이 당신의 살과 피가 되게 하십시오' 라는 말이 과장이 아닙니다. 삶 자체가 말씀의 표현이 되는 삶, 우리 안에 살아있는 하나님의 생명이 밖으로 드러나는 삶, 그런 삶을 살기 원하기에 우리는 지속적으로 말씀을 묵상하는 것입니다.

말씀 묵상을 두고, 마치 주문을 외우듯이 계속 말씀을 말하기만 하면 역사가 일어나는 것으로 오해하시는 경우가 많습니다. 그러나 그것은 겉모습만 본 것이고, 실제로 고백의 능력은 '믿는 바를 말하는 것'에 있습니다.

과거 율법적인 접근은 우리 안에, 즉 심령이 어떠한지보다는 행동에 초점을 맞추었습니다. 율법의 대상인 구약 성도들은 거듭나지 않고 죄의 본성을 가진 자들이었기에 사실상 바른 심령을 가질 수가 없었기 때문입니다. 그래서 율법을 통해 다만 잘못된 행동만은 하지 않도록 제한선을 그려주고 행동 수칙을 제시하여 따르게 하는 일만 가능했습니다.

그러나 예수께서 부활하신 후 새로운 피조물들이 일어났습니다. 이들의 기능은 안에서부터, 속사람으로부터 비롯됩니다. 거듭난 영 안에 모든 능력이 다 있기 때문에, 그 능력을 발휘할 수 있도록 세우는 일에 초점을 맞춥니다. '이건 하면 안 돼, 저런 건 하면 안 돼.' 또는 '이런 말은 하면 안 돼. 저런 말만 해.'라는 것이 아니라 '넌 그리스도 안에서 새로운 피조물이야. 너의 본성이 이렇게 바뀌었어. 너는 의인이야. 네 안에 사랑할 능력이 있어, 탁월한 능력이 있어. 옳은 것을 선택하고 행할 능력이 있어. 변화를 일으킬 생명이 네 안에 있어.'라는 식으로 안에 있는 것들을 계속 강화시키고 불러일으켜서 밖으로 나타내는 것입니다. 이것이 새로운 피조물이 기능하는 방법입니다.

말씀 고백(묵상)도 마찬가지입니다. 그저 말씀을 계속 말하면 하나님께서 말씀대로 해주시는 것이 아니라 나 자신에게 지속적으로 바른 정보를 주어 내가 그러한 행동과 결과를 나타내도록 하는 것입니다.

즉 우리의 영은 이미 하나님의 생명으로 새로워졌고 하나님의 말씀은 이미 이루어진 진리이자 실재인데, 그것이 나타나지 못하도록 방해하고 있는 변화되지 않은 혼에 진리를 계속 먹임으로써, 혼이 영과 같은 색을 내고 육체까지 다스릴 수 있도록 교육하는 것입니다.

> 나는 심었고, 아폴로는 물을 주었으나 하나님께서는 자라게 하셨느니라. 고전 3:6

사도 바울은 복음을 전함으로써 심었고, 아볼로는 심겨진 복음을 반복하여 가르치고 먹임으로써 물을 주었으며, 그것을 하나님께서 자라게 하시어 마침내 열매가 맺혔습니다. 이처럼 말씀을 듣고 그것이 심령에 심겨진 후에도 계속 먹이고 돌봄으로써 믿음을 유지하고 강화시켜야 합니다.

믿음이 삶을 지배하도록 해야 한다

심령에 있는 믿음은 반드시 표현되어 삶을 지배해야 합니다. 즉 우리의 말과 행동으로 나타나고 표현되어야 한다는 것입니다. 믿음에 대해서 다 배우고 믿는다면서 말씀과 반대되는 생각을 계속해서 받아들이고 부정적인 고백을 계속 입에 담는다면, 이는 결코 믿음이 삶을 지배하는 상태라고 할 수 없겠습니다.

믿음이 삶을 지배한다는 것은 우리가 무엇을 말할지, 무엇을 생각할지, 무엇을 행할지에 대해 항상 믿음의 필터를 거친다는 뜻입니다. 예전에는 생각나는 대로 기분대로 말하고 행동했다면, 이제는 어떤 말을 하려다가도, 어떤 생각이 떠올라도, 항상 믿음의 필터에 걸러보아 성경적이지 않은 것은 즉시 거절하고 교정합니다. 그렇게 삶 전반을 믿음이 지배하기 시작할 때 믿음의 열매가 풍성하게 맺히기 시작합니다.

```
         들음        지배                참음
말씀  →  믿음   →   ┌─────┐    →    열매, 역사함
         육신   ↛   │ 말  │
                   │ 생각 │
                   │ 행동 │
                   └─────┘
```

위 그림에서 보듯이, 믿음은 우선 말씀을 들어야 생기게 됩니다. 말씀을 계속 들음으로써 믿음이 생기고, 그 믿음이 나의 생각을 지배하고 또한 말과 행동을 지배하게 되면, 그리고 그 상태를 유지하면, 때가 찼을 때 반드시 열매와 역사가 나타나게 됩니다.

그러나 말씀을 듣고 믿음이 생겼지만 그 믿음이 말과 생각과 행동을 지배하지 못하면, 반대로 우리의 육신과 변화되지 않은 혼의 지배를 받게 되고, 결국 육신의 열매, 불신앙의 열매를 맺을 수밖에 없습니다. 말씀과 믿음이 다스리지 않으면 그냥 방치된 상태로 있는 것이 아니라 반드시 육신과 불신앙이 대신 자리를 차지하고 들어오는 것입니다.

믿음

순간적으로 잘못된 생각이 들어오거나 떠오를 수는 있습니다. 그러나 '새가 머리 위를 날아 다닐 수는 있지만 머리 위에 둥지를 틀게 하지는 말라'는 말처럼, 무심코 들어오는 생각들을 믿음의 필터에 걸러보지 않고 계속 받아들이게 되면 어느새 머릿속에 자리를 잡아 우리의 사고방식이 되어버립니다. '독감이 유행인데 감기 걸리면 어떻게 하지', '요즘 경기가 계속 안 좋다는데 취직할 수 있을까?' 이처럼 세상 사람들과 똑같은 방식으로 생각하고 염려하고 반응하는 상태가 되면, 결코 믿음의 열매를 맛볼 수 없습니다.

따라서 잘못된 생각이 들어오는 순간, 즉시 분별하여 쳐내야 합니다. 예를 들어, '저 사람이 왜 저렇게 나를 기분 나쁘게 쳐다보지?'라는 생각이 들어와서 기분이 상하려고 합니다. 사실 실제로 나를 보는 눈빛이 곱지 않더라도, 그럴 때 우리는 먼저 믿음의 필터, 말씀의 필터를 작동시켜서 같은 상황이라도 다르게 해석합니다. '무슨 다른 일이 있나 보지.' 이처럼 우리의 심령을 지키는 방향으로 해석하고 틈을 막으면, 설사 정말로 어떤 문제나 오해가 있다 하더라도 중심을 잡고 온전히 다룰 수 있게 됩니다. 그러나 처음에 들어온 부정적인 감정과 생각을 받아들이고 계속해서 되뇌다 보면, 다스리고 거절해야 할 감정에 오히려 내가 사로잡혀서 작은 일을 더 확대시키고 그르치는 결과를 낳을 수 있습니다. 그러므로 말씀에 일치하지 않는 생각이 들어올 때, 처음에 우리가 어떻게 반응하느냐가 매우 중요합니다.

다시 말하지만, 하나님의 말씀을 들음으로써 믿음을 세우고, 생각과 말과 행동을 믿음으로 지배하면, 믿음의 열매를 보게 됩니다. 그 과정에서 때로는 인내를 가지고 시간을 기다려야 할 때도 있습니다. 그러나 믿음은 결코 소멸되거나 우리에게 실망을 주는 일이 없이 반드시 결과를 가져옵니다. 이런 흐름을 인식하고, 믿음을 지속적으로 먹이고 풀어놓음으로써 믿음이 항상 나를 지배하는 상태를 유지한다면, 그 열매는 밖으로 나타나고 우리의 삶은 영광에서 영광으로 상승하고 전진하게 될 것입니다.

믿음은 사랑으로 역사한다

이번 과에서 계속 믿음에 대해서 배우고 있지만, 믿음은 방법으로서가 아니라 하나님의 원리를 이해하고 그 안으로 들어갈 때, 성령으로 말미암아 역사하는 것입니다. 따라서 믿음에 대한 우리의 접근은, 어떤 매뉴얼을 따라 움직이면서 인풋input에 따른 아웃풋output을 기대하는 식이 아니라 근본적으로 살아계신 하나님의 나타나심을 기대하는 태도가 되어야 합니다.

이러한 면에서 '믿음은 사랑으로 역사한다'라고 말할 수 있습니다. 하나님은 사랑이시며, 성령님은 하나님과 한 영이십니다. 그러므로 성령의 흐름은 곧 사랑의 흐름이며, 사랑이 흐르는 곳에는 성령의 역사가 활발할 수밖에 없습니다. 어떤 사람이 말씀을 들어서 알면서도 심령에 늘 불만과 원망을 가지고 있다면, 그는 이미 어둠에 발판을 내어주고 있기 때문에 그의 삶에서는 성령께서 온전히 역사하실 수 없습니다.

> 예수 그리스도 안에서는 할례나 무할례가 쓸모없고 오직 사랑으로 역사하는 믿음뿐이니라. 갈 5:6

믿음은 사랑으로 역사합니다. 따라서 믿음의 사람이 되기 원한다면, 사랑의 사람이 되어야 합니다. 아무리 믿음이 있다 하더라도 사랑이 없다면 하나님의 실제적인 나타남은 제한 받게 됩니다.

성령께서 역사하시게 하느냐, 아니면 악한 영을 끌어들이느냐의 열쇠는 우리 손에 있습니다. 우리의 심령과 생각과, 또한 말과 행동이 그것을 결정하는데, 부정적인 태도와 인식을 유지하면서 믿음이 역사하기를 기대하는 것은 마치 나무에 전기가 통하기를 바라는 것처럼 어리석은 일입니다. 따라서 우리는 우리의 삶 가운데 하나님의 원리가 원활하게 작동할 수 있는 심령과 태도를 늘 구비해야 합니다.

이번 과를 통하여 믿음의 기초에 대해 살펴보았습니다. 믿음은 하나님의 말씀을 듣고 받아들인 결과로 생기며, 생겨난 믿음은 잘 관리되고, 풀어놓아지며, 또한 먹여져서, 결국 우리의 삶을 지배하도록 해야 합니다. 그리고 믿음은 사랑으로 말미암아 행함으로써 역사합니다.

하나님께서는 구원받는 믿음 외에도 우리에게 일정한 분량의 믿음을 나누어주셨습니다. 이제 그 믿음이 얼마나 효율적으로 역사하며 그 믿음을 증가시키느냐는 우리 손에 달렸습니다. 가지고 있는 믿음을 열심히 활용하면 점차 더 강한 믿음을 가지게 되고, 또한 다양한 분야에 대한 말씀을 들음으로써 믿음을 확장해 갑니다. 다시 말해 믿음에 있어 새로운 분야를 개척하고 증가시키는 것은 하나님의 말씀을 듣고 계시됨으로써 이루어지며, 한 분야 안에서 믿음을 더 강하게 하는 것은 믿음을 적용하고 활용하는 훈련을 통해 이루어집니다.

믿음을 훈련하는 것은 근육을 쓰는 것과 비슷합니다. 어느 날 갑자기 무거운 것을 들 수 없습니다. 적은 무게부터 차근차근 훈련한 사람이 마침내 무거운 것도 가뿐하게 들 수 있는 것입니다. 운동을 하다 보면 지금 드는 무게가 더 이상 운동 효과가 없어 이제는 무게를 올릴 때가 되었음을 알듯이, 믿음에 대해서도 한 단계 올라가야 함을 느낄 때가 있습니다. 예를 들어 두통에 대해서는 정복하고 누리고 있는데, 이제는 위장병도 도전해야 한다는 것을 알게 됩니다. 그렇게 다음 단계로 올라가려고 할 때 당장은 쉽지 않지만, 믿음의 근육을 계속 훈련하다 보면 어느새 그 무게 또한 쉽게 들어 올리게 됩니다. 이처럼 주어진 믿음을 열심히 확장하고 또한 훈련하는 자는 계속해서 더 큰 믿음을 가지게 되고 삶에서 더 큰 지배력을 가지게 됩니다.

그리스도인 가운데에서도 믿음의 걸음을 한 번도 걸어보지 않고, 믿음이 무엇인지조차 모르는 사람이 너무나 많습니다. 사실 많은 그리스도인들이 믿음으로 살려고 하지 않습니다. 그러나 믿음에 대해 배우고 적용하지 않는다면, 믿음으로 살기로 선택하고 결단하지 않는다면, 거듭난 하나님의 자녀라 할지라도 불신자와 크게 차이 없는 삶을 살아갈 수밖에 없습니다. 믿음의 삶이라는 것이 이 땅에 태어나서 지금껏 배우고 기능하던 것과는 전혀 다른 종류의 삶이기에, 처음에는 왠지 어렵고 복잡하게만 느껴질 수도 있습니다. 그러나 전혀 그렇지 않습니다. 우리의 거듭난 영은 믿음의 삶을 살 때 가장 성장하며 최고의 열매를 맺도록 프로그래밍 되어있습니다. 믿음의 삶이 곧 승리의 삶입니다. 가나안 땅의 축복을 얼마나 많이 차지하느냐, 하나님의 영광이 나를 통해 얼마나 많이 나타나느냐, 매일의 삶에서 얼마나 승리를 누리느냐, 이 모든 것의 열쇠가 바로 믿음입니다. 믿음의 삶을 살며 많은 것을 찾아 누리는 그리스도인이 되어 내 가정과 이웃과 땅 끝까지 능력 있는 증인의 삶을 사십시오. 우리 모두가 모든 분야에서 믿음을 확장하고 또한 점점 더 강하게 훈련함으로써, 어떤 상황도 다스리는 믿음의 거장들이 되어 세상과 사람들에게 복의 근원이 되고 하나님 나라를 확장하는 그런 삶을 살게 되기를 축복합니다.

영적 성장

이는 성도를 온전케 하며 봉사의 일을 하게 하며
그리스도의 몸을 세우려 하심이라
(엡 4:12)

so that his people would learn to serve
and his body would grow strong.

모든 그리스도인은 항상 성장해야 합니다. 어떤 수준에 있든지 우리는 항상 더 높은 수준을 바라보며 계속해서 진보하기를 갈망해야 합니다. 그럴 때 성장은 나 자신은 물론, 나와 연결된 사람들과 세상에게도 큰 유익을 가져다 줍니다.

예를 들어, 우리는 항상 성령의 온전한 인도를 받기를 원하지만, 이는 영적 성장 없이는 불가능한 일입니다. 성령께서는 언제나 우리의 영적 수준으로 내려오셔서 그에 맞게 인도하십니다. 뒤집어 말하면, 성장하지 않는 한 항상 어린 아이 수준의 인도밖에 받을 수 없다는 뜻입니다.

이처럼 성장은 그리스도인의 당연한 방향이자, 의무라고까지 말할 수 있습니다. 하나님께서는 우리에게 더 많은 것을 주시고 또한 맡기기 원하시지만, 아직 준비되지 않은 어린 신자에게 그렇게 하실 수는 없습니다. 그리스도 안에서 우리의 거듭난 생명을 따라 실제적으로 다스리고 통치하는 능력은 오직 영적 성장을 통해서만 증가됩니다. 하나님께서 예비하신 모든 복을 온전히 누리는 위치로 올라가서 나의 삶을 다스리고, 나아가 다른 사람에게까지 선한 영향력을 미치는 자가 되기 위해서는 반드시 영적 성장을 이루어야 합니다.

그리스도인은 예수를 영접한 그 순간, 나이나 성별이나 지위와 상관없이 영적 갓난아이로 태어나게 됩니다. 그 후 하나님의 말씀을 들으며, 마치 한 어린 아이가 태어나 아동기, 성장기, 성년에 이르는 것과 같이, 영적으로도 성장하며 점점 영에 속한 사람으로 변화되어 갑니다.

자연적인 영역도 영적인 영역도 모두 하나님께서 놓으신 것입니다. 따라서 우리는 자연적인 영역 안에서 영적 영역의 원리를 비춰주는 본보기를 발견할 수 있습니다. 영적 성장은 한 사람이 이 땅에 태어나서 성장하는 모습과 비슷합니다. 갓 태어난 아기는 완전한 사람의 생명을 가지고 있습니다. 즉 인간으로서 온전하게 행할 수 있는 모든 잠재력을 이미 받은 것입니다. 그러나 처음부터 사람으로서 제대로 기능하는 것은 아닙니다. 시간을 두고 적절한 공급과 교육과 훈련을 통과하며, 몸이 자라고 정신이 성숙하며 능력이 증가함으로써 한 명의 온전한 사회인으로 자라나게 됩니다.

우리는 반드시 성장해야 한다

영적 성장이란, 재창조된 인간의 영을 개발하여 발전하는 과정을 말합니다. 즉 재창조된 인간의 영에 하나님께서 이미 넣어주신 잠재력을 활성화시키는 과정입니다. 즉 영적으로도, 우리는 거듭난 순간 하나님의 자녀로서 모든 것을 영 가운데 받았지만, 그것이 삶에 실재가 되어 나타나기 위해서는 반드시 성장의 과정을 거쳐야 합니다.

그가 어떤 사람들은 사도로, 어떤 사람들은 선지자로, 어떤 사람들은 복음 전도자로, 어떤 사람들은 목자와 교사로 주셨으니 이는 성도들을 온전케 하며 섬기는 일을 하게 하고 그리스도의 몸을 세우게 하여 우리 모두가 믿음의 하나됨과 하나님의 아들을 아는 지식의 하나됨에 도달하게 하고, 온전한 사람이 되어 그리스도의 충만하심의 장성한 분량에까지 이르게 하려 하심이라. 이는 우리가 이제부터는 더 이상 어린 아이가 아니니 사람들의 속임수와 교활한 술책으로 그들이 속이려고 기다리는 온갖 교리의 풍조에 밀려 이리저리 다니지 아니하고 오직 사랑 안에서 진리를 말하며 우리가 모든 일에 성장하여 그에게 이르리니 그는 머리시며 곧 그리스도시니라. 엡 4:11-15

오중 사역자는 하나님께서 교회에 주신 선물입니다. 위 구절은 오중 사역의 직분을 열거하면서 그것이 주어진 목적이 '성도를 온전하게' 하기 위함이라고 말씀합니다. 성경은 우리가 성장하는 것을 '온전하게 된다'라고 표현합니다. 즉 이어지는 구절에서도 보듯이, 성도가 '온전한 사람을 이루어 그리스도의 장성한 분량이 충만한 데까지 이르는 것'이 하나님의 뜻입니다. 거듭날 때 우리는 완벽한 생명을 받았지만, 그 생명이 바깥으로 표현되어 우리의 삶 곳곳에서 실제적으로 온전함을 이루는 일이 남아 있습니다.

그런 후에 비로소 섬기는 일, 즉 사역을 하는 것입니다. 어린 아이는 다른 사람을 섬길 수 없습니다. 영적으로 성숙해지면 자연스럽게 하나님의 나라와 교회를 위해 섬기는 자가 되는 것입니다. 그리하여 그리스도의 몸 된 교회가 세워지게 됩니다.

성경은 우리에게 그리스도의 장성한 분량까지 자라라고 말합니다. 그리스도의 장성한 분량이란, 예수께서 그러하셨던 것과 같이 모든 분야에서 완벽한 성령 인도를 받는 것을 말합니다. 이것이 우리의 최종 목표입니다.

저는 매달 교회에서 새가족반을 수료하신 새가족 여러분과 애찬을 나누는 시간을 가지는데, 그때 꼭 이 말씀을 나눕니다. "무엇보다도, 성장하는 분이 되십시오." 교회가 우선적으로 성도들의 영적 성장에 초점을 맞출 때, 그 교회는 건강한 교회로 세워질 수 있습니다. 그러나 이 부분을 놓치고 섬기는 일만 강조한다든지 단순히 전도만 열심히 하면 영적 역량이 뒷받침 되지 않은 상태에서는 오히려 성도들을 탈진시키고 부정적인 결과를 가져올 수 있습니다.

따라서 가장 우선시 될 것은 바로 성도 개개인의 영적 성장입니다. 현재 어떤 수준에 있더라도 마찬가지입니다. 영적 어린 아이 수준에 있다면 말할 것도 없거니와, 어느 정도 성장하여 교회에서 섬기는 위치에 있는 경우라 하더라도 끊임없이 더 성장해야 합니다. 우리의 목표는 그리스도의 장성한 분량이기 때문입니다.

예수님은 성령님께 완전히, 100퍼센트 자신을 양보하신 분이었습니다. "나는 아버지께서 시키시는 일이 아니면 하지 않고, 아버지께서 하신 말씀이 아니면 말하지 않는다." 이처럼 자신이 완전히 양보되고, 내 안의 그리스도가 온전히 나타나는 상태. 그것이 바로 우리가 바라보는 바입니다.

성경에 나타난 사람의 종류

형제들아, 내가 너희에게 영적인 사람을 대하는 것처럼 말할 수 없어서 육신적인 사람, 즉 그리스도 안에서 어린 아기들을 대함과 같이 하노라. 내가 너희를 젖으로 먹이고 고기로 먹이지 아니하였으니 이는 너희가 지금까지 소화시킬 수 없었음이요, 아직도 그러하니라. 너희는 여전히 육신적인 사람이라. 너희 가운데 시기와 다툼과 분열이 있으니 어찌 너희가 육신적이 아니며 사람을 따라 행하는 자가 아니리요? 고전 3:1-3

세상에는 크게 두 종류의 사람이 있습니다. 바로 아직 거듭나지 않고 죄의 본성을 가진 자연인과 거듭난 그리스도인입니다. 그리고 그리스도인도 두 종류로 나눌 수 있는데, 바로 육적인 그리스도인과 영적인 그리스도인입니다.

육적인 그리스도인은 영적으로 아직 어린 아이로서, 세상과 동일한 가치와 사고방식을 따라 살며 육신과 감각의 지배를 받는 사람입니다. 반면 영적인 그리스도인은 성숙한 그리스도인으로서, 말씀을 따라 새로운 피조물로서 온전하게 기능하면서 하나님의 영광을 나타내는 사람을 일컫습니다.

그 때로 보면 너희가 마땅히 선생들이 되었어야 할 터인데 이제 다시 하나님의 말씀의 기초 원리들이 무엇인지를 누군가가 너희에게 가르쳐

주어야 하니, 젖이 필요한 사람들이지 단단한 음식을 필요로 하는 사람들은 되지 못하는도다. 히 5:12

사도 바울이 교인들에게 편지를 쓰면서 그들의 영적 수준을 진단하고 그에 맞게 권면하고 가르치는 것을 위의 두 구절을 통해 알 수 있습니다. 앞선 고린도전서의 경우, '너희를 영적인 사람으로 대할 수 없어, 그리스도 안에서 어린 아이와 같이 대한다. 너희는 육신적인 사람이다'라고 말하며, 다음으로 본 히브리서에서도 '지금쯤이면 당연히 가르치는 위치에 있어야 하는데, 여전히 기초 원리를 배워야 할 수준이다'라고 하면서, 공통적으로 '단단한 음식이 아닌 젖을 먹는 사람들'이라고 표현합니다. 이처럼 영적으로 어린 자들에게는 젖과 같은 말씀을, 성숙한 자들에게는 단단한 고기와 같은 말씀을 주며, 수준에 따라 다른 메시지로 가르치고 양육하는 것입니다.

그렇다면 젖을 먹는 어린 아이는 어떤 사람일까요?

젖을 먹는 자는 누구나 의의 말씀에 능숙하지 못하나니, 이는 그가 아기이기 때문이요 히 5:13

한마디로 "의의 말씀에 능숙하지 못한 자", 개역개정에서는 "의의 말씀을 경험하지 못한 자"라고 표현합니다. 단순히 성경 말씀을 잘 모른다거나, 기도를 잘 안 한다거나, 교회 모임에 참석한지 얼마 안

되었다거나 라는 것이 아니라 '의의 말씀' 즉, 그리스도 안에서 거듭난 새로운 피조물로서의 정체성과 의의 본성에 대해서 얼마나 잘 알고 경험하며 그에 따라 기능하고 있는지를 기준으로 삼는 것입니다.

반대로 의의 말씀에 능숙한 사람은 영적으로 성숙한 사람입니다. 이처럼 거듭난 그리스도인의 실재에 대하여 알지 못한다면 영적으로 성장할 수 없습니다.

> 단단한 음식은 장성한 사람들의 것이니, 그들은 그 말씀을 사용함으로 감각들을 단련하여 선악을 분별하는 사람들이라. 히 5:14

영적으로 장성한 자는 '말씀을 사용함으로 감각들을 단련하여 선악을 분별하는 사람' 이라고 말씀합니다. 즉 의의 말씀으로 훈련되어 무엇이 옳고 그른지를 정확하게 분별할 수 있는 사람을 일컫습니다. 단순히 말씀을 아는 것에 그치는 것이 아니라 그 말씀으로 훈련되고 삶을 지어가는 수준에 이르는 것입니다.

> 내가 어린 아이였을 때는 어린 아이같이 말하고 어린 아이같이 이해하며 어린 아이같이 생각하였으나 어른이 되고 나서는 어린 아이의 일들을 버렸노라 고전 13:11

어린 아이의 말과 생각과 행동이 있고, 장성한 자의 말과 생각과 행동이 있습니다. 장성한 자는 어린 아이 시절의 방식들을 벗어나고 버리게 됩니다. 성장의 본질은, 삶을 다루는 능력의 증가입니다. 말씀을 적용하여 삶에서 일어나는 다양한 환경을 다루고 항상 좋은 것을 선택하고 취할 줄 아는 능력에 따라 영적 어린 아이와 장성한 자가 구별됩니다.

영적 성장의 열쇠

하나님께서 모든 사람에게 원하시는 것은 거듭나서 성령 충만 받는 것이고, 모든 거듭난 자에게 기대하시는 것은 지속적인 성장입니다. 그만큼 우리는 현재 어떤 수준에 있든지 모두 영적 성장을 사모하고 추구해야 합니다. 영적 성장을 위해 우리가 기억해야 할 열쇠들이 있습니다.

첫 번째, 새로운 피조물로 지어진 의인인 나를 인식하며, 의의 말씀을 삶의 모든 분야에 적용하고 살아가십시오. 예수님을 영접하고 거듭난 그 순간 완전히 새로운 피조물이 되었음을 알고, 삶 가운데 새로운 본성을 따라 기능하는 것이 바로 성장의 시작입니다. 이에 대해, 앞서 살펴 본 히브리서 말씀에서도 "의의 말씀에 능숙한 자"가 바로 영적으로 성숙한 자라고 말씀하고 있습니다.

그러므로 만약 여전히 스스로를 새로운 피조물로 인식하지 않고, 아직도 열심히 노력하고 뭔가를 해야 하나님께서 복을 주신다는 율법적인 사고에서 빠져나오지 못했다면, 영적 성장이 시작도 되지 않은 상태라고 할 수 있습니다. 우리가 하는 신앙생활의 본질이 바로 하나님으로부터 온 새로운 생명과 본성에 능숙해지고 성장해가는 일이기 때문입니다. 그러므로 새로운 피조물로 지어진 의인으로서 자신을 바라보고 의의 말씀을 따라 기능하고 있지 않다면, 예수를 믿은 지 아무리 오래되었더라도 여전히 영적 어린 아이일 수밖에 없습니다.

두 번째, 가르침을 잘 받는 영을 유지하십시오. 지금 어느 정도 성장하고 말씀을 누리고 있다고 해도, 우리는 하나님 앞에 가는 그날까지 지속적으로 성장하여 예수님의 장성한 분량까지 나아가야 합니다. 이러한 성장을 위해서 무엇보다 중요한 것이 바로 "가르침을 받는 영teachable spirit"입니다.

이 땅에 멘토가 필요하지 않은 사람은 아무도 없습니다. 자신이 어느 수준에 올라왔다고 해서 '난 이제 웬만한 건 다 알아.'라고 생각하며 더 이상 가르침을 받기를 거절한다면, 이는 하나님께서 보시기에 너무나 아름답지 못한 모습입니다. '아는 것'과 '되는 것'은 다릅니다. 말씀에 익숙해져서 어떻게 해야 하는지 다 알면서도, 실제로 어떤 분야나 사안에 있어서는 여전히 잘 되지 않는 부분이 있을 수 있습니다. 그럴 때 그 분야에 대해 나보다 앞서 간 사람들에게 언제 어디서나 배울 준비가 되어있어야 합니다. 다른 것은 다 내가 앞서 있어도, 하나의 배울 점을 발견한다면 언제든지 겸손한 심령으로 그에 대한 가르침을 받아들이는 것입니다. 이 세상을 떠나는 날까지 아무리 많은 일을 이루었다 하더라도, '나는 아직도 새로운 계시가 필요하고, 하나님 안에서 계속 자라가야 합니다.' 라고 고백할 수 있는 그런 겸손한 심령을 유지할 때, 우리는 예수님의 장성한 분량까지 나아가며 주님께서 주신 최고의 부르심을 이루어갈 수 있습니다.

세 번째, 갓난아이와 같이 순전한 젖을 사모하십시오. 갓난아기는 항상 엄마의 젖을 찾습니다. 그처럼 항상 하나님의 말씀을 사모하고 공급받을 때, 비로소 영적으로 성장할 수 있습니다. "갓난 아기들로서 순수한 말씀의 젖을 사모하라. 이는 너희가 그것으로 인하여 자라게 하려 함이니라."(벧전 2:2) 항상 말씀을 더 알고 더 받고자 하는 가난한 심령이 바로 성장의 열쇠입니다.

네 번째, 우리가 성경을 통해 보는 것만큼 성장할 수 있습니다. 먼저 보지 못하면, 우리가 어디로 이를지를 알지 못하고, 소망을 가질 수도 없습니다. 우리는 성경 말씀을 통하여 전에는 알지 못했던 새로운 피조물의 삶에 대해 정보를 얻고 그림을 그리게 됩니다. '하나님께서는 나를 이렇게 살라고 지으셨어. 나는 환경의 지배를 당하는 자가 아니라 환경을 지배하는 자야! 나는 하나님께서 주신 최고의 부르심을 이루고 능력 있게 살아갈 거야!' 말씀의 거울을 들여다보면 볼 수록, 우리는 이러한 정체성을 발견하고 온전한 자아상을 가지게 됩니다. 성경 안에는 그리스도 안에서 내가 누구인지에 대한 완벽한 그림이 있기 때문입니다.

물론 지금 나의 현실은 성경의 그림과 다른 부분이 있습니다. 우리는 가장 먼저 말씀을 통해 그것이 어떻게 변화되어야 하는지에 대한 소망을 품게 되고, 거기에 믿음을 발휘하면 성령의 도우심으로 말미암아 소망이 실재가 됩니다. 즉 말씀에서 온전한 영적 그림을 보고 '나는 이렇게 살아야 하는구나. 이렇게 살 거야.' 라고 선택하고 갈망하는 것은 우리의 할 일이고, 우리가 그렇게 믿음을 발휘할 때 그것이 되어지게 하는 것은 우리 안에 와 계신 성령의 도우심으로 말미암는 일입니다.

또한 믿음의 선배들의 모습도 우리에게 소망을 주는 모델이 됩니다. 성경을 통해 가장 완벽한 본이신 예수님을 볼 수 있지만, 사실 어떤 면에서는 막연하게 느껴질 수도 있습니다. '예수님은 하나님의 아들이셨고, 나는 인간인데 어떻게 그분과 같아질 수 있을까? 사는 환경도 다르고, 예수님은 결혼도 안 하시고 사역만 하셨잖아.' 그럴 때 실제 내가 속한 시대와 공간 안에 함께 살아가고 있는 믿음의 선배를 통하여, 구체적으로 개념을 잡고 내가 가야 할 방향에 대해 명확한 그림을 그리게 됩니다.

저도 개인적으로 여러 믿음의 선배님들을 직간접적으로 만나면서, 영적 성장에 대한 개념과 확신을 가질 수 있었습니다. 영적으로 성숙하신 분에게는 공통점이 있습니다. 그분들은 정말이지 하나님의 말씀에 대해 어린 아이 같은 순수함과 단순함을 가지고 계셨습니다. 말씀을 너무나 단순하게 믿고 받아들이시고, 그분들의 입에서 말씀과 다른 말이 나오는 것은 들어볼 수가 없었습니다. 그리고 또 중요한 공통점은, 사랑의 사람들이라는 것입니다. 하시는 모든 일이 아가페 사랑에서 비롯되어, 그분들이 손대고 연관된 모든 일과 사람들 가운데 하나님의 사랑이 흘러가 역사하는 것을 볼 수 있었습니다. 이처럼 존재 자체만으로 축복이 되는 그런 믿음의 사람들의 모습을 보면서, '나도 성장하고 나이가 들면 저런 모습이 될 수 있겠구나.' 라는 실제적인 소망을 갖게 되었습니다. 세상에서는 나이가 들고 늙어가는 것을 좋아하지 않지만, 영적인 소망을 갖게 되면 앞으로의 발전과 성장이 늘 기대되고 결코 작년으로 돌아가고 싶지 않은 그런 마음을 가지게 됩니다. "우리가 낙심하지 아니하노니 우리의 겉사람은 낡아지나 우리의 속사람은 날로 새로워지도다"(고후 4:16) 이것이 그리스도인의 당연한 삶의 태도입니다.

이처럼 우리는 성경을 통해, 또한 믿음의 모델을 보면서 소망을 가지고 추구하는 만큼 성장할 수 있습니다.

다섯 번째, 목표는 그리스도의 장성한 분량까지입니다. 우리가 추구할 영적 성장의 도달점은 분명하게 제시되어 있습니다. 아직 지상에 그리스도의 장성한 분량까지 도달한 사람은 없습니다. 그러므로 우리는 결코 성장을 멈추거나 안주할 수 없이, 하나님 앞에 가는 그 날까지 성장의 여정을 계속해야 합니다.

여섯 번째, 도전적인 말씀을 들었을 때는 베뢰아 사람처럼 성경을 상고해보고 말씀을 받아들이십시오. 성장은 곧 변화입니다. 과거에 알던 지식과 살던 방식에서 벗어나, 새로운 지식과 정보를 받아들이고 새로운 것을 시도하는 과정입니다. 기존의 틀 안에서 하던 일을 지속한다면 그것에 숙달될 수는 있겠지만, 새로운 단계로 나아갈 수는 없습니다.

성장을 위한 새로운 정보가 처음에는 굉장히 낯설고 도전적으로 느껴질 수 있습니다. 그래서 '내가 알고 경험하던 건 이렇지 않았는데.'라고 바로 거절하기 쉽습니다. 그러나 우리는 성장을 삶의 방식으로 삼은 사람으로서, 처음 듣는 메시지라고 무조건 거절하기 이전에 먼저 '가르침을 받는 영'으로 기능하며 겸손하게 말씀을 통해 확인하는 태도를 가져야 합니다.

> 베뢰아 사람들은 데살로니가 사람들보다 더 고상하여서 전심으로 말씀을 받아들이고 그 말들이 그런가 하여 매일 성경을 상고하므로
> 행 17:11

베뢰아 사람들이 데살로니가 사람들보다 더 '고상noble'하다고 칭찬하는데, 그 이유인 즉 그들은 말씀이 선포되면 우선 전심으로 받고, 그 말씀이 맞는지 성경을 찾아보고 연구하였습니다.

우리도 말씀을 들으면서 도전적인 메시지를 접하게 될 때가 있습니다. 하나님께서 주시는 병도 있다고 믿어왔던 사람에게, "모든 사람이 치유 받고 건강한 것이 하나님의 뜻이다"라는 메시지는 도전이 될 수 있습니다. 목회자는 가난해야 한다고 믿던 사람에게, "예수께서 이 땅에서 부요하게 사셨으며, 목회자를 포함한 모든 그리스도인이 부요한 것이 하나님의 뜻이다"라는 말씀 또한 도전이 될 것입니다. 그럴 때는 반사적으로 거절만 할 것이 아니라 성경으로 돌아가 맞는지 확인해 보고, 성경과 일치하는 것이라면 환영하고 받아들이는 태도를 가져야

합니다. 그러한 새로운 메시지가 우리를 교정하고 변화시켜 지속적인 성장과 승리 가운데로 인도하게 될 것입니다.

영적 어린 아이의 정의

영적 어린 아이란 어떤 사람일까요? 위에서도 잠시 살펴보았지만, 이에 대한 정의를 분명히 할 때 나 자신은 물론 내가 섬겨야 할 영혼들을 정확히 진단하고 도울 수 있습니다.

가장 먼저, 영적 어린 아이는 금방 거듭난 자입니다. 갓 거듭난 신자는 직후에 아무리 말씀과 기도에 힘쓰고 여러 활동을 한다고 해도, 어떤 기간 동안에는 어린 아이일 수밖에 없습니다. 자연적인 영역에서도 갓 태어난 아기에게 영양을 넘치게 공급한다고 해서 갑자기 어린이가 되고 어른이 되지는 않는 것과 같습니다. 영적 성장이란 삶의 상황을 다루는 능력의 증가이므로 거듭난 새로운 피조물의 삶의 방식에 대해 배우고 익히고 적용하여 나타나는 시간들이 필요합니다.

두 번째로는, 예수 믿은 지 오래지만 의의 말씀을 모르거나 삶에 적용하지 않은 자입니다. 햇수가 중요하지 않습니다. 거듭난 지 수십 년이 되었더라도 새로운 피조물의 계시나 의의 말씀에 무지하여, 율법적인 사고방식과 생활방식에 머물러 있다면, 그는 아직 참된 그리스도인의 삶 가운데로 발을 디디지 못한 영적 어린 아이입니다.

마지막 세 번째 정의는 인간의 본성으로 행하는 자입니다. 다시 말해, 거듭나지 않은 육신적인 본성을 따라 살아가는 사람을 일컫는 것으로, 영적 어린 아이에 대한 가장 정확한 정의라고도 할 수 있습니다. 예수를 영접한 사람은 죄의 본성을 벗고 의의 본성을 받게 됩니다. 그렇다면 이제 새로운 생명을 따라 살아가는 법을 배우고 적용해야 하는데, 여전히 세상의 방식과 육신의 소욕을 따라 가면서 불신자와 크게 차이가 없는 삶을 살아가는 사람들이 있습니다. 구원 받았고 교회도 다니지만, 상황을 바라보는 관점도, 반응도, 태도도, 거듭나기 전과 전혀 달라진 것이 없습니다. 이런 사람이 바로 육신적인 그리스도인이며 곧 영적 어린 아이입니다.

이처럼 영적 어린 아이를 정의하는 기준이 있습니다. 세상에서 아무리 학식이 높고 지위가 높더라도, 또한 교회에 다닌 지 오래 되었더라도 위의 정의에 해당되는 부분들이 있다면 영적 어린 아이입니다. 이런 개념을 정확하게 가지고 있지 않다면, 단순히 외적으로나 사회적으로 영향력 있는 자리에 있다고 하여, 아직 영적으로 어린 사람에게 교회 안에서 갑자기 높은 직분을 준다든지 영적 책임을 맡기는 우를 범할 수 있습니다. 이는 마치 꼬마가 어른 행세를 하는 것처럼 부자연스럽고 부적절한 그림으로서, 개인적으로도 성장의 기회를 빼앗는 일이 될 수 있고, 교회적으로도 해를 입을 수 있습니다. 그러므로 우리는 자신 및 성도들의 영적 성장 단계를 말씀의 기준으로 정확하게 진단하여 성장을 돕고, 또한 그에 걸맞은 영적 책임의 자리로 그들을 인도해야 하겠습니다.

영적 성장의 단계별 특성

이 땅에 한 사람이 태어나서 자라나는 데에도 연령에 따른 성장과정과 특징을 분류하듯이, 영적 성장에도 단계별 특성이 있습니다.

☐ 갓난아이 단계

이는 성경에서 어린 아이라고도 표현하며, 헬라어로는 네피오스 nepios라고 말합니다. 위에서 보았듯이, 갓 거듭난 자, 의의 말씀을 모르는 자, 인간의 본성으로 행하는 자가 여기에 속하며 이 시기의 특징은 다음과 같습니다.

첫째, 사람의 간사한 속임수와 유혹에 빠져 이리저리 밀려다닙니다. 여전히 말씀으로 정확한 기초와 기준을 세우지 못했기 때문에 주변의 말, 정보, 감정, 감각, 습관, 환경 등에 쉽게 흔들리고 현혹됩니다. 예배 와서 말씀을 들으면 은혜를 받고 그런가 하다가도 돌아가서는 금세 다른 말에 휘둘리고 말씀을 놓쳐버리곤 합니다.

> 이는 우리가 이제부터는 더이상 어린 아이가 아니니 사람들의 속임수와 교활한 술책으로 그들이 속이려고 기다리는 온갖 교리의 풍조에 밀려 이리저리 다니지 아니하고 엡 4:14

둘째, 무엇이든지 배우려고 합니다. 따라서 잘못된 이론에 빠지지 않도록 주의가 필요합니다. 아기들이 뭔가 손에 잡히기만 하면 자동으로 입으로 가져가듯이, 좋은 것인지 나쁜 것인지 잘 알지도 못한 채 무조건 배우고 따르려는 습성이 있습니다. 따라서 옳게 분별하여 취할 수 있도록 가까이 있는 영적 선배와 리더의 도움이 절대적으로 필요합니다.

셋째, 깨끗합니다. 이것은 좋은 특징입니다. 순수하고, 기존에 형성된 불필요한 영적 지식이나 고정관념이 없는 편입니다.

넷째, 민감하고 변화가 심하며, 상처를 잘 받습니다. 교회 안에서 접하는 메시지나 관계 가운데에서, 잘 받아들이고 자라다가도 어느 순간 전혀 생각지 못한 요소에 의해 흔들리고 실망하고 상처를 받곤 합니다. 예를 들어 상대적으로 성숙한 그리스도인을 위한 말씀, 이를테면 헌금이나 헌신에 대한 설교를 듣고 난 후 소화시키지 못하고 오히려 시험에 드는 경우도 있고, 심지어 목사님께서 설교 중에 단순히 예화로 든 이야기를 가지고 본인을 겨냥한 것이라 여기면서 상처 받고 민감하게 반응하는 경우는 너무나 흔합니다. 이처럼 본인의 심령을 지키고 바르게 반응하는 법을 알지 못하기 때문에, 작은 일에도 오르락내리락 하고 쉽게 상처받으며 자기방어적인 태도를 취하는 것이 영적 어린 아이의 대표적인 특징입니다.

다섯째, 자기중심적이고 늘 비교하며 질투합니다. 죄의 본성의 지배를 받는 사람들의 전형적인 특징입니다. 영적으로 성숙한 사람일수록 초점이 자기 자신으로부터 하나님께로 옮겨져 있고, 하나님 나라가 세워지는 일이라면 당장 내가 조금 손해를 보거나 대우를 받지 못하는 것 같아도 크게 연연하지 않습니다. 그러나 영적 어린 아이들에게는 아직 그런 능력이 없기 때문에, 모든 일을 본인 위주로 해석하고, 또한 다른 성도들과 비교하면서 특히 남이 세워지는 것에 대해 예민하게 반응하고 불만을 가지곤 합니다.

□ 어린이 단계

어린 아이 단계에서 조금 지나 성장하면 어린이 단계에 이릅니다. 이 단계에서는 어린 아이 단계의 특징들을 여전히 가지고 있지만, 약점들이 좀 더 보완되고 발전되는 양상을 보입니다.

첫째, 꾸준하지 못하고, 호기심이 많으며, 말이 많아집니다. 어린이 단계는 그간의 신앙생활을 통해 나름대로 하나님의 은혜를 맛보고 실제적인 경험을 가진 단계입니다. 그래서 교회의 다양한 사역이나 훈련 기회 등에 관심을 가지게 되고 여기저기 참여하고 싶어 하며, 또한 셀 모임 등에서도 기회만 되면 본인의 이야기를 나누고 나아가 가르치고 싶어 합니다. 다만 전체의 영적인 흐름을 보는 눈이나 계시가 아직 온전하지 않기에, 성령의 감동이라며 의욕적으로 시작했다가 쉽게 식기도 하고, 또한 모임에서는 본인의 말만 지나치게 길게 늘어놓기도 합니다. 하지만 이처럼 영적 관심이 증가하고 본인의 은혜를 나누고 표현하는 모습은 성장의 자연스럽고도 긍정적인 신호이므로 리더가 지혜롭게 조율하고 세워주면 되겠습니다.

둘째, 영적 갓난아기의 특징들을 아직도 가지고 있습니다. 갓난아이에서는 벗어났지만 아직 성숙한 수준에는 이르지 못했기에 위에서 언급한 어린 아이의 특징들을 여전히 가지고 있습니다. 따라서 이들을 섬기는 위치에 있는 영적 선배들은 마치 유치원생 자녀와 초등학생 자녀를 단계별로 다르게 양육하듯이 인내를 가지고 그들의 수준에 맞게 돌보고 가르치는 과정이 필요합니다.

□ 어른 단계

성숙한 아들huios의 단계라고도 할 수 있으며, 모든 그리스도인이 도달해야 할 영적 단계입니다. 우리가 바라보고 사모하는 모습이므로, 그 특징에 대해서도 잘 숙지하고 그림을 그려야겠습니다.

첫째, 세상의 일을 가볍게 여기고 하나님의 말씀을 삶에 적용하고 살므로, 바른 선택을 합니다. 영적으로 어린 사람은 무엇이 바른지 알아도 선택할 능력이 없습니다. 그러나 어른 단계에 이른 성숙한 자들은 쉽게 바른 것을 선택하고 취할 수가 있습니다. 많은 경우, 사람들이 어려움을 만나게 되는 원인은 잘못된 선택에서 비롯합니다. 눈에 보이는 세상의 상황이나 조건에 연연하며 불안과 두려움을 따라 불완전한 선택과 행동을 취하게 되는 것입니다. 그러나 영적으로 성숙한 단계에 이르면 환경과 상관없이 말씀을 따라 살게 되고, 가장 바르고 온전한 선택을 함으로써 비로소 인생을 주도하는 위치에 서게 됩니다. 하나님의 말씀보다 더 큰 지혜는 없습니다. 그러므로 그분의 말씀으로 세상과 사람과 사건을 바라보게 되면, 그런 사람이 하는 선택은 항상 바를 수밖에 없고, 바른 선택은 항상 바른 결과를 낼 수밖에 없습니다.

이 율법책을 네 입에서 떠나지 않게 하고 주야로 그 안에 있는 것을 묵상하여 그 안에 기록된 모든 것대로 지켜 행하라. 그리하면 네가 너의 길을 번영하게 만들 것이고 네가 좋은 성공을 이루리라. 수 1:8

그리스도 안에서 내가 누구이며, 무엇을 가지고 있고, 무엇을 할 수 있는지에 대한 새로운 피조물의 계시를 늘상 인식하고 고백하고 적용하며 살아갈 때, 우리는 우리 자신을 형통과 승리의 길 위에 두게 됩니다. 우리가 말씀대로 살면, '하나님께서' 우리를 성공시켜 주시는 것이 아니라 '네가 너의 길을 번영하게 만들 것'이라고 하셨습니다. 우리를 향한 하나님의 뜻은 이미 정해졌고 다 이루어졌기 때문입니다. 예수의 속량 사역을 통하여 구원과 새 생명의 길을 여셨을 때, 하나님께서는 이미 우리를 향한 모든 영적인 복과 성공의 길을 여셨습니다. 다만 그것을 알고 취하는 것, 즉 말씀을 따라 바른 선택을 함으로써 영적인 복들이 삶에 실재가 되어 나타나게 하는 것은 우리의 책임입니다. 영적 어른은 이러한 원리를 이해하고 매일 영적 열매를 맛보며 살아갑니다.

악인들의 간계를 따르지 아니하며 죄인들의 길에 서지 아니하며 조롱하는 자들의 자리에 앉지 아니하는 사람은 복이 있도다. 그의 즐거움이 주의 법에 있으니, 그가 주의 법을 주야로 묵상하는도다. 그는 강가에 심겨진 나무 같아서 계절을 따라 열매를 맺으며, 그의 잎사귀는 마르지 아니하리니, 그가 무엇을 하든지 번성하리로다. 시 1:1-3

복 있는 사람은 먼저 악인의 꾀, 죄인들의 길, 오만한 자의 자리를 멀리합니다. 이는 모두 거듭나지 않은 세상 사람의 방식을 이야기하는 것입니다. 그리스도인이라 할지라도 세상의 법을 따라 기능한다면, 영적인 결과를 얻으리라 기대할 수 없습니다. 이는 마치 물 근원에서 멀리 떨어져 심겨진 나무와 같습니다. 영적 공급이 없는 곳에 터를 잡았기 때문에, 주위 환경에 예민하게 반응하면서 살아남아 열매를 맺기 위해 안간힘을 써야 합니다.

그러나 복 있는 사람은 세상의 방식이나, 세상의 지혜나, 세상의 태도를 취하지 않고, 오직 하나님의 말씀을 기뻐하고 인식하며 그대로 살아갑니다. 그럴 때 그는 강가에 심겨진 나무처럼 언제나 공급받으며 싱싱하고 건강하게 모든 일에서 풍성한 열매를 맺습니다. 이것이 말씀에 뿌리를 둔 성숙한 성도의 모습입니다. 그들은 하나님의 법이 역사하는 원리를 이해하고 확신하기 때문에, 다시 말해 그만큼 '말씀화' 되었기 때문에, 항상 그에 근거한 선택을 하고 행동함으로써 무엇을 하든지 형통하고 좋은 열매, 오래 남는 열매를 맺게 됩니다.

> 어떤 사람들의 습관처럼 우리 자신들이 함께 모이는 것을 저버리지 말고 서로 권면하여 그 날이 가까워 오는 것을 볼수록 더욱 그리하자.
> 히 10:25

영적으로 성숙한 사람들은 믿는 자들과 모이기를 힘씁니다. 함께 모여 말씀을 선포하고 간증을 나눌 때 거듭난 그리스도인으로서의 정체성이 강화되고 세움을 입게 됩니다. 세상의 모임에서는 일시적인 위로나 지적 만족을 줄 수는 있지만, 이와 같은 신성한 정보를 제공함으로써 우리의 영을 충만하게 할 수는 없습니다. 성숙한 자들은 이 비밀을 너무나 잘 알기에 모이기를 사모하고 기뻐합니다.

> 그 때로 보면 너희가 마땅히 선생들이 되었어야 할 터인데 이제 다시 하나님의 말씀의 기초 원리들이 무엇인지를 가르쳐 주어야 하니, 젖이 필요한 사람들이지 단단한 음식을 필요로 하는 사람들은 되지 못하는 도다. 젖을 사용하는 자는 누구나 의의 말씀에 능숙하지 못하나니, 이는 그가 아기이기 때문이요 단단한 음식은 장성한 사람들의 것이니, 그들은 그 말씀을 사용함으로 감각들을 단련하여 선악을 분별하는 사람들이라. 히 5:12-14

앞서 보았던 말씀입니다. 장성한 자는 의의 말씀을 사용하여 자신의 감각, 즉 영적 감각을 훈련시켜 선악을 분별할 수 있는 사람들입니다. 이런 사람들은 굳이 문제를 붙잡고 고민하거나 답을 찾는 과정을 거치지 않더라도 너무나 자연스럽게 무엇이 하나님의 뜻인지, 무엇이 옳은 것인지, 어떤 행동을 취해야 하는지를 즉시 알고 선택할 수 있으며, 뿐만 아니라 다른 영적 어린 아이들이 혼미하게 된 원인도 금방 파악할 수 있습니다.

이런 성숙한 그리스도인은 단단한 음식을 먹을 수 있습니다. 다시 말해 어떤 하나님의 말씀이라도 온전히 소화시키고 받아들일 수 있는 것입니다.

우리는 모세의 삶을 통하여, 세상을 가볍게 여기고 하나님의 말씀을 우선에 두는 삶의 본을 볼 수 있습니다. 그는 하나님 중심적이며, 내세를 예비하는 삶을 살았습니다. 그는 당대 최강의 나라인 애굽의 공주의 아들로 입양되었고, 평생 궁중의 화려한 삶을 누릴 수 있었습니다. 그러나 그것을 내려놓고 하나님의 뜻을 따라 이스라엘 백성을 이끄는 부르심을 선택하였습니다. 육신적으로는 광야의 열악한 환경을 떠돌며, 심지어 동족과 형제들로부터 핍박을 받기도 했지만, 그는 하나님의 관점과 계획 가운데 이스라엘 민족을 노예 생활로부터 해방시키는 위대한 사명을 택하여 완수했습니다.

> 믿음으로 모세는 장성하여 파라오의 딸의 아들이라 칭함을 거절하고 잠시 동안 죄의 낙을 누리는 것보다 오히려 하나님의 백성과 함께 고난받는 것을 택하였고 히 11:24-25

위 구절에서 말씀하듯 이 세상의 영광은 '잠시 동안 죄의 낙을 누리는 것' 일 뿐입니다. 모세는 이것을 알았기에 참으로 세상의 일을 가볍게 여기고, 영원한 하나님 나라의 계획과 목적을 따라 이스라엘 민족의 지도자로서 최고의 인생을 살았습니다. 이것이 영적으로 성숙한 자의 첫 번째 특징입니다.

둘째, 사람들의 비판이나 칭찬에 초연합니다. 보통 사람들은 당연히 칭찬을 들으면 기분이 좋고, 비판을 들으면 기분이 상합니다. 그러나 성숙한 사람들은 그러한 감정적 반응의 수준을 벗어나 있습니다.

우리는 바울의 삶을 통해 그러한 모델을 발견할 수 있습니다.

> 이는 스스로 칭찬하는 사람이 인정을 받는 것이 아니요, 주께서 칭찬하는 사람이 인정을 받기 때문이라. 고후 10:18

아무리 스스로 잘 했다 생각하면서 자부심을 가지고 깨끗함을 내세운다 해도 옳다는 인정은 오직 주님으로부터 오는 것입니다. 이처럼 자기 자신을 포함한 모든 사람들의 평가를 넘어서 오직 하나님을 기준으로 삼는 것이 사도 바울의 태도였습니다.

> 그러나 너희에게서나 인간의 판단에 의해서 판단받는 것이 나에게는 아주 하찮은 일이라. 실로 나도 나 자신을 판단하지 아니하노라. 내가 자책할 것을 아무것도 알지 못하나 이것으로 내가 의롭게 되는 것은 아니니라. 그러나 나를 판단하시는 분은 주시니라. 고전 4:3-4

최고의 계시를 알았던 사도 바울도 당대에 다양한 평가를 받고 비난도 받았습니다. 그러나 그의 태도는 한결 같았습니다. 사람들의 판단을 작은 것으로 여기고, 그것이 좋은 평가든 나쁜 평가든 자신의 정체성에는 아무런 영향을 미치지 못한다는 것을 분명히 알았습니다. 나아가 스스로의 판단도 의지하지 않았습니다. 그래서 내가 나 자신을 볼 때 책망할 것을 발견하지 못했지만, 그것을 근거로 '나는 떳떳하고 의롭다' 라고 여기지도 않는다고 말합니다. 실제로 다른 사람이 나를 의롭게 여겨주어서, 또는 나 스스로 의인으로 본다고 해서 의인이 되는 것이 아닙니다. 모든 사람은 그리스도의 의의 법 안에서만 의롭다 함을 얻을 수 있으며, 사도 바울은 이러한 계시에 굳건하여서 모든 일에 오직 하나님께서 어떻게 보시는가를 우선시 하였습니다.

또한 구약에서는 다윗의 삶을 통해 동일한 모델을 봅니다.

다윗이 나단에게 말하기를 "내가 주를 거역하여 죄를 지었노라." 하더라. 나단이 다윗에게 말하기를 "주께서도 왕의 죄를 제하셨으니, 왕이 죽지 아니하리이다. 그러나 이 행실로 인하여 왕이 주의 원수들에게 하나님을 모독할 큰 구실을 주었으니, 왕에게 태어난 아이가 반드시 죽으리이다." 하더라. 나단이 자기 집으로 떠나니라. 주께서 우리야의 아내가 다윗에게서 낳은 아이를 치시니 그 아이가 심히 앓더라. 그러므로 다윗이 그 아이를 위하여 하나님께 간구하더라. 다윗이 금식하고 안으로 들어가서 밤새도록 땅에 엎드려 있으니 그의 집의 원로들이 일어나 그에게 가서 땅에서 그를 일으켜 세우려 하나, 그가 원치 아니하고 그들과 더불어 음식을 먹지도 아니하더라. 일곱째 날에 그 아이가 죽으니라. 다윗의 신하들이 다윗에게 그 아이가 죽었다고 말하기를 두려워하였으니, 이는 그들이 말하기를 "보라, 아이가 살았을 때에 우리가 왕께 고하여도 왕께서 우리 말에 경청하기를 원치 아니하셨는데, 하물며 그 아이가 죽었다고 우리가 말하면 왕께서 얼마나 상심하시겠느냐?" 함이더라.

그러나 다윗은 그의 종들이 수군거리는 것을 보고 그 아이가 죽은 줄 알아차리더라. 그러므로 다윗이 그의 신하들에게 말하기를 "그 아이가 죽었느냐?" 하니 그들이 말하기를 "그가 죽었나이다." 하더라. 그러자 다윗이 땅에서 일어나 씻고 기름을 바르고 그의 의복을 갈아 입고 주의 집으로 들어가서 경배하더라. 그리고 나서 그가 자기 집으로 와서 음식을 청하고, 그들이 그 앞에 음식을 차려 놓으니 그가 먹더라. 그러자 그의 신하들이 그에게 말하기를 "왕께서 행하신 이 일이 어찌된 것이니이까? 왕께서 아이가 살아 있을 때는 아이를 위하여 금식하고 우시더니, 아이가 죽으니 일어나 잡수시나이다." 하니 그가 말하기를 "아이가 살아 있을 때 금식하고 운 것은 내가 말하기를 '혹시 하나님께서 내게 은혜를 베푸사 아이를 살려 주실지 누가 말할 수 있으리요?' 함이었노라. 그러나 이제 그 아이가 죽었는데 어찌하여 내가 금식하겠느냐? 내가 그를 다시 데려 올 수 있느냐? 내가 그에게로 갈 수는 있어도 그는 내게로 돌아오지 못하리라." 하더라. 삼하 12:13-23

다윗이 밧세바와 간음하여 아이가 태어났는데, 선지자를 통해 아이가 태어나서 죽을 것이라는 예언을 받았습니다. 이에 다윗은 금식하며 밤새 하나님 앞에 엎드려 아이를 위해 간구했습니다. 그런데 아이는 결국 일주일 만에 죽었고, 신하들은 다윗이 더욱 상심할까봐 이 사실을 쉽게 알리지 못했습니다. 그런데 소식을 들은 다윗은 의외의 반응을 보였습니다. 더 슬퍼하는 것이 아니라 오히려 아무 일도 없었던 것처럼 자리에서 일어나 몸을 단장하고 밥을 차려오라 하여 식사를 했습니다. 신하들이 의아하여 물어보자 다윗은 대답합니다. '아이가 살아 있을 때는 혹시 하나님께서 나를 불쌍히 여기셔서 살려주실까 기도했지만, 이제는 아이가 죽었으니 하나님의 뜻은 행해졌고 더 이상 내가 금식하고 기도할 필요가 있겠느냐?' 이처럼 다윗의 모든 행동의 중심에는 철저히 하나님을 의식하는 태도가 있었습니다. 그는 자기의 감정이나 죄의식, 또는 사람들의 시선을 의식하지 않고, 오직 하나님 앞에서 자신이 어떻게 비추어지며 어떻게 그분께 중심을 드릴지에만 관심이 있었습니다. 그래서 하나님께서는 그를 두고 "내 마음에 합한 자"라고 표현하셨습니다.

이처럼 하나님을 사람보다 더 의식하는 것이 성숙한 자의 특징입니다. 영적 어린이는 자기중심적이고 사람 중심적입니다. 그래서 사람들이 자신을 부정적으로 평가하거나 오해하는 것을 견디지 못하고 자존감에 쉽게 상처를 받으며 움츠러듭니다. 마치 세상 사람들이 억울한 일을 당하면 자신의 가치가 떨어졌다고 생각하여 해명하기 위해 갖은 애를 쓰고 심지어 목숨마저 끊는 경우가 있듯이 영적 어린이는 이런 일에 쉽게 낙심하고 상처를 받습니다. 따라서 성령 인도를 따라 믿음으로 선택한 길에도 사람들의 인정과 지지가 따르지 않으면 쉽게 낙심하고 포기하고 맙니다. 그러나 영적 어른은 다릅니다. 하나님 중심의 삶을 살며, 철저히 사람보다 하나님을 더 의식합니다. 그들은 사람들의 평가와 상관없이 말씀에서 말하는 자신의 존재와 가치에 대해 흔들림이 없습니다. 따라서 웬만한 반대나 핍박은 그들에게 전혀 문제가 되지 않습니다. 그렇게 늘 안정적으로 자신이 가야 할 믿음의 길을 추구하며 나아가는 것이 바로 영적으로 성숙한 사람들의 특징입니다.

셋째, 생활 가운데 하나님을 인식할 수 있는 능력이 있습니다. 그리스도인의 삶은 문제가 없는 삶이 아닙니다. 모든 인생에는 예기치 않은 상황이나 사건이 있기 마련입니다. 그런데 영적으로 어리고 연약할수록 그러한 상황 앞에서 놀라고 당황하며 주저앉고 맙니다. 그리스도 안에서 자신이 누구이며 하나님께서 어떤 분이신지를 쉽게 잊어버리고, 사람과 하나님을 탓하며 부정적인 생각과 감정의 고리에 빠지고 마는 것입니다. 그러나 성숙한 사람은 어떤 고난 앞에서도 살아 계신 하나님을 인식하고, 믿음으로 상황을 역전시킬 능력을 가지고 있습니다.

> 당신들이 나를 이곳에 판 것을 이제는 슬퍼하거나 괴로워하지 마소서. 이는 하나님께서 생명을 보존하시려고 당신들 앞서 나를 보내셨음이니이다… 하나님께서는 땅에서 당신들에게 후손을 보존하시고, 당신들의 생명을 큰 구원으로 건지시려고 당신들 앞서 나를 보내셨나이다. 창 45:5, 7

요셉은 형들에 의해 노예로 팔려서 애굽에서 갖은 고초를 겪었지만, 결국 총리가 되어 형들을 다시 만나게 됩니다. 요셉을 알아본 형들은,

다시 만난 요셉이 자신들에게 보복할까봐 두려움에 떨었습니다. 그때 요셉이 형들에게 한 말입니다. "하나님께서 우리 가족의 생명을 구하시고, 또한 우리 민족을 보존하시려고, 나를 먼저 이 애굽 땅에 보내셨습니다."

자연적으로 보면, 형들이 악한 마음을 품고 모의하여 요셉을 팔아넘긴 것입니다. 충분히 형들에게 원한을 품고 응징함으로써, 악을 악으로 갚을 수 있는 상황입니다. 그러나 요셉은 그런 사건 가운데서도 하나님의 큰 그림을 볼 수 있는 눈을 가졌습니다. 자신을 통하여 자신의 가족과 민족을 지키시려는 하나님의 마음을 따라 상황을 정확하게 해석했습니다.

이처럼 영적으로 성숙한 사람은 어떤 상황에서라도 당황하거나 낙심하지 않습니다. 오히려 하나님의 존재를 인식하고, 선하신 그분께서 어떻게든 이 상황을 나에게 이롭게 하실 것이라는 확신을 가집니다. 이런 상태가 되면 어떤 상황에서도 평강을 가질 수 있고, 어떤 상황에서도 기뻐할 수 있으며, 어떤 상황에서도 믿음을 발휘할 수 있습니다. 아무리 악한 상황일지라도 그것이 오히려 나를 강하게 하여 더 성숙하고 능력 있는 하나님의 사람으로 세우게 될 것을 믿습니다. 그 상황 위에 계신 하나님의 일하심을 너무나 선명하게 볼 수 있기 때문입니다.

넷째, 하나님의 뜻을 분별하는 능력이 있습니다. 마찬가지입니다. 영적으로 성숙한 자는 언제 어디에서나 하나님의 뜻을 알고 취할 능력이 있습니다.

그러므로 형제들아, 내가 하나님의 모든 자비하심으로 너희에게 권고하노니, 너희 몸을 하나님께서 기뻐하시는 거룩한 산 제물로 드리라. 이것이 너희가 드릴 합당한 예배니라. 너희는 이 세상과 일치하지 말고 너희 생각을 새롭게 함으로써 변화를 받아 하나님의 선하시고, 기뻐하시고, 온전하신 뜻good, and acceptable, and perfect, will of God이 무엇인지 입증하도록 하라. 롬 12:1-2

생각을 바꾸고 마음을 새롭게 함으로 변화를 받아서 하나님의 선하신 뜻, 하나님의 기뻐하시는 뜻, 더 나아가 하나님의 온전한 뜻이 무엇인지 알 수 있는 것이 성숙한 그리스도인들의 특징입니다.

성장해야 하는 이유

이제 내가 말하노니, 그 상속자가 모든 것의 주인이지만 어린 아이일 동안은 종과 다를 바 없으며 아버지가 미리 정해 놓은 때까지 보호자와 청지기 아래 있느니라. 이와 같이 우리도 어린 아이였을 때에는 세상의 초등 학문 아래서 종노릇하였으나 갈 4:1-3

우리가 영적으로 성장하고 성숙해야 하는 이유는, 하나님께서 주신 유업을 누리기 위해서 입니다. 사실 하나님께서는 우리가 어떤 영적 수준에 있든지 그 수준으로 내려와서 우리와 소통하시고 우리를 이끌어 주십니다. 즉 어떤 단계에 있든지 자녀로서 하나님 아버지와 관계를 맺고 교제할 수 있지만, 성장 단계에 따라 우리가 누릴 수 있는 수준과 범위에는 분명히 차이가 있습니다. 예를 들어 엄마가 네 살짜리 자녀에게는 천 원 정도의 용돈을 줄 것입니다. 그 이상의 돈은 아이가 다룰 수 없기 때문입니다. 그러나 아이가 좀 더 자라면 만 원을 줄 수 있고, 더 자라서 재정을 온전히 다룰 수 있는 나이가 되면 집을 사줄 수도 있습니다. 하나님께서는 우리가 거듭날 때 영생을 주셔서, 이 땅에서 정복하고 다스리고 모든 기업을 누리며 살기를 원하셨습니다. 그러나 우리가 성장을 통해 그것들을 다룰 능력을 갖추지 못하면, 하나님께서 이미 다 주신 축복이라 하더라도 누릴 수가 없습니다. 우리가 영적으로 성장한다는 것은 주님을 점점 더 알아가는 것으로서, 주님께서 원하시고 기뻐하시는 뜻을 찾아 행할 능력이 증가한다는 뜻입니다. 한마디로 우리의 성장이 곧 우리가 누리는 기업의 확장인 것입니다. 따라서 우리는 절대적으로 성장해야 합니다.

　우리가 성장해야 할 두 번째 이유는 세상에 더 좋은 영향력을 미치기 위해서 입니다. 우리는 거듭난 순간 하늘나라를 보장받았고, 지금 당장이라도 이 세상을 떠나면 하늘나라로 갈 수 있습니다. 그럼에도 불구하고 우리가 아직 이 땅에 살고 있는 이유는, 이 땅에서 하나님의 나라를 확장하고 복음으로 영향력을 미치기 위함입니다. 하나님께서는 그분의 크신 사랑으로 말미암아 아들의 생명을 내어주시고 모든 사람이 의인이 될 수 있는 길을 열어 주셨습니다. 이 복음을 받아들이기만 하면 누구나 의인이 되고, 그분께서 예비하신 모든 복과 유업을 얻게 됩니다.

"그런즉 그들이 믿지 아니하는 이를 어찌 부르리요 듣지도 못한 이를 어찌 믿으리요 전파하는 자가 없이 어찌 들으리요"(롬 10:14) 그러나 하나님은 이 땅에서 기능할 육신이 없으시므로, 누군가 그분을 대신하여 사람들과 관계하며 복음을 알리고 영향을 미쳐야 합니다. 우리는 세상을 하나님과 화목하게 하는 직분을 받았습니다. 즉 하나님께서 이미 다 이루어놓으신 일을 사람들이 알고 동참하게 하는 일입니다. 이것이 바로 우리가 이 땅에 사는 단 하나의 목적입니다. 가정에서 아이를 키워도, 회사에서 일을 해도, 학교에서 공부를 해도, 어디에서 무엇을 하든지 이 사명을 위해 살아가는 것입니다. 그러나 영적으로 성장하고 영적 역량이 증가하면, 같은 일을 하더라도 더 많은 사람을 돌보고 더 많은 영향력을 미칠 수 있게 됩니다. 이처럼 우리가 부름 받은 복음의 사명을 온전히 수행하는 일에서도 영적 성장은 반드시 전제되어야 할 조건인 것입니다.

앞서 갈라디아서 구절에서도 보았듯이, 모든 재산을 물려받을 상속자라 할지라도 어린 아이일 동안에는 그것을 누리고 취할 능력이 없으므로 그의 실제 삶의 수준은 종과 다를 바 없습니다. 그는 세상을 다스리기 보다는 오히려 굴복 당하는 위치에 있습니다. 그러나 성숙한 자는 물려받은 모든 유업을 자유자재로 활용하고 행사하며, 환경을 다스리는 위치에 설 수 있습니다. "피조물이 고대하는 바는 하나님의 아들들이 나타나는 것이니"(롬 8:19) 이는 성숙한 아들huios을 말함니다. 하나님께서 완벽하게 창조하셨던 이 세상이, 아담과 하와 이후로 헝클어져 버려서 하나님께서 본래 만드신 모습과 질서대로 기능하지 못하고 있습니다. 그래서 모든 피조물은 하나님의 성숙한 아들들이 나타나서 다스림을 행사하기를 애타게 기다리고 있습니다. 하나님께서 창조하신 본모습을 회복하고 그 목적대로 온전히 쓰이기를 갈망하고 있는 것입니다.

성장은 너무나 아름다운 일입니다. 나 자신의 성장은 물론이요, 주위 사람들이 성장하는 과정을 지켜보는 일은 너무나 행복하고 기쁜 일입니다. 특히 우리가 이미 영적으로 성장한 위치에서 자녀를 양육하고 제자를 훈련하면, 그들은 내가 겪었던 시행착오를 거칠 필요가 없습니다. 나의 삶이 그들에게 본이 되고, 또한 멘토링을 통해 세움이 일어나기 때문입니다. 이로 인해 그들은 더 빠르고 정확한 길을 통해 성숙한 단계에 이르게 되고, 인생이라는 한정된 시간 안에서 더 많은 유업을 누리고 더 큰 영향력을 미치는 위치로 올라가게 됩니다.

그러므로 나의 성장은 결코 나 한 사람만의 것이 아닙니다. 나의 성장에는 나와 관련된 모든 영역과 모든 사람들이 달려 있습니다. 내가 인생에서 어디까지 나아갔느냐 하는 것이, 내가 접하는 모든 사람들, 특별히 나의 자녀와 영적 제자들이 그들의 인생에서 어디까지 나아갈 것인가에 지대한 영향을 미칩니다. 한 명의 변화는 결코 그 한 사람에게만 머물지 않습니다. 우리 생각보다 훨씬 많은 사람들이 그로 인한 열매의 수혜를 입게 됩니다. 그렇기 때문에 하나님께 우리 한 사람 한 사람의 성장이 그렇게도 중요하고 간절한 것입니다.

영적 성장의 공식

영적 성장은 곧 능력의 증가, 더 자세히 말하면 삶을 다스리는 능력의 증가입니다. 이를 위해서는 먼저 영적 지식이 있어야 하고, 또한 그것을 인내로 적용하는 과정이 필요합니다. 지식이 없다면 애초에 적용조차 할 수 없을 것이고, 지식만 알고 적용이 없다면 그저 머리로만 아는 수준에 머물러 삶에서 실제적인 열매를 맛볼 수 없습니다. 우선은 말씀을 통해 정확한 영적 지식을 얻고, 더불어 그것을 삶에서 실제로 적용하는 훈련 과정을 통하여, 영적 성장이라는 결과를 얻게 됩니다.

□ 영적 지식

우리가 알아야 할 영적 지식은 첫째, 새로운 피조물로서 나는 누구인가, 둘째, 그리스도 예수 안에서 내가 받은 유업은 무엇인가 입니다. 예를 들어 우리가 받은 영적 유업에는 영생, 의, 치유, 부요, 평강, 성령인도, 기도응답, 승리 등 수많은 분야가 있는데, 이것들에 대하여 성경 말씀을 통해 정확한 지식을 얻고 내 것으로 삼아야 합니다. 이러한 말씀은 주로 복음서와 서신서에 나와 있습니다. 그리고 나아가, 성경의 모든 약속의 말씀들 또한 우리가 알아야 할 영적 지식입니다.

이처럼 말씀을 통해 영적인 지식을 얻고 실제화하는 과정을 두고 거울원리라고 표현합니다.

그러나 너희는 말씀을 행하는 자가 되고, 단순히 듣기만 하는 자가 되어 자기 자신을 속이지 말라. 누구든지 말씀을 듣기만 하는 자가 되고 행하는 자가 되지 않는 사람은 거울로 자기의 타고난 얼굴을 보는 사람과 같으니 이는 그가 자기를 보고는 가서 즉시 자기가 어떻게 생겼는지를 잊어버림이라. 그러나 자유의 온전한 법을 주시하고 그 안에 계속 머물러 있는 자는 듣고 잊어버리는 자가 아니라 오히려 실행하는 자니, 이 사람은 그의 행실로 복을 받으리라. 약 1:22-25

말씀에서 내가 누구이며, 무엇을 가지고 있는지, 무엇을 할 수 있는지에 대한 "자유롭게 하는 온전한 법"을 보고, 그대로 생각하고 말하고 행동하는 것입니다. 사실 모두 우리 안에 다 주어졌고, 다 이루어진 것들입니다. 그래서 구약 성도들과 달리, 하나님께서는 더 이상 우리에게 '말씀에 순종하는 자'가 되라고 하지 않으시고, '말씀을 행하는 자'가 되라고 하십니다. 말씀을 보고 나서 지키려고 애쓰며 행동을 제어하는 것이 아니라 우리 안에 주어진 것들을 확인하고 인식하면서, 안으로부터 자연스럽게 나타내는 것입니다.

그러나 수건을 벗은 얼굴로 보는 것같이 주의 영광을 유리를 통해 보는 우리 모두는 주의 영으로 말미암은 것같이 영광에서 영광에 이르는 똑같은 형상으로 변모되느니라. 고후 3:18

위 구절은 모세가 받았던 영광과 우리의 영광을 비교하여 말씀합니다. 모세가 율법을 받으러 시내산에 갔을 때 주의 임재가 스며들어 그의 얼굴이 주의 영광으로 빛나게 되었습니다. 그래서 모세는 사람들을 대할 때 수건으로 얼굴을 가릴 수밖에 없었습니다. 율법의 직분, 정죄의 직분을 받았던 모세에게도 이처럼 영광이 있었는데, 이제 의의 직분을 받은 우리에게는 더 큰 영광이 있다고 말씀은 이야기합니다.

그래서 말씀을 볼 때, 이는 마치 모세가 수건을 벗고 자신의 얼굴을 거울에 비춰보는 것과 같아서, 우리는 주의 영광으로 빛나는 자신의 모습을 보게 됩니다. 그리고 그리스도 안에서 새로운 피조물 된 내가 누구인지, 무엇을 가지고 있고, 무엇을 할 수 있는지에 대한 말씀을 들여다보면 볼수록, 점점 더 말씀에 비친 그 모습을 자연스럽게 닮아가게 됩니다. 더 완전한 빛을 계속 들여다봄으로써 우리가 가진 빛이 점점 더 밝아지는 것입니다. 그전에는 나의 빛이 너무 희미하여 다른 사람은 물론이거니와 나 자신조차도 나의 빛을 제대로 볼 수 없는 상태였는데, 말씀을 보고 계속 인식하고 선포하다 보면 성령으로 말미암아 내 안으로부터 빛이 점점 더 강해지고, 우리는 주의 영광의 능력으로 살아가는 사람이 됩니다.

□ **적용하기**

말씀을 통해 알게 된 지식을 '행함으로써', 다시 말해 적용함으로써 우리의 능력은 점점 강화되고 변화는 커집니다.

영적 지식을 적용하는 첫 번째 방법은 말씀 묵상입니다. 위의 거울

원리에서 이야기했듯이, 우리는 말씀이라는 거울을 통해 끊임없이 자신이 누구인지 확인하고 그 모습을 닮아가야 하는데, 이 과정을 더욱 효과적으로 돕는 것이 바로 '묵상' 입니다.

묵상은 세 가지 단계로 나눠볼 수 있습니다. 첫째는 심령으로 받아들이고 상고하는 것, 둘째는 중얼거리며 읊조리는 것이며, 마지막은 큰 소리로 선언하는 것입니다. 예를 들어 "예수께서 채찍에 맞으심으로 내가 나음을 입었습니다."라는 정보를 처음 접했을 때 말씀을 살펴보고 상고함으로써 '아, 그렇구나!' 라고 마음으로 받는 것이 첫 번째 단계라면, 그 말씀을 계속 입에 두고 "예수께서 채찍에 맞으심으로 나의 모든 질병을 해결하셨습니다. 나는 아플 필요가 없습니다. 나는 건강한 자입니다."라고 계속 읊조리고 중얼거리는 것이 두 번째 단계입니다. 그리고 세 번째는 마치 사자가 으르렁거리며 포효하듯이 큰 소리로 그 말씀을 선포하는 것입니다.

두 번째 적용 방법은 말씀대로 생각을 바꾸고, 믿고, 말하고, 행동하는 것입니다. 하나님의 말씀을 받아들이면, 그대로 생각하기 시작하고, 그대로 말하기 시작하며, 그대로 행동하기 시작합니다. 우리가 말씀을 듣고 받아들이면 그 말씀은 우리 안에 있습니다. 그러나 그것이 우리의 생각을 바꾸고 말과 행동을 통해 나타날 때 비로소 효력을 발휘합니다.

"그러면 무엇을 말하느냐 말씀이 네게 가까워 네 입에 있으며 네 마음에 있다 하였으니 곧 우리가 전파하는 믿음의 말씀이라 … 사람이 마음으로 믿어 의에 이르고 입으로 시인하여 구원에 이르느니라"

(롬 10:8, 10) 이는 비단 처음 예수를 믿고 구원받을 때에만 국한되는 이야기가 아닙니다. 하나님께서 주신 유업들은 모두 이러한 과정을 통하여 우리에게 실재가 됩니다. 먼저 성경을 통해 '너는 이러한 자로서, 이런 것을 받았다' 라는 말씀을 심령으로 받아들입니다. 그러면 그것에 대해서 나는 하나님께서 역사하시기에 전혀 문제가 없는 상태, 즉 의롭게 여겨지는 상태가 됩니다. 이제 하나님께서 그 분야에 대해 역사하실 통로는 온전히 열린 것입니다. 그럴 때, 입으로 시인하게 되면 그 말씀이 실재가 됩니다. 즉 물이 가득한 댐에 수문을 열어 물을 쏟아내는 것과 같이, 고백으로 말미암아 일이 일어나고 '구원이 이루어지게' 됩니다. 따라서 우리가 말씀을 받고 나서, 그 말씀으로 생각을 바꾸고 믿고 행동하는 과정을 지속한다면, 우리의 삶은 하나님께서 예비하신 수준의 풍성함으로 점점 더 확장되어 갑니다.

세 번째는 방언기도와 경배기도입니다. 이는 우리의 영을 활성화시키고 강화시키며, 성령님과의 교제 가운데 기름부음을 공급하고 믿음을 세워주는 중요한 기도들입니다.

마지막으로 한 가지 덧붙이자면 바로 믿음으로 결단하는 것입니다. 내가 아직 실재를 경험하지 못하고 있는 분야에 대해서 막연히 '언젠가는 되겠지.' 라며 생각날 때 잠깐 기도하고 선포하는 수준이 아니라 '이 문제를 해결하겠다.' 고 믿음으로 결단하고 작정하는 것입니다.

예를 들어, 그리스도 예수 안에서 우리의 치유와 건강은 이미 이루어졌고 우리는 신성한 건강을 누리며 살아가는 것이 마땅한데, 나는 여전히 증상을 느끼고 질병을 가지고 있을 수도 있습니다. 이에 대해서 '말씀 고백하고 있으니까 좀 지나면 낫겠지.' 라는 것이 아니라 '난 더 이상 이 질병의 문제로 고통 받지 않을 거야. 이제 끝장을 내겠다.' 라고 믿음으로 결단한 후, 증상에 대고 선포하고 더 이상 그것을 받아들이지 않기로 결정하는 과정이 필요합니다.

재정 분야도 마찬가지입니다. 구원의 꾸러미 안에는 재정적 형통도 포함되어 있으며, 거듭난 사람이라면 재정 분야의 축복을 누리는 것이 당연한 일입니다. 그러나 그 축복을 실제적으로 경험하기 위해서는 우리 스스로가 영적 지식을 적용하는 과정이 필요합니다. 먼저 말씀을 통하여 우리가 부요한 자가 될 수밖에 없음을 보고, 그런 후에 말씀을 받아들이고 묵상함으로써 믿음을 세우고, 영 가운데 그 진리가 믿어질 때 마침내 결단하고 믿음의 걸음을 떼는 것입니다.

이스라엘 민족은 애굽 땅에서 나온 순간부터 이미 가나안 땅을 약속받았습니다. 그러나 그들은 믿음을 발휘하지 못하였고, 그 땅에 들어가지 못했습니다. 땅에 들어간 이후에도 마찬가지입니다. 눈앞에 약속의 땅이 펼쳐져 있지만 얼마나 차지하느냐는 각자의 선택과 믿음에 달려 있습니다. 우리도 그리스도 예수 안에서 어마어마한 유업을 받았지만, 그것을 삶에서 실제로 누리는 데 있어서는 우리 자신의 결단과 믿음의 행동이 있어야 합니다.

거기에는 믿음의 싸움도 필요합니다. 물론 결과는 승리로 정해져 있지만, 싸움이 없으면 그 예정된 승리도 얻을 수 없습니다. 삶에서 놓치고 있는 부분, 아직 정복하지 못한 부분, 아직 이루어지지 않은 영역에 대해서 믿음을 발휘하고 적용하는 인내의 과정을 통과해야 합니다. 그런 과정이 두려워서 '그냥 나는 이대로 살거야.'라며 주저앉아 있다면, 거듭나기 전이나 후에나 삶에 아무런 변화가 없을 뿐 아니라 광야에 있기로 작정한 이스라엘 민족과 같이 방황하며 죽어가는 삶을 살게 될 것입니다.

우리는 단 한 사람도 이런 삶을 선택해서는 안 됩니다. 눈앞에 모든 것이 펼쳐져 있는데 믿음이 없어서 한 발짝도 떼지 못하는, 심지어 자기 눈을 가리고 주님께서 주신 유업을 외면해 버리는 그런 삶을 살아서는 안 되겠습니다. 치유의 땅을 차지하고, 부요의 땅을 차지하고, 관계의 땅을 차지하고, 또한 이미 차지한 영역은 더 확장시키며, 그렇게 끝없이 믿음의 행진을 계속해 나갈 때 우리는 세상과 완전히 다른 차원에서 기능하며 세상 사람들도 인정할 수밖에 없는 그런 기적의 사람이 될 것입니다.

한 자연인인 갓난아이로 태어나 많은 시간 동안 영양 공급을 받으며 좋거나 나쁜 다양한 상황들을 통과하여 마침내 장성한 어른이 되는 것과 같이, 영적인 성장도 한 사람이 영으로 거듭나 새로운 피조물이 되고 새로운 피조물에 대한 말씀을 배우고 삶에 적용하며 자라나는 모든 과정을 통과하여 마침내 의인의 본성으로 기능하는 영적인 그리스도인이 되는 것입니다. 영적인 그리스도인은 모든 환경을 지배하며 평강과 기쁨을 잃지 않는 하나님의 자녀로서, 많은 열매를 맺게 되고 누구도 부인할 수 없는 예수의 증인의 삶을 살게 됩니다.

하나님께서는 우리의 갈망에 항상 응답하시는 분입니다. 어떤 상황에서라도 성장을 갈망한다면, 성령으로 말미암아 우리에게 필요한 기회와 도움이 오게 됩니다. 저 자신도 늘 지금이 끝이 아니라 더 성장해야 한다는 갈망을 가지고 살아오면서, 생각지 못한 방법과 통로로 전 세계에 계신 영적 멘토들과 연결되는 경험을 계속해서 하고 있습니다. 그렇습니다. 우리가 성장을 갈망하면, 하나님께서는 어떻게든 우리를 필요한 통로에 연결시켜 주십니다. 책일 수도 있고, 설교 테이프일 수도 있고, 새로운 만남일 수도 있습니다. 하나님께서는 영적 성장에 대한 우리의 갈망을 반드시 채워주셔서 우리를 성장하게 하십니다. 그러므로 이 땅에 사는 동안 결코 멈추지 않고 끊임없이 성장하기로 결단하시기 바랍니다. 그것이 바로 우리를 향한 하나님 아버지의 갈망입니다.

제 12 과

부르심의 소망

아버지께서 나를 세상에 보내신 것같이
나도 그들을 세상에 보내었고
(요 17:18)

I am sending them into the world,
just as you sent me.

수 세기를 걸쳐서 '나는 누구인가?' 또한 '나는 어디에서 와서 무엇을 하다가 어디로 가는 것인가?' 라는 질문은 비단 철학자만이 아니라 모든 사람이 근본적으로 가지는 질문입니다. 그러나 많은 사람들이 그 해답을 얻지 못한 채 헤매고 방황하는 삶을 살아가고 있습니다.

그리스도인도 마찬가지로, 나는 누구이며, 어디서 와서, 이곳에서 무엇 때문에 살다가 어디로 가는지를 인지하며 살아야 합니다. 이는 우리가 이 땅에서 허락된 삶을 보람 있고 후회 없이 살기 위해 반드시 필요한 바탕입니다. 다시 말해 예수님을 영접하고 거듭난 그리스도인으로서, 우리가 무엇을 위해 여전히 이 땅에 존재하고 있으며, 또한 종국에는 어떤 모습으로 어디에 있게 될 것인가를 하나님의 말씀을 따라 명확하게 규명할 때, 우리는 참된 목적을 추구하며 후회 없는 삶을 살 수 있을 것입니다.

이번 과를 통하여 그러한 내용을 점검하고, 만약 여전히 세상의 감각적인 지식을 따라 인생의 좌표를 잘못 그리고 나아가는 부분이 있다면, 교정하고 결단하는 기회가 되실 것을 믿습니다.

사도 바울의 기도제목

우리 주 예수 그리스도의 하나님, 영광의 아버지께서 자기를 아는 지식 안에서 지혜와 계시의 영을 너희에게 주시어 너희의 지성의 눈을 밝히셔서 너희로 하여금 그의 부르심의 소망이 무엇이며 성도들 안에 있는 그의 유업의 영광의 풍성함이 무엇인지 또 그의 강력한 능력의 역사하심을 따라, 믿는 우리에게 향하신 그의 능력의 지극히 위대하심이 어떤 것인가를 너희로 알게 하시기를 원하노라. 엡 1:17-19

1과에서도 보았던 사도 바울의 기도입니다. 이 기도에서 그가 구하는 것 중 하나가 바로 '부르심의 소망'을 알게 해달라는 것입니다. 그는 먼저 지혜와 계시의 영을 주셔서 하나님을 알게 해달라고 기도하였고, 이어서 마음의 눈을 밝히사 부르심의 소망이 무엇이며, 성도 가운데 기업의 영광의 풍성함이 무엇이며, 또한 하나님의 힘의 위력으로 역사하심을 따라 믿는 자들에게 베푸신 능력이 얼마나 큰지를 알게 해달라고 기도합니다. 이렇게 사도 바울이 성도들을 위해 한 기도에 직접 언급했을 만큼, 모든 그리스도인은 반드시 부르심의 소망을 발견해야 합니다.

우리가 부르심의 소망을 발견하기 위하여 바르게 세워야 할 기본 개념들이 있습니다.

그리스도인은 이 세상에 살지만 이 세상에 속한 자가 아닙니다

내가 그들에게 아버지의 말씀을 주었더니 세상이 그들을 미워하였나이다. 이는 내가 세상에 속하지 아니한 것같이 그들도 세상에 속하지 아니하기 때문이옵니다. 내가 기도하옵는 것은 아버지께서 그들을 세상에서 데려가시라는 것이 아니옵고 그들을 악에서 보호해 주시라는 것이옵니다. 내가 세상에 속하지 아니한 것같이 그들도 세상에 속하지 않사옵니다… 아버지께서 나를 세상에 보내신 것같이 나도 그들을 세상에 보냈사옵니다… 이는 그들 모두가 하나되게 함이오니, 아버지시여, 아버지께서 내 안에 계시고 내가 아버지 안에 있는 것같이 그들도 우리 안에서 하나가 되게 하여서 세상으로 하여금 아버지께서 나를 보내신 것을 믿게 하여 주옵소서. 요 17:14-16, 18, 21

요한복음 17장에서 예수님께서 십자가에 달리시기 전에 마지막으로 하셨던 기도 안에 우리의 질문에 대한 해답이 모두 들어있습니다. 우리는 거듭나서 하나님의 자녀이자 새로운 피조물이 되었습니다. 우리를 이렇게 만들어주신 이유는 과거의 죄인 상태로는 이 땅에서 승리하며 살아갈 수도 없고, 하나님의 나라를 강력하게 전파할 수도 없다는 것을 하나님께서 잘 아셨기 때문입니다. 그래서 예수님을 보내셔서 하나님과 똑같은 종류의 조에 생명을 우리에게 주셨고, 우리가 얼마나 그 생명을 인식하고 그에 따른 본성과 권세를 나타내며 살아가느냐가 승리의 관건이 되었습니다.

위 기도에서 예수께서는 "내가 세상에 속하지 않은 것처럼, 그들도 세상에 속하지 않았습니다."라고 말씀하십니다. 예수께서도 이 땅에 태어나셔서 33년이라는 세월을 사셨지만, 우리는 그분께서 이 땅에 속한 분이 아니었음을 너무나 잘 알고 있습니다. 그분은 하늘로부터 보내심을 받아서, 목적을 가지고 이 땅에 잠시 사시다가, 다시 하늘로 돌아가셨습니다.

그런데 성경은 우리도 그분처럼 이 땅에 속하지 않았으며, 세상으로 보냄을 받았다고 말씀합니다. 그리스도인은 거듭난 순간, 그 영이 하나님으로부터 다시 태어나게 되고, 이 땅으로 보내심을 받게 됩니다.

그리고 이어서 말씀하시기를, "아버지께서 내 안에, 내가 아버지 안에 있는 것 같이 그들도 다 하나가 되어 우리 안에 있게 하사 세상으로 아버지께서 나를 보내신 것을 믿게" 해달라고 하셨습니다. 하나님께서는 예수님을 보내실 때 그냥 보내신 것이 아니라 하나님과 하나가 되게 하셨습니다. 즉 그분 안에 성령을 부어주심으로 말미암아 예수님은 하나님과 하나가 되셨습니다. 그와 동일하게 우리도 성령이 오심으로 예수님과 하나가 되어 보냄을 받았습니다. 그 목적은 세상의 다른 사람들도 예수께서 하나님으로부터 보냄 받은 그분의 아들이자 구원자이심을 믿게 하기 위한 것입니다.

이 요한복음 말씀에 우리가 누구이며, 어디에서 와서, 이곳에 왜 살고 있고, 어디로 돌아가는지에 대한 해답이 다 있습니다. 우리는 하나님의 자녀이고, 하늘로부터 보냄을 받았으며, 이 땅에 예수를 전하기 위해 살고 있습니다. 예수께서 이 땅에 오셔서 은혜로 주신 모든 축복과 유업을 전하기 위해 사는 것입니다. 그리고 이 사명을 다하고 이 땅에서의 삶을 마치면, 우리는 보냄 받았던 하늘로 다시 돌아가게 될 것입니다. 성경은 이에 대해 밝히 알려주고 있습니다.

그리스도인의 본향은 하늘나라입니다

우리의 몸은 이 땅에 있지만, 실제로 우리의 영적인 위치는 하늘에 있습니다. 이것이 바로 우리의 위치에 대한 진리입니다.

죄들 가운데서 죽었던 우리를 그리스도와 함께 살리셨으니 (너희가 은혜로 구원을 받은 것이니라.) 또 함께 일으키사 그리스도 예수 안에서 천상에 함께 앉히셨으니 이는 하나님께서 그리스도 예수 안에서 인자하심 가운데 우리를 향한 그의 은혜의 지극히 풍요함을 오는 시대들에 보여 주시려 함이니라. 엡 2:5-7

예수 그리스도께서 십자가에서 죽으실 때 우리도 함께 죽었고, 그분께서 다시 살아나실 때 우리도 함께 일으켜졌습니다. 그리고 그분께서 하늘의 보좌 우편에 앉으실 때 우리도 함께 앉혀졌습니다. 보좌 우편은 권세의 자리를 의미합니다. 예수 그리스도와 같은 권세의 자리에 우리도 공동 상속자로서 앉혀졌다는 것입니다.

예수님께서는 이 모든 일을 순전히 우리를 위해 이루셨습니다. 그분께서는 사실상 태초부터 지금까지 언제나 만물의 주인이십니다. 따라서 그 자신을 위해서는 하늘과 땅의 권세를 돌려받으실 이유가 없었습니다. 그런 예수님께서 굳이 이 땅에 오셔서 이 땅을 전부 사버리셨습니다. "천국은 마치 밭에 감추인 보화와 같으니 사람이 이를 발견한 후 숨겨 두고 기뻐하며 돌아가서 자기의 소유를 다 팔아 그 밭을 사느니라"(마 13:44) 밭에 숨겨진 보화를 얻기 위해 밭 전체를 사버린 사람처럼, 예수님께서는 이 땅의 영혼들을 사랑하셔서 그들을 얻기 위해 자신의 목숨을 지불하고 온 땅을 사셨습니다. 그리고 모든 권세를 회복하셔서 공동 상속자인 우리가 함께 누리게 하셨습니다.

이제 우리가 기도를 마칠 때 "예수 이름으로(안에서)In the name of Jesus 기도합니다."라고 하는데, 이는 우리가 예수님의 위치에서 기도한다는 의미입니다. 다시 말해, 하나님께서는 우리의 기도를 마치 예수님께서 친히 하시는 기도처럼 여기고 받으신다는 뜻입니다.

이처럼 우리는 예수님과 함께 권세의 자리에 앉아서 통치권을 행사합니다. 그렇게 하신 이유는, 하나님께서 그리스도 예수 안에서 우리에게 자비로 베푸신 은혜가 얼마나 풍성한지를 오는 모든 세대에게 보여주시기 위함이라고 말씀합니다. 결국 우리의 영적인 위치는 하늘에 있으며, 다만 우리는 하나님께서 그리스도 예수를 통하여 얼마나 큰 은혜를 주셨는지를 사람들에게 나타내며 전하는 삶을 살기 위해 예수 이름의 권세를 위임받고 이 땅으로 보냄 받았습니다.

우리는 세상으로 보내졌지만 세상에 속한 자가 아닙니다

세상도, 세상에 있는 것들도 사랑하지 말라 누구든지 세상을 사랑하면 아버지를 사랑함이 그 안에 있지 아니하니 이는 세상에 있는 모든 것이 육신의 정욕과 안목의 정욕과 생의 자랑이요, 아버지께 속한 것이 아니라 세상에 속한 것이기 때문이라. 세상도, 세상의 정욕도 사라지지만 하나님의 뜻을 행하는 자는 영원히 거하느니라 요일 2:15-17

위 구절은 사도 요한이 영적 청년들에게 주는 말씀입니다. 영적 청년들이란, 어린 아이를 벗어나서 믿음으로 취하는 법을 아는 사람들입니다. 그런 이들에게 사도 요한이 이렇게 말합니다. "이제 믿음으로 사는 방법도 알고 취할 줄도 아는데, 그것을 가지고 무엇을 추구하며 살아갈래?" 영적으로 어릴 때에는 나 자신의 필요를 구하고 세상의 것을 취하며 살아가는 것도 나름 복된 일입니다. 그러나 영적 청년이 되었을 때에는 달라져야 합니다.

그래서 이제는 세상에 있는 것들을 사랑하지 말고 하나님 나라의 것을 추구하며 살라고 권면합니다. 육신적인 욕망, 눈에 보이는 것에 대한 갈망, 그리고 이 땅의 삶에서 가지는 자부심과 자존심 등은 모두 세상의 영역에 속한 것들입니다. 사람들은 인생을 걸고 육신이 원하는 바를 추구하기도 하고, 때로는 자부심이나 자존심을 지키기 위해 목숨까지 내놓기도 합니다. 그렇게 그것이 전부인 것처럼 살지만, 그 모든 것들은 지나가고 사라집니다.

그들이 그렇게 살아가는 이유는 하나님 아버지에 대한 사랑이 심령 가운데 최고의 자리를 차지하지 않았기 때문입니다. 그러나 하나님의 뜻을 행하는 것은 영원히 남습니다. 따라서 우리는 이 땅에 살지만 세상에 속한 자가 아니라는 자신의 지위와 신분을 정확히 이해하고, 영원한 것을 추구하며 살아가야 합니다.

그리스도인의 두 가지 삶의 방식

모든 그리스도인들은 본인이 원하든 원하지 않든, 선택을 했든 하지 않았든 간에, 둘 중 하나의 삶의 방식에 속해 있습니다.

첫 번째는 하나님을 주님으로 모시고 자원하는 종이 되어 사는 삶입니다.

> 만일 종이 분명히 말하기를 '내가 내 주인과 내 아내와 내 자식들을 사랑하여 자유로이 나가지 않겠노라.' 하면 그때 그의 주인은 그를 재판관들에게 데리고 갈 것이며 그는 또한 그를 문이나 문설주로 데리고 가서 그의 주인이 송곳으로 그의 귀를 뚫으리니 그가 영원히 그 주인을 섬기리라. 출 21:5-6

빚이나 기타 이유로 말미암아 히브리인이 다른 히브리인의 종이 되는 경우가 있습니다. 그럴 경우 여섯 해를 지내고 나서, 일곱 해째 안식년이 되면 다시 자유의 몸이 됩니다. 그런데 종살이를 하면서 생긴 처자식 때문이든, 아니면 좋은 주인 밑에서 보내는 생활에 너무 만족해서든, 어떤 이유로든지 자유인이 되지 않고 평생 그 집의 종으로 살겠다고 자발적으로 선택할 수도 있습니다. 그런 사람은 제사장에게 가서 알리고, 귀를 주인집 문설주에 대고 송곳으로 뚫어 표를 삼게 됩니다. 위의 출애굽기 21장은 그러한 율례에 대해서 이야기하고 있습니다.

이는 바로 하나님을 주님으로 모시고 자원하는 종으로 살아가는 삶에 대한 모형입니다. 저는 이 구절을 보면서 구약의 모형들은 하나라도 의미 없이 이루어지는 것이 없는데, 이때 왜 문설주에 대고 귀를 뚫는 것인지 궁금했습니다. 그런데 다음 잠언서의 구절이 그 의문을 풀어줍니다.

> 내 말을 들으며 날마다 나의 문들에서 지켜보고 나의 문설주들에서 기다리는 자는 복이 있나니 잠 8:34

자원하는 종이 된 사람의 귀는 이제 오직 주인에게 속했습니다. 평생 언제나 주인의 문 곁에 서서 그의 말씀과 지시를 듣기 위해 열려 있는 귀가 된 것입니다. 이것이 바로 하나님 앞에 자원하는 종으로서 우리가 가져야 할 태도를 보여줍니다. 매일매일 주님의 말씀을 청종하고 그 말씀대로 움직이는 삶. 그것이 우리가 취하고 선택해야 할 삶의 모습입니다.

반면, 여전히 자기가 주인이 되어 사는 삶이 있습니다. 이 땅에 태어난 대부분의 사람들은 자기가 주인인 삶을 살아갑니다. 그러다가 예수님을 만나고 난 후에도 처음 한동안은 하나님을 '내 문제를 해결해 주시는 분'으로 인식합니다. 그러나 영적으로 점점 성장하고 계시가 열리면, '아, 주님께서 내 심부름을 해주시는 분이 아니라 내가 주님을 모시고 그분을 따르며 살아야 하는구나.'를 깨달으면서 주권의 이양이 일어납니다. 전에는 마음속의 보좌에 자기 자신이 앉아 있었다면, 이제는 내려와서 주님께 그 자리를 양보해 드립니다. 더 이상 자기 중심의 삶이 아니라 주님 중심이자 말씀 중심의 삶을 살게 되는 것입니다. 이러한 결단은 단계적으로 일어납니다.

그런데 만약 인생에서 기억할만한 결단의 때를 지난 적이 없다면, 여전히 필요할 때만 '주님, 도와주세요! 해결해 주세요!'라고 부르짖고 은혜를 얻는 삶을 살고 있다면, 여전히 자신이 주인인 삶에 머물러 있다고 할 수 있습니다.

사실 영적으로 성장하다 보면 자연스럽게 하나님을 삶의 주님으로 모시는 시기가 오게 됩니다. 아직 그렇게 하지 못한 이유는 성장하지 않았기 때문입니다. 영적 어린 아이로서 성경의 진리들을 모르고, 하나님께서 어떤 분이시며, 어떤 값을 치르고 나를 구원하셨는지 알지 못하기 때문에, 여전히 자기 자신을 가장 중요하게 여기면서 주님은 '나를 위해 존재하시는 분'이라고만 믿습니다.

그러나 이처럼 자기가 주인이 되는 삶은, 생각과 달리 정말 어렵고 무거운 삶입니다. 내가 모든 것을 책임지고 주관해야 하기 때문입니다. 그러나 하나님을 주님으로 모시고 자원하는 종이 되어 사는 삶은 이 땅의 수많은 문제 가운데에서도 항상 평안을 잃지 않고 안식 가운데 살아갈 수 있는 가장 지혜로운 길입니다. 항상 주님을 바라보며 귀를 기울이고 그분의 지시를 따라가기만 하면 되기 때문입니다. "수고하고 무거운 짐진 자들아 다 내게로 오라 그러면 내가 너희에게 쉼을 주리라 나는 마음이 온유하고 겸손하니 내 멍에를 메고 나에게서 배우라 그리하면 너희가 너희 혼에 쉼을 얻으리라 이는 내 멍에는 쉽고 내 짐은 가볍기 때문이라"(마 11:28-30) 이것이 우리를 향한 예수님의 초청입니다.

모든 그리스도인은 예외 없이 두 가지 중 하나에 속해 있습니다. 따라서 자신이 어떤 삶에 속해있는지 스스로 진단하고, 하나님께서 내 삶에 대한 주권을 가지고 가장 아름답게 통치하시는 그런 삶을 살기로 결단해야 하겠습니다.

부르심의 방향은 복음 전파이나 사역은 각각 다릅니다

우리가 이 땅에서 살아가는 이유는 복음 전파, 영혼 구원입니다. 우리는 이미 구원받은 자이고, 지금이라도 죽으면 당장 하늘나라에 갈 수 있습니다. 하늘나라는 너무나 완벽한 곳입니다.

제가 예전에 기도 중에 하늘나라를 잠시 들여다보았던 적이 있습니다. 꽤 오래전 일로서, 저희가 교회를 개척하기도 전에 우리 목사님께서 부교역자로 사역하고 계실 때였습니다. 교회에 부흥회가 있어

며칠 동안 집중적으로 영적인 모드에 머물던 중 그날도 저녁예배 시간보다 일찍 가서 기도를 하고 있었습니다. 당시에 '사랑하는 시몬아 네가 나를 사랑하느냐 오 주님 당신만이 아십니다' 라는 가사의 복음성가를 많이 불렀습니다. 그래서 기도를 하면서, 갈릴리 호숫가에서 예수님께서 시몬 베드로를 만나서 '네가 나를 사랑하느냐' 라고 물어보시는 그 장면을 묵상하게 되었습니다. 그런데 갑자기 제가 생명수 시냇가에서 예수님을 만나는 장면으로 바뀌었습니다.

예수님의 얼굴은 너무나 평안하셨습니다. 이루 말할 수 없는 평안이었습니다. 평소에 하늘나라는 좋은 곳이고 평안이 넘치는 곳이라고 생각을 했지만, 예수님의 얼굴을 보자 저는 놀랄 수밖에 없었습니다. 성경에서 제자들이 자기가 무슨 말을 하는지도 모르고 주님께 말씀을 드리듯이, 제 입에서도 이런 말이 툭 튀어나왔습니다. "주님, 참 평안하시네요!" 주님께서는 미소를 지으셨습니다. "그래, 이곳은 이렇게 평안한 곳이란다."

주님께서 이어서 말씀하셨습니다. "세상의 삶이 끝나면 이곳에서 이런 삶을 영원히 살게 될 텐데, 그렇다면 네가 세상에 있는 동안에, 이 하늘나라를 위해서 한번 살아볼 만 하지 않니?" 그 말씀을 듣는 동안 제 가슴이 너무나 뜨거워지고 눈물이 마구 흘러내렸습니다. "주님, 정말 그러네요. 정말 그래요. 제가 이 땅에 잠깐 살아있는 동안, 정말 하나님의 나라, 하나님의 왕국을 위해서 살겠습니다!" 그리고 환상이 끝났습니다. 천국의 모든 것은 본 것은 아니지만, 그곳이 얼마나 좋은 곳인지는 충분히 알 수 있었습니다.

그런 곳이 우리를 기다리고 있습니다. 사실 그리스도인들조차도 "지금 당장 천국에 가기 원하세요?"라고 물으면, 쉽게 대답하지 못합니다. "아… 저는 가도 되는데, 아직 아이들도 너무 어리고요…" 그러나 실제로 가보면 그곳은 모든 이유가 의미가 없어질 정도로 너무나 좋은 곳입니다. 하나님의 임재가 충만한 그곳은 누구라도 한번 가면 결코 이 땅으로 돌아오고 싶어 하지 않을 정도입니다. 그런 곳이 보장되어 있음에도, 우리는 지금 불완전한 이 땅에서 – 물론 예수께서 완전한 승리를 이루시고 모든 유업을 주셨지만 – 다소의 어려움도 고통도 느끼면서 살아가고 있습니다.

목적이 무엇일까요? 두말할 것 없이 복음을 전하고 영혼을 구하기 위함입니다. 아버지께서는 이 세상의 단 한 영혼이라도 멸망에 이르기를 원치 않으십니다(벧후 3:9). 그리고 그들이 구원받을 뿐 아니라 이 땅에서 성장하면서 더 풍성하고 더 아름다운 삶을 누리다가 훈련되어 다음 세계로 들어가게 되기를 원하십니다. 그래서 예수님께서 이 땅에 오셔서 모든 인류를 대신하여 죽으시고 또 부활하시어, 우리로 하여금 영생을 얻을 수 있게 하신 것입니다. 이러한 하나님의 마음에 동참하여 영혼 구원에 동역하는 그 한 가지 일 때문에 우리는 이 땅에 남아 있습니다.

"이는 내게 사는 것이 그리스도니 죽는 것도 유익함이라 그러나 만일 육신으로 사는 이것이 내 일의 열매일진대 무엇을 택해야 할는지 나는 알지 못하노라 차라리 세상을 떠나서 그리스도와 함께 있는 것이 훨씬 더 좋은 일이라 그렇게 하고 싶으나 내가 육신으로 있는 것이 너희를 위하여 더 유익하리라"(빌 1:21-24) 사도 바울의 고백처럼, 죽고 사는 것이 우리에게는 큰 일이 아닙니다. 사실 세상에서 '죽음'이라고 말하는 것은 그저 겉 사람인 육신을 벗고 이 땅을 떠나는 일일 뿐, 우리의 속사람인 영과 혼은 영원히 지속됩니다.

그러나 육신을 입고 있을 때에만 이 세상에서 기능할 수 있고 이 세상에 있는 것들과 접촉할 수 있습니다. 몸 안에 있을 때에만 세상 사람들을 만날 수 있고, 그들에게 손을 뻗어 만질 수 있고, 그들과 대화할 수 있습니다. 이 땅에서 몸을 입고 살아있을 때에만 그들에게 사랑을 표현하고 복음을 전하는 내 목소리가 전달될 수 있습니다. 그리고 이 땅에서 어떻게 살았느냐가 하늘에서의 영원한 삶을 결정합니다. 하늘나라에 들어갈 수 있을지 아닐지를 결정할 뿐 아니라 그곳에서 어떤 권세의 자리에 있을 것인가를 결정합니다. 이 땅에서 보내심 받은 바의 사명을 얼마나 완수하고 성장했느냐에 따라 하늘에서의 위치가 정해지는 것입니다. 그러므로 우리가 육신 안에 사는 이 땅에서의 시간은 너무나 소중합니다.

우리는 하루라도 빨리 나의 부르심을 발견하여 그 길로 가는 것을 최대의 목적으로 삼아야 합니다. 이는 단순히 주님의 사역에 우리가 필요하기 때문에 동참하라는 의미가 아니라 우리가 이 땅에서 가장 행복하고 아름다운 삶을 살 수 있는 길입니다. 하나님께서는 누구보다 우리의 행복을 바라시며, 그분 안에서 그 길을 찾을 수 있도록 마련해 두셨습니다.

다시 말하지만, 부르심의 기본 방향은 정해져 있습니다.

> 오직 너희는 먼저 하나님의 나라와 그분의 의를 구하라. 그리하면 이 모든 것을 너희에게 더해 주시리라. 마 6:33

이제 우리는 여느 세상 사람들처럼 먹을 것과 입을 것을 염려하면서 살아갈 필요가 없습니다. 하나님의 말씀을 따라 그분의 나라와 의를 구하는 자가 되면, 다시 말해 하나님의 나라가 확장되고 그분의 의의 말씀이 전파되는 일에 방향을 두고 살면, 이 모든 것들은 더해진다고 약속하십니다. 이처럼 내가 본래 보냄 받은 방향대로 우선순위를 정비할 때, 다른 부차적인 것들은 자연히 제 자리를 찾아 들어갈 수밖에 없습니다. 그래서 영혼구원은 그리스도인의 척추와 같다고 표현하는 것입니다.

> 아버지의 왕국이 임하옵시며, 아버지의 뜻이 하늘에서와 같이 땅에서도 이루어지이다. 마 6:10

예수님께서 하셨던 기도의 도입부입니다. 하늘에는 방해하는 자가 없으므로 아버지의 뜻이 그대로 이루어져 있지만, 이 땅에는 방해자가 있습니다. 그러므로 이곳에서는 우리 그리스도인을 통해서만 하나님의 뜻이 이루어지고, 하늘나라의 영향력이 확장될 수 있습니다. 따라서 주기도문을 할 때에도 이러한 의미를 정확히 이해하고, 막연히 하나님의 뜻이 이루어지기만을 바랄 것이 아니라 이 땅에서 부르심을 따라 살아가는 우리를 통하여 하나님의 뜻이 실재가 되어 나타나는 그런 구체적인 그림을 그리며 기도하고 그렇게 살아가는 것이 마땅합니다.

이처럼 우리는 그리스도인으로서 영혼 구원이라는 큰 그림 아래 각자의 사역을 발견하고, 그것을 완수하는 삶을 살기로 작정해야 합니다.

□ **모든 그리스도인에게는 부르심이 있습니다**

청년이든 노인이든 모든 그리스도인에게는 분명한 부르심이 있습니다. 우리가 영적으로 태어나는 순간부터 성령님께서는 부르심을 향해 우리를 인도하십니다. 뿐만 아니라 우리가 그 부르심을 완수할 수 있도록 모든 은사를 주시고 필요한 모든 것을 공급하여 주십니다.

부르심을 찾는 것은 어렵지 않습니다. 왜냐하면 부르심에 대해서는 우리의 심령이 먼저 뜨겁게 반응하기 때문입니다. 어떤 사람들은 실제로 현장에서 복음을 전하시는 선교사나 사역자들의 말씀을 들으면 심령이 뜨거워집니다. 또 어떤 사람들은 복음사업가의 간증이나 재정적 축복에 대한 말씀만 들으면 심령이 반응합니다. 각자의 부르심을 따라 성령께서 역사하시는 것입니다.

그러므로 부르심을 발견하는 일은 결코 어렵지 않습니다! 내 영의 반응에 주의를 기울이기만 하면 됩니다. 내가 어떤 메시지에 특별히 은혜를 잘 받고 심령이 뜨거워지는지, 특별히 어떤 이야기를 듣거나 어떤 장면을 볼 때 영에 감동이 되는지 생각해 보십시오. 거기에 당신의 부르심을 찾는 열쇠가 있습니다.

이에 대하여 데이브 로버슨 목사님께서는 이런 말씀을 하셨습니다.

당신의 부르심을 찾기 원하십니까? 그렇다면 다음의 질문을 잘 생각해 보십시오.

'나는 어떨 때 눈물을 흘리는가?'

'나는 어떨 때 화가 나는가?'

당신이 눈물을 흘리는 곳이, 하나님께서 당신을 통해 치유하기 원하시는 곳입니다.

당신이 화(의로운 분노)가 나는 곳이, 하나님께서 당신을 통해 변화시키기 원하시는 곳입니다.

□ 하나님의 마스터플랜 가운데 우리 각자에게는 독특한 사명이 있습니다

하나님의 큰 계획 가운데, 각 나라와 각 교회와 각 지체들이 감당해야 할 다양하고도 독특한 일들이 있습니다. 이것을 서로 경중을 재거나 비교할 수 없는 것들입니다.

예를 들어, 어떤 가정에서 대대로 사역자를 많이 배출하면 그것을 굉장히 영광스럽게 여기고 교회 안에서도 높게 평가하는 경향이 있습니다. 물론 부르심을 따라 사역에 헌신하는 모습은 너무나 아름답지만, 이에 대해서 조금이라도 종교적인 접근이 있다면 교정해야 하겠습니다. 꼭 목사나 선교사만 좋은 것이 아니라 하나님께서 나에게 시키신 그 일이 가장 좋은 것입니다. 다시 말해, 목사의 사명을 받은 자가 그것을 발견하고 그대로 살아가는 것은 좋은 일이지만, 다른 사명을 발견하고 그에 따라 사는 것 또한 그에게는 가장 좋은 일입니다.

목사로, 선교사로, 복음사업가로, 의사로, 가정주부로, 이처럼 우리는 각기 다른 부르심을 받았습니다. 하나님께서는 우리 각자가 부르심을 잘 수행하도록 만드셨고, 또한 감당할 은혜를 주십니다. 내가 태어나기 전부터 나의 부르심은 계획되어 있었고, 그 계획을 따라 모태에서부터 모든 DNA와 기질과 특성들이 조성되었습니다. 부드러운 블라우스를 만들기 위해서는 실크 원단을 먼저 만들어야 하고, 시원한 여름옷을 만들기 위해서는 마 원단을 먼저 만들어야 하는 것 같이 우리의 각자의 모든 재질도 부르심을 완성하기 위한 목적을 가지고 형성된 것입니다.

부르심에 대해서 '아, 나는 정말 뭐해서 먹고 살지?' 라는 생각은 너무나 잘못된 접근입니다. 그것은 불신자들의 사고방식입니다. "하나님의 나라와 그의 의를 먼저 구하라"라는 말씀 위에 서서, 하나님께서 계획하신 부르심을 발견하고 그것을 계발해가면, 누구든지 자신의 분야에서 성공할 수밖에 없습니다. 그것은 하나님의 계획이고, 그 안에 모든 것이 예비 되어 있기 때문입니다. 어떤 은사가 요구된다면, 지금은 없더라도 필요한 때에 반드시 주실 것이며, 각자는 자신의 부르심에 가장 합당한 모습으로 훈련되고 구비되어 갈 것입니다. 우리는 다만, 나의 길을 발견하여 그 위에 서기만 하면 됩니다.

물론 어떤 부르심이라도 그냥 이루어지는 것은 아닙니다. 쉽게 이룰 수 있는 부르심이란 없습니다. 예를 들어 사역자보다 복음사업가가 더 편한 것이 아닙니다. 무슨 일에나 방해가 있습니다. 우리 각 사람이 모두 하나님의 부르심을 따라 살면서 그것을 이뤄간다면 하나님의 마스터플랜이 너무나 빠르게 완성될 것이기 때문에 사탄은 끊임없이 우리를 공격할 것입니다.

하지만 우리가 이길 수 없는 공격 또한 없습니다. 어려워서 못 할 일도 없습니다. 어떤 상황에서라도, 우리 자신만 포기하지 않는다면 끝은 승리로 정해져 있습니다. 부르심의 자리에 가면 끊임없는 열정이 생깁니다. 다른 어떤 일보다 가장 잘 하게 됩니다. 그럴 수밖에 없습니다. 하나님께서 예비하신 길이고, 필요한 은혜가 그 과정 가운데 예비되어 있기 때문입니다.

마지막 날에 하나님 앞에 설 때, 그분께서는 우리에게 얼마나 많은 일을 했는지가 아니라 '그분께서 시키신 그 일'을 했는지를 물으실 것입니다. 엄마가 아이에게 밀가루를 사오라고 시켰는데, 아이가 나름 엄마를 위해 이것저것 다른 것만 많이 챙기고 정작 밀가루는 빠뜨렸다면, 스스로는 정말 수고했다고 생각할지 모르지만 엄마가 정말 원한 일은 하지 않은 것입니다. 마찬가지로 우리도 인생에서 다른 많은 일을 하면서 분주할 수 있지만, 심지어 교회 안에서 바쁘게 일했을지라도, 하나님께서 나에게 시키신 '그 일'을 하지 않았다면 성공적인 삶을 살았다고 보기 어려울 것입니다. 부르심을 찾는 일은 이렇게나 중요합니다.

무엇보다, 부르심을 발견할 때에야 비로소 우리는 진정 행복한 삶을 살 수 있습니다. 세상은 행복에 대해서 잘못된 개념을 계속해서 이야기합니다. "이렇게 살면 행복할 거야.", "이게 갖춰지면 행복할 거야.", "이게 없으면 행복할 수 없어." 이처럼 혼적인 영역에 잘못 프로그래밍된 생각들로 인해 우리는 세상에서 말하는 조건들 속에 행복이 있다고 착각하고, 잘못된 것을 추구하며 살아갑니다. 그러나 진짜 나는 바로 '영'입니다. 나의 영이 갈망하는 것이 무엇인지 알고, 그것을 만족시키지 않는 한, 참된 행복은 결코 있을 수 없습니다.

심지어 그리스도인조차도 자기가 진짜 원하는 것이 무엇인지 알지 못한 채, 속임을 당하며 살아가고 있습니다. 그들의 변화되지 않은 생각이 심령 깊은 곳의 진짜 갈망을 가리고 있습니다. "너희는 이 세상과 일치하지 말고 너희 마음을 새롭게 함으로써 변화를 받아 하나님의 선하시고 기뻐하시고 온전하신 뜻이 무엇인지 입증하도록 하라" (롬 12:2) 말씀을 고백하고 방언으로 기도하며 잘못된 생각을 교정하고 영을 활성화할 때, 우리 심령의 가장 큰 열망이 위로 떠오르게 되며, 그것은 반드시 나의 부르심과 연관되어 있습니다.

어렵지 않습니다. 며칠을 간구하며 기도해야 하나님께서 겨우 알려 주시는 것이 아닙니다. 부르심을 향한 열망과 갈망과 추구를 하나님께서 이미 우리 안에 넣어 주셨습니다. 말씀과 성령을 통하여 영적으로 성장하다 보면, 자연스럽게 내가 무엇을 해야 하는지 알게 되고 그것을 열망하게 됩니다. 따라서 아직 영적으로 어린 사람이라면, 내 부르심이 무엇일까를 고민하기 이전에, 먼저 복음 전파에 인생의 방향을 맞추고 하나님을 삶의 주님으로 모시는 주권의 전이가 일어나야 합니다. 그런 후에 말씀으로 잘못된 생각을 고치고 영적으로 성장하다 보면, 부르심은 자연스럽게 발견하게 될 것입니다.

◻ **더 높은 차원으로 최고의 부르심까지 발전해가야 합니다**

부르심을 따라가는 삶의 경로 가운데로 들어왔다면, 다음으로는 점점 더 높은 차원으로 발전하여 최고의 부르심에까지 나아가야 합니다.

부르심은 훈련과 성장을 거쳐 계속해서 발전합니다. 그 과정에서 지금 수행하고 있는 부르심에 대한 역량이 증가하는 것은 물론, 다음 단계의 새로운 부르심으로 인도받을 수도 있습니다. 예를 들어 어떤 사람이 복음사업가로 부르심을 받았다가, 시간이 지나서 전임 사역자의 부름을 받을 수도 있습니다. 케네스 E. 해긴 목사님은 하나님께서 개인적으로 환상을 통해 말씀하신 바, 대부분의 사람은 최소한 세 단계 이상의 부르심이 있으며, 심지어 목회자 중에서도 평생 첫 번째 단계까지만 이루고 죽는 사람들이 많다고 말씀하기도 했습니다. 따라서 우리가 도달해야 할 더 큰 부르심이 있음을 알고, 계속해서 추구하는 지향성을 심령에 가져야 합니다. 우리가 영으로 먼저 보고 기대한 만큼만, 실제로 이룰 수 있기 때문입니다.

우리가 만약 부르심을 반밖에 이루지 못하고 하늘나라로 갔다면, 실제로는 하나님께서 계획하신 열매의 반도 맺지 못한 것입니다. 하나님께서 주시는 열매는 시간이 가고 영적으로 성장할수록 효과가 점점 더 커져서 탄젠트 곡선처럼 기하급수적으로 증가하는 그림을 그립니다. 씨 뿌리는 비유에서 30배, 60배, 100배로 수확이 커지는 것과 같이, 평생 훈련하고 구비되었던 것들의 열매가 말년에 폭발적으로 나타나는 형태입니다. 실제로 끝까지 승리하고 하늘나라로

가신 믿음의 선배들을 볼 때 마지막 10년간 얼마나 거대한 열매를 거두셨는지 보게 됩니다. 그러므로 우리가 인생의 레이스에서 끝까지 성장을 갈망하며 최고의 부르심을 향해 나아가는 것이 얼마나 지혜로운 일이고, 개인적으로나 하나님의 나라에나 얼마나 큰 영광이 되는 일인지 모릅니다.

> 큰 집에는 금과 은으로 만든 그릇들 뿐만 아니라 나무와 진흙으로 만든 그릇들도 있어, 어떤 것들은 귀히 여기고 어떤 것들은 천히 여기느니라. 그러므로 누구든지 이런 것들에서 자기를 깨끗하게 하면, 그는 귀한 그릇이 되어 거룩하여지고 주인이 쓰시기에 합당하며 모든 선한 일을 위하여 예비되느니라. 딤후 2:20-21

위 구절은 누구는 금 그릇으로, 누구는 나무 그릇으로 태어나서 평생 그렇게 쓰임 받게 된다는 말씀이 아닙니다. 마지막에 이 비유의 목적이 분명히 나타납니다. "누구든지 자기를 깨끗하게 하면 귀히 쓰는 그릇으로서 거룩하게 되고 선한 일에 쓰이기에 합당하게 될 것이다" 누구라도 태도와 심령을 바르게 하면 크고 중요한 일에 쓰이는 사람으로 발전할 수 있다는 것입니다. 작게 시작하더라도 훈련을 통해 구비되어 다음 단계로 나아가고, 또 훈련되어 다음 단계로 나아가고, 그렇게 점점 더 하나님께서 쓰시기에 온전한 그릇으로 변화되어 갑니다. "우리는 그가 만드신 바라 그리스도 예수 안에서 선한 일을 위하여 지으심을 받은 자니 이 일은 하나님이 전에 예비하사 우리로 그 가운데서 행하게 하려 하심이니라"(엡 2:10) 이것이 우리 모두를 향한 하나님의 갈망입니다.

성경에서도 그러한 예를 쉽게 찾아볼 수 있습니다. 예수님의 최종 부르심은 십자가 죽음과 부활이었습니다. 그 일에 이르기까지 많은 과정이 있었습니다. 이 땅에 아이로 태어나셔서 드디어 장성하여 사역을 시작하시고, 하나님 나라의 복음을 전파하시고, 병자를 고치시고, 귀신을 쫓아내시고, 오병이어로 수많은 사람들을 먹이시고, 물 위를 걸으셨으며, 마침내 죽은 자도 살리셨습니다. 그렇게 삶으로 하나님의 뜻을 나타내시고, 그분의 말씀을 표현하셨습니다. 이것들이 다 예수님의 사역이었습니다. 그러나 그 모든 일을 하시고 나서 마지막에 십자가 죽음은 피하셨다면 어떻게 되었을까요? 마지막 죽음의 순간에 사실상 최고의 부르심을 완성하심으로 말미암아 세상 모든 영혼을 위한 구원의 길이 열렸습니다. 이처럼 부르심은 마지막까지 반드시 완성되어야 하는 것입니다.

사도 바울도 그리스도를 열심으로 핍박하다가 거듭난 후 이방인에게 복음을 전하는 사명을 받아 곳곳을 다니며 많은 교회를 개척하고 성도들을 훈련시켰습니다. 초대교회의 역사를 만든 너무나 중요한 사역이었습니다. 그런데 마지막에 더 큰 부르심이 있었습니다. 복음을 전하다 감옥에 갇힌 그는 교회들에게 편지를 쓰기 시작했습니다. 자기가 깨달은 최고의 계시와 성도들을 향한 사랑의 권면을 담아 간절한 마음으로 써 내려갔습니다. 그것들이 지금 우리가 보는 신약 성경의 일부가 되었습니다. 바울은 후에 그 편지들이 묶여서 모든 그리스도인들이 보는 성경책이 되리라고는 생각하지 못했을 것입니다. 상황적으로는 핍박 가운데 갇힌 신세가 되어 직접 가볼 수 없기에 어쩔 수 없이 쓴 편지였지만, 하나님께서는 그것을 단지 한 교회뿐만이 아니라 후대의 모든 교회를 향한 메시지로 사용하려는 계획을 가지고 계셨습니다. 그리고 바울은 마침내 순교로 생을 마감했습니다. 정작 본인은 그 일의 영향력이 어디까지인지 알지 못했더라도, 단지 주어진 순간마다 하나님 앞에서 최선을 다할 때, 그 일은 결코 작은 일이 아니었습니다. 이러한 태도로 삶의 매 순간 열정과 최선을 다할 때, 우리는 어느새 최고의 부르심의 자리에 올라와 있게 될 것입니다.

제가 실제로 보았던 모델 중에는 케네스 E, 해긴 목사님이 계십니다. 처음 거듭났을 때 저는 그분의 책을 보면서 한 신앙인으로서 예수 믿는 삶이 이런 것이라면 정말 이렇게 살아 보고 싶다는 열망을 품게 되었습니다. 이후로도 그분의 책과 설교들을 접하며 영적 성장에 큰 도움을 받았고, 2000년도에는 직접 레마성경훈련소에서 공부할 수 있는 기회도 얻게 되었습니다. 그리고 몇 년 후에 해긴 목사님께서는 하늘나라로 가셨습니다.

당시 장례식에 저도 참석했는데, 7천 명 정도 앉을 수 있는 예배당이 꽉 찼을 뿐 아니라 그보다 더 많은 사람들이 예배당 밖에서 함께했습니다. 아들 목사님께서 장례 예배를 인도하셨는데, "이 자리에 저희 아버지께서 여러분의 인생에 결정적인 영향을 주었다고 생각하시는 분들은 일어나 주세요."라고 말하자, 저를 포함하여 그 예배당 안에 있던 7천 명이 전부 일어났습니다.

실제적으로 레마성경훈련소의 수많은 졸업생들이 미국 전역은 물론 전 세계에 퍼져 있고, 그분의 책을 보고 영향을 받은 사람은 더욱 많습니다. 저는 그분의 책이 중국에 들어가서 역사를 일으키는 것을 보았습니다. 그러나 사실 해긴 목사님은 그것을 알지 못하고 돌아가셨습니다. 불우한 가정에서 태어나 불치병까지 앓았던 한 소년이 자신의 삶을 온전히 하나님께 드리기로 작정했을 때, 그의 삶에서 일어났던 수많은 역사와 열매와 영향력이 얼마나 대단하고 아름답던지요. 장례식에서 펼쳐진 그 광경은 소년이 자신의 도시락을 예수님께 드렸을 때, 그것을 가지고 수만 명을 먹이신 기적을 보는 듯 축복 된 장면이었습니다.

이처럼 우리가 현재 수준에서 삶을 드리고, 또한 하나님의 뜻을 따라 지속적으로 인생을 지어가고 발전시켜 갈 때, 우리는 하나님 나라와 이 세상에 거대한 영향력을 미치는 자로 쓰임 받게 됩니다. 결코 멈추지 마십시오. 최고의 부르심에까지 이르기로 결단하십시오. 끝까지 부르심을 완수할 때 가장 크고 가장 좋은 것이 기다리고 있습니다. 할렐루야!

부르심을 따라갈 때 주의할 점

☐ 부르심을 비교하지 말라. 부르심은 함께 가는 것이다. 서로 격려해 주자.

부르심은 비교할 수 있는 것이 아닙니다. 하나라도 똑같은 부르심이 없기 때문입니다. 우리 각 사람이 모두 얼굴이 다르고, 지문이 다르고, 눈동자가 다르고, 목소리가 다른 것처럼, 하나님께서는 우리 각자에게 모두 고유하고 독특한 부르심을 주셨습니다. 외관상 비슷해 보이는 것도 사실상 똑같은 것이 하나도 없습니다. 같은 목사로 부르심을 받았어도 그 모양과 비전이 다 다릅니다. 같은 복음사업가라 해도, 같은 중보기도자라 해도, 사명을 이루어가는 구체적인 모습은 모두 다릅니다. 그래서 나의 부르심을 다른 사람의 부르심과 비교하는 것은 너무나 바보 같은 생각입니다. 우리 모두는 하나님 나라의 큰 그림을 위해 각자의 부르심을 수행하며 함께 가고 있는 것입니다. 그러므로 서로 격려하고 세워주는 태도를 가져야 마땅합니다. 하나님의 마스터플랜을 이루기 위해서는 우리 각 사람 모두 꼭 필요한 사람들입니다.

예를 들어 하나님께서 어떤 지역에 선교사를 파송하여 복음을 전하기 원하십니다. 이를 위해서는 우선 지역 교회가 세워져야 하고, 그 안에 임명된 여러 목회자와 셀 리더들이 성도를 돌보고 훈련시켜 선교사를 배출해야 합니다. 또한 파송된 선교사가 사역을 온전히 감당하기 위해서는, 그들을 재정적으로 뒷받침하는 복음사업가와, 또한 기도로 돕는 중보기도자가 있어야 합니다. 이 중 하나라도 빠진다면 하나님의 마스터플랜이 효율적으로 이루어질 수 없습니다. 그러므로 우리 각자가 맡은 부르심은 모두 다 너무 소중하고, 내가 아니라면 또한 내 옆의 그 사람이 아니라면 누구도 할 수 없는 일입니다. 그러므로 불필요한 경쟁의식은 버리고, 오직 서로를 동역자로 인식하여 함께 최고의 부르심까지 이를 수 있도록 끊임없이 격려하며 동행해야 하겠습니다.

▫ 보이는 열매를 보고 실망하지 말라. 우리의 계산 방법과 하나님의 방법은 다르다

우리는 자연적인 영역에 나타나는 것을 가지고 판단하는 습관이 있습니다. 그래서 눈에 보이는 성과를 많이 맺으면 큰일을 이루었다고 여기고, 반대로 당장 눈에 보이는 결과가 없으면 헛수고를 했다고 결론 내리곤 합니다. 그러나 하나님의 계산 방법은 다릅니다.

앞에서도 언급한 바와 같이, 사도 바울이 말년에 직접 가볼 수 없는 교회들을 세우기 위해 감옥에서 쓴 편지가 후대에 모든 그리스도인들을 위한 성경이 되었습니다. 당시 사도 바울은 성경을 기록하는 것이 자신의 중요한 사명 중의 하나라는 사실도 알지 못했고, 그런 결과를 기대하지도 않았을 것입니다. 다만 우리가 매 순간 믿음으로 나아가며 주어진 일을 충실히 해낼 때, 하나님의 신실하신 계획은 한 치의 오차도 없이 이루어져 갑니다. 그러므로 보이는 열매를 보고 자랑으로 삼거나 또는 낙담할 것이 아니라 오직 바른 심령을 유지하며 그분께서 지금 나에게 시키신 일에 최선을 다하면 됩니다.

> 반면에 알지 못하고 맞을 짓을 한 자는 매를 적게 맞으리라. 이는 많이 받은 자에게서는 많이 찾게 될 것이요, 또 사람들이 많이 맡긴 자에게는 더 많이 달라고 할 것이기 때문이라. 눅 12:48

이것이 하나님 나라의 원리입니다. 어떤 사람은 믿는 집안에서 태어나 일찍부터 부르심을 발견할 기회를 가집니다. 어떤 사람은 특별한 재능을 타고나기도 하고, 또 어떤 사람은 실제적으로 남보다 좋은 환경에서 성장합니다. 그러나 하나님은 우리 모두를 사랑하시며 지극히 공평하신 분입니다. 그러므로 하나님께서는 우리를 각기 다른 출발선에 두시고는 무조건 남과 비교했을 때 큰일을 한 사람에게 상주시는 그런 분이 아니라 주어진 몫 안에서 각자의 부르심을 얼마나 완수했는지를 보십니다.

우리가 부르심을 받을 때, 그에 필요한 모든 기회와 여건과 재능과 은사들도 함께 따라옵니다. 다시 말해, 다른 사람에 비해 특별한 부르심을 받았다면 그에 요구되는 것들도 더 많이 주신다는 뜻입니다. 위 구절에서 "많이 받은 자에게는 많이 요구하고, 많이 맡은 자에게는 많이 달라 하신다"는 말씀처럼, 하나님께서는 우리 각자가 받은 재료를 가지고 이 땅에서 각자의 부르심을 어떻게 이루었는지에 관심이 있으십니다. 많은 일을 해서 큰 보상이 있는 것이 아니라 자기 부르심을 완수했기 때문에 큰 보상이 있는 것입니다.

따라서 누군가 비교적 눈에 띄지 않는 부르심을 받았다 하더라도 그것을 완벽하게 이룬다면, 그는 그 어떤 유명한 사역자나 믿음의 선진 못지않은 보상을 받게 될 것입니다. 그리고 사실 하나님의 나라 안에서 작은 부르심이란 없습니다. 누구나 큰 계획 가운데 부르심을 받았고, 그것을 제대로 완수한다면 그 영향력은 클 수밖에 없습니다.

그의 주인이 그에게 말하기를 '잘하였도다. 착하고 신실한 종아. 네가 적은 일에 신실하였으니 내가 너로 많은 것들을 다스리도록 하리라.

네 주인의 기쁨에 동참하라.' 고 하더라. 두 달란트 받은 사람도 나와서 말하기를 '주여, 주께서 나에게 두 달란트를 주셨나이다. 보소서, 그것들 외에도 내가 두 달란트를 더 벌었나이다.' 라고 하니 그의 주인이 그에게 말하기를 "잘하였도다. 착하고 신실한 종아, 네가 적은 일에 신실하였으니 내가 너로 많은 것들을 다스리도록 하리라. 네 주인의 기쁨에 동참하라.' 고 하더라. 마 25:21-23

주인이 먼 여행을 떠나면서 어떤 종에게는 한 달란트, 다른 종에게는 두 달란트, 또 다른 종에게는 다섯 달란트를 주었습니다. 주인이 돌아와 보니 두 달란트와 다섯 달란트를 받았던 종들은 그 돈을 갑절로 만들었는데, 한 달란트 받은 종은 주인의 뜻을 오해하여 그대로 땅에 묻었다가 도로 가져왔습니다.

그때 주인이 하는 말을 보십시오. 다섯 달란트를 열 달란트로 만든 종에게 두 달란트를 네 달란트로 만든 종보다 더 큰 칭찬을 하지 않았습니다. 각자의 몫에서 수고한 두 사람에게 "잘하였도다 착하고 충성된 종아 네가 적은 일에 충성하였으매 내가 많은 것을 네게 맡기리니 네 주인의 즐거움에 참여할지어다"라고 한 글자도 다른 데가 없이 똑같이 칭찬하였습니다. 우리 눈에는 다섯 달란트 받은 자가 가장 큰 일을 이룬 사람 같지만, 하나님의 계산법은 그렇지 않았던 것입니다. 그분은 준 대로 찾으시고, 또한 주지 않은 데에서 불공평하게 요구하지 않으시는 공의로우신 아버지이십니다.

우리가 각자 맡겨진 일을 따라 성령님과 동행하며 하나님 앞에 온전히 최선을 드릴 때, 하나님께서는 내가 지금 눈으로 볼 수 있든지 없든지 간에, 반드시 내 삶을 통해 위대한 일을 행하십니다. 하나님을 신뢰하면서, 불필요한 생각과 환경에 주의를 빼앗기지 않고 내게 주어진 삶에 집중하여 살아갈 때, 그에 대한 열매는 하나님께서 책임지실 것입니다.

맡은 일에 충성하라

　복음 전파라는 하나의 방향 안에서 우리는 각자의 부르심을 달리고 있습니다. 그것이 하늘로부터 이 땅에 보냄 받은 사람으로서 가장 아름답고 행복한 삶입니다. 그러므로 거듭 말하지만, 현재 맡은 일에 충성하는 것은 이를 위한 가장 기본적이며 가장 중요한 조건입니다.
　하나님께서 모세에게 "네 손에 있는 것이 무엇이냐?"라고 물으시고 그의 손에 있었던 지팡이로 기적을 일으키셨던 것처럼, 하나님께서는 먼 장래가 아닌 바로 지금, 내가 온전히 내어드리기만 한다면 있는 그대로의 나를 사용하여 일하실 수 있습니다. 물론 하나님 나라를 위해 더 큰 일을 더 온전하게 감당하기 위해서는 반드시 준비와 성장이 요구됩니다. 그러나 실제로 우리는 지금 주어진 일을 충실히 수행함으로써 가장 빠르고 효과적으로 훈련될 수 있습니다. 즉 현재의 일이 다음 단계를 위한 최고의 발판이자, 필수 관문인 것입니다.

그렇게 매 과정을 성실히 통과할 때 하나님께서는 신실하게 다음 기회를 열어 주시고, 그러한 경로를 통해 우리는 마침내 최고의 부르심에까지 도달하게 될 것입니다.

> 청지기에게 요청되는 것은 무엇보다도 신실한(충성된) 사람으로 발견되는 것이라. 고전 4:2

저는 이것을 철저히 믿습니다. 발전을 원한다면, 반드시 현재에 충실해야 합니다. 뒤집어 말하면, 현재의 충실한 사람만이 미래의 발전을 맛볼 수 있습니다.

저의 간증을 하나 나누겠습니다. 예전에 저희 교회에 한 미국인 여선교사님이 오셔서 어린이들에게 영어를 가르치면서 약 5년간 사역을 하셨던 적이 있습니다. 그런데 당연하게도 그분이 한국어를 모르기 때문에 함께 예배를 드릴 수 없다는 문제가 있었습니다. 그래서 통역이 필요했는데, 당시에 그 일을 할 만한 사람이 저밖에 없었습니다. 저도 미국 생활을 하긴 했었지만 영어가 그렇게 능통한 정도는 아니었고, 그나마 영어를 한국어로 옮기는 것은 어느 정도 할 수 있겠다 싶었지만, 한국어 설교를 영어로, 그것도 동시통역으로 옮긴다는 것은 너무나 도전적인 일이었습니다.

여러 갈등이 있었지만, 우선 할 수 있는 만큼 해보자는 마음으로 교회의 필요를 따라 시작했습니다. 다행히 선교사님께서도 제가 통역하는 설교를 좋아해 주셨습니다. 처음에는 더듬더듬 정말 형편없는 수준이었습니다. 그런데 어느 순간 영어 성경 구절이 한글을 읽는 것처럼 막힘없이 읽히는 것을 경험했습니다. 그렇게 점차 나아지고 발전하였고, 어느새 5년을 계속 했습니다. 그 기간 동안에도 저는 '나보다 영어를 잘 하는 다른 사람에게 넘겨줄 수 없을까?'를 항상 생각했지만, 결국 선교사님이 본국으로 돌아갈 때까지 5년간 제가 계속 맡아서 통역을 했습니다.

이처럼 매주 설교 말씀을 영어로 옮겨 말하는 일을 5년간 하다 보니, 제가 원하는 내용은 어느 정도 영어로 설교할 수 있는 능력을 가지게 되었습니다. 그런 후에 놀랍게도, 하나님께서는 저에게 선교지에서 영어로 설교할 수 있는 길을 열어주셨습니다. 사실 외국에 나가면, 특별히 선교지에 나가면 한글을 그들의 언어로 통역할 사람을 찾기는 매우 어렵습니다. 하지만 영어를 그들의 언어로 통역할 사람은 비교적 쉽게 찾을 수 있습니다. 그런 필요에 따라 한 선교지에서 저희 목사님과 제가 영어로 설교를 하였고, 현지인 선교사님께서 그것을 통역해 주심으로써 말씀을 전할 수 있었습니다.

우리 교회에 오신 선교사님을 섬기기 위해 하나님께서 그때 저에게 시키신 일을 수행했던 것이 알고 보니 그 누구도 아닌 바로 저를 위해 하나님께서 주신 훈련의 기회였고, 더 큰 사역을 위해 구비되는 과정이었습니다. 제가 그 과정에 성실히 임했기에, 하나님께서는 제 앞에 다음 단계를 위한 문을 열어주실 수 있었습니다.

저는 모든 분야에서 이것을 체험하고 있습니다. 우리 모두는 부르심을 발견하기 원하고, 또한 최고의 부르심에 이르기를 원합니다. 그러나 고민할 필요가 없습니다. 우선 우리가 발전해야 하나님께서 나를 점진적으로 인도하실 수 있음을 인식하고 발전하기로 결단해야 하겠고, 그리고 그 발전을 위한 열쇠가 지금 내가 맡고 있는 일에 있음을 알고 거기에 최선을 다하면 됩니다.

앞서 그리스도인의 두 가지 삶의 방식에 대해 이야기했습니다. 하나는, 내가 스스로 인생의 주인이 되어 내 필요를 따라 하나님을 이용하면서 내 힘으로 살아가는 삶이며, 다른 하나는, 주님을 내 인생의 주님으로 모시고 자원하는 종으로서 아무런 염려나 걱정 없이 그분의 완전한 공급과 인도를 누리며 사는 삶입니다. 진정한 안식은 물론 후자의 삶 쪽에 있습니다. 그것이 하나님께서 본래 지으신 바 인간이 마땅히 택하고 취해야 할 삶의 방식이기 때문입니다.

이에 관련된 예화가 하나 있습니다. 부르심의 소망이라는 주제를 다룰 때 저는 이 예화를 꼭 나눕니다. 두 가지 다른 삶의 방식으로 살아가는 두 명의 사람을 비교하며 인간의 삶에 대해 조명해보는 이야기입니다.

어느 날 두 사람이 동시에 거듭났습니다. A라는 사람은 학력도 있고 현재 좋은 직장에 다니고 있는 사람이었고, B라는 사람은 학력도 높지 않고 육체노동에 종사하는 사람이었습니다. 그런 두 사람이 같은 때 거듭나서 동시에 하늘나라로부터 보내심을 받게 되었습니다.

그런데 A는 여전히 자기중심의 삶을 삽니다. 열심히 일해서 열심히 먹고 살고, 그러다 여윳돈이 생기면 '이 돈으로 뭘 살까? 아니면 어디 투자를 할까? 하고 생각합니다. 항상 더 큰 집을 사고, 더 좋은 차를 타고, 더 안락한 삶을 사는 것을 목적으로 삼고 최선을 다해 이루어갑니다. 교회에서 봉사도 하지만, 무엇보다 좋은 성도라고 남들이 인정하고 스스로 만족하는 것에 동기가 있는 것 같습니다. 기도 생활도 하지만 내용은 항상 나와 내 가족의 필요를 위한 것입니다.

반면 B는 거듭난 이후, 주님을 진정 자기 삶의 주님으로 모셨습니다. 그래서 항상 주님께 물어봅니다. 매일 기도 시간에는 "주님, 제가 무엇을 위해 기도할까요?", 생각지 않은 돈이 생기면 "주님, 이 돈을 어디에 쓸까요?", 하루를 계획할 때는 "주님, 제가 무엇을 할까요? 제가 누구를 만나기 원하시나요?"라고 물어봅니다. 그래서 하나님께서는 그를 통해 선교지를 후원하고, 교회와 성도를 위해 중보 할 뿐 아니라 직접 만나서 도움을 주실 수도 있었습니다. 이처럼 이 사람이 하는 사소해 보이는 활동들로 인해 수많은 사람들이 복을 받고 덕을 입으며 세워졌습니다.

이렇게 상반된 방식으로 수십 년간 살다가, 마침내 두 사람 다 이 세상을 떠나 하나님 앞에 서게 되었습니다. A는 이 땅의 것들만 바라보았기 때문에 그것을 놓고 가기가 너무 힘들었습니다. 하지만 하나도 가지고 올라갈 수 있는 것은 없었고, 결국 빈 몸으로 하늘로 올라갔습니다. 마치 고린도전서 3장에서 말씀하는 "불 가운데서 구원받은 사람"(15절)처럼, 이루었던 모든 것이 다 타서 없어지고 자기 영혼만 겨우 올라가게 되었습니다.

반면 B는 미련 없이 기쁨으로 올라갔습니다. 그는 계속 하나님과 그분의 나라를 위해 살았기 때문입니다. 다 털어버리고 하늘로 올라갔는데, 그는 놀랄 수밖에 없었습니다. 자기도 모르는 사이에 하늘에 너무 많은 것들이 쌓여 있었습니다. 영원히 변하지 않는, 말 그대로 천상의 아름다움으로 빛나는 보화들이었습니다. 무엇보다 놀란 것은, 본 적도 없고 알지도 못하던 수많은 영혼들이었습니다. 그가 갖가지로 심고 섬기고 중보했던 일들을 통하여, 다양한 인종과 지역의 상상할 수 없이 많은 영혼들이 복음의 은혜를 입었던 것입니다. "이 세상도 그 정욕도 지나가되 오직 하나님의 뜻을 행하는 자는 영원히 거하느니라"(요일 2:17)

> 내가 이미 이르렀다 함도 아니요, 이미 온전해졌다 함도 아니라. 다만 그리스도 예수에 의하여 붙잡힌 그것을 나도 붙잡으려고 좇아갈 뿐이라. 형제들아, 나는 내가 붙잡은 것으로 여기지 아니하노라. 다만 한 가지 일, 즉 뒤에 있는 것은 잊어 버리고 앞에 있는 것들에 손을 뻗쳐 그리스도 예수 안에서 하나님의 고귀한 부르심의 상을 위하여 그 표적을 향해 좇아갈 뿐이라. 빌 3:12-14

사도 바울은 당대에 자랑할만한 수많은 조건을 가진 사람이었지만, 그리스도의 복음을 깨닫고 난 후에는 모두 무익하게 여기고 기꺼이 내려놓았습니다. 그리고 자신의 인생에 대한 지배권을 주님께 완전히 내어드리고, 오직 위로부터 지명된 부르심의 소망을 추구하는 삶을 살았습니다. 그렇게 하나님께서 주신 새 생명 가운데 계속 성장해가며, 오직 하나님께서 나에게 시키신 최고의 부르심을 향해 앞으로만 전심전력하려 달려갔습니다.

이것이 가장 값지고 지혜로운 선택입니다. 불완전한 이 땅의 많은 문제 앞에서도 다스리며 안식할 수 있는 유일한 길입니다. 당신은 지금 얼마나 견고한 기초 위에 인생을 지어가고 계십니까? 날이 갈수록 내가 선 땅이 얼마나 단단한지를 확신하는 삶을 살 수도 있고, 반대로 점점 흔들리고 무너지고 있음을 두려움 가운데 확인하는 삶을 살 수도 있습니다.

하나님 앞에 가는 그날에, "나는 정말 내 인생을 후회 없이 너무나 잘 살았어!"라고 담대하게 선포하기 위한 위대한 선택을 하십시오. 예수님을 주님으로 모시고 그분의 부르심을 추구하는 삶은 가장 행복하고 가장 보람된 삶일 뿐 아니라 이 땅에서의 삶을 마감하고 하늘나라에 들어가는 그날에도 가장 영광된 최고의 상급이 기다리고 있는 그런 삶입니다.

우리 그리스도인은 거듭나는 순간 하늘나라에서 태어난 자이며 이 세상에 그의 덕을 선전하라고 보내심을 받았습니다. 그리고 우리는 반드시 하늘나라로 돌아갑니다. 우리는 어떤 순간에도 이것을 잊어서는 안 됩니다. 또한 자원하는 종으로서 주님의 음성에 귀를 기울이며, 최고의 부르심을 바라보고 지금 맡은 작은 것에 순종하며 충성하는 삶을 산다면, 우리가 천국에 입성하는 날 주님은 우리가 알지 못하는 많은 열매까지도 예비하실 것입니다.

반복하여 든든한 기초를 세우라

　이제 12주간의 〈믿음의 반석〉 교육과정이 모두 끝났습니다. 다시 한 번 말씀드리지만, 이 교육과정은 신앙생활을 하는 데 가장 핵심이 되며 기초가 되는 중요한 말씀들로 이루어져 있습니다. 이 내용을 끊임없이 반복하여 마치 구구단을 외우듯이 여러분의 심령 안에 제자리를 찾아 들어가기만 하면, 지속적인 성령의 계시를 통하여 그 깊이가 더해지고, 삶을 다스리는 능력 있는 자로 계속해서 성장하게 될 것을 확신합니다.

　한 번 배웠다고 해서 완성되지 않습니다. 계속해서 반복하십시오. 신앙생활을 하다 보면 때로는 영적으로 왠지 가라앉은듯한 기분을 느낄 때가 있습니다. 그럴 때 뭔가 새로운 지식이나 말씀을 찾으려고 하지만, 사실 중요한 것은 기본으로 다시 돌아가는 것입니다. 이미 알고 있던 기초를 다시 확신하고 상기시켜줄 때, 영적으로 더 충전되고 회복될 수 있습니다.

　오늘도 배운 말씀을 인식하며 믿음의 고백을 계속할 때 말씀과 성령의 역사가 여러분의 삶 가운데 지속적으로 일어나는 것을 믿고 바라봅니다. 예수 그리스도의 이름으로 축복합니다!

믿음의말씀사 출판물

구입문의 : 031-8005-5483 http://faithbook.kr

■ 케네스 해긴의 「믿음 도서관」 책들
- 새로운 탄생
- 재정 분야의 순종
- 나는 지옥에 갔다 왔습니다
- 하나님의 처방약
- 더 좋은 언약
- 예수의 보배로운 피
- 하나님을 탓하지 마십시오
- 네 주장을 변론하라
- 셀 모임에서 성령인도 받기
- 안수
- 치유를 유지하는 법
- 사랑은 결코 실패하지 않습니다
- 하나님께서 내게 가르쳐 주신 형통의 계시
- 왜 능력 아래 쓰러지는가?
- 다가오는 회복
- 잊어버리는 법을 배우기
- 위대한 세 단어
- 하나님의 은사와 부르심
- 그 이름은 "놀라우신 분"
- 우리에게 속한 것을 알기
- 성령을 받는 성경적인 방법
- 하나님의 영광
- 은혜 안에서의 성장을 방해하는 다섯 가지
- 사랑 가운데 걷는 법
- 바울의 계시: 화해의 복음
- 당신은 당신이 말하는 것을 가질 수 있습니다
- 그리스도 안에서
- 말
- 방언기도의 능력을 풀어 놓으라
- 옳은 사고방식 틀린 사고방식
- 속량-가난, 질병, 영적 죽음에서 값 주고 되사다
- 네 염려를 주께 맡겨라
- 예언을 분별하는 일곱 단계
- 절망적인 상황을 반전시키기
- 당신의 믿음을 풀어 놓는 법
- 진짜 믿음
- 믿음이란 무엇인가
- 그리스도께서 지금 하고 계시는 일
- 충분하고도 넘치는 하나님 엘 샤다이
- 금식에 관한 상식
- 하나님의 말씀 : 모든 것을 고치는 치료제
- 가족을 섬기는 법
- 조에
- 당신이 알아야 하는 신유에 관한 일곱 가지 원리
- 여성에 관한 질문들
- 인간의 세 가지 본성
- 몸의 치유와 속죄
- 크게 성장하는 믿음
- 하나님 가족의 특권

- 기도의 기술
- 나는 환상을 믿습니다
- 병을 고치는 하나님의 말씀
- 영적 성장
- 신선한 기름부음
- 믿음이 흔들리고 패배한 것 같을 때 승리를 얻는 법
- 믿음의 선한 싸움을 싸우는 법
- 하나님의 계획과 목적과 추구
- 예수 열린 문
- 믿음의 계단
- 당신을 향한 하나님의 계획
- 역사하는 기도
- 기름부음의 이해
- 내주하시는 성령 임하시는 성령
- 재정적인 번영에 대한 성경적 열쇠들
- 어떻게 하나님의 영으로 인도받을 수 있는가?
- 마이더스 터치
- 치유의 기름부음
- 그리스도의 선물
- 방언
- 믿는 자의 권세(생애기념판)
- 믿음의 양식
- 승리하는 교회

■ E. W. 케년
- 십자가에서 보좌까지 무슨 일이 일어났는가?
- 두 가지 의
- 놀라우신 그 이름 예수
- 하나님 아버지와 그분의 가족
- 나의 신분증
- 두 가지 생명
- 새로운 종류의 사랑
- 그분의 임재 안에서
- 속량의 관점에서 본 성경
- 두 가지 지식
- 피의 언약
- 숨은 사람
- 두 가지 믿음
- 새로운 피조물의 실재

■ 스미스 위글스워스
- 스미스 위글스워스의 천국
- 스미스 위글스워스의 매일묵상
- 위글스워스는 이렇게 했다
- 스미스 위글스워스의 능력의 비밀

■ T. L. 오스본
- 행동하는 신자들
- 기적 – 하나님 사랑의 증거
- 새롭게 시작하는 기적 인생

- 좋은 인생
- 성경적인 치유
- 능력으로 역사하는 메시지
- 100개의 신유 진리
- 24 기도 원리 7 기도 우선순위
- 하나님의 큰 그림
- 긍정적 욕망의 힘
- 당신은 하나님의 최고의 작품입니다

■ 잔 오스틴
- 믿음의 말씀 고백기도집
- 하나님의 사랑의 흐름
- 견고한 진 무너뜨리기
- 초자연적인 흐름을 따르는 법
- 당신의 운명을 바꿀 수 있습니다
- 어떻게 하나님의 능력을 풀어놓을 수 있는가?

■ 크리스 오야킬로메
- 여기서 머물지 말라
- 이제 당신이 거듭났으니
- 당신의 인생을 재창조하라
- 이 마차에 함께 타라
- 그리스도 안에 있는 당신의 권리
- 성령님과 당신
- 성령님이 당신 안에서 행하실 일곱 가지
- 성령님이 당신을 위해 행하실 일곱 가지
- 기적을 받고 유지하는 법
- 하나님께서 당신을 방문하실 때
- 올바른 방식으로 기도하기
- 당신의 믿음을 역사하게 하는 법
- 끝없이 샘솟는 기쁨
- 기름과 겉옷
- 약속의 땅
- 하나님의 일곱 영
- 예언
- 시온의 문
- 하늘에서 온 치유
- 효과적으로 기도하는 법
- 어떤 질병도 없이
- 주제별 말씀의 실재
- 마음의 능력

■ 앤드류 워맥
- 당신은 이미 가졌습니다
- 은혜와 믿음의 균형 안에 사는 삶
- 하나님의 참 본성
- 하나님은 당신이 건강하기 원하십니다
- 영·혼·몸
- 전쟁은 끝났습니다
- 믿는 자의 권세
- 새로운 당신과 성령님
- 노력 없이 오는 변화
- 하나님의 충만함 안에 거하는 열쇠
- 더 좋은 기도 방법 한 가지
- 재정의 청지기 직분

- 하나님을 제한하지 마라
- 하나님의 뜻을 발견하고 따라가며 성취하라
- 하나님의 참 본성
- 하나님의 최선 안에 사는 법
- 더 큰 은혜 더 큰 은총
- 리더십의 10가지 핵심요소

■ 기타「믿음의 말씀」설교자들
- 성령의 삶 능력의 삶
- 복을 취하는 법
- 주는 자에게 복이 되는 선물
- 믿음으로 사는 삶
- 붉은 줄의 기적
- 당신이 말한 대로 얻게 됩니다
- 예수-치유의 길 건강의 능력
- 성령 안의 내 능력
- 존 G. 레이크의 치유
- 믿음과 고백
- 임재 중심 교회
- 성령충만한 그리스도인의 지침서
- 열정과 끈기
- 제자 만들기
- 어떻게 교회를 배가하는가
- 운명
- 모든 사람을 위한 치유
- 회복된 통치권
- 그렇지 않습니다
- 당신의 자녀를 리더로 훈련하라
- 오순절 운동을 일으킨 하나님의 바람
- 주일 예배를 넘어서
- 신약교회를 찾아서
- 내가 올 때까지
- 매일의 불씨
- 여성의 건강한 자아상

■ 김진호 · 최순애
- 왕과 제사장
- 새로운 피조물의 실재
- 믿음의 반석
- 새 언약의 기도
- 새로운 피조물 고백기도집(한글판/한영대조판)
- 성령 인도
- 복음의 신조
- 존중하는 삶
- 성경의 세 가지 접근
- 말씀 묵상과 고백
- 그리스도의 교리
- 영혼 구원
- 새로운 피조물
- 믿음의 말씀 운동의 뿌리
- 1인 기업가 마인드
- 내 양을 치라
- 새사람을 입으라